21世纪工商管理特色教材

U0369002

运营管理（第二版）

PRODUCTION AND OPERATION MANAGEMENT

主　编 ⊙ 李新然

副主编 ⊙ 俞明南

编　者 ⊙（按姓氏笔画顺序）

李新然　张令荣　金　淳　俞明南
黄学文　蒙秋男　薄洪光

清華大学出版社
北京

内 容 简 介

本教材的内容分为运营管理的基本理念、运营系统的设计、运营系统的运行与控制和运营系统的创新共四篇，16 章。系统介绍了运营管理的基本概念和发展历程，以及运营管理战略的思想。针对制造业与服务业的特点，以产品或服务生命周期为主线，从新产品开发、运营能力规划、设施选址与布置、工作设计、生产运作计划、生产作业计划、库存管理、生产成本管理、项目管理、质量管理、设备管理到业务流程重组、供应链管理、精益生产方式等方面做了系统阐述，使学生对现代运营管理有一个全面的认识。每章均配有讨论案例、思考题、即测即练题等教辅资料，以强化学生对运营管理理论与方法的掌握。

本教材适用于管理学科的本科生、硕士生和 MBA、EMBA 学员，以及相关学科学生的教学和企业相关人员的培训。

图书在版编目（CIP）数据

运营管理 / 李新然主编. —2 版. —北京：清华大学出版社，2019（2024.8 重印）
（21 世纪工商管理特色教材）
ISBN 978-7-302-53159-3

Ⅰ. ①运… Ⅱ. ①李… Ⅲ. ①企业管理－运营管理－高等学校－教材 Ⅳ. ①F273

中国版本图书馆 CIP 数据核字（2019）第 114386 号

责任编辑：刘志彬
封面设计：李伯骥
责任校对：王凤芝
责任印制：沈　露

出版发行：清华大学出版社
　　　　网　　　址：https://www.tup.com.cn, https://www.wqxuetang.com
　　　　地　　　址：北京清华大学学研大厦 A 座　　　　　邮　　编：100084
　　　　社 总 机：010-83470000　　　　　　　　　　　邮　　购：010-62786544
　　　　投稿与读者服务：010-62776969，c-service@tup.tsinghua.edu.cn
　　　　质量反馈：010-62772015，zhiliang@tup.tsinghua.edu.cn
印 装 者：三河市龙大印装有限公司
经　　销：全国新华书店
开　　本：185mm×260mm　　　印　　张：23.5　　　字　　数：540 千字
版　　次：2011 年 9 月第 1 版　2019 年 8 月第 2 版　印　　次：2024 年 8 月第 6 次印刷
定　　价：59.00 元

产品编号：082759-02

创新是人类文明进步之源。从燧木取火到运用核能发电，从磨制石器到制造太空飞船，人类创造了无数的伟大发明，而这些以创新能力为基本特征的人类社会智慧成果和发明创造，都是通过有组织的生产活动来实现社会价值和推动社会进步的。运营管理是对企业生产过程的计划、组织、实施和控制，是实现有效的生产和服务运作的各项管理工作的总称。没有运营管理这门科学技术，人类还会停留在"智人"的原始阶段。由于新技术的高速发展和人类对美好生活的追求，运营管理也成为现代管理科学中最活跃，新思想、新理论大量涌现的学科分支和重要组成部分。

运营管理是一门综合性学科，它涉及数学、物理学、经济学、制造工程、电子信息、人文社会科学等相关学科知识和技术。这些相关学科的研究和发展，也促进了运营管理的发展。近几年，随着互联网、人工智能等科学技术的高速发展，现代运营管理从观念到技术都产生了重大的变革，出现了一系列新的运营管理思想和方法。本书在编写过程中引入了这些新思想，力求反映运营管理新的研究成果和发展方向。

至今，大连理工大学运营管理教学历时近 40 年。从 1980 年的中美工商管理教育合作开始，由美国专家首先使用 Richar B. 等学者编写的 *Production and Operations Management：Manufacturing and Services* 教材进行了教学。在 1998 年大连理工大学蒋贵善等老师编写出版了《生产与运作管理》中文版教材。在 2005 年和 2011 年大连理工大学刘晓冰等老师，两次编写和出版了《运营管理》教材。

这次出版的《运营管理》教材在内容上注重了服务业运营管理和现代信息技术的应用等运营管理的新发展趋势。本书的内容分为"运营管理的基本理念""运营系统的设计""运营系统的运行与控制"和"运营系统的创新"四篇，共 16 章。其中第 1、3 至 6 章由李新然编写，第 2、9、11、12、14 章由俞明南编写，第 7、8 章由黄学文编写，第 10 章由蒙秋男编写，第 13 章由薄洪光编写，第 15 章由张令荣编写，第 16 章由金淳编写。教材的内容体系由李新然、俞明南构思、设计并统稿。

在编写过程中我们学习和参考了蒋贵善等编写的《生产与运作管理》，刘晓冰主编的《运营管理》，以及陈荣秋等编写的《生产与运作管理（第四版）》，威廉·J. 史蒂文森等编写的《运作管理》，Ray R. Venkataraman

与 Jeffrey K. Pinto 编写的 *Operations Management——Managing Global Supply Chains* 等教材，还参考和引用了相关著作、教材、论文中的资料，这些作者的研究成果丰富了教材的内容。刘晓冰教授对本书的写作过程和内容结构进行了热心的指导，硕士生许钰清、李刚等参加了本教材的编辑整理工作。在此向这些专家和学者表示衷心的感谢。

运营管理的重要特征是目的性和实践性强。目的性体现在充分节省资源的前提下创造和生产出满足人类各种需求的产品和服务。实践性体现在不同企业有不同的基础条件，在不同的发展阶段和业务情景中，有不同的管理方法和目标，要根据实际情况进行有效的生产组织。本书注重通过企业运营管理案例来体现理论与实践的结合，并设计了不同类型的思考题来引导读者对实际情景进行思考，以更好地将理论应用于实践。同时也建议教师和读者结合自己工作中遇到的实际问题和经验来使用本教材，从而深化对企业运营管理的理解，以达到更好的学习效果。

本教材适用于管理学科的本科生、硕士生和 MBA、EMBA 学员，以及相关学科学生的教学和企业相关人员的培训。

由于编者的知识范围和学术水平所限，书中难免存在不妥之处，恳请有关专家、学者批评指正。

编　者

2018 年 10 月

目 录

第一篇　运营管理的基本理念

第二篇 运营系统的设计

第四篇 运营系统的创新

第一篇

运营管理的基本理念

第1章 运营管理概述

学习目标

通过本章学习，读者应该能够：

1. 了解术语"运营管理"的概念；
2. 掌握产品（服务）生产转换过程；
3. 掌握运营概念的发展过程；
4. 了解现代运营管理的新趋势。

引导案例

海尔的运营之道

海尔是闻名全球的家电企业，除了过硬的产品质量和售后服务之外，它的日常运营和供应链管理也很有特色。海尔的供应链改革可以概括为"一流三网"，即以订单信息流为中心的业务流程再造，通过全球供应链资源网络、全球配送资源网络和计算机信息网络。"三网"同步流动，为订单信息流的增值提供支持。

海尔集团每个月平均可以接到 6 000 多个销售订单，这些订单的品种达 7 000 多个，需要采购的物料品种达 26 万余种。在这种复杂的情况下，海尔自整合供应链以来，呆滞物资降低了 73.8%，仓库面积减少 50%，库存资金减少 67%。海尔国际物流中心货区面积 7 200 平方米，但它的吞吐量却相当于普通平面仓库的 30 万平方米。面对同样的工作，海尔物流中心只有 10 个叉车司机，而一般仓库完成这样的工作量至少需要上百人。

此外，通过整合内部资源优化外部资源，海尔的供应商由原来的 2 336 家优化至 840 家，国际化供应商的比例达到 74%，从而建立起强大的全球供应链网络。同时，海尔对外实施日付款制度，对供货商付款及时率达到 100%，从而杜绝了"三角债"的出现。海尔的运营之道为企业的快速发展奠定了坚实的基础。

1.1 运营管理的基本概念

1.1.1 运营管理概述

无论企业规模大小，都存在着技术、商业、财务、安全、会计和管理等活动，企业通过这些活动将投入的劳动力、资金、原材料及其他资源转换成满足人们需求的产品或服务。这样的资源转换过程就是企业的运营过程。

运营过程既是企业业务流程中具有物质基础特征的基本过程，也是企业向社会提供产品或服务的生产过程。从系统论角度分析，它是一个把输入资源变成输出结果的转换过程，如图 1.1 所示。其中的输入资源包括劳动力、资金、物料、设备、信息、技术、能源、土地等多种资源要素。输出结果包括两大类：有形产品和无形服务。前者指汽车、电视、机床、食品等各种物质产品，后者指某种形式的服务，例如，银行所提供的金融服务、邮局所提供的邮递服务、咨询公司所提供的设计方案，等等。中间的转换过程，也就是劳动过程、价值增值过程。这个过程既包括一个物质转化过程：使投入的各种物质资源进行转换；也包括一个管理过程：通过计划、组织、实施、控制等一系列活动使上述的物质转化过程得以实现。这个转换过程还可以是多种形式的，例如，在一个机械工厂，主要是物理转换；在一个石油精炼厂，主要是化学转换；在一个钢铁生产厂，既包括化学转换也包括物理转换；而在一个航空公司或一个邮局，主要是位置的转换。

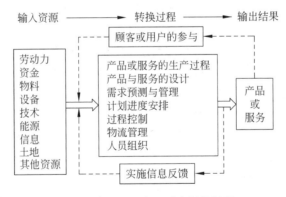

图 1.1　产品（服务）生产转换过程

图 1.1 中的点线表示两种特殊的投入：一是顾客或用户的参与，二是有关运营活动实施的信息反馈。顾客或用户的参与是指他们不仅接受转换过程的输出结果，在转换过程中，他们也是参与活动的一部分。例如，在航空服务过程中乘客的参与，在医院服务过程中病人的参与。实施信息反馈是指来自运营系统内部，即转换过程中所获得的信息。例如，生产进度报告、质量检验报告、库存情况报告，等等。在一个现代化生产和服务运作过程中，从投入到产出往往需要经过多个环节，这些环节有并行，有串行，也有交叉，表明了运营过程的复杂性。表 1.1 给出了有关这一转换模型的例子。

表 1.1　运营过程转换案例

运营系统	主要输入资源	系统主要构成	转换过程	期望输出
汽车工厂	原材料、零部件	管理者、工人、设备、工具	零部件加工，汽车装配	高质量汽车
航空公司	顾客及货物	飞机、飞行人员	地点的转移	运输到新地点的乘客和货物
医院	病人及体检的人	医护、医药、医疗设备	检查、治疗、护理	康复的病人及完成体检的人
饭店	顾客	厨师、侍者、食物、环境	食物、服务、环境	满意的顾客
商店	顾客	售货员、货架、货物	销售、订货、服务	满意的顾客
大学	录取的考生	教师、书本、教室、实验室	传授知识和技能	毕业生
报社	原始信息	编辑、记者、设备	信息处理（写作、编辑、筛选）	新闻信息

运营过程是将存在于经营管理者头脑中的概念与设想转变为具体的产品或服务形式和内容的过程，从而体现了企业在社会存在的具体功能和客观必要性。因此，运营管理研究对象包括一切产品的生产过程和服务的提供过程。运营管理就是研究对这一转换过程的管理，研究如何实施科学的运营管理，使企业能够通过这一转换过程高效率地向社会提供满足其需要的产品和服务。

1.1.2　运营概念的发展过程

人们最初对图 1.1 的生产转换过程的研究主要限于有形产品转换过程的研究，即对生产制造过程的研究。在研究方法上，也没有把它当作上述的"投入—转换—产出"的过程来研究，而主要是研究有形产品生产制造过程的组织、计划与控制，相关的学科被称为"生产管理学"（在西方管理学界，称为"Production Management"）。

随着经济的发展，技术的进步以及社会工业化、信息化的进展，人们除了对各种有形产品的需求之外，对有形产品形成之后的相关服务的需求也不断提高。而且，随着社会构造越来越复杂，社会分工越来越细，原来附属于生产过程的一些业务和服务过程相继分离、独立出来，形成了专门的流通、零售、金融、房地产等服务行业，社会第三产业的比重越来越大。

此外，随着生活水平的提高，人们对教育、医疗、保险、理财、娱乐、人际交往等方面的要求也在提高，相关的行业也在不断扩大。因此，对所有这些提供无形产品的运营过程进行管理和研究的必要性也就应运而生。另一方面，系统论的发展使人们能够从更抽象、更宏观的角度来认识和把握各种现象的共性。所以，人们开始把有形产品的生产过程和无形产品即服务的提供过程都看作一种"投入—转换—产出"的过程，作为一种具有共性的问题来研究，其共性主要表现在，产出结果无论是有形的还是无形的，都具有下述特征：

（1）能够满足人们的某种需要，即产出具有一定的使用价值；

（2）需要投入一定的资源，经过一定的转换过程才能得以实现；

（3）在转换过程中需投入一定的劳动，实现价值增值。

因此，人们开始把对无形产品产出过程的管理研究也纳入生产管理的范畴中去，生产管理的研究范围从制造业扩大到了非制造业。这种扩大了的生产的概念，即"投入—转换—产出"的概念，在现在的西方管理学界被称之为"Operations"，即运营。所以无论是有形产品的生产过程，还是无形服务的提供过程，都被统称为运营过程。但从管理的角度来说，这两种转换过程是有许多不同点的。产品是先生产后消费，生产和消费可以分为两个独立的过程。因此，制造业企业的运营与营销虽有联系，但这两个过程在理论上可以将其分开研究。而服务业是以提供服务为主的产业，它包括餐厅、旅馆一类的社会服务行业，服务是生产与消费同时进行，服务的生产过程也就是服务的消费过程，从而使企业的运营过程与营销过程常常融合在一起，运营与营销难以截然分开、分别管理。

如今，服务业已渗透到各个领域。服务业的重要性也逐渐被人们所认识，它已经成为当今社会不可或缺的有机组成部分。可以说没有服务业，就没有现代社会：没有交通和通信等基础设施，工业生产就不能进行；没有政府提供的服务，各个社会组织就不能正常运行；没有各类生活服务，人类就不能正常生活。

1.2 运营系统的类型及特点

按运营系统输出不同（产品和服务），将运营系统分为制造业运营系统和服务业运营系统。

1.2.1 制造业运营系统的类型与特点

制造业包括的行业广泛，产品品种繁多，根据不同分类原则，可将其分为不同生产类型。

（1）按生产的稳定性和重复性分类

分为大量生产、成批生产和单件小批量生产三种基本类型。

大量生产的特点：产品固定、品种少、产量多、生产条件稳定、生产的重复性高，如流水生产、生产线等。在通常情况下，每个工作地都固定加工一道或几道工序；工作地专业化水平很高，所以，产品加工都有相同的工序，对工人操作技术水平要求较低。生产过程可采用高效率的专用设备、自动化与半自动化设备以及专用工艺装备。计划的编制比较精细，执行情况也易于检查，属于该类型的生产企业有汽车制造厂和轴承厂等。

成批生产的特点：产品相对稳定、品种较多，工作地是成批的、定期或不定期的轮流进行生产，工作地的生产专业化程度较大量生产低。当轮流生产时，工作地设备和工具要进行适当调整。在成批生产条件下，由于生产品种较多，对工人技术水平要求也较高，当然不可能全部或大量采用自动化、半自动化、专用设备与专用工艺装备，而要根据产量的大小、工序的难易程度而定。成批生产还可细分为大批生产、中批生产和小批生产。

单件小批量生产的特点：产品品种多，而每一种产品仅是少量的，品种不稳定，工作地的专业化程度很低。在单件小批量生产条件下，设备和工装夹具多采用通用的，只有在某些特殊的工艺和技术的要求下，才采用专业设备、和专业工装夹具。设备的布置通常是按同类型的设备成组排列的，因此，产品在生产过程中的移动路线很复杂，常出现迂回或倒流的路线。

（2）按产品需求特性分类

分为订货型生产方式和预测型生产方式。

订货型生产方式：根据用户提出的具体订货要求设计、制造和销售产品。订货生产能很好地满足顾客需求的特异性，订货型生产计划的安排通常采用拉动式。

预测型生产方式：指在市场需求调查、市场需求量预测的基础上，有计划地组织生产，以满足市场需求的共同性。预测型生产计划安排通常采用推动式。

1.2.2　服务业运营系统的类型与特点

服务业运营系统的最大特点是顾客参与服务的过程。因此，按顾客与服务运营系统的接触程度来划分服务业的运营系统类型，可分为专业化服务、大众化服务和商店式服务。

专业化服务是指那些顾客接触程度很高且服务过程时间长的服务。它可以为顾客提供具有高度定制化程度的服务。专业化服务一般对工作人员的素质要求较高，相对来讲对设备的要求不是很高。提供专业化的服务运营系统包括咨询公司、心理诊所、律师事务所、医院等。

大众化服务是指那些接待的顾客很多、顾客接触时间有限且定制化程度不高的服务类型。这类服务通常是以设备为基础，大部分价值增值过程发生在后台，工作人员分工明确，且必须遵循既定的工作程序。大众化服务运营系统包括超市、铁路、机场、电信、图书馆等。

商店式服务的特点是其顾客接触程度、定制化水平、顾客数量介于专业化服务和大众化服务之间。服务的提供是在前台与后台、人员与设备的共同配合下完成的。提供商店式服务的运营系统包括银行、商店店铺、汽车租赁公司、学校以及大多数饭店、旅馆等。

1.3　运营管理的目标

运营活动是一个企业向社会提供有用产品的过程，但要想向社会提供"有用"的产品，要想实现价值增值，运营过程提供无论是有形还是无形的产品，必须具有一定的使用价值，这种使用价值主要体现在两个方面：产品质量和产品提供的适时性。而产品的成本，以产品价格的形式最后决定了产品是否能被顾客所接受或承受。这些条件决定了企业运营管理的目标必然是："在需要的时候，以适宜的价格，向顾客提供具有适当质量的产品或服务。"

根据运营管理的目标，以及运营过程是一个"投入—转换—产出"的过程这一特点，将运营管理的基本问题概括为以下三类。

1. 产出要素管理

产出要素管理是运营管理的第一大类基本问题，主要包括：

（1）质量（Quality）

如何保证和提高质量，包括员工的工作质量、产品的设计质量、制造和服务质量问题。

（2）时间（Delivery time）

适时适量生产。在现代化大生产中，生产所涉及的人员、物料、设备、资金等资源成千上万，如何将全部资源要素在它们需要的时候组织起来，筹措到位，是一项十分复杂的系统工程，这也是运营管理所要解决的一个最主要问题。

（3）成本（Cost）

使产品价格既为顾客接受，又为企业带来一定利润。它涉及人、物料、设备、能源、土地等资源的合理配置和利用，涉及生产率提高的问题。

（4）服务（Service）

提供附加服务。对于产品制造企业来说，随着产品的技术含量、知识含量的提高，产品销售过程中和顾客使用过程中所需要的附加服务越来越多。当制造产品的硬技术基本相同时，企业通过提供独具特色的附加服务就有可能赢得独特的竞争优势。对于服务业企业来说，在基本服务之外提供附加服务也会赢得更多的顾客。

2. 资源要素管理

资源要素管理是运营管理的第二大类基本问题，主要包括：

（1）设施设备管理

现代化企业提供产品和服务的能力取决于其设施设备的先进性，而不是人员的工作效率，因此，运营管理中的设施设备管理的主要目的是保持足够、完好和灵活的运营能力。

（2）物料管理

物料是指企业制造产品、提供服务所需的原材料、零部件和其他物品。现如今企业运营所需的绝大部分物料需要外购，因此，物料管理的主要目标是以最经济的方法保证及时充足的物料供应。

（3）人员管理

考虑在运营过程的各个环节如何有效、高效地配置和使用人力资源。

（4）信息管理

企业的运营过程既涉及大量的物流，也需要考虑其中的信息流，用信息流来拉动物流。因此，信息管理的主要目的是及时准确地收集、传递和处理必要的信息。

3. 环境要素管理

环境要素管理是运营管理的第三大类基本问题。传统的生产管理并没有把环境要素管理作为基本问题来看待。今天，环境问题正在引起越来越多的国际关注，如何保护环境和合理利用资源成了企业运营管理中一个越来越重要的问题。环境要素管理可以从企业运营过程中的"投入"和"产出"两个方面来考虑：从"产出"的角度来说，企业在产出对社会有用产品的同时，有可能生产出一些"负产品"，即所排出的废水、废气、废渣等，从而给环境造成污染；也有可能其产品在使用过程中会给环境造成污染，例如，汽车排放的有害气体。为此，企业有必要在产品设计和运营过程中考虑如何保护环境。从"投入"的角度来说，企业在获取和利用各种资源进行运营时，要考虑到人类的自然资源是有限的，需要考虑人类的可持续发展，为此在资源获取和利用上尽量节约自然资源、合理使用自然资源，并考虑各种资源的再生利用问题。当今，环境保护已经成为人类所面临的一个重大问题，而企业在这个问题上具有最直接的责任。为此，国际标准化组织于 1996 年颁布了有关环境管理的 ISO14000 系列标准，以此推动和促进企业在环境管理和人类可持续发展方面的责任。当今，企业是否取得了 ISO14000 的认证已经成为企业能否走向国际市场的又一个"通行证"。

1.4 现代运营管理的新趋势

1.4.1 现代企业所处的环境特征

近一个世纪以来，企业所处的环境经历了一个巨大的变化过程。在 20 世纪初，现代企业处于刚刚起步的阶段，生产规模、生产技术尚未达到一定程度，产品处于一种供不应求的状态，只要能生产出来，就能卖出去。企业只要保证生产能力和基本的产品质量即可。因此，当时工业企业的最大特点是以单一品种或少数品种的大批量生产来降低成本。以美国福特汽车公司为例，福特汽车公司的 T 型车从 1908 年开始生产，连续生产了 20 年，累计产量达 1 500 万辆。在世界上，这种车型的大量生产首次使汽车从一小部分富人的奢侈品变成大众化的交通工具。在当时的时代背景下，生产得越多，成本就越低，也就越能销售得出去。在 20 世纪前 30 年，这种大量生产、大量消费的模式使世界经济迅速发展，使一大批西方国家迈进了工业社会。第二次世界大战以后，整个世界处在从战争创伤中复兴的潮流中，各种物品仍然供不应求，企业仍然在大量生产、大量消费的模式中度过一段"风调雨顺"的美好时光。

20 世纪 70 年代初，情况发生逆转，几种因素使企业面临着一种与过去截然不同的境地。

1. 市场需求

以 70 年代初的石油危机为转机，一方面资源价格飞涨，另一方面随着经济的发展，使得市场需求开始朝着多样化的方向发展，买卖关系中的主导权转到了买方，顾客有了极大的选择余地，对各种产品和服务有了更高的要求，产品的寿命周期越来越短，市场需求多样化的程度越来越高。这种趋势使企业必须经常投入更多的力量和注意力进行新产品的研究与开发，使企业不得不从单一品种大批量生产方式转向多品种、小批量生产方式。

2. 技术

自动化、微电子、计算机、新材料、网络等技术，使企业能够有更多的手段制造多样化产品、提供服务，企业不断面临运营技术的选择，运营系统的重新设计、调整和组合。

3. 竞争

竞争的方式和种类越来越多，竞争内容已不单纯是低廉的价格、质量、交货时间、售后服务、对顾客需求的快速反应、产品设计的不断更新、较宽的产品档次、更加紧密的供应链等，都成为竞争的主题。

4. 全球化

随着通信技术和交通运输业的发展，生产和贸易已变得没有国界，全球经济一体化的进程越来越快，没有任何一个国家能够抵御来自国外的竞争。

从 20 世纪 90 年代开始，信息技术的突飞猛进，给企业所面临的环境和经营生产方式带来了空前的变化，产品的技术密集、知识密集程度在不断提高，市场需求的多样化、个性化进一步发展，全球生产、全球采购、产品全球流动的趋势进一步加强，人类生存环境危机加重与低碳经济、绿色制造的进一步发展。面对这样的环境变化，企业为了生存发展，必须考虑新的运营方式，这也给企业的运营管理带来了一系列新的课题。

1.4.2 现代运营管理的新特征

从上述可以看出，现代运营管理的概念及内容与传统生产管理已有很大不同。随着市场环境的不断变化以及现代企业经营规模的不断扩大，产品的生产过程和服务的提供过程日趋复杂，企业运营管理不断发生变化。特别是近十年来，随着信息技术突飞猛进的发展和普及，企业运营管理进入了一个新的阶段。这些新特征及其发展趋势可归纳如下。

（1）现代运营管理涵盖的范围越来越大。首先，现代运营突破了传统制造业的生产过程和生产系统控制，扩大到了非制造业运营系统的设计上；其次，现代运营管理不仅局限于生产过程的计划、组织与控制，而且包括运营战略的制订、运营系统设计以及运行等多个层次的内容，把运营战略、新产品开发、产品设计、采购供应、生产制造、产品配送直至售后服务看作一个完整的"价值链"，对其进行综合管理。

（2）随着市场需求日益多样化，多品种小批量混合生产方式成为主流，生产方式的这种转变使得在大量生产方式下靠增大批量降低成本的方法不再可行，生产管理面临着多品种小批量生产与降低成本之间相悖的新挑战，要求从生产系统的"硬件"（柔性生产设备）和"软件"（计划与控制系统，工作组织方式和人的技能多样化）两个方面去探讨新的方法。

（3）信息技术已成为运营系统控制和运营管理的重要手段，随之带来的一系列管理模式和管理方法上的变革已成为运营管理的重要研究内容。

（4）随着全球经济一体化趋势的加剧，"全球运营"成为现代企业的一个重要课题，因此，全球运营管理也越来越成为运营管理学中的一个新热点。

（5）跨企业的集成管理——供应链管理成为企业运营管理中的一个重要方面，企业开始致力于整条供应链上的物流、信息流和资金流的合理化运营，与供应链上的多个企业结成联盟，以应对日趋激烈的市场竞争者。

1.4.3　现代运营管理理论新发展

随着信息技术的发展、生产力水平的提高，现代运营管理从观念到技术都产生了重大的变革，出现了一系列新的理论，包括"智能制造""绿色制造"等。

1. 计算机技术在现代运营管理中的应用

（1）物料需求计划（Material Requirement Planning，MRP），是指在产品生产过程中对构成产品的各种物料的需求量与需求时间所做的计划。

（2）制造资源计划（Manufacturing Resource Planning，MRPII），它是对制造业企业的生产资源进行有效计划的一整套生产经营管理计划体系，是一种计划主导型的管理模式。

（3）企业资源计划或称企业资源规划（Enterprise Resource Planning，ERP），是先进的企业管理模式，是提高企业经济效益的解决方案。

（4）计算机集成制造系统（Computer Integrated Manufacturing System，CIMS），通过计算机硬软件，综合运用现代管理技术、制造技术、信息技术、自动化技术等将企业生产过程中有关的人、技术、经营管理三要素及信息流、物流有机集成并优化运行的复杂大系统。

2. 其他生产作业计划控制技术

（1）最优生产技术（Optimal Production Technology，OPT）从系统观点出发，综观全局，力求取得全局最优解。它认为企业的生产能力是由瓶颈环节决定的。

（2）约束理论（Theory of Constraint，TOC）帮助企业识别出实现目标过程中存在的"约束"因素，并进一步指出如何实施必要改进来一一消除这些约束，从而更有效地实现目标。

（3）面向负荷的生产控制方法（Load-Oriented Manufacturing Control，LOMC）尽可能限制平衡在制品库存，使订单（生产任务）迅速及时地通过系统，且能兼顾工作中心的高利用率。

3. 精益生产

精益生产（lean Production，LP）是通过系统结构、人员组织、运行方式和市场供求等方面的变革，使生产系统能快速适应用户不断变化的需求，从而消除浪费，降低成本，其特色是"多品种、小批量"，包括准时制生产方式（Just-in-time，JIT）。

4. 敏捷制造

敏捷制造（Agile Manufacturing，AM）将柔性生产技术、有技术有知识的劳动力与能够促进企业内部和企业之间合作的灵活管理集中在一起，通过所建立的共同基础结构，对迅速改变的市场需求和市场进度做出快速响应。

5. 大规模定制

大规模定制（Mass Customization，MC）是指以接近大规模生产的质量、速度和成本，提供满足定制要求的产品或服务，借助动态集成协同过程，通过提高顾客价值而实现运营目标的生产方式。

6. 业务流程重组

业务流程重组（Business Process Reengineering，BPR）是指对企业的经营运作流程进行根本性再思考和彻底性再设计，旨在使企业的经营运作流程在成本、质量、服务、速度等绩效方面得到戏剧性的改善。

7. 智能制造

智能制造（Intelligent Manufacturing，IM）是一种由智能机器和人类专家共同组成的人机一体化智能系统，它在制造过程中进行智能活动，诸如分析、推理、判断、构思和决策等。

8. 绿色制造

绿色制造（Environmentally Conscious Manufacturing）指综合考虑环境与经济效益的一种现代化制造模式。

讨论案例

蓝色巨人 IBM 的十年转型路

IBM 转型故事堪称最为经典的企业转型案例。2004 年年底，IBM 甩掉 1980 年代以来最富有标志性的资产，将其 PC 业务售予联想集团，被广泛视为告别传统蓝色巨人的转型之举。事实上，IBM 转型自 20 世纪郭士纳时代就已经开始，10 年间两次备受商业界关注的转型的真正原因是，时代正在对高技术的 IT 产品及服务业赋予新的定义，领导者必须把握市场的结构性变化才能带领企业走出困境。

"卖掉 IBM PC 的人"是 IBM 掌门人彭明盛。他并非对这项标志着 IBM 辉煌过去的业务无动于衷。但作为一名拥有数十年经验的管理专家，经过近 3 年的摸索，他已经为蓝色巨人找到了一个价值 5 000 亿美元的市场：不仅为企业提供与 IT 相关的服务，并进一步帮助企业改变商业流程，外包其核心业务以外的功能部门。虽然 12.5 亿美元的 PC 部门对于一家年收入达 900 亿美元的企业而言微乎其微，但多年来，PC 业务的亏损也影响了公司整体的利润率。IBM 必须集中资源，对一些传统业务进行取舍与更新，同时对大名鼎鼎的前任郭士纳已经校正过的商业原则作进一步的修正。

郭士纳 1993 年接手这家企业，曾被讥笑为"只有卖饼干经验"的郭士纳说过，他有信心管理 IBM 的原因很简单："公司里面的所有高级主管没有一个人曾做过客户，只有我曾经是 IBM 的客户，所以我能够把这个公司定位于：为客户着想。"对于曾在 RJR 纳贝斯科和美国运通任高级职务的郭士纳而言，以往的 IT 产品采购经验让他清楚 IBM 的缺点是什么。

郭士纳发现，随着行业整体研制水平的提升，商业规则已经从对科技含量的无限崇拜转变为适合企业的需要才是最好的。造成公司危机的一个重要原因是，为了维持大型机 S/390 的丰厚利润，决策者宁可丢弃市场份额也不降价。而市场上同类的产品，也许技术不那么先进，价格却只有 IBM 的 60%。与此同时，高层经理不顾市场是否真的需要，浪费着数千万美元继续开发桌面操作系统 OS/2，企图从已经广泛占据客户桌面的微软那里重夺操作系统的控制权。IBM 拥有最优秀的硬件、软件研发以及服务资源，但与客户的需求远远脱节。把握住市场结构性变化的郭士纳迅速制订了积极的降价策略，同时用 10 亿美元进行更广泛而不是更尖端的技术更新。7 年内，大型机的价格下降了 96%，销量高速增长，到 2001 年他离任时，投资回报由当年的 10 亿美元变为 190 亿美元。

郭士纳对 IBM 最大的贡献是面对商务环境的变化重新确立以客户为导向，使一家具有更多自我崇拜色彩的高技术公司逐渐向客户需求靠拢。而彭明盛发现市场争夺的焦点正从传统产品转向 IT 服务领域。运营商环境变得更加复杂，迟缓的蓝色巨人在面对越来越挑剔的客户时仍然落后。他的转型理念是"随需应变"（E-Business On Demand）：从客户利益最大化角度出发，科技服务不应再以产品打包的形式销售，而应像水、电一样根据使用量收费。

在彭明盛看来，即使是郭士纳这样优秀的前任也没有从根本上打破 IBM 作为一家技术领先型企业的价值取向。习以为常的做法是有了技术和产品，然后再来找客户，把产品推广到需要它的领域去并没有彻底被纠正。而彭明盛反其道而行之：他希望一切都从客户处反推。

2003 年 1 月末，IBM 召开年度全球管理层大会，经理们长时间讨论如何围绕随需应变战略整合公司资源，但所有的讨论意见都是从公司内部出发的。最终彭明盛将讨论打断了。他建议所有人都走出 IBM，倾听客户的意见，了解他们最想解决的问题，并找出应对的方法。"如果他们真的为客户解决了问题，也就知道我们应该做什么了。"

作为公司的 CEO，彭明盛以身作则，用大量时间拜访重要客户。他去沃尔玛时给对方的承诺是："把你最难的问题给我们。" 最难的问题只有一个：怎么让购物车实现更多销售？

IBM 组建了一支由管理层、咨询顾问和技术专家组成的小组，深入细节之中。他们很快发现，对于消费者而言，在超市中最大的问题是很容易迷失方向，很多时间用来寻找自己的目标，而不是购物。针对此问题，IBM 开发出一种内附扫描仪和液晶显示器的购物车，它能够显示超市内的地图，并提供购买相关产品的信息。这一创新之举给顾客带来了很大便利，也促使人们购买更多的商品。

在彭明盛任总裁时，他就与成本更低的开放源代码的操作系统 Linux 的创始人里纳斯·托沃兹亲密接触，随后宣布 IBM 将在此领域投资 10 亿美元。随着 IBM 应用 Linux 的增多，它能够在很多层面帮助客户降低成本。在这次大变革中，彭明盛同样小心翼翼地避免 IBM 在历史上曾经犯过的错误，比如为了保持利润率而无视市场的变化。

最新的一次转型能否成功还不能过早下结论。但在彭明盛看来，这是一个大胆但风险不高的计划，因为 IBM 在跟随着市场需求行军。到 2005 年年底，IBM 已成为 IT 历史上首家年收入达到 1 000 亿美元的公司。不仅如此，彭明盛还承诺，公司将保持每年最少 5% 的销售增长率以及两位数的利润率增长。他希望在 10 年内，IBM 的咨询与外包业务能够成长为一个年收入 500 亿美元的高收益业务。

资料来源：中国信息产业 http://www.cnii.com.cn/20050508/ca305926.htm

思考题：

IBM 的十年转型路带给我们哪些启示？

本章小结

运营是企业为实现组织目标，向社会提供具有竞争力的产品和服务而进行的一系列决策和行动。运营管理不仅意味着企业要生产产品和提供服务，同时意味着企业在市场上应该具有竞争优势。运营系统按输出不同可分为制造业和服务业运营系统。随着信息技术的发展和普及，运营管理出现了一系列新理论、新技术，现代运营管理进入了一个新的发展阶段。

中英文关键词语

运营管理（Operations Management）；制造业（Manufacturing）；服务业（Servings）

参考文献

[1] ［美］罗杰·G. 施罗德. 运作管理. 第 4 版（中译本）. 北京：北京大学出版社，2000.

[2] 刘晓冰. 运营管理. 大连：大连理工大学出版社，2005.

[3] 刘晓冰，李新然. 运营管理. 北京：清华大学出版社，2011.

[4] 陈荣秋，马士华. 生产与运作管理（第 4 版）. 北京：高等教育出版社，2016.

[5]　潘家轺，刘丽文. 现代生产管理学. 北京：清华大学出版社，1994.

[6]　李海源，张骥. 运营管理. 徐州：中国矿业大学出版社，2009.

[7]　［美］威廉·史蒂文森. 运营管理（原书第 8 版）. 张群，张杰译. 北京：机械工业出版社，2005.

[8]　［美］威廉·史蒂文森. 运营管理（原书第 9 版）. 张群，张杰译. 北京：机械工业出版社，2008.

[9]　［美］理查德，［美］罗伯特，［美］尼古拉斯. 运营管理. 北京：机械工业出版社，2007.

[10]　范体军，李淑霞，常香云. 运营管理. 北京：化学工业出版社，2008.

[11]　赵启兰. 生产运作管理. 北京：清华大学出版社；北京交通大学出版社，2008.

[12]　齐二石. 生产与运作管理教程. 北京：清华大学出版社，2006.

思考练习题

1. 什么是运营管理？

2. 试述运营管理的类型及特点。

3. 运营管理的目标是什么？

4. 运营管理的基本问题有哪些？

第2章 运营战略

学习目标

通过本章学习，读者应该能够：

1. 了解术语"战略"的含义；
2. 了解运营战略的提出历程；
3. 掌握运营的基本战略。

引导案例

物联网时代海尔又下了一步先手棋：生态品牌

海尔首次提出"生态品牌"模式，在全球范围内第一次明确地提出物联网时代的"创牌"方式。其基本假设是：物联网时代，传感器、RFID技术、人工智能、通信技术的飞速发展，共享和处理实时数据已变得更容易，行业间的物理边界正在消失，单纯地销售硬件产品在物联网时代已不足以吸引用户。因此，企业即将从产品品牌竞争、平台品牌竞争转移到生态品牌竞争。

在过去一段时间中，当其他企业选择"贴牌代工"出口创汇之时，海尔一直坚持自主创牌，如今连续九年蝉联全球大型家电第一品牌，实现传统家电领域的"套圈引领"，可以说品牌战略是海尔成功的重要助推器。

物联网时代的到来，大大改变了企业外部环境，印度战略学家曼尼什•格鲁弗认为，物联网时代我们应该考虑整个顾客互动生态系统。这意味着产品组合只是推动用户与我们品牌互动的一种驱动性工具，企业应该考虑围绕用户构建一个满足用户全方位体验的生态系统，可以实现人对价值的最大化以及利益相关方价值最大化的共创共赢新业态。

2018年，海尔将自己企业的品牌战略升级为生态品牌战略。先后建成U+、COSMOPlat、大顺逛等全球平台，推出全场景定制化智慧成套方案，创建物联网时代的第一生态品牌，率先实现智慧家庭领域的"换道超车"。

资料来源：海尔官方博客 http://blog.sina.com.cn/s/blog_670c8d240102xh4z.html（作者整理）

2.1 运营战略的提出

2.1.1 运营战略与企业经营战略的关系

战略一词原本是一个军事名词，指"对战争全局的策划和指导，依据国际、国内形势和敌对双方政治、经济、军事、科学技术、地理等因素来确定"。1965 年，美国著名的战略学家安索夫（Ansoff）教授在其著作《企业战略》一书中开始使用战略管理一词，将战略从军事领域拓展至经济管理活动。企业战略就是对企业重大问题的决策结果以及企业将采取的重要行动方案，是一种定位，是一种观念，是企业在竞争的环境中获得优势的韬略。

为了切实有效地实现企业的战略目标，企业经营战略必须由不同的层次和不同方面的战略构成，一般可分为：企业总体战略（公司战略）、事业战略（经营单位战略）和职能战略（职能部门分战略），典型的企业战略层次体系结构如图 2.1 所示。

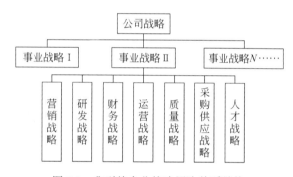

图 2.1　典型的企业战略层次体系结构

1. 企业总体战略

企业总体战略是在对市场需求、竞争状况、资源供应、企业实力、国家政策、社会需求等企业内外环境深入调查和综合分析的基础上，由公司最高管理层所确定的统率和指导企业全局与长远发展的长期计划和经营目标。公司战略是企业的战略总纲，是企业最高管理层指导和控制企业的一切行为的最高行动纲领。公司战略有以下几种分类方法：

（1）按照企业所处的经营态势可分为发展型、稳定型和紧缩型战略

发展型战略是在现有战略起点的基础上，向高一级目标发展的一种总体战略类型，它一般是在企业处于良好的经营条件下，可供企业选择的一种总体战略方案。它包括产品市场战略、联合战略、竞争战略、国际化战略四种。

稳定型战略是指企业为维持现状，只进行少量或中等程度的资源投资，保持现有产销规模和市场占有率，稳定和巩固现有竞争地位的一种战略。它包括无增长战略和微增长战略。

紧缩型战略是指当企业内部环境与条件都对企业十分不利时，企业采取的撤退措施，保住企业生存能力以便转移阵地或积蓄力量的战略。它包括转变战略、撤退战略和清理

战略。

（2）按照企业的经营领域可分为专业化和多元化战略

专业化战略是指集中公司所有资源和能力于企业所擅长的核心业务，即在经营中占主导地位的业务，通过专注于某一点带动公司的成长。这里所说的专业化可以是行业专业化，即公司专注在某一个行业内；也可以是业务专业化，即公司专注于行业价值链中某一环节的业务。

多元化战略是指企业同时经营两种以上基本经济用途不同的产品或服务的一种发展战略。多元化战略是相对企业专业化经营而言的，其内容包括产品的多元化、市场的多元化、投资区域的多元化和资本的多元化。

（3）按照企业制订经营战略的主客观条件不同可分为保守型、可靠型和风险型战略

在保守型战略下企业制订的战略目标与对策水平趋于保守，没有充分发挥企业的内部潜力，因而实现目标的保险系数较大。

在可靠型战略下企业制订的战略目标与对策水平正好与企业经过努力所能达到的水平相适宜，条件充分，分析具体，决策正确，手段和措施到位，能够保障企业持续稳定发展。

在风险型战略下企业制订的战略目标与对策，超越了企业经过努力所能达到的水平，决策的可靠程度较差，实施要承担一定的风险。但一旦决策成功，就可以为公司带来巨大的"风险利益"。

（4）按照企业资源配置和增长方式不同可分为粗放型和集约型战略

粗放型战略主要依靠增加新的投资、新的项目、新的场所来实现经济的高速增长，特点是外延扩大再生产，包括资金密集型和劳动力密集型。

集约型战略是通过资金的相对集中和与其他经营要素的组合方式的合理调整，来提高资金营运的效益，其特点是内涵扩大再生产，包括资金集约型和劳动力集约型。

2. 事业战略

事业战略又称为经营单位战略或竞争战略，是企业各独立核算单位或具有相对独立的经济利益的经营单位在总公司或集团公司总体战略的指导下，为实现总公司发展目标，对所从事的某一经营事业的发展做出的长远性谋划和方略。事业部战略要把公司经营战略中规定的方向和意图具体化，成为更加明确的针对各项经营事业的目标和战略。经营单位战略包括成本领先战略、差异化战略、集中战略、快速反应战略等。

（1）成本领先战略

成本领先战略也称低成本战略，是指企业的成本状况在全行业范围内处于领先地位，即企业产品的总成本低于竞争对手产品的总成本。成本领先战略的战略逻辑，一是要求企业成为产业内唯一的成本领先者，而不仅仅是若干领先企业之一；二是要求企业较竞争者有明显的成本优势，而不只是微小的领先。这种竞争优势可以说服竞争对手不再采用相似的战略方针。

（2）差异化战略

差异化战略就是企业设法使自己的产品或服务有别于其他企业，在全行业范围内树

立起别具一格的经营特色，从而在竞争中获取有利地位，企业在实施这一战略以前，必须对顾客的需求与行为加以仔细研究，掌握他们心目中最有价值的东西。在此基础上，企业对自己的产品或服务加以改进，使之具有适合顾客需求又不同于竞争者的特色。这样，一旦市场上有足够的顾客喜欢或依赖这些改进型产品或服务时，企业便建立了自己的差异化优势。

（3）集中战略

集中战略指企业将经营范围集中于某个特殊的顾客群，某个产品线的一个细分市场或地区市场。企业实行集中战略能够以较高的效率为某一狭窄范围的对象服务并获取良好效果，从而在较广范围内超过与其竞争的其他企业，其结果是企业通过满足特殊市场的要求实现了差异化，或者在向这一对象服务过程中降低了成本，达到盈利潜力超过行业的平均水平。

（4）快速反应战略

快速反应战略是在"满足顾客的需求，更有效地服务于顾客"这一理念的基础上建立起来的。它的目标就是"在合适的时间内，为消费者提供合适数量、合适价格的合适商品"。

3. 职能战略

职能战略也叫职能部门战略，指为了保证企业总体战略和经营单位战略的实现，运用各种专业的职能，使企业开展的经营活动能更加有效地适应内外环境的要求所制订的长远性谋划和方略。由于各职能部门的业务不同，相应的职能战略又可细分为运营战略、营销战略、财务战略、采购供应战略和人力资源战略等。

运营战略是运营管理的重要组成部分，其核心思想在于从战略的高度来综合考虑企业的运营问题，正是由于这样的高度，使得企业人员能够在更高的层面上协调一致，充分发挥企业的核心能力：低成本、高质量、快速交货、柔性和优质服务等竞争优势要素。由图 2.1 可见，在企业战略体系结构中，运营战略属于职能级战略，是为了贯彻、实施和支持总体战略与经营单位战略而在企业运营管理领域制订的战略。

2.1.2　运营战略的提出和发展

第二次世界大战之后，由于战争期间产品极为匮乏，使得战后的美国对产品的需求十分旺盛，当时美国企业能够以相当高的价格出售他们生产的任何产品。在这样的企业环境中，人们仅仅通过其市场营销和财务部门来研究其企业战略，而不注意运营战略问题。随着市场竞争全球化趋势的不断发展，斯金纳（Wickham Skinner）教授认识到运营管理部门职能单一和发展停滞成为美国制造业发展过程中的一大隐患。1969 年，他在《哈佛商业评论》上发表了一篇著名论文《制造——战略中缺少的一环》（Manufacturing—The Missing Link in Corporate Strategy），第一次比较系统地阐述了运营战略与企业总体战略的关系，呼吁研究运营战略，作为已有的营销战略和财务战略的补充。

海斯（Hayes）、威尔瑞特（Wheelwright）（1985）把运营战略定义为一种在运营决策中应一致遵从的模式。这些决策的一致性越好，他们支持企业战略的程度就越高。他们接着又指出在运营中应如何进行决策并保持决策的一致性。他们强调运营战略的"结果—决策模式"的一致性。

施罗德（Schroeder）、安德森（Andenon）和科莱渥兰德（Cleverland）给出了运营战略的另一个定义，他们将运营战略定义为四个组成部分：宗旨、特有能力、目标和策略。他们认为这四部分有助于确定运营应该完成哪些目标和如何达到这些目标。最终的战略应能帮助指导运营各部分的决策。

波特教授在 1985 年出版的《竞争优势》一书中，提出了价值链分析方法，从企业内部的产品设计、生产、销售、运输、后勤支援等多项独立活动出发，分析企业为客户创造价值增值的源泉，并重点研究了如何通过价值链系统来调整、整合公司内部要素，从而找到并保持公司的竞争优势。从市场需求的角度来确定企业的总体战略，继而确定企业运营战略的重点目标与方向，以此为次序整合企业的营销与运营部门。

2.2　竞争力导向的运营战略

2.2.1　企业竞争力来源

随着经济市场化进程的日益加快，国际和国内市场环境已经到了买方市场和过剩经济的时代。在企业与消费者的关系上，消费者是支配方，衡量企业效率以及存在价值的决定权掌握在顾客手中，企业为了生存和发展必须根据消费者的意愿及偏好来安排企业的运营活动。企业满足顾客需求的能力越强，其市场的竞争能力越强，如何获得和培育企业的市场竞争能力成为企业生存的关键要素。

理查德·B. 蔡斯（Richard B. Chase, 2011）等人将可能成为企业竞争力的竞争维度进行整理如下。

（1）成本或者价格

在每个行业市场中，通常都会有部分顾客特别中意低价的产品。为了在这个细分市场上获得竞争优势，企业可以选择采用低成本竞争战略。实践证明成功地运用低成本竞争战略，往往可以帮助企业有效地扩大其市场份额。

（2）质量

质量意味着为顾客提供优质的产品和优质的服务，对于比较看重体验的顾客群而言，优秀的质量无疑是一种竞争优势。进一步分析，考核质量有两个方面的指标。其中一个指标是指其设计质量，优秀的设计质量意味着所设计出的产品性能更加符合顾客的要求，能更好地为顾客服务。另一个指标是指工艺质量，优秀的工艺质量，保证其生产出来的产品和提供的服务能够符合设计质量要求，为顾客提供更好的体验。

（3）交付速度

快速地提供产品或者服务也是一种明显的竞争优势。在某些市场上顾客特别看重供应商提供产品或者服务的交付速度，特别是一些市场波动大，时限性要求高的行业。例如大型关键型设备维修过程中，急需的维修部件早到一个小时，就可能给企业节省成千上万的费用。

（4）交付可靠性

交付可靠性是指企业在承诺的时间内送达承诺提交的产品和服务，过早或者过晚都可能给顾客带来不必要的损失。例如，现在许多制造型企业采用准时化生产的生产模式，要求供应商在特定的时间里提供零部件和原材料。过晚提供直接影响企业生产计划的及时实施，过早提供会扰乱制造企业的生产秩序。

（5）应对需求变化的能力

市场竞争的加剧导致市场需求的变化越来越频繁，当市场需求发生较大的变化时，企业具不具备应对这种变化的能力，是否具备生产批量柔性，是企业适应市场变化的重要因素。

（6）柔性和新产品开发速度

从战略意义上讲，柔性是指企业为顾客提供多种类型产品的能力。这种能力可以从两个方面进行衡量。一方面是企业研制新产品所需要的时间，另一方面是调整现有生产工艺去生产新产品所需的时间。

在企业整体战略框架中，运营战略作为直接与经营单位战略衔接的职能战略（详见图 2.1），必然要为经营单位战略服务，起到保证经营单位战略有效实施的作用。在制订企业的运营战略时，必须以企业的经营单位战略为基本出发点，进行有针对性的设计。从过去几十年的企业管理实践的演变过程中看，比较有代表性的运营战略包括基于成本的运营战略、基于质量的运营战略、基于时间竞争的运营战略和基于全球化的运营战略等。

2.2.2　基于成本的运营战略

企业或经营单位选择低成本竞争战略，决定了其职能战略制订必须遵循竞争战略的指导思想。企业成本可以粗略地分为运营成本、营销成本、财务成本、管理费用和其他几大成本构成。不同类别企业的各大成本占比存在明显的差异，通常固定资产投资比重较高，企业的运营成本通常也较高，如制造业从轻工到重工，固定资产投资比重不断提高，部分重工企业的运营成本占总成本的 70% 以上，实行基于成本的运营战略是企业实现低成本竞争战略的重要途径。从 20 世纪 80 年代开始，许多企业采用基于成本的运营战略，并获得了成功。

所谓基于成本的运营战略，就是在运营系统的设计与运行全过程中，始终贯彻低成本的战略指导思想，通过系统化设计运营系统，科学优化运营流程，实现在保证质量标准要求的前提下的运营成本最小化。由于该项工作涉及运营系统设计合理化、运营流程优化和运营管理活动的科学化等运营管理的各个方面，是一项涉及面广、影响久远的战略性工作。

阅读资料

春秋航空——行业成本领先者

春秋航空（Spring Airlines）股份有限公司是首个中国民营资本独资经营的低成本航

空公司，也是首家由旅行社起家的廉价航空公司。2004 年 5 月 26 日得到批准后由春秋旅行社创办，注册资本 8 000 万元人民币，首航班机于 2005 年 7 月 18 日上午由上海虹桥机场起飞前往山东烟台。公司初创时只有 3 架租赁的空客 A320 飞机，但其平均上座率达到 95.4%，成为国内民航最高客座率的航空公司，并实现惊人的盈利 3 000 万余元。2017 年，春秋航空营业收入 1 097 亿元，归属于上市公司股东的净利润为 12 亿 6 千万元，利润比 2016 年同期增长 32.73%。是中国当今少数的几家盈利的航空公司之一。

春秋航空的高上座率，很大程度上源于其推出 99 元、199 元、299 元、399 元等"99 系列特价机票"，主打对价格比较敏感的商务客和旅游观光客等客源市场，吸引更多的原本打算乘坐火车和汽车等地面交通工具和从未坐过飞机的人选择春秋航空的飞机出行。作为一家低成本航空公司，实现低票价的"99 系列特价机票"的秘诀在于其基于成本的运营战略和营销战略，春秋航空降低成本的重要途径是从运营成本和销售成本两个方面着手节约成本。

在运营成本方面，提高航班的上座率是一个重要的降低成本的举措。每次航班都存在一部分与搭载乘客人数关系不大的比较固定的成本，如飞机折旧费、停机坪、地勤服务等费用，这部分成本占一次航班总成本的一半以上。提高上座率可以大大降低每个乘客承担的固定成本份额，达到降低成本的目的。降低运营成本的另一个战略举措是增加航班的座位数，春秋航空公司的航班平均座距比其他航空公司小许多，大大提高航班的载客能力。由于客机的起飞重量有限制，在增加载客量的同时，春秋航空对乘客可免费携带的行李重量及体积作了较其他航空公司更严格的限制。同时，春秋航空还将一些传统免费服务变为收费服务项目，如不提供免费的机上膳食和饮料。

在销售成本方面，春秋航空是中国国内唯一一家不采用中国民航 GDS 预订系统，自行研发座位销售系统的航空公司。其机票销售以网上 B2C 电子客票直销为主。2012 年春秋航空已经超过 80% 的出票都是通过公司网站和手机客户端实现的。这样的自由销售系统，避免了他人代售机票产生的额外销售费用，还采用网络与移动支付技术构架出电子商务的交易途径，替代传统的售票网点体系，节省巨额的销售网点体系建设与运营费用。

资料来源：https://baike.baidu.com/item/春秋航空股份有限公司/12010458（作者整理）

阅读资料要点解读：就春秋航空公司战略体系而言，其公司的发展战略是单元化战略，将公司的发展方向定位于航空业务。在竞争战略层面主要采用的是集中战略（集中在价格敏感顾客群）和低成本战略，为了配合低成本的竞争战略实施，其运营战略采用的是基于成本的运营战略。从阅读资料中可以看出，春秋航空公司从运营系统的设计，到运行过程管理等各方面，坚定不移地坚持低成本的战略思想，制订出解决降低成本问题的方案，达到成本最小化的目标。

2.2.3　基于质量竞争的运营战略

当企业或经营单位的竞争战略选择差异化战略时，至少会选择一个顾客重视的竞争维度作为企业获得竞争优势的突破点。其中，以质量为突破点，选择基于质量的运营战略，会以保持或改进组织的产品和服务的质量为战略指导思想，在运营管理的各个侧面坚持全面、全员、全过程重视质量的管理原则。日本政府在 20 世纪 50 年代开始引导日本企业重视质量管理工作，逐渐积累了大量的质量管理的经验，其汽车产业就是依靠产品的质量和经济性崛起的。2015 年，日本的丰田公司终于将美国传统的三大汽车公司远远地甩在身后，成为全球年销售量最大的汽车企业，其管理实践证明质量确实是吸引并留住顾客的一个竞争要素。

阅读资料

海尔从品牌（质量）战略迈向国际名牌之路

从张瑞敏接手青岛电冰箱厂开始，海尔 30 余年变迁过程中的战略体系经历了 4 个阶段：

名牌战略阶段（1984—1991 年）特征：只干冰箱一个产品，探索并积累了企业管理的经验，为后续发展奠定坚实的基础，总结出一套可移植的管理模式。只有国内市场做大做强，才有资格谈国际化的问题，这一阶段海尔艰难起步并确立冰箱行业的名牌地位，其代表事件就是"砸冰箱"，通过砸掉 76 台有问题的冰箱砸醒职工的质量意识，树立名牌观念。当时的外部环境是冰箱厂蜂拥而起，但没有名牌，因此海尔决定引进世界上最先进的电冰箱生产技术，生产世界一流的冰箱，创出冰箱行业的中国名牌。1988 年海尔获得中国冰箱行业历史上第 1 枚国家质量金牌，标志着其名牌战略初步成功。

多元化战略阶段（1992—1998 年）特征：从一个产品向多个产品发展，1984 年只有冰箱，1998 年时已有几十种产品。产品从白色家电进入黑色家电领域，以"吃休克鱼"的方式进行资本运营，以无形资产盘活有形资产，在最短的时间里以最低的成本把规模做大，把企业做强。

多元化不仅是产业的多元化，同时也指市场多元化。如可口可乐，有经济学家说它是专业化，另一个角度却可以认为可口可乐是多元化的，因为全世界各个角落的市场都被可口可乐征服了，这就是市场多元化。这种多元化思维的结果导致海尔开启国际化战略。

国际化战略阶段（1999—2005 年）特征：产品批量销往全球主要经济区域，有自己的海外经销商网络与售后服务网络，Haier 品牌已经在全球拥有一定知名度、信誉度与美誉度。海尔的国际化是国际化海尔的一个基础，先做到海尔的国际化才能去做国际化的海尔。海尔的国际化就是海尔的各项工作都能达到国际标准，主要是三方面：一是质量，二是财务，三是营销。国际化的海尔层次更高，"海尔"已不再仅仅是中国的海尔，还会有美国海尔、欧洲海尔、东南亚海尔，等等。国际化的海尔是三位一体的海尔，即设计中心、营销中心、制造中心三位一体，最终在全球范围内成为有市场竞争力、具备在当地融资、融智功能的本土化海尔。

全球化品牌战略阶段（2006 年至今）特征：为了适应全球经济一体化的形势，运作全球范围的品牌，进入全球化品牌战略阶段。国际化战略和全球化品牌战略的区别是：

国际化战略阶段是以中国为基地，向全世界辐射；全球化品牌战略则是在每一个国家的市场创造本土化的海尔品牌。海尔实施全球化品牌战略要解决的问题是：提升产品的竞争力和企业运营的竞争力。与供应方、客户、用户都实现双赢。从单一文化转变到多元文化，实现持续发展。2018 年，海尔将企业的品牌战略升级为生态品牌战略。

时至今日，海尔已经构建起了覆盖全球的品牌网络，布局了包括海尔、卡萨帝、日日顺、AQUA、GEA、斐雪派克、统帅等品牌，从不同领域持续满足用户的最佳体验。海尔连续 7 年被欧睿国际评为全球大型家电第一品牌，其中冰箱、洗衣机、酒柜、冷柜的销量也蝉联全球第一。

目前，海尔品牌产品已经销往全球 100 多个国家和地区，成功进入美国前十大连锁渠道和欧洲前 15 大连锁渠道；海尔在欧洲的产品单价从十年前的 99 欧元升至 2 999 欧元。数据显示，海尔品牌在海外取得了较高的认可度。全球认知度达 60.7%。

资料来源：兔八哥新闻 http://news.to8to.com/article/122701.html

精品文库网 http://www.jingpinwenku.com/view/3d4e2a6787aa2e9a.html（作者整理）

阅读资料要点解读：阅读资料中的海尔战略演变的 4 个阶段，是基于海尔自己的总结基调整理出来的，从严格的战略理论角度而言，并不严谨。在发展战略角度方面，海尔经历了一个演变过程。第一阶段，海尔的发展战略是单元化战略；第二阶段转变为多元化战略；而第三、第四阶段的发展战略都是国际化发展战略，只不过在第四阶段更加突出强调品牌竞争的战略意义。在竞争战略方面，海尔自始至终地强调质量与品牌，将质量和品牌作为竞争战略的基本出发点，从产品质量到服务质量的升级，最终升华为品牌优势。按照海尔自己的解释，在第四阶段海尔的国际化战略，由四部分组成：质量国际化、科技国际化、产品设计国际化和市场国际化，其中质量国际化依然是第一位的。

2.2.4　基于时间竞争的运营战略

时间是企业最重要的资源之一，经济学认为，一切节约都是时间的节约。基于上述认识，许多企业选择时间这一要素作为企业竞争战略的基本出发点，最常见的就是快速反应战略，其战略目标是做到在合适的时间内，为消费者提供合适数量、合适价格的合适商品。从本质上讲，基于时间竞争的战略是一种强调与时间相关的竞争维度的差异化战略。

当公司采用快速反应竞争战略时。要求各职能战略以时间作为竞争要素做出相应的调整，制订出相应的职能战略，运营战略也不例外。在时间竞争导向的大环境下，运营战略选择当然可以是基于时间竞争的运营战略。

所谓基于时间竞争的运营战略，就是在运营系统的设计与运行全过程中，始终贯彻时间为第一竞争要素的战略指导思想，通过系统化设计运营系统，科学优化运营流程，达到在保证质量标准要求的前提下以最快的速度满足顾客的市场需求。同样是基于时间竞争的运营战略，存在不同的战略设想，包括美国式的敏捷制造模式、日本式的准时化生产模式和中国式的与时间赛跑模式等。

敏捷制造主要采用硬件为主要突破点，比起其他制造方式具有更灵敏、更快捷的反应能力。而日本丰田公司则另辟蹊径，综合了单件生产和批量生产的特点和优点，创造了一种在多品种小批量混合生产条件下高质量、低消耗的生产方式即准时制生产（Just In Time，JIT）。准时制运作的基本理念是以需定供，即供给方根据需要方的要求（或称看板），按照需要方的品种、规格、质量、数量、时间、地点等要求，将物资配送到指定的地点。不能早、不能晚、不能多、不能少，并且确保所送物资没有任何残次品。为此，丰田公司创造出一整天的相关计划制订、库存管理和质量控制方法，实现了高效率、低库存和高质量的运营管理模式，创造出自己的基于时间竞争的运用战略。成功实施准时化生产的丰田公司，比其他的汽车企业能更快地满足市场变化的需求，其质量更好，价格更低，最终登上全球汽车行业龙头老大的座椅。而中国企业则采用独具中国特色的方式应对快速反应战略对运营系统提出的要求。华为是中国企业中的佼佼者，在与时间赛跑中取得了不俗的成绩。

阅读资料

与时间赛跑的华为

1987 年，任正非以 2.4 万元资本注册了华为技术有限公司，主要从事代理港商提供的电话交换设备。1993 年，华为终于成功研制出自己的 2 000 门网用大型交换机设备 C&C08 机，标志着华为公司第一次拥有了自己的产品。一直到制订《华为基本法》之前，都属于华为的初创阶段。这个阶段管理模式简单粗暴但有效，存在强烈的任正非个人的印记。营销方面依靠市场上融入客户、快捷反应、专业过硬的以"狼性"著称的营销团队，保证不断抢到新的订单；在产品研发上，要求研发队伍坚持"床垫精神"的狂加班模式，大大加快技术追赶国际一流水平进程的同时，大幅度地降低了研发和运营成本。这样的管理模式，保证华为可以一直采用低成本竞争战略获得一定的竞争优势，尽管在人性化管理方面备受争议。

1998 年，在大学学者参与下，华为制订其管理纲领性文件《华为基本法》，这标志着华为走上科学管理的快车道。在继续坚持低成本战略的同时，开始引进服务差异化竞争战略，强调从客户服务到客户满意的转变，快速响应客户需求。华为花费巨资聘请 IBM 等多家国际领先企业，为其改造供应链管理和生产过程的全部流程，实现更加科学的规范化管理，建立了包括服务解决方案和应急响应中心的服务产品线，快速响应客户需求。

通信设备行业技术迅速进步的外部环境，使得华为采用的低成本战略和服务差异化战略都是建立在快速的技术创新基础之上。这个观点从华为创立以来，在人们公认里程碑式的三次技术创新中得到了印证。

第一次是 20 世纪 90 年代初期"CC08"交换机开发时，用光纤替代欧美国家普遍使用的铜缆，解决了中国农村市场远程通信网络建设和运行维护问题。

第二次是 21 世纪初，华为针对欧洲客户存在的机站选址困难、运维成本高等难题，开发出了"分布式无线基站解决方案"，机站及设备可选址的空间范围大大增加（街道柱子、楼顶、过道、地下室、楼梯间等），建设费用及运维成本大幅度降低。

第三次是近年来，华为根据中国三大运营商三足鼎立、分别建网且制式不一、快速迭代（2G、3G、4G、5G、……）的特殊国情，首创性地开发出"Single RAN"网络解决方案（平台）——"一个网络架构、一次工程建设、一个团队维护"，解决了运营商在网络布局、建设、运维方面的不便、低效和困难等问题，使运营商顺畅、快捷地过渡升级到新一代技术，并节约了大量的成本。

2003 年年底，华为推出以手机为代表的消费者业务。经过十余年发展，在中国、俄罗斯、德国、瑞典、印度及美国等地分别设立了 16 个研发中心。2017 年，华为成为中国最大的手机制造商，智能手机年销售量 10 255 万台，占市场份额 23%。

2010 年，华为发布了云核算战略及其端到端解决计划并启动了"云帆计划"，正式提出"云—管—端"三位一体的多元化战略。按照任正非的说法，华为可以做"管"上的"铁皮"，即"云"体系中的通信和网络部分；而最近华为宣布开发"超宽带"产品，就在"管"上发力的一个标志。在"端"的层面，华为手机在"海思"芯片的助力下，价值链更有优势，战略回旋余地更大，也有利于顾客体验的创新。

目前，华为在部分技术领域已成为全球领先者，正走在从"fast follower"（快速的跟随者）到"ICT 领导者、客户问计对象"的宽广道路上。华为累计获批专利近 4 万件，占到全国所有企业全部成果的 2/3。2016 年占到整体研发投入的 17%。作为中国企业排名最高的代表，华为 2016 研发投入达到 83.58 亿欧元（约合人民币 608 亿元），稳居世界第八。

2015 年华为入选 Brand Z 全球最具价值品牌榜百强，位列科技领域品牌排名第 16 位。华为已经踏上了从单纯地依赖价格优势进行简单的市场竞争，向能够最大限度地满足顾客需求的行业引领者的蜕变路程。

阅读资料要点解读：华为公司在三十年的时间里，依托于基于时间竞争的运营战略，帮助企业实现了从无到有，从有到强的发展过程，在与时间的赛跑上比竞争对手跑得更快，追上并超越对手。从阅读资料中可以看出，华为在产品研发端，无论是早期的加班文化，还是后来的研发费用的大手笔投入，以及近年来的整合全球技术人才资源合作研发，其根本目标是最大限度地推进研发速度；在生产系统的管理端，花大代价聘请大牌咨询公司进行全过程的流程重组，其目的也是减少生产周期；在物流供应端，优化供应链流程的目标也是保证快速满足顾客需求。

2.2.5　全球化运营战略

全方位地参与经济国际分工并不断深化和扩大，使分工不再只限于工业和农业领域，而广泛地延伸到第三产业，是全球化运营战略的产生原因，其具体表现包括：

1. 建立全球化的生产体系

在全球化的生产体系中，任何企业都是现代社会供应链中的一个环节，任何一家企业都没有能力有效地独自建立并拥有一条完整的供应链。面对有限的资源，多变的需求和信息社会的冲击，企业运营的立足点应是整个地球，应确切界定自身在供应链中的环节、地位与作用，以合作、联盟等多种形式组合供应链上所有的企业共同做市场，形成全球化的市场和生产分工合作体系，将顾客需要、供应链伙伴的需求、自身需求三位一体，实现"双赢"或"多赢"目标，开拓企业发展的更大空间。

2. 实施企业组织及运营方式的变革

企业生产组织的一体化通常有两种方法：①横向一体化，指产品不同种类的一体化；②纵向一体化，指同一产品不同生产阶段的一体化，也就是同一类产品内部上、下游产品实行组织一体化。在经济全球化时代，其主要方式有三种，即 OEM、ODM 和 OBM。其中，OEM（Original Equipment Manufacturing）是一种"代工生产"方式，其含义是指产品购买者经常给产品供应者提供产品的各种设计参数、图样和技术设备支持，以保证产品的质量、规格和型号符合购买者的需求。因此，在大量的 OEM 合作中，新产品设计、生产过程和重要的技术信息经常都是由购买者提供的。购买者在产品设计、技术和人员培训等方面帮助供应者，甚至给予大量的投资建立一些新厂房，扩大供应者的生产能力。对于供应者来说，OEM 是获得管理经验和新技术知识的最有利机会。ODM（Original Design Manufacturing）是指产品的设计不再由购买者确定，而由供应商提供。这意味着供应商不仅生产产品，还提供产品的设计。而购买者只需要将供应商生产出来的产品贴上自己的商标，就可以出售了。OBM（Original Brand Manufacturing）是指供应商形成一种品牌优势，包括产品品牌声誉和控制市场销售渠道的能力。对于那种不要求高技术的产品来说，这是比较现实的合作方式。

作为全球化背景下新的生产组织形式，OEM、ODM 和 OBM 反映了一个企业的成长过程。在企业既有生产能力，也有产品和技术设计能力，又有市场销售网络和广告推销能力的条件下，企业便可以形成设计、生产和销售一条龙的运营管理体系。

（讨论案例）

五谷道场"非油炸"帝国的倒塌

作为中旺集团的分公司，北京五谷道场食品技术开发有限公司，是一家专业从事五谷健康食品技术开发和生产的股份制民营企业。其总部在北京市朝阳区 CBD 核心东三环南路富顿中心，生产基地在北京市房山琉璃河。公司有 160 多亩的生产基地，引进先进的进口设备和非油炸生产工艺，而且拥有技术力量强大的食品研究所和经验丰富的生产、管理、营销队伍。作为中华面文化和健康速食的倡导者，五谷道场率先提出"拒绝油炸，留住健康"的产品理念，彻底颠覆了油炸方便面的产业结构，并引领起中国面制品行业的一场绿色革命。

北京五谷道场食品技术开发有限公司于 2004 年 10 月注册成立，五谷道场方便面于 2005 年 11 月面市，2006 年在全国销售额迅速做到 5 亿多元人民币，并因此使其母公司中旺集团于 2006 年年底荣登"第五届中国成长企业 100 强"的榜首，其发展历程见图 2.2。

图 2.2　五谷道场发展历程

投入超过1亿元，为期一年多的广告狂轰滥炸。

2006年中旺集团还斥资2亿元，在吉林通化上马了一个饮料项目。

2007年9月1日，王中旺在中旺集团建厂八周年庆典仪式上称："我们不缺发展资金，我们缺的是什么呢? 缺的是还债资金。"

2005年，"五谷道场"推出，王中旺开始第二轮扩张计划，先后投资近6亿元，在北京、江西、成都等地兴建了4个五谷道场生产基地，生产线也由此前8条增加到32条，产能翻了四番。

1999年由王中旺等人凑资170万元投资组建的小厂。

2003年结盟康师傅获得3亿元资金后，王中旺开始了其第一次大扩张，先后投资约6亿元在河南杜旗等地建造了6个油炸面生产基地。

五谷道场在短期内取得了企业的迅速发展与扩张，无论是在经营上还是在其他方面上都可以说是中国民营企业的一个发展奇迹，虽然由于其管理等多方面的原因最终导致破产，但其发展过程中有很多值得探讨的问题。

（1）萌芽期

1999—2001 年，王中旺创建了河北中旺食品有限公司，即中旺集团的前身。

发展初期以王中旺为首的 13 位股东仅有 180 万元资金作为企业运行资本，其主要产品主打中低端。

2003 年 12 月 26 日，王中旺获得"康师傅"天津顶益国际食品有限公司 3 亿元人民币注资。

（2）高潮期

2004 年年底，王中旺在北京注册成立北京五谷道场食品技术开发有限公司。全盘策划推出五谷道场系列非油炸方便面产品，并一举成名，销售量直线上升。

2005年下半年，销量大增，上市当月即获得600万元的销售额。同时在全国12个中心城市集中上市。这年，集团总部由河北省隆尧县迁至北京三环富顿中心。同年，五谷道场进驻北京房山区，在琉璃河镇落户。

对于五谷道场快速发展，许多人评价很高，认为王中旺用一个简简单单的"非"字将座次分明的方便面市场硬劈成了两半。被业内评价为"以弱搏强"的经典案例。

营销专家胡世明认为，五谷道场的市场开拓期，在产品定位、品牌区隔、传播方面，做得无可挑剔，可以称得上是策划史上的经典案例。五谷道场充分抓住当时国家卫生部发文，质疑薯条等油炸食品中含有致癌物质这一关键时机，适时推出"非油炸方便面"，从产品定位到媒体传播一气呵成，顺利地抢占了经销商和广大消费者的心智资源，为新品上市招商和解决消费者认知铺平了道路。

（3）危机期

这一时期的五谷道场已经埋着隐患。

早在2005年7月，营销策划人秦全耀以事件营销的方式炒作五谷道场非油炸方便面。他的建议是"炒作只能一时，非油炸不过是个突破点，是药引子"，最后取胜的决定性因素"不是健康不健康，而是好吃不好吃和产品卖得贵不贵。"

五谷道场不仅需要"突破点"，还需要"落地"，尤其在给市场撕开口子之后正是"落地"的好时机，但是这个问题一直没有得到解决。

另外，五谷道场的财务控制也过于粗放，严重透支了企业资源。

王中旺对同行的态度也乏善可陈，树立竞争对手过多。2005年年底，五谷道场与同行、行业协会大打口水战。随后，国家相关部门出面声明"油炸面中丙烯酰胺比非油炸面含量要少"，五谷道场从此陷入了"非油炸不健康"的困局。

（4）转折期

2006年，对于五谷道场可谓喜忧参半。

上半年，销售额超过了3亿元（2006年度全国销售额达5亿多），中旺集团因此荣登"第五届中国成长企业100强"榜首。

面对大好形势，王中旺开始一再提高五谷道场的销售目标，誓言增加到48条生产线，拿下方便面市场份额60%。直到2006年6月，中旺集团在五谷道场项目上总共投资4.7亿元，可真正形成现金流的只有3亿元，这使得五谷道场的现金流开始吃紧。

这种情况下，王中旺本来可以收缩战线，集中优势。但王中旺却反其道而行，继续扩张，在全国各大中城市主流卖场全面铺货，甚至在推广方便面的同时开始上马乳饮料生产线。

（5）下滑期

根据公开的资料，从2005年年底到2007年年初，中旺投资集团几乎将全部精力放在扩大规模上。

其在全国36个办事处随即陷入"无货可供、无工资可发"状态。从2007年中期开始，"五谷道场"在全国各地超市相继出现断货现象。

年底，五谷道场和其母公司中旺集团总部从位于东南三环富顿中心搬回河北隆尧，原本有几百人的办公区只有20多人留守。

（6）结束及重生期

2007 年年底，五谷道场牌方便面北京房山厂区被法院贴上封条，原因是欠下供货商近 1 000 万元货款和银行的 4 000 多万元贷款。

2008 年 10 月 16 日，五谷道场向房山区法院正式提交了一份破产重整申请书。

2009 年 2 月 12 日，北京市房山区法院做出最终裁定，批准五谷道场破产重整方案。作为重组方代表的中粮集团总裁助理曲喆当庭向五谷道场破产重整案件管理人支付了 1.09 亿元的支票。

2009 年 2 月 26 日，中粮集团在房山区委和法院的见证下，从管理人手中接过五谷道场的钥匙，双方正式交接。至此，一波三折之后，五谷道场破产重整一案落下帷幕，王中旺从五谷道场全身而退，中粮将五谷道场揽入怀中。

在中旺集团旗下由曾经的辉煌到走入绝境的五谷道场，被中粮集团收归旗下后，经过重新运作，又获得了新生。

资料来源：马军，基于公司治理理论的五谷道场经营案例研究[D]. 大连理工大学，2009.

思考题：

1. 从五谷道场的兴衰发展过程中，谈谈该企业的成败之处。

2. 以五谷道场案例为背景，分析企业竞争战略与运营战略、营销战略和财务战略之间的关系，如何才能有效协调上述各战略之间的关系？

 本章小结

运营战略是运营管理中最重要的部分之一，传统企业的运营管理并未从战略的高度考虑运营管理问题，但是在今天，企业的运营战略具有越来越重要的作用和意义，是实现企业经营战略的重要手段和具体途径。企业经营战略一般可分为三个层次：企业总体战略、经营单位战略和职能部门战略。运营战略属于职能部门战略。典型的运营战略包括基于成本的运营战略、基于质量的运营战略、基于时间竞争的运营战略和全球化运营战略等。

中英文关键词语

运营战略（Operations Strategy）；运营战略决策（Strategic Decision of Operations）

参考文献

[1]　[美] 威廉·J. 史蒂文森等. 运作管理. 北京：机械工程出版社，2016.

[2]　刘晓冰. 运营管理，大连：大连理工大学出版社，2005.

[3]　胡欣悦. 服务运营管理，北京：人民邮电出版社，2016.

[4]　张波. 生产运营管理原理与实践. 北京：国防工业出版社，2009.

[5]　[美] 理查德，[美] 罗伯特，[美] 尼古拉斯. 运营管理. 北京：机械工业出版社，2011.

[6]　张青山，等. 现代运营管理方法. 北京：电子工程出版社，2015.

思考练习题

1. 简述企业战略架构体系。
2. 运营战略的含义及其产生的原因是什么？
3. 企业运营的基本战略及其特点是什么？
4. 试介绍几种竞争力导向运营战略的管理方法。
5. 试分析运营战略与其他主要职能战略的相互协调关系。

第二篇

运营系统的设计

第 **3** 章　新产品开发

学习目标

通过本章学习，读者应该能够：

1. 了解新产品开发对提高企业竞争能力的重要意义；
2. 了解新产品和服务开发中新产品的分类；
3. 掌握制造业新产品开发的过程，以及产品设计和工艺选择的相关内容；
4. 掌握服务业新产品开发的过程，以及服务设计系统的相关内容。

引导案例

吉列新型女用剃刀重拳出击

维纳斯（Venus）吉列新型女用可水洗剃刀于 2001 年 3 月进入市场，在 6 个月内就占领了女用水洗剃刀 45%的市场。吉列对维纳斯剃刀进行了众多的创新设计，以期给人们一个全新的女用剃刀的概念。维纳斯的开发采用了吉列的五十多个专利，包括先前在男士剃刀开发中进行的研究。此外，维纳斯也有自己的独特之处，它的设计采用了先进的三排刀头，比以前双排刀头的剃刀更贴身更平顺。维纳斯其他的独特之处还有：①软垫设计使皮肤在剃毛前更平滑；②指示灯设计，用以提示使用者润滑油已用完；③长而光滑的手柄，抓握更方便；④新剃刀刀架设计，方便置于浴缸或淋浴房。

虽然吉列采用了一些现有的流程来制造维纳斯，但吉列在研发和制造中还是又投入了 3 亿多美元。维纳斯成功的另一主要原因在于吉列把一些供应商整合起来一起设计，并制造了可放在零售商店出售的独特包装。

一直以来，吉列公司非常擅长把新产品导入市场，在同行业中占有并维持着很大的市场份额。吉列公司剃刀的销量是其他公司的 5 倍。在使用剃刀的美国女性中，大约 71%使用吉列的维纳斯，而所有这些产品的利润率都接近 40%。与其他日用品相比，吉列剃刀的利润率之高令人震惊。这都归功于吉列对产品与流程的研发、制造和与供应商之间的良好的紧密合作，从而使新产品能够不断快速且经济地成功进入市场。吉列预计其女用剃刀的销售总额将达 100 亿美元，其中相当大一部分销售额将由维纳斯获得。

资料来源：http://www.cama.net/New/ad_budgets.html

http://www.packworld.com

3.1　新产品开发概述

3.1.1　新产品开发的意义

由于社会的进步，科学技术日新月异，人们的价值观也相应地发生改变，消费者对于新产品和服务的需求呈现出多样化的趋势。同时，先进计算机通信技术的普及、贸易壁垒的逐渐降低以及物流业的飞速发展，使许多企业面临越来越激烈的竞争局面。只有不断地开发新产品与服务才能保持在同行业中的竞争力并迅速抢占市场份额，满足日益多样化的市场需求。在这样日趋激烈的竞争环境下，产品生命周期越来越短，新产品和服务的市场比以前更快地走向成熟，从而使得新产品更快地走向商品化，导致边际利润也更快地降低。飞速发展的科学技术也影响了产品的生产和服务的交付流程。许多企业通过应用计算机辅助设计（CAD）与计算机辅助制造（CAM）等技术，使产品开发和服务设计的周期大大缩短，如何增强研发能力，缩短新产品和服务开发时间，并成功将其导入市场，成为许多企业面临的严峻挑战。

1．有利于巩固和扩大市场份额

在激烈的市场竞争环境下，只有那些不断开发出新产品和服务并将其快速导入市场的企业，才能凭借市场先入者的优势占有市场份额，成为市场的领导者。相比之下，市场晚入者想从竞争对手手中抢夺市场份额则要困难得多。

由此可见，企业占领新产品开发的制高点，将在市场竞争中处于有利地位。反之，则可能处于丧失市场份额的不利地位。据统计，如果个人计算机制造企业的新产品延迟6～8个月推出，就将丧失50%～70%的销售份额。

2．有利于开拓新的经营领域

尽管企业可以生产单一品种的产品，通过扩大生产规模达到较高的生产效率，但是单一品种产品的市场容量毕竟有限，这样就会限制企业的进一步发展。因此，企业需要开发新产品和服务来开拓市场。同时，由于市场经济条件下，某些产品的市场需求具有不确定性，利用新产品寻求新的经营领域可以分散企业的经营风险。这样企业既求得了新的发展空间，又提高了抵御风险的能力。

3．有利于快速响应竞争

如果企业具有使新产品快速进入市场的资源能力，即使竞争对手突然宣布向市场推出新产品，企业只要及时做出调整，就可减少作为市场晚入者所处的不利地位而带来的竞争劣势。

4. 有利于企业创立行业标准

对于新产品和服务而言，先进入市场的企业享有制订本行业标准的特权。这样就相当于为竞争对手制造了进入壁垒，进而起到推迟同行业内部竞争的作用。例如，美国微软公司，在个人电脑操作系统软件的市场上，长期处于统治地位，Windows 视窗软件凭借着先入为主的优势，成为新一代操作系统软件的行业标准。

3.1.2 新产品的概念及分类

1. 新产品的概念

新产品可从不同角度描述。一般来说，新产品是指在产品性能、结构、材质、用途或技术性能等一方面或几方面具有先进性或独创性的产品。先进性是指运用新原理、新结构、新技术、新材料产生的先进性，或是由已有技术、经验技术和改进技术综合产生的先进性。独创性是指运用新技术、新结构、新材料产生的全新产品，或在某一市场范围内属于全新产品。

新产品要确保能满足既定的市场需求，并给企业带来利润，这是企业开发新产品的动机。

2. 新产品的分类

根据新产品的创新程度，可以将其分为以下三类：派生产品、换代产品和创新产品。

（1）派生产品

派生产品（Derivative Product）主要指在原有产品基础上采用各种先进技术，对产品的性能、材料、结构、型号等方面进行改进而制成的产品。如在普通牙膏中加入不同物质制成的各种功能牙膏；在牛奶中加入钙、铁、锌等不同营养物质制成的各种功能性牛奶。派生产品的创新程度较小，是企业常用的新产品开发方式，一般是在新产品设计和制造流程中进行改动，故所需投入的资源较少，占用的现金流也较小。派生产品通过不断改进和延伸现有产品线，可使企业在短期内保持市场份额。一般情况下，派生产品能够被快速地推向市场。

有时企业对产品设计稍微进行改动就会极大地影响产品的生产流程，因此，企业在推出派生产品之前，应该考虑产品与生产流程的相互影响。

（2）换代产品

换代产品（Next-Generation Product）主要是指产品的基本原理不变，通过部分地采用新技术、新材料及新元件，使功能、性能及其他指标有显著提高的产品。如从 VCD 到 DVD、黑白电视机到彩色电视机等。换代产品的创新程度居中，是企业新产品开发的重要形式。换代产品一般需要带给顾客新的解决方案，从而拓宽产品族，不仅能够保持市场活力，又能够延长产品族的生命周期。例如，英特尔公司通过不断更新的换代产品保证了利润的持续增长，从 286、386、486、奔腾、奔腾Ⅱ、奔腾Ⅲ到奔腾Ⅳ微处理器，每一代产品都向顾客表明"英特尔技术的突飞猛进"。

换代产品保证了企业利润的持续增长，而利润的增长又为产品更新换代提供必要的投入，从而保证了顾客对换代产品持续的忠诚度。

（3）创新产品

创新产品（Breakthrough Product）主要指采用新科技、新发明所开发的具有新原理、新结构、新工艺、新材料等特征的产品。创新产品通常应用科学技术的新成果，代表科学技术发展史上的新突破，如汽车、飞机、计算机、半导体、电视机、化学纤维、青霉素等，都是在特定时代开发出的创新产品。创新产品的研制开发往往需要耗费大量的人力、物力和财力，且具有极大的风险，但是如果能够将创新产品成功地导入市场，企业将获得市场先入者的竞争优势。例如，IBM 公司于 1981 年推出了世界上第一台电脑（IBM5150），以及摩托罗拉公司于 1973 年推出了第一部手机。这些新产品深刻地改变了人们的生活和工作方式。

创新产品对企业保持持续的竞争力具有重要意义。由于市场竞争日趋激烈以及社会持续发展的巨大压力，企业现有产品总会过时。因此，创新产品不仅确保企业能够在现有市场上获得成功，也能够在新的市场中获得成功，从而创造更长远的发展空间。

3.1.3 新产品开发的绩效评价

新产品开发过程中必须始终把客户需求放在首位，同时，还要考虑产品的可制造性、鲁棒性以及环保性。企业为了获得持续的竞争能力，必须不断地开发新产品并把新产品推向市场。由于产品生命周期日趋缩短，在响应顾客需求、产品设计以及市场导入等方面超过竞争对手，将使企业在激烈的市场竞争中处于有利地位。

因此，对新产品开发的绩效进行测量和控制，以争取最大的效益变得十分必要。根据企业在市场上的竞争要素，可以用表 3.1 中所列内容作为度量产品开发绩效的主要指标。

表 3.1 产品开发绩效评价指标

绩效指标	度　　量	对竞争力的影响
上市时间	新产品引入频率 从产品构思到上市的时间 构思数量和最终成功数量 实际效果与计划效果的差异 来自新产品的销售比例	顾客/竞争对手的响应时间 设计的质量——接近市场的程度 项目的频率——模型的寿命
生产率	每一个项目的研究发展周期 每一个项目的材料及工具费用 实际与计划的差异	项目数量——新产品设计与开发的频率 项目频率——开发的经济性
质量	舒适度——使用的可靠性 设计质量——绩效和用户的满意度 生产质量——工厂和车间的反映	项目数量——新产品设计与开发的频率 项目频率——开发的经济性

3.2 制造业新产品的开发

3.2.1 新产品开发过程

新产品开发大体上可分为产品创意、产品设计、工艺过程设计以及市场导入等几个阶段，如图 3.1 所示。

1. 产品创意

产品开发过程始于产品创意的提出。创意既是一个创造性的过程，也是一个学习性的过程，这一过程的主要任务是形成"产品概念"。新产品创意的来源是多方面的，通常，研发部门的技术革新，市场营销部门的市场调研，供应商及经销商的需求，企业的生产运营人员的建议，以及竞争对手提供的产品和服务等都可能提供一些有价值的创意。此外，经济形势、政治与法律环境变化、人口统计、社会文化变异等因素也能激发新产品创意的形成。一般将企业通过与顾客交流、倾听顾客的心声来搜寻产品创意并开发出新产品的方式称为需求拉动型；而在消费者还没有意识到对产品的需求，即存在潜在市场需求时，由研发部门将其开发并推向市场的方式称为技术推动型。

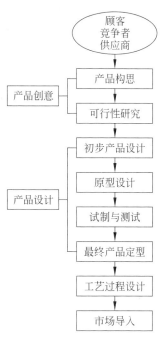

图 3.1　新产品开发的过程

可行性研究的任务是通过对一个或一系列产品概念的评估，最终筛选出"概念产品"。对新产品概念的经济性、适用性及市场竞争力进行可行性研究，是企业产品开发过程中重要的决策过程。一般需要从以下三个方面来考虑。

（1）市场条件：包括产品的上市能力、预期销售增长的可能、对现有产品的影响、产品的竞争状况以及竞争力等；

（2）财务状况：包括投资需求、投资回报率、对企业总获利能力的贡献率以及预期的现金流等；

（3）生产运作能力：包括产品开发时间、质量、技术的可行性、组织生产或交付产品的能力、现有设施与管理状况、对相关规章与法律问题乃至伦理道德问题的考虑程度等。

2. 产品设计

在产品创意阶段勾勒出新产品的骨架后，产品设计阶段对概念产品进行全面的定义，初步确定产品的性能指标、总体结构和布局，并确定产品设计的基本原则。为了适应动态变化的竞争环境，设计出具有市场竞争力的产品，企业应遵循下列产品设计的基本原则。

（1）设计出顾客需要的产品或服务，强调顾客的满意度。

（2）设计出可制造性强（manufacturability）的产品，强调快速响应。

（3）设计出鲁棒性（robustness）即稳定性强的产品或服务，强调产品责任。

（4）设计绿色产品（green product），强调商业道德。

经企业主管部门审核并认可初步设计后，就可以对产品进行定型设计了。其中的关键技术要进行原型设计、测试和试制。据统计，目前在 100 项新产品构思中只有 6 项进入样品原型设计。因此，为了评估和检验新产品的市场业绩和技术性能，以进一步确认产品构思的市场价值与竞争力，原型设计也是一个重要的筛选环节。

过去，汽车制造行业经常采用黏土原型设计新汽车，例如 1994 年美国福特公司通过原型设计推出全新的第二代 RANGE ROVER，在发动机、车内空间布局、车身造型等方面作出了全新设计，新车型一投入市场就备受青睐。现在，借助于计算机技术与互联网，人们可以在虚拟环境下对产品与服务进行原型设计和测试。虚拟设计是以计算机仿真为基础的现代设计方法与技术，其核心是虚拟样机技术。所谓虚拟，就是通过计算机技术构造一种特定的人工环境，为人们创造出一种时域和空域可变的、与现实世界相似的假想世界，从而使人们能够在这样一个世界里完成所需要的设计、制造和模拟试验过程，最终实现实际系统优化、节约成本、缩短设计制造周期的目标。福特汽车公司在采用此项新技术后，其设计周期缩短了 70 天。全公司范围内，设计费用减少了四千多万美元，制造费用节省了约 10 亿美元。由于设计制造周期的缩短，新车较早上市，额外盈利达到其成本的数倍。世界上最大的工程机械制造商卡特皮勒公司的工程师们采用这项技术进行装载机和挖掘机的工作装置优化设计及分析，在一天时间内，他们对工作装置进行了上万个工位的运动及受力分析，很容易就达到了理想设计。

最终的产品设计应该能够充分利用优化分析和计算机绘图等手段，拿出新产品的全套工作图纸和说明书。

3. 工艺过程设计

产品设计描绘了顾客需要什么样的产品，接下来工艺过程设计要解决的是如何生产出顾客需要的产品。这一阶段的主要任务是按照产品设计的要求，安排或规划出由原材料加工出产品所需要的一系列加工步骤和设备、工装需求的过程。

设计者进行设计时要充分考虑到本企业的生产能力。工艺过程设计的结果，一方面反馈给产品设计以改进产品设计，另一方面作为生产实施的依据。设计过程一般包括以下程序：产品图纸的工艺分析和审查、拟定工艺方案、编制工艺流程和工艺装备的设计与制造。

4. 市场导入

在市场导入的初始阶段，企业可以尝试小批量地生产新产品，并按照营销部门制订的营销方案在目标市场中进行试销。依据顾客对产品的信息反馈，对新产品投入市场后的绩效进行评价，以确定新产品的导入是否成功及今后的发展方向。在此阶段，企业应该在产品进入市场的时机、产品性能和质量、产品设计与市场需求的匹配程度以及营销方案的合理性等方面下足功夫，因为这是影响产品市场导入成功与否的重要因素。

由于新产品开发过程的复杂性和开发环境的不确定性，需要市场营销部门（识别目标市场并预测产品需求），研发部门（开发技术并设计产品）及生产运作部门（选择供应商并设计制造流程）紧密合作，在产品开发的各个阶段做到信息在各部门之间的共享和反馈。同时，财务、会计和信息系统等其他职能部门也对产品开发过程起着重要的支持作用。

3.2.2　新产品开发的组织模式

1. 串行工程

串行工程（Sequential Engineering）是把整个新产品开发过程进行细分，分配给各个部门或个人，部门或个人之间是相对独立地进行工作，工作做完以后把结果依次交给下一部门。

多年来，企业的产品开发大多采用串行的方法，即从需求分析、产品设计、工艺过程设计、加工制造直至市场导入，各开发阶段在部门之间按顺序进行。也就是说，首先通过市场分析得出产品创意，再由设计人员完成对产品的精确定义，交由制造工程师确定工艺工程计划、产品总费用和生产周期，质控人员做出质量保证计划，最后由市场营销部门将产品导入市场。

串行工程存在许多弊端。首先，以部门为基础的组织机构严重地妨碍了产品开发的速度和质量。例如，产品设计过程中难以考虑到顾客需求、制造工程、质量控制等约束因素，致使设计和制造脱节；设计的产品可制造性、可装配性差，导致产品的开发过程变成了设计、加工、试验、修改的多重循环，导致设计改动频繁、产品开发周期漫长、产品成本增加。其次，各部门之间缺乏知识与信息共享，下游开发部门所具有的知识难以融入早期设计。据研究，在产品设计过程中，问题发现得越晚，修改费用越大。

2. 反向工程

反向工程（逆向工程）（Reverse Engineering，RE），指在吸收先进技术过程中应用的一系列分析方法和技术的组合，其主要目的是改善技术水平、提高生产率和竞争力。据统计，多数国家70%以上的技术源于国外，反向工程可使研制周期缩短40%以上，极大地提高了生产率。

反向工程通过对他人产品的剖析和研究，运用各种科学测试和分析手段，反向求索该产品的开发思路、产品设计、制造工艺和材料特性等，从而全面系统地掌握产品的原理、结构与制造等方面的内容。值得注意的是，反向工程应在积极遵守知识产权法的前提下进行。

3. 并行工程

并行工程（Concurrent Engineering，CE）是集成且并行地设计产品及其相关过程（包括制造和支持过程）的系统方法。此方法要求产品开发人员在一开始就考虑产品整个生命周期中的所有因素，包括质量、成本、进度计划和用户要求。应用并行工程能够提高产品质量、降低生产成本、缩短开发周期和上市时间。在产品开发初期，通过组织多种职能协同工作的部门，使有关人员从一开始就获得新产品的需求信息，积极研究涉及本部门的工作业务，并将其提供给设计人员，使问题在开发早期就得到解决，保证设计质量，避免大量的返工浪费。

并行工程虽然强调产品设计与工艺过程设计、生产技术准备、采购、生产等活动并行交叉进行，但不能违反产品开发过程必要的逻辑顺序和规律，也不能取消或越过任何一个必经的阶段，而是在充分细分各种活动的基础上，找出各子活动之间的逻辑关系，将可以并行交叉的活动尽量并行交叉进行。同时，它还强调要学会在信息还不完备的情况下就开始工作，从而避免了串行工程的弊端。

目前，并行工程已从理论向实用化方向发展，越来越多地涉及航空、航天、汽车、电子、机械等领域。迅速发展的计算机与因特网技术，使并行工程成为先进制造技术的基础。例如，1994 年波音公司向全世界宣布波音 777 飞机采用并行工程的方法，大量使用 CAD/CAM 技术，实现了无图样生产，试飞一次就获得了成功，并且从开始设计到试飞成功只用了 3 年零 8 个月的时间。

当然，并行工程仍然存在许多难点。例如，由于设计和制造之间的界限很难在短时间内克服，单纯将各职能部门的人召集在一起，不可能产生高效的协同效应。并行工程的实施还需企业在技术和组织上都有相当的积累，组织内部必须有充分的沟通和灵活性，以使其变得更加柔性化。

4. 协同产品商务

协同产品商务是一类新的软件和服务，它使用 Internet 技术把产品设计、分析、寻源（包括制造和采购）、销售、市场、现场服务和顾客连成一个全球的知识网络，使得在产品商业化过程中承担不同角色、使用不同工具、在地理上或供应网络上分布的个人能够协作地完成产品的开发、制造以及产品全生命周期的管理。企业为了增强竞争力，主动采取大规模定制、全球化、外包和协作等策略。价值链上具有共同商业利益的合作伙伴，通过对商业周期所有阶段（从产品研发期直到市场导入阶段）的信息共享来实现。从管理上说，协同产品商务是一组经济实体（制造商、供应商、合作伙伴、顾客）的动态联盟，共同开拓市场机会并创造价值活动，能为企业创造价值，带来更快的上市时间、更大的市场份额和更高的利润率。

协同产品商务包含以下核心理念：

（1）价值链的整体优化。追求产品创新、上市时间、总成本等的整体经营效果。

（2）以敏捷的产品创新为目的。迅速捕获市场需求，进行敏捷协作产品创新，从而扩大市场机会，获取高利润。

（3）以协作为基础。各经济实体发挥自身优势，实现强强联合，以获得更低的成本、更快的上市时间并能更好地满足顾客需求。顾客参与到产品设计过程中来，保证产品的确为顾客所需。

（4）以产品设计为中心进行信息的聚焦和辐射。产品设计是需求、制造、采购等信息聚集的焦点，也是产品信息向价值链其他各环节辐射的起源。只有实现产品信息的实时、可视化共享，才能保证协作的有效性。

协同产品商务有着广泛的应用前景，非常适合航空航天、船舶、汽车等重工业以及家电等轻工业领域的离散型制造企业。然而，协同产品商务系统相当复杂，如业务功能的宽泛性和用户的多样性，以及它对网络通信技术、协同工作技术等的要求，系统的建立和实现不可能一蹴而就，需要一个逐步分析、探索、解决的过程。随着国内外相关研究的进行以及软件产品的不断完善，协同产品商务很可能成为继 ERP、SCM 和 CRM 之后又一个新兴的信息系统领域的热点。

3.2.3 新产品设计方法

1. 质量功能展开

（1）质量功能展开概述

QFD 是在产品设计阶段应用的方法，它将顾客的需求准确地转移到产品生命周期各阶段的技术和措施中去，其核心是倾听和理解顾客需求。它一旦了解到顾客需求，就必须将其转化为产品或服务相关技术指标。如"草坪平整机的切割高度应易调整"，可联系到制造材料、尺寸、结构、产品使用说明及生产所用机器等。该过程有助于公司从顾客角度，确定产品特性，并与竞争对手对比，从而能更好地理解与关注需要改进的产品特征。QFD 主要具有如下特点：

① 顾客驱动。它能使企业不断地倾听顾客的意见和需求，并在产品开发中体现出来。

② 在实现顾客需求的过程中，它能使产品开发各部门制订出相关技术要求和措施。

③ 在产品设计阶段进行质量保证，能使设计和制造出来的产品真正满足顾客需求。

（2）质量屋

QFD 以一系列矩阵为基础，以研究顾客的市场需求为起点，将顾客对产品的需求和偏好定义并分类。顾客需求信息可用特定矩阵表示，该矩阵被称为质量屋。它是一种确定顾客需求和相应产品或服务性能之间联系的图示方法。完整的质量屋，如图 3.2 所示。

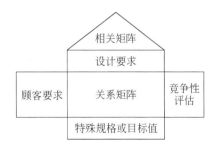

图 3.2　质量屋

① 将顾客的要求分别填入表中，采用专家评分法等给予恰当的权重，表示其重要程度。

② 设计要求，是实现产品功能、满足顾客需求的手段，由专家根据顾客要求分析而来。

③ 关系矩阵，即顾客需求与设计要求的相关度，描述设计要求对顾客需求的贡献影响。

④ 竞争性评估，从满足顾客需求角度对本企业产品和市场上其他竞争者产品进行比较。

⑤ 设计要求和相关矩阵处在质量屋的屋顶。质量屋反映了各质量特性之间相互影响的关系。根据影响程度的大小，用相应的符号表示相关的强弱程度。

⑥ 技术特性评估或目标值，竞争性评估设计要求，确定技术需求的重要度和目标值。

（3）QFD 的作用

① 运用 QFD 使产品设计直接面向顾客要求，因此顾客对产品的满意度大大提高。

② 评估市场上的同类产品，发现其他产品的优势和劣势，为产品设计和决策服务。

③ 实施与运行 QFD，有助于企业正确把握顾客的需求，全面提高竞争力。

④ 在设计阶段做好规划，使生产、产品和工艺设计交叉并行，减少反复，缩短周期，降低成本。

2. 面向制造和装配的设计

传统的产品开发模式是设计者与制造工程师相互独立的工作，导致图纸上设计的产品往往难以制造，或者即使能够制造也会带来高昂的成本。而面向制造和装配的设计（Design for Manufacturing and Assembly，DFMA）的核心思想是在产品设计的各阶段考虑产品性能和质量，同时考虑生产的可行性和经济性，在保证性能和质量的前提下使生产成本最低。应用 DFMA 的设计思想和相关工具，设计师可在设计的各阶段获得有关产品材料、工艺选择和零部件成本分析等方面的信息。从而将产品与工艺设计有机地结合起来，在改进产品设计质量的同时，大大缩短整个产品的开发周期，显著地降低开发成本。

DFMA 将设计、工艺和制造等部门联系在一起，为并行工作提供平台。在产品设计阶段就使工艺、制造部门等人员参与其中，对设计方案的可装配性、可制造性和成本进行估计，以成本为核心优化方案。实施 DFMA 必须具备相应的组织结构，在产品开发初期建立跨部门、多专业的新产品开发团队。为了使团队成员能够及时沟通，需建立分布式网络环境，在设计者分析装配成本的同时也能保障工艺人员分析产品设计的可生产性。

在美国，该技术已广泛应用于汽车、航空和国防等行业，为企业节省了数十亿美元的费用。作为并行工程的关键技术，DFMA 在我国也得到了越来越多的关注。在引进国外 DFMA 先进技术的同时，国内一些公司和机构着手研究 DFMA，自主开发软件，并取得较好成果。

3. 产品——工艺矩阵

工艺选择是生产产品的组织方法。如何选择工艺取决于工艺战略，即资本密集程度、工艺柔性等。

（1）工艺类型（工艺技术类型）

① 转化工艺：如将铁矿石转化为钢板，或用所需成分合成药品。

② 制造工艺：如将原材料加工成特定形状的产品。

③ 装配工艺：如发动机的组装。

④ 测试工艺：严格地讲，它不是基本工艺，但它作为一个独立的主要活动被广泛提到。

（2）工艺流程结构

一个工厂在组织物流活动时如何利用上述一个或几个工艺类型即工艺流程结构。贺氏（Hayes）与威尔莱特（Wheelwright）确定了四种主要的工艺流程结构。

① 工艺专业化生产。多品种小批量产品的生产，大多要求设置不同的或顺序不同的工艺过程。印刷厂、飞机制造厂、工具厂及制造顾客设计的印刷电路板就是这类结构的典型。

② 批量生产。标准的工艺专业化生产。用于有较稳定产品系列的企业，每种产品根据订单或库存要求周期性生产。大多沿用相同流程，如重型机械、电子装备、特制化学品等。

③ 装配线生产。零部件按顺序从一个到另一个工作地进行装配生产。如玩具、工具的手工装配、印刷电路板的自动装配。当多个工艺按装配顺序形成线性模式时，被称为生产线。

④ 连续流程。无差异原料的转化或深加工过程，如啤酒的酿制、灌装、包装和运送。同装配线一样，生产按照预先确定的步骤顺序进行，但其流程连续而不离散。这种结构通常是高度自动化的，每天必须运行 24 小时，以避免高额的停工与启动费用。

（3）产品——工艺矩阵

海斯（Robert H. Hayes）和惠尔莱特（Steven C. Wheelwright）在 1979 年提出了一个战略分析工具：产品—工艺矩阵（Product-Process Matrix，PPM），如图 3.3 所示。它用来表示工艺结构与产量要求之间的关系，根据市场需求特征来配置与之适应的生产工

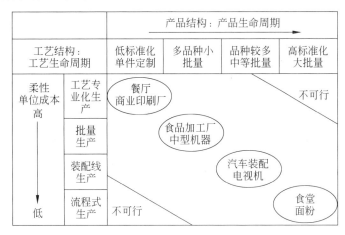

图 3.3 产品—工艺矩阵

艺结构。

产品—工艺矩阵是一个二维矩阵，横轴表示产品结构与产品生命周期，随着产品生命周期的发展，市场需求特性趋向同一化，产品产量增加而品种减少；纵轴表示工艺结构与工艺生命周期，随着工艺周期的发展，工艺由专业化到批量生产、装配线乃至流程式，自动化程度明显提高，专用设备和标准物流变得经济可行，产品的单位成本降低，但工艺柔性也降低。

矩阵中所列产业是理想化的，任何企业在矩阵中都能找到对应于自身的恰当位置，但一般认为在右上方和左下方是不可行的。矩阵的二维结构使企业在作出决策时视野更加开阔，也提醒企业在调整产品结构时应该同步调整生产工艺提高企业的竞争能力。

4. 计算机辅助产品设计

目前，计算机辅助设计（CAD）、计算机辅助过程（CAPP）等技术得到了广泛的应用。

CAD/CAPP 的应用使产品设计产生了巨大的变化，提高了设计效率、缩短了设计周期。CAD 有利于建立产品数据库，消除重复设计，减少设计工作量，增加了产品获得最佳性能和设计取得一次性成功的可能性。新一代 CAD/CAPP 系统的主要特点是：

① CAD/CAPP 系统性能不断提高。CAD/CAPP 系统已从简单的绘图工具发展成为高一级的建模和集成系统，可实现曲面、实体建模，特征建模，参数化设计，约束管理等功能。

② 参数化、变量化设计技术发展到实用化阶段。参数化 CAD 系统的关键技术，约束定义与求解等问题的研究取得了很大的进展。

③ 特征建模技术使 CAD/CAM 集成进一步发展，解决了传统 CAD 只面向几何形状的问题。有关特征分析、归纳、描述等研究也取得了长足进步，特征建模系统达到原型化阶段。

20 世纪 80 年代，在 CAPP 的研究开发中开始探索人工智能、专家系统技术。有人认为这是一种新方法的出现，但大多数人将它视为原有两种方法的进一步发展，即向智能化方向发展。集成化、智能化的综合的 CAPP 系统是发展的趋势，其应具有以下特点。

① 兼具创新和继承修改的综合功能。
② 具有更大的灵活性和适应性。
③ 闭环反馈，动态设计。
④ 基于知识的智能系统。

3.3 服务业新产品的开发

3.3.1 服务设计

1. 服务设计与产品设计的区别

从顾客与服务系统的接触程度来说，是从无接触过渡到高度接触的。当顾客接触程度很低或没有接触时，服务设计与产品设计类似。但是，顾客接触的程度越高，服务设计与产品设计的差异就越大，服务设计就越复杂。此外，新服务开发与制造业产品开发相比，最大的区别是新服务不仅涉及服务内容，还包括服务过程本身。因此，开发服务的时候，必须同时设计服务内容及其传递过程。由于服务的独特性，很难将服务从服务过程中分离出来。与产品开发过程相同，服务开发也开始于创意阶段。创意可能来自营销部门的市场调研，也可能来自服务运营部门等多种渠道。与制造业不同，服务开发的焦点在于服务提供系统的设计。

2. 服务开发过程

新服务开发有利于企业保持竞争优势，扩大市场份额，开拓新领域。与制造业不同，服务开发投资少，开发的主要方式是依靠人的创造性思维，一般不涉及或较少涉及设备投资问题。新服务开发过程主要由三个阶段组成，即市场开发阶段、服务设计阶段、服务提供阶段。具体来说，新服务开发过程由以下几个基本步骤组成。

（1）确定开发目标。根据发展战略和企业资源状况，确定新服务开发目标，这是服务开发成功的基础。

（2）市场调研。了解顾客需求和竞争对手的服务状况，分析服务的发展方向。

（3）产生创意。良好的创意可以来自于多种途径，可以由顾客提出建议，也可以训练员工倾听顾客意见，对顾客进行统计，或分析竞争者的服务等。

（4）服务概念开发。服务的无形性和生产消费同时性使服务很难用图纸或说明书表达出来。因此，服务的界定显得更为重要。很多情况下，经过多次讨论后才发现，各方对某项服务的概念并不相同。明确服务概念之后，要形成服务说明书阐明其具体特性，然后估计出顾客和员工对概念的反应，最后可以让员工和顾客来评价新服务概念。

（5）业务分析。在顾客和员工评价的基础上，确定服务的可行性和潜在利润，即对服务进行需求分析、收入计划、成本分析和操作可行性分析。

（6）服务设计。经反复研讨，确定服务流程，使新服务具体化、细节化。

（7）服务试行。在引进新服务时，可先在一定范围内试行，观察服务的具体实施情况。

（8）正式引入新服务。在这一阶段，服务开始实施并引入市场。在服务提供过程中及时进行信息反馈，不断提高服务质量。

在以上8个步骤中，前三个步骤属于市场开发阶段，中间三个步骤属于服务设计阶段，后两个步骤属于服务提供阶段。

3. 服务设计面临的挑战

与制造业产品设计相比，服务设计面临着一些特殊挑战。例如：

（1）对于服务的要求是变化的。这就需要一个稳健的设计，以适应投入和产出的多变性。

（2）服务和服务过程难以描述。由于服务不可提前接触的特性，对于某些服务或服务过程的语言描述可能不太准确。

（3）在服务中与顾客的接触度更高。

（4）服务设计必须考虑与顾客面对面接触这一点。在与顾客面对面接触中，可能存在相当多的不确定性问题，这些问题要及时妥善地处理。

4. 成功服务设计的原则

服务系统的开发需要在某些原则的指导下进行，以下是其中的一些主要原则：

（1）从顾客的视角来关注运营过程。考虑在服务过程中如何满足顾客的期望并提升顾客的体验。

（2）详细地定义服务包，并对服务包的形象进行设计。

（3）高层管理者应确保设计的权威性，一旦实施就要坚决贯彻下去。

（4）对服务中可见和不可见的质量制订标准，尽管不可见的标准很难定义，但必须尽可能地去定义。

（5）确保招聘、培训和奖励政策与服务期望相一致。

（6）建立高效、反应快速的程序，以应对可预测和不可预测的事件。

（7）建立监控、维护、改进服务的系统。

3.3.2 服务过程设计方法

1. 服务系统设计矩阵

服务体系设计矩阵，是一种根据与顾客接触的服务方式的不同而进行优化设计服务体系的手段。与制造业的产品—工艺矩阵一样，能帮决策者选择合适的服务方式。如图3.4所示。

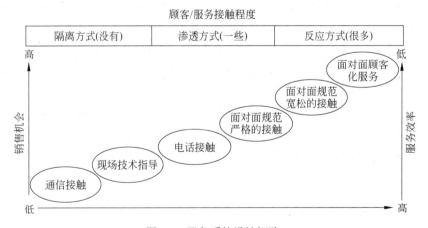

图 3.4　服务系统设计矩阵

矩阵的最上端表示顾客与服务接触的程度：隔离方式表示服务与顾客是分离的；渗透方式表示与顾客的接触是利用电话或面对面沟通；反应方式既接受又回应顾客要求。矩阵左边指与顾客接触越多，卖出商品的机会也越多。右边指随着顾客施加影响，服务效率的变化。

从上图可知，对角线方向有六种典型的服务形式，分别是通信接触、现场技术指导、电话接触、面对面规范严格的接触、面对面规范宽松的接触和面对面顾客化服务。

选择服务形式，需统筹考虑目标市场的顾客需求和本企业所能提供的服务。即根据系统与顾客在服务过程中接触的密切程度，确定系统的服务形式。随着与顾客接触度的增加，系统效率降低，但销售机会增加。相反，当顾客不能对服务系统施加明显影响时，系统可实现高效率的运作，但会使销售机会减少。

服务系统设计矩阵在服务系统策略上的应用包括以下几个方面：

（1）实现运作与营销策略的集成。在销售机会和服务效率之间进行取舍，二者不可兼得。

（2）明确能提供哪些服务方式。通过将矩阵对角线上服务方式组合，使服务过程多样化。

（3）允许与其他公司提供的特色服务相比较，突出公司的竞争优势。

（4）表明随着公司成长可能的发展方向，与产品—工艺矩阵不同，服务业的发展可以沿着对角线任一方向，服务组织需要做的是权衡销售数量和沟通效率。

2. 顾客接触度法

顾客接触指顾客参与到服务系统中。其程度可粗略地定义为顾客在服务系统中的时间与提供服务总时间的比值。顾客与服务系统接触的时间越长，两者之间的相互影响就越强。

从顾客接触的理念可看出，具有高接触度的服务系统比低顾客接触度的系统通常更难以管理，也很难合理化。在高接触度的服务系统中，顾客会影响到服务的需求时间、本质及质量。

表 3.2 列举了银行中高顾客接触度与低顾客接触度的服务系统之间的差异。由此表可看到每一个设计决策都受到顾客是否参与服务的影响。银行处理中心的工作对象是顾客需要的报表、数据库以及发票等信息，采取与设计制造厂相同的原则，使工作时间内的信息处理量最大化。

表3.2　银行中高顾客接触度与低顾客接触度的服务系统之间的主要区别

设计决策	高顾客接触度服务系统（分行办公室）	低顾客接触度服务系统（银行处理中心）
设施地点	必须接近顾客	接近供货、运输、员工
设施布局	考虑满足顾客生理、心理需求及顾客期望	重点在提高运营效率上
产品设计	服务环境及有形产品决定了服务的特性	顾客在服务环境外，决定服务特性的因素较少
过程设计	顾客对服务过程各阶段具有直接的影响	顾客基本没有参与大多数后台服务过程
进度表	在服务进度表中必须对顾客的影响予以考虑	顾客关心的是进展情况
运营计划	顾客订单不能被搁置，否则会失去市场机会	可以通过库存来均衡需求
员工技能	直接参与服务的员工是服务产品的主要组成部分，因此员工必须具备良好的沟通能力	员工仅需要技能
质量控制	质量标准取决于顾客，因此是可变的	质量标准一般可测量，因此是固定的

续表

设计决策	高顾客接触服务系统(分行办公室)	低顾客接触度服务系统(银行处理中心)
时间标准	由顾客需求决定，不严格	相对严格
工资支付	易变的产出，需要计时工资制	产出固定，允许基于产出量的计件工资制
能力计划	为避免失去市场机会,服务能力必须适应高峰时的需求	可通过一定的库存使服务能力保存在平均水平之上

罗杰·施米诺（Roger Schmenner）提出了一个依据两个维度对服务进行分类的方法：第一个维度是指顾客沟通与定制化的程度，即顾客接触程度；第二个维度是指劳动密集程度与服务提供的及时程度。罗杰·施米诺从两个主要维度开发了服务过程矩阵，如图 3.5 所示。

（1）服务工厂（service factory），具有低劳动密集程度和低顾客交流与定制化的特征。

（2）服务工作室（service shop），具有低劳动密集度，高顾客交流与定制化的特征。

（3）大众服务（mass service），具有高劳动密集度，相对较低顾客交流与定制化特征。

（4）专业服务（professional service），同时具有高劳动密集度和顾客交流与定制化特征。

		顾客沟通与定制化的程序	
		低	高
劳动密集程序与服务提供的及时程序	低	服务工厂： 航空公司 运输公司 宾馆 度假胜地与娱乐场所	服务工作室： 医院 汽车维修中心 其他维修服务机构
	高	大众服务： 零售业 批发业 学校 商业银行的零售业务	专业服务： 医生 律师 会计师 建筑设计师

图 3.5　服务过程矩阵

不同服务组织的管理问题不同,服务过程矩阵为管理者提供了组织开发的战略视角。例如，劳动密集程度较低的服务组织通常是资金密集型且需要很高的固定成本，像服务厂和工作室，这类企业很难根据需求变化调整服务能力，必须加强需求管理，避免需求高峰和低谷期。

而对于劳动密集程度高的企业来说，其管理者面临的问题与劳动密集程度较低的企业不同——员工的管理是重中之重，必须加强对员工的招聘、培训与规划管理。

3.3.3　服务型企业现场服务方式选择

三种常用的现场服务方式是生产线方式、自助服务方式和个体维护方式。

1. 生产线方式

麦当劳快餐是服务生产系统中生产线方式的典型代表。麦当劳快餐服务在服务系统设计矩阵中可归类于面对面规范严格接触的服务类型。它的特点是将快餐供应看作是生产制作过程，而并非完全的服务过程，这样就避免了"服务"这一概念所带来的许多问题，例如，服务隐含着服务人员对服务对象的辅助性事项。生产制作则减少了顾客对于服务过程的干扰，其核心在于事物而不是人。可见，服务设计采用生产线方式，可以更加充分地利用设备和人力，实现服务生产的高效率、高标准化。同时，采用生产线方式更容易进行质量管理，并且满足顾客对于快速供货的要求。

2. 自助服务方式

自助服务方式是指顾客参与到服务过程当中，并在服务生产流程中部分地扮演服务提供者的角色，以起到改善服务的作用。例如，公司网站、自动取款机及自助式加油站等都提高了对顾客的服务水平。由于服务的一部分负担转移到了顾客，使其提供服务的成本进一步降低，同时顾客也可以根据自己的需求在服务过程中自由发挥以得到更大的满足。

选择自助服务方式，需注意以下几个方面：积极地建立顾客信任；改善成本，提高服务的响应效率和便利性；确保有关程序被有效地使用；对错误操作的纠正能力。

3. 个体维护方式

个体维护方式的特点是将定制与服务结合，每个顾客都是特别个体，服务过程中要根据顾客的特殊需求提供相应服务。此外，还要制订严格的规范和标准化的服务程序，以确保服务持续高效地进行。这种方式属于与顾客高度接触的面对面定制服务，为了不断地提高顾客满意度，需要定期进行顾客满意度的衡量与评价，通过顾客反馈的信息及时改进服务系统。

（讨论案例）

杜邦公司产品开发的败笔

一、杜邦公司的发展历程

1802 年，来自法国、年仅 30 岁的杜邦公司创始人 E.I.杜邦仔细考察了美国的火药生产流程后，决定投资火药生产。他在特拉华州白兰地酒河边买了一块地，建造自己的火药厂，杜邦公司由此诞生。1804 年 5 月 1 日，杜邦开始生产并销售火药。

杜邦公司成立时，正值美国独立战争结束不久，美国联邦政府便成了杜邦公司最大的买主。这使杜邦公司获得了丰厚的利润：1803—1810 年，公司的收益平均为其销售额的 18%，公司资产在 1810—1815 年增至原资产的 3 倍。到 1889 年时，美国 92.5% 的火药生产已被杜邦垄断。第一次世界大战更是使得杜邦公司变为拥有 23 亿美元资产、年平均利润超过 1 700 万美元的化工巨头。杜邦公司通过扩大业务不断积累资金，还培养了一大批具有丰富化学产品研制知识和经验的管理人员、化学家和工程师，为公司向新的领域发展准备了充分条件。

"一战"后，杜邦的继承人决定公司进入多元化经营和高科技产品研发的时代，尤其在新产品研制和开发上，杜邦公司更是不遗余力。1935年，杜邦研究人员杰拉尔德·伯切特和华莱士·卡罗瑟斯发明了尼龙，并于1939年在纽约世界博览会上首次向公众展示。1946年，当百货店开始销售用尼龙制造的光滑长筒袜时，女士们为了能买到它排起了长队。杜邦研制了帝特龙、达克龙、帝路琳等一系列产品，这些产品市场优势巨大，利润远远超过火药。尤其是尼龙的研制和生产，更是成了杜邦公司攀上成功巅峰的标志。

经过200多年的发展，杜邦公司已经成为全球最大的化工公司，是美国历史上存在时间最长、经营管理最成功的企业之一，它所经营的产品与服务项目多达1800多种。公司员工近8万人。2001年总收入247亿美元，净收入43亿美元。在全球70多个国家拥有135个制造厂，在美国有40多个研发及客户服务实验室。在财富500家美国最大的工业/服务公司排行榜上名列第70位。杜邦的涤纶、晴纶、绵纶三大合成纤维的生产能力约占美国此方面生产能力的1/4，占世界此方面生产能力的15%以上。杜邦出售的纤维量占美国纤维总销售量的42%，是世界上最大的化学纤维垄断公司。

然而，如此成功的杜邦公司，也曾有辛酸的一刻。1963—1971年，杜邦公司对一种叫Corfam的皮革替代品进行开发和销售，结果亏损了近1亿美元，成为杜邦公司历史上少见的败笔。

二、Corfam 的研制与市场预测

继推出革命性的尼龙材料后，20世纪30年代末，杜邦公司开始进行多孔聚合薄膜材料的研究。但直到50年代，当鞋面市场上合成纤维和装饰材料开始受到人们重视时，这项研究工作仍然没有取得实质性进展。60年代，对这种原材料的研究终于取得进展。经过不断的改进完善，在消除了这种原材料的大部分缺陷后，1963年杜邦公司推出了Corfam。

Corfam是一种新型的天然皮革替代材料，是底层为棉网、顶层为表皮带孔的双层透气合成革。较之天然真皮，Corfam有重量轻、透气性好、易于弯曲、不会走样、耐磨、防水等真皮没有的特性。另外它还不用擦鞋油，只要用湿布抹一下就能恢复光泽。但它也有一个缺点：不像真皮那样具有伸缩性，不能够适合脚的大小。

在对Corfam的市场销售前景进行预测时，杜邦公司采用了当时最先进的数学建模预测技术进行风险分析。在输入了制鞋业和皮革业的历史数据、对批发商和消费者进行市场调查的数据、制鞋和化工行业专家的判断等几项数据后，数学模型得出的预测结果是：Corfam是一种公众从未知晓的高质量产品，因而会产生巨大的需求。到1982年，皮革将严重短缺，那时大约有30%的鞋将由其他代用材料制作。作为皮革替代品中性能较为优异的Corfam，将具有广阔的市场空间。

预测结果是令人鼓舞的，但杜邦还想进一步了解消费者和经销商对Corfam的实际感受。为此，杜邦公司用Corfam试制了15 000双鞋让消费者试穿。试穿结果只有8%的人认为这种面料穿上不舒适，而绝大多数人根本没意识到他们穿的不是皮鞋。而这小部分

不满意看来也不足为虑，因为对真皮皮鞋不满意的人也有 3％，对另一种真皮代用材料——乙烯塑料不满意的人则高达24％。三者相较，Corfam 的前景最让人看好。在与杜邦公司打交道的 36 家制鞋商中，有 30 家认为 Corfam 具有均匀规则、加工浪费少、利用率高、能机械加工、生产效率高的优点，他们均表示愿意购买 Corfam。

预测和试穿的成功，使杜邦决策层非常乐观，他们希望 Corfam 能顺利上市，还能像公司曾经发明的尼龙一样，成为世界性的商品。然而，最终结果却大大出乎他们的预料。

三、一切看起来都很美好

杜邦对 Corfam 寄予厚望。公司选定高档皮鞋作为目标市场，直接与真皮竞争，其营销目标是将 Corfam 塑造成最时髦、高质量、高风格的形象。在这种营销策略指导下，1963 年 10 月 Corfam 正式在芝加哥全国鞋类展销会上亮相，杜邦还挑选权威性、发行量大的报纸杂志刊登广告。1964 年，在 20 个城市的报纸上同时刊登了有关 Corfam 的消费广告。接着，在全国广播公司的电视里，"杜邦一周"节目专题介绍了 Corfam。这一年，公司花在广告上的开支达到 200 万美元，为了推销 Corfam 达到了不惜工本的地步。对于销售渠道，杜邦只让经过挑选的少数几家颇有名望的零售商负责销售。凭借着大量的促销手段，以及制造商和经销商的热情，Corfam 在营销的初始阶段一路顺风。1965 年美国皮革出口量剧增，国内市场上皮革奇缺，价格飞涨，对 Corfam 的需求远远超过了杜邦公司的供给能力。这一年，Corfam 的销售量达到了 1 000 万平方英尺。1966 年 Corfam 的生产量达到约 2 000 万平方英尺。为了扩大生产规模，杜邦下令让所有的合成革生产厂都生产 Corfam，接着又投资 6 000 多万美元，在田纳西州开办了一家新工厂，专门生产 Corfam。为了让更多的 Corfam 投入市场，杜邦公司几乎砸进了所有可以利用的人财物。Corfam 的销售额也节节攀升，利润滚滚而来。

然而，就在公司上下沉浸在欢乐中时，危机悄然而至。

四、危机接踵而来

当 Corfam 正式大批上市后，原先没有预料到的问题开始显现了。

首先是产品成本的预计错误。由于 Corfam 生产工艺复杂，工人操作熟练程度不高，因此在生产过程中出现了大量废品，产品质量难以得到保证。面对这种情况，杜邦公司决策层坚持高质量高风格的经营方针，产品品质稍有不合格，宁可毁掉，也不出售，这导致生产成本居高不下。为了转移生产成本，杜邦公司把 Corfam 材料以高于原来谈定的价格供应给制鞋商。后来，制一双皮鞋用的 Corfam 的价格竟然等同于真皮的价格，这当然引起了制鞋商的不满，他们对 Corfam 的态度开始变得忽冷忽热。

顾客也不如当初试穿时那么热情，在与真皮皮鞋的比较中变得犹豫起来。因为 Corfam 不像皮革那样具有持久的伸展性，尽管寿命很长，但不少顾客仍抱怨这种鞋子太紧。这成了它的致命弱点。在这种情况下，深受 Corfam 挤压的皮革业也开始全面反击。以美国皮革工业联合会为代表的整个行业联合起来向广大消费者大做广告，宣称 Corfam 是一种透气性和舒适性都很差的廉价替代品，在消费者心目中树起 Corfam 皮鞋的消费心理屏障。随后，皮革行业也投入了大量精力研制新的产品。他们开发了一种十分柔软、格调高档的新皮革，很适合当时流行的便装。皮革的价格也开始下降，直接导致了 Corfam 的价格优势丧失。在皮革行业的猛攻下，Corfam 销售的增长势头开始放缓。而 Corfam 在曾寄予高期望的欧洲市场上也连连受挫。欧洲消费者对这种僵硬的透气合成革态度冷淡，而比较喜欢柔软的合成材料。

对 Corfam 形成第三个打击的是大量进口鞋的引入。此时，从国外进口的鞋，尤其是女式鞋，由于用料考究、做工精细、款式新颖，加之生产成本很低，卖价比用 Corfam 制作的鞋子低。进口的鞋子数量日益增多，挤占了相当部分的 Corfam 市场。

最令杜邦公司经理们感到头痛的是，皮革的另一种替代材料——乙烯基纤维也有了惊人发展。乙烯基材料的外表很像皮革，生产商又能提供不同颜色、装饰花样的罩面剂，零售价大约只是 Corfam 的一半，因此成了许多消费者的理想选择。到 1967 年，用这种材料制作的鞋每年能卖到 1 亿多双，而且销售量还在不断增长。很多著名企业都进入了乙烯基生产领域，这使 Corfam 面临越来越大的竞争。

五、Corfam 死了

在内忧外患的多重压迫下，1969 年杜邦公司 Corfam 的销售量比 1968 年下降了近 25%。为了改变市场上的不利状况，杜邦公司于 1970 年 10 月推出了第二代透气合成革。这种材料成本较低，特性也有所改良。但此时合成革市场已经停止增长，日本人又开发出一种质优价廉的合成革，给美国制造商造成了更激烈的竞争。更糟的是，乙烯基的售价此时已降低到合成革售价的 1/3 到 1/5，乙烯基合成革便成为消费者理想的选购物。因此，杜邦公司的期望始终没有实现。在 1964—1971 年这 7 年间，杜邦公司面临着高达 8 000 万美元到 1 亿美元的亏损。面对由于市场预测失误而产生的不景气和来自皮革行业、国外产品和新制鞋材料的竞争，杜邦公司的领导人慌了手脚，他们没有采取任何修正措施，而采取了最直接的解决方法——停止生产。

1971 年 4 月 14 日，在推出 Corfam 7 年后，总经理查尔斯 B. 麦科伊沉痛地对股东们宣布：杜邦公司准备放弃 Corfam。当年 6 月，杜邦公司停止了对 Corfam 的全部生产和订货，公司将价值 600 万美元的存货卖给波士顿一家皮革经纪商行乔治·纽曼公司。接着，波兰的波利麦克斯－瑟卡普公司把生产透气合成革的技术和田纳西老西科雷厂的生产设备买走。此交易也令杜邦公司失去了自己在全世界（北美和日本除外）受专利法保护的销售权。至此，杜邦公司对 Corfam 的开发最终以失败收场。

资料来源：天天文档-物流管理基础案例集 http://www.wendang365.cn/view/204823

思考题：

1. 杜邦公司的 Corfam 产品开发有哪些失误？

2. 麦科伊彻底放弃 Corfam 的做法是否正确？如果那时任命你做杜邦的总经理，你打算怎么去挽救 Corfam？

3. 在开发一个全新而有潜力的产品时，根据 Corfam 的失败教训，你认为应该先做好哪些方面的工作？

本章小结

随着全球竞争的日益激烈，科技愈加发达，产品生命周期越来越短，企业必须持续不断地设计、开发并推出新的产品与服务。企业越早先于竞争对手推出新产品，获取的利润就越多。利润来自两个方面，一是由竞争对手努力追赶产生的新产品溢价，二是市场先进入者可以抢占很大的市场份额。新产品的分类取决于其创新程度。企业需要有几类产品的组合，以确保在短期与长期中获得平衡。对新产品和服务的开发投入必要资源的企业具有明显优势，因为他们不仅领先于竞争者，也可以对竞争者的追击作出迅速反应。选择何种产品设计方法也很重要，管理者在选择时应分清各种方法的特征以确保所提供和交付的产品和服务能够满足顾客的需要。

中英文关键词语

新产品开发（New Product Development）；串行工程（Sequential Engineering）；并行工程（Concurrent Engineering）

参考文献

[1] ［美］马克·M. 戴维斯等. 运营管理基础. 汪蓉等译. 北京：机械工业出版社，2004.

[2] ［美］理查德·B. 蔡斯等. 生产与运作管理（制造与服务）. 宋国防等译. 北京：机械工业出版社，2000.

[3] ［美］威廉·史蒂文森. 运营管理（原书第9版）. 张群，张杰译. 北京：机械工业出版社，2008.

[4] ［美］理查德·B. 蔡斯，［美］尼古拉斯·J. 阿奎拉诺，［美］F. 罗伯特·雅各布斯. 运营管理（原书第9版）. 任建标等译. 北京：机械工业出版社，2003.

[5] 齐二石，朱秀文，何桢. 生产与运作管理教程. 北京：清华大学出版社，2006.

[6] 刘丽文. 服务运营管理. 北京：清华大学出版社，2004.

[7] 刘晓冰. 运营管理. 大连：大连理工大学出版社，2005.

[8] 刘晓冰，李新然. 运营管理. 北京：清华大学出版社，2011.

[9] 陈荣秋，马士华. 生产运作管理（第2版）. 北京：机械工业出版社，2007.

[10] 陈荣秋，马士华. 生产与运作管理（第4版）. 北京：高等教育出版社，2016.

[11] 范体军，李淑霞，常香云. 运营管理. 北京：化学工业出版社，2008.

[12] 陈心德，吴忠. 生产运营管理. 北京：清华大学出版社，2005.

[13] 邱灿华，蔡三发，栗山. 运作管理. 上海：同济大学出版社，2004.

[14] 孙维奇. 生产与运作管理. 北京：机械工业出版社，2004.

[15] 赵启兰. 生产运作管理. 北京：清华大学出版社；北京交通大学出版社，2008.

思考练习题

1. 什么是新产品开发？新产品开发的意义是什么？

2. 描述新产品的种类并讨论每一类产品对资源的需求及对企业制造流程的影响。

3. 阐述新产品开发过程的 4 个主要阶段。

4. 什么是并行工程？描述面向可制造性设计的概念，并指出其与并行工程密切相关的原因。

5. 对于制造企业而言，三大类工艺流程分别是什么？在运营特征上有何不同？

6. 服务设计与产品设计相比有何特点？

7. 阐述新服务开发过程的 3 个主要阶段。

8. 用服务系统设计矩阵为一家百货商店设计服务方式，考虑包含下列功能：邮购、电话订购、五金部、文具部、服装部、化妆品部和顾客服务部。

9. 研究运营过程首先要对运营过程展开描述，以更好地判定运营系统工作的好坏，或提出改进建议。试着描述一下麦当劳快餐厅的运营过程，回答下列问题：

（1）服务人员需要有哪些技能和素质？

（2）顾客的需求如何改变？

（3）顾客与服务者之间的交互直接接触能否具有更多的技术因素？是否能更加自助化？

（4）如何使之达到设计良好服务系统的 7 项原则？

第 **4** 章　运营能力规划

学习目标

通过本章学习，读者应该能够：

1. 理解运营能力规划的重要性；
2. 掌握定义和测量能力的方法；
3. 掌握有效运营能力的影响因素；
4. 掌握制造型企业生产能力计划决策的步骤和方法；
5. 了解服务能力计划的特点。

引导案例

幸福的巴黎迪士尼乐园

从前，在巴黎远郊的公路旁，诞生了一个神奇的王国。当地居民惊呆了！他们叫嚷着"米奇和米妮在这儿待不长！"然而今天人们却从四面八方蜂拥而至，排着长队等候着一次梦幻般的旅行，这个小小的童话王国就这样迅速发展起来了。这个现代的成功故事本身就拥有童话故事的一切要素，甚至还有一个必不可少的圆满大结局——排着长队等候的人群，滚滚而来的丰厚利润，居高不下的酒店入住率，巴黎迪士尼乐园看起来可以幸福地生存下去了。

现在，坐落在巴黎以东18英里处的这座美式风格的主题乐园已经超过了埃菲尔铁塔和卢浮宫，成为法国最受欢迎的旅游景点，甚至法国人自己对它也是欣喜若狂。然而，由于迪士尼公司在规划、建设等方面的武断做法，曾使巴黎迪士尼乐园在成立之初便陷入困境。下面列出的是在建立之初，迪士尼乐园在其战略能力方面所犯的错误。正是因为这些错误，迪士尼乐园才会在新建伊始就困难重重。

（1）巴黎迪士尼乐园的规划者们原以为在这里游玩的游客同前往美国佛罗里达州迪士尼乐园的游客一样，在乐园里要逗留4天。然而，佛罗里达州的迪士尼乐园拥有3个主题公园，而巴黎迪士尼乐园只有一个主题公园，所以到巴黎迪士尼乐园的游客最多逗留2天。这样，登记住宿或退房的人次大大增加，乐园原先安装的计算机住宿登记站就不够用了。

（2）巴黎迪士尼乐园设有5 200间酒店客房，这个数字甚至超过了法国名城夏纳拥有的客房总量。乐园不得不将客房价格提高，仅仅是为了实现预订的盈利目标，而不顾此举是否能适应市场的需求。在最初的两年里，巴黎迪士尼乐园酒店的年均入住率仅在五成左右。目前，乐园已经改变了经营方针，它针对酒店住宿的旺季、一般时期和淡季，分别推出不同的折扣率。

（3）迪士尼乐园的规划者原以为星期一来乐园的游客会比较少，而星期五来的游客会比较多，是个高峰。依据这个估计，迪士尼乐园分配了员工的工作量，但事实恰恰相反。更为棘手的是，在高峰期游客人数居然是淡季的10倍以上。再加上法国的员工工作理念非常死板，问题就变得更难以解决。

（4）为方便游客，巴黎迪士尼乐园在湖边建造了豪华的有轨电车，可以将游客从酒店直接带到乐园里游玩，但游客们却更乐意步行去乐园。

（5）餐厅的设计面积严重不足，乐园里有些酒店餐厅仅有350个座位，却要为2 500位游客提供早餐，队伍排得很长。情急之下，迪士尼乐园只好提供预先包装好的早点供顾客拿走食用。

（6）乐园的停车场实在是太小了，根本无法停放大公共汽车。而且休息室也只能容纳50位司机，而在高峰期拥挤的时候，会有200多位司机。

今天，这些问题都解决了。这要感谢那5 000多万名热爱太空山之类新游戏的游客们，正是因为他们，巴黎迪士尼乐园才会有今天辉煌的成功。事实证明，米妮与米奇广受人们的喜爱，是全世界的明星。

资料来源：Staff Reportor, "The Kingdom inside a Republic", Economist, April 13, 1996, pp.66-67; and an Associated Press release "Paris's Mickey Has Better Mousetrap." April 20, 1997.

4.1 运营能力概述

运营能力是对制造型企业生产能力与服务型企业服务能力的统称。运营能力规划对任何一个组织都至关重要，且事关长远。运营能力决定着初始投资与运营成本。即运营能力越大，所需要的初始投资越多，运营成本也越大，而当能力达到适当的水平时就产生了规模效应。此外，运营能力还会影响组织的竞争力。如果一个组织拥有足够的运营能力，或者能够在短期内迅速增加其运营能力，则其在竞争中处于更加有利的位置，并能阻碍潜在的竞争者进入市场。拥有适宜运营能力的组织，其日常管理更加容易。在经济全球化和供应链复杂化的今天，运营能力规划日趋成为管理者关注的重点领域。

4.1.1 运营能力的基本概念

1. 运营能力的定义

运营能力是指在计划期内，企业参与生产或服务的全部固定资产，在既定的组织技术条件下所能生产的产品数量，或者能够处理的原材料数量。表 4.1 列出了一些常见行业表示运营能力的方法。

表 4.1　运营能力的表示方法举例

行　　业	投　　入	产　　出
汽车制造	人工小时，机器工时	每班生产汽车数
冶金	炉膛尺寸	每天生产钢铁吨数
石油精炼	精炼炉尺寸	每天生产燃油升数
饭馆	餐桌数，座位数	每天招待的客人数
剧院	座位数	每天的票房收入
超市	营业面积	每天的营业收入

通过例子可知，我们无法用一个普遍适用的方式表示运营能力。对于不同的行业或者企业应该根据实际情况来选取合适的运营能力表示方式。

运营能力是反映企业所拥有生产能力或服务能力的一个技术参数，它也可以反映企业的生产或服务规模。每位企业主管之所以十分关心运营能力，是因为他随时需要知道企业的运营能力能否与市场需求相适应。当需求旺盛时，他需要考虑如何增加运营能力，以满足需求的增长；当需求不足时，他需要考虑如何缩小规模，避免能力过剩，尽可能减少损失。

2. 运营能力的分类

从空间范围来看，运营能力可以分为整个系统的运营能力、一个车间或工段的运营能力、单台设备的运营能力等。如此划分有利于各环节、各机床设备之间的协调与平衡。

从时间长短来看，运营能力可以分为长期运营能力、中期（年度）运营能力、短期运营能力。如此划分有利于企业制订长远规划，编制年度生产计划，安排作业计划。

其中，制造型企业的生产能力在传统上还可以划分为如下三类：设计能力、查定能力及计划能力。

（1）设计能力。设计产能是企业建厂时在基建任务书和技术文件中所规定的生产能力，它是按照工厂设计文件规定的产品方案、技术工艺和设备，通过计算得到的最大年产量。企业投产后往往要经过一段熟悉和掌握生产技术的过程，甚至改进某些设计不合理的地方，才能达到设计产能。设计产能也不是不可突破的，当操作人员熟悉了生产工艺，掌握了内在规律以后，通过适当的改造是可以使实际生产能力大大超过设计产能的。

（2）查定能力。当企业的产品方案、生产工艺、技术及组织条件等发生了重大变化，原定的设计能力已不符合企业的实际情况，此时需要重新调查核定企业的生产能力，重新核定的生产能力称为查定生产能力。查定生产能力是企业的实际生产能力，对企业各类计划有指导作用，是企业计划工作的基本参数，相当于没有经过技术改进的生产设施的"正常生产能力"。

（3）计划能力。企业在年度计划中规定本年度要达到的实际生产能力称为计划能力。它包括两部分：一是企业已有的生产能力即近期内的查定能力；二是企业在本年度内新形成的能力。后者可以是以前的基建或技改项目在本年度形成的能力，也可以是企业通过管理手段而增加的能力。

现在更多地将生产能力分为理论生产能力和标定生产能力。理论生产能力是指在理想状态（无修理、无故障、无停工）下，依照当前的条件可能达到的最大产出量。标定生产能力是指充分考虑现有的实际情况下的产出量。

3. 运营能力的柔性

运营能力还应具有一定的柔性，即能力的适应性与可变性。柔性通常包括三个方面的内容：在生产加工方面，企业需要具有快速重新组合各种生产资源的能力，以高质量的产品来满足市场需求。例如，通过柔性生产线减少设备投资，将不再使用的设备快速拆除以提高场地利用率等。在生产组织方面，企业既要能够根据需求水平的波动来调整人员的数量，又要能够通过使组织内成员具备多种工作能力来平衡需求。在运用策略方面，柔性则体现为两种类型：一种是企业针对新环境采取新的运行方式以适应环境的变化；另一种是企业无论遇到何种变化干扰都保持原有的生产能力不变。具体采取哪种策略应根据市场需求来决定。以柔性理论为基础的新型柔性技术包括成组工艺单元、平行组合单元以及网络组织单元等。

4. 规模经济原理

规模经济是指，当一个企业的生产规模扩大时，其产品成本水平会随之下降。因为随着科技进步，生产工艺不断改进，设备向高效化发展，当企业采用这些新设备和新工艺扩大生产规模时，往往单位产品的原材料消耗、能耗和工时消耗都会下降。另外，由于生产的专业化、学习效应、运输和采购原材料方面的经济性，使其摊入单位产品的固定费用也随之下降。因此，企业扩大生产规模时其单位产品成本呈下降趋势。但是当生产规模超过一定水平时，管理的复杂性急剧增加，使内部管理成本也相应增加，从而使总成本又升高起来。除此之外，生产规模的扩大使生产过分集中，又受到一些其他因素的影响，例如，生产集中后使企业远离其目标市场，造成运输费用大幅增加，远距离的市场信息不能及时掌握等。因此，设计企业生产规模的大小，应与其管理方式和组织水平协调一致，还要与其目标市场的分布状况相适应。基于以上因素每个企业应保持一个适度的规模，并非规模越大越好。

5. 学习曲线

学习效应是指当一个人重复地从事某一项工作时，由于熟练程度的提高和经验的增多，从而使继续从事该项工作所需的时间，随着重复次数的增加而逐渐减少，在降低到一定水平后才趋于稳定。

将学习效果数量化绘制于坐标纸上，横轴代表练习次数（或产量），纵轴代表学习的效果（单位产品所耗时间），这样绘制出的一条曲线，就是学习曲线。学习曲线有广义和狭义之分。狭义的学习曲线又称为人员学习曲线，它是指直接作业人员个人的学习曲线。广义的学习曲线也被称为生产进步函数，是指某一行业或某一产品在其产品寿命周期的学习曲线，是融合技术进步、管理水平提高等许多人努力的学习曲线。

这个现象最初于 1925 年在美国怀特—彼得森空军基地量化，经测算后得出，航空效率加倍而所需劳动时间下降 10%～15%。随后在其他行业的经验研究也相继得出了不同的值：从百分之几到百分之三十。但在大多数情况下这是一个常量值，即它不随行为规模的变化而变化。

4.1.2 运营能力的测量

要计算运营能力首先要确定运营能力的度量单位。根据实际情况，不同类型的企业，运营能力度量方式不同。一般来说，机械制造企业的生产能力计算稍微复杂一些，主要原因是这类企业产品的加工环节多，加工的设备数量大，设备能力不是连续变动，而是呈阶梯式发展的，所以各环节的加工能力是不一致的。计算工作通常从底层开始，自下而上进行，先计算单台设备的能力，然后逐步计算班组（生产线）、车间、工厂的生产能力。运营能力的计算主要有以下三种类型：流水线生产类型企业、成批加工生产类型企业和服务行业的服务能力计算。

由于企业种类的广泛性，不同企业的产品和生产过程差别很大，在制订运营能力计划以前，必须确定本企业的运营能力计量单位。常见的运营能力计量单位如下：

1. 以产出量为计量单位

调制型和合成型的制造企业生产能力以产出量表示十分明了。如钢铁厂、水泥厂都以产品吨位作为生产能力，家电生产厂是以产品台数作为生产能力。这类企业的产出数量越大，能力也越大。若厂家生产多种产品，则选择代表企业专业方向，产量与工时定额乘积最大的产品作为代表产品，其他的产品可换算到代表产品。换算系数 k_i 由下式求得：

$$k_i = t_i / t_0$$

式中：

k_i——i 产品的换算系数；

t_i——i 产品的时间定额；

t_0——产品的时间定额。

2. 以原料处理量为计量单位

有些企业使用单一原料生产多种产品，以工厂年处理原料的数量作为生产能力的计量单位是比较合理的，如炼油厂以一年加工处理原油的吨位作为它的生产能力。这类企业的生产特征往往是分解型的，使用一种主要原料，分解制造出多种产品。

3. 以投入量为计量单位

有些企业若以产出量计量运营能力，会使人感到不确切，不易把握。如发电厂，年发电量几十亿度电，巨大的天文数字不易比较判断，用装机容量来计量更方便。这种情况在服务业中更为普遍，如航空公司以飞机座位数而不以客流量为计量单位；医院以病床数而不是以诊疗的病人数；零售商店以营业面积或标准柜台数来计量，而不是接受服务的顾客数；电话局以交换机容量表示，而不用接通电话的次数。

4.2　有效运营能力的影响因素

企业的运营能力会受到系统内众多因素的影响，具体如下。

1. 设施因素

设施因素包括厂址、工作区域布置以及为将来扩大规模预留的用地等。在选择厂址时，应该统筹考虑运输成本、与市场距离、劳动力状况、能源供给及未来发展空间等方面影响因素。选址决策是所有企业都要面对的问题，无论是制造型还是服务型企业，设施选址都将对组织的竞争优势产生重要影响。选址决策是一个长期战略范畴，它直接影响组织的运作成本、税收及后续投资。不好的选址将会导致成本过高、劳动力缺乏、原材料供应不足直至丧失竞争优势的后果。因此，企业应该运用科学的方法决定设施的地理位置，使之与企业的整体经营运作系统有机结合，以便有效、经济地达到企业的经营目标。

工作区域布置对于员工工作效率有重要影响，设计时应充分考虑光线、供热和通信等环境因素，为员工创造出优越的工作环境。

2. 产品和服务因素

产品和服务设计对运营能力也有重大影响。一般来说，企业的产出越一致，其生产方式和材料越有可能实现标准化，有利于实施有效的管理，从而达到更大的运营能力，即企业生产的产品或提供的服务相似，会比生产不同产品或提供不同服务的运营能力大。例如，一家提供有限菜单品种或具有一定特色的餐馆，通常比菜单品种繁多的菜馆能更快地提供服务。同时，对于某些产品或服务组合，应该充分考虑组合中不同产品或服务的输出量。品种多、技术复杂、"大而全"的运营组织方式将会降低运营能力，故企业有时需考虑走专业化、协作化、联合的道路。

3. 工艺因素

工艺设计将影响产品的产量和质量。例如，由于产品质量问题导致频繁的产品检验和返工将会使产品产量降低，最终影响生产能力。

4. 人力因素

组成一项工作的任务、涉及活动的种类以及履行一项任务需要的培训、技能和经验对潜在和实际产出都有影响。此外，还应考虑员工的工作动机、绩效和流失等因素对运营能力的影响。劳动者是企业运营能力中最有决定意义的因素。因为生产中的一切物质因素都要靠人去运用和创造。在技术进步飞速发展的今天，劳动者所掌握的科学技术知识已成为企业运营能力发展的源泉。

5. 运行因素

一个组织由于不同机器设备在运行能力上的矛盾或工作要求上的矛盾而产生的排程问题、存货储备的决策、发货的推迟、所采购的原材料部件的合意性，以及质量检查与进程控制，都会对有效运营能力造成影响。例如，装配中的产品如果有一个部件出现库存短缺，都会造成整个装配线停止运行。因此，运行中的任何一个方面出现问题都会影响有效运营能力。

6. 供应链因素

供应链中的供应商、仓储、运输和经销商都会对运营能力产生影响，增加或者降低运营能力时应考虑能否满足供应链上各部分的需求。

7. 外部因素

管理人员在增加和使用运营能力时，通常受到产品质量标准和服务标准的限制。政府的相关法律法规、工会及可能对环境造成的污染等都会影响到有效运营能力。

以上这些因素对有效运营能力的影响从时间上可以分为长期、中期和短期三类。长期因素包括建设新厂、扩建旧厂、购置设备和技术改造等，尽管需要大量的投资，但是能够从根本上提高企业的运营能力。中期因素包括采用新的工艺路线、对设备进行小规模改造和技术升级，以及增加通用设备等，这些因素能够在现有运营能力基础上达到扩充产能的作用。短期因素在半年或一个月之内便能对运营能力产生影响，例如加班、增加临时工人等。

4.3 制造型企业的生产能力计划

4.3.1 生产能力计划概述

1. 生产能力计划的概念

生产能力计划是制造型企业制订生产运作计划的重要依据之一。一个企业所拥有的生产能力过大或过小都是不利的：能力过大导致设备闲置、人员富余及资金浪费；能力过小又会失去许多市场机会，不能满足需求。能力计划能够为企业制订设施建设规划提供必要的资料，使得建设投资更加合理，资源配置更加有效。因此，制订能力计划对于企业未来长期的发展和成功具有至关重要的作用。生产能力计划所确定的生产能力对企业的市场反应速度、成本结构、库存策略及企业自身管理和员工制度都将产生重大影响。

2. 扩大生产能力的时机与规模

当现有生产能力不能满足需求时，或者现有生产能力不能满足未来需求时，管理者就需要面对扩大生产能力的决策问题：扩大生产能力的时机与规模。通常存在两种相对极端的策略：积极策略和消极策略。如图 4.1 所示，积极策略是指生产能力的每一次扩展规模都较大，持续的时间较长；消极策略是指生产能力的每一次扩展规模较小，持续的时间较短，扩展的次数相对也更加频繁一些。

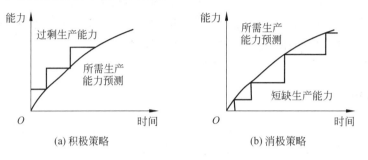

图 4.1　扩大生产能力的基本策略

随着生产能力扩展规模的增加，每一次扩展后可持续的时间也相应延长，即扩展生产能力的时机与规模是相互联系的。积极策略下的生产能力扩展通常提前于生产需求，拥有较多的备用生产能力，这样可使因缺乏足够生产能力而导致的销售机会损失降至最低。消极策略下的生产能力扩展滞后于生产需求，但其具有一定的灵活性，可以通过短期措施来弥补生产能力的不足，这些短期措施包括：加班、雇用临时工人、租赁设备、外协加工、延迟设备的防护性维修等。这些短期措施常常会增加额外的成本支出，所有需要根据不同的情况综合考虑采取何种短期措施或同时使用。

需要注意的是，上述两种极端策略并不一定经济。就积极策略而言，生产能力大规模扩展通常意味着高额的设备成本，并在一定时期内形成过剩的生产能力，从而增加生产成本。对于消极策略，虽然在设备成本上投入相对较少，但是频繁的设备更新将增加生产设施置换成本和人员培训费，还可能造成一些市场机会损失。

通常，管理者应该根据本企业的具体情况，权衡利弊之后选择一种适合的策略。采用综合策略，即将积极策略和消极策略结合起来使用，可以充分发挥其优点。例如，在经济规模效应和学习效应比较明显的情况下，实行积极策略会更加有利一些，因为企业可以通过降低生产成本和实行价格竞争策略来抢夺市场份额。消极策略则可以规避管理者对需求的过分乐观估计、技术进步导致现有设备过时、对竞争对手估计过高等风险，这时企业的生产能力的扩展主要靠生产设备的技术改造与革新来实现。需要指出的是，采用消极策略可能出现短视行为，虽然采用此策略可以在短期内以较低的资本投入获得较高的投资回报率，但是由于技术更新上的落后，会使企业逐渐失去市场份额，这与企业的长期经营目标相违背。

4.3.2　生产能力计划决策步骤

1. 估计未来的能力需求

在进行生产能力计划时，首先要进行需求预测。能力需求的长期计划不仅与未来的市场需求有关，还与技术变化、竞争关系以及生产率的提高等因素有关，所以必须综合考虑。

对市场需求预测必须转变为一种度量，以便与能力直接进行比较。例如，可将市场需求转变为设备数量，即计算每年所需的设备小时数或每台设备可提供的工作小时数。将生产需求转化为生产能力度量形式的过程不只限于机器设备，还可以是剧院里的观众座位、银行里的业务接待职位或其他表达形式。在制造型企业中，企业能力经常是以可利用的设备数来表示的，这种情况下，管理人员必须把市场需求（通常是产品产量）转变为所需的设备数量。

2. 计算需求与现有能力之间的差距

与需求相比，现有的能力可能过剩，也可能不足。当预测需求与现有能力之间的差为正数时，就需要扩大产能，但要警惕落入盲目扩张产能的陷阱。当一个生产运作系统包括多个环节或多个工序时，能力的计划和选择就要格外谨慎。例如 20 世纪 70 年代西方发达国家的航空业曾出现过供不应求的局面，许多航空公司大量购入大型客机，然而拥有较小机型的公司通过增加航班数获得了更好的经营效果。此时顾客需求总量可用"座位数×每年的航班"来表达，只扩大前者而忽略后者则必然要遭遇失败。在制造型企业中，能力扩大必须考虑各工序能力的平衡问题。一般来说，企业的生产能力是由瓶颈环节的能力决定的，而且瓶颈环节可能随着产品品种和制造工艺的变化而改变。

3. 制订备选方案

处理能力与需求之差的方法有多种。最简单的是：不考虑能力扩大，任由这部分顾客或订单失去。其他包括能力扩大规模多种方案，如积极、消极或中间策略的选择，新设施地点的选择，是否考虑使用加班、外包等临时措施等。这些都是制订生产能力扩展计划时考虑的内容。考虑重点不同会形成不同的备选方案。一般来说，至少应给出 3~5 个备选方案。

4. 评价每个方案

评价包括定量和定性评价。定量评价主要从财务角度，以所要进行的投资为基准，比较各种方案带来的收益及投资回报情况，可使用净现值法、盈亏平衡分析法、投资回报率法等方法。定性评价主要是考虑不能用财务分析来判断的其他因素，例如，是否与企业的整体战略相符合、与竞争战略的关系、技术变化因素、人力成本等需要经验来判断的。在定性评价时，可对未来进行假设，如，需求比预测值小、竞争更加激烈、建设或生产成本高于预期水平等。定量和定性分析备选方案可使管理者了解备选方案的实质，为最终决策提供依据和支持。

4.3.3　生产能力计划决策方法

在市场和需求不确定的情况下，生产能力计划决策中的常用方法是决策树和量本利分析法。

1. 决策树分析法

企业进行生产能力规划，要很好地预测未来的市场需求，但往往具有随机性。在这种信息不确定的情况下，要评价不同的生产能力规划方案，决策树是一种很好的辅助决策工具。

决策树是一种图解式模型。它由一系列决策节点、方案节点和节点间的分支连线组成。通常，用方框表示决策节点，用圆圈表示方案节点，由决策节点导出的分支线表示可供选择的方案，由方案节点导出的分支线表示方案的内容和该事件可能出现的概率，如图 4.2 所示。

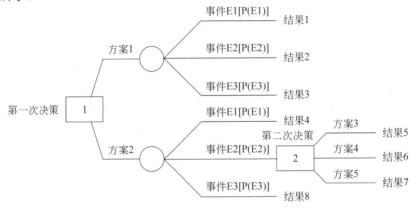

图 4.2　决策树模型

决策树画出之后，应从树的右方树梢部分开始，比较各方案的优劣。如果一个方案有多个可能出现的概率时，则应计算其期望值。按照此方法一步步向左推进，直至树根即第一个决策点为止，至此就找到了问题的最佳解决方案。

决策树分析法适用于信息不确定的情况，尤其是需求不确定并涉及间接性决策的情况。

2. 量本利分析法

潜在的市场需求和投资成本决定了企业将选择怎样的生产能力规模。采用量本利分析法可以确定合适的市场规模，通过找到盈亏平衡点，对销售收入、固定成本和可变成本进行精确的估算，使企业在生产能力规模决策时更加准确、高效。其模型如图 4.3 所示。

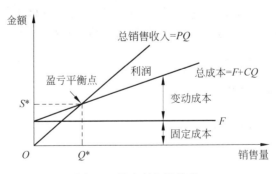

图 4.3　量本利分析模型

确定盈亏临界点，是量本利分析的关键。盈亏临界点，指使销售收入能够覆盖生产经营成本所必需的最低生产或销售水平，此时企业处于不盈不亏的状态。盈亏临界点可计算求得：

设有关变量如下：Q^*为盈亏平衡点、S^*为产品盈亏平衡销售额、P为产品销售价格、Q为产品的产量、F为产品固定成本、C为产品单位变动成本。

从图中可以直观地看出，在盈亏平衡点，产品的总销售收入等于总成本，即

$$PQ = F + CQ$$

根据上式可求得产品的盈亏平衡点 Q^* 为

$$Q^* = \frac{F}{P - C}$$

这时，盈亏平衡销售额 $S^* = Q^* P = \dfrac{F}{1 - C/P}$

产品利润 $E = (P - C)Q - F$

当产品销售量超过其盈亏平衡点时，利润大于零；当产品销售量在盈亏平衡点时，产品利润为零；产品销售量低于盈亏平衡点时，产品利润为负。

为进一步考察经营安全性，引入经营安全率反映生产能力计划方案经营风险，公式如下：

$$r = \frac{Q - Q^*}{Q} = \frac{S - S^*}{S}$$

式中，r 为经营安全率；其他符号同上。

销售量或销售收入越大，r 就越接近 1，说明企业经营越安全，亏损风险越小；r 越接近 0，企业经营越不安全，亏损风险越大。通常，用 5 个级别进行分析判断，如表 4.2 所示。

表 4.2　企业经营安全状态分级表

经营安全率 r	0.3 以上	0.25～0.3	0.15～0.25	0.1～0.15	0.1 以下
经营安全状态	安全	较安全	不太好	需警惕	危险

在进行量本利分析时，应明确认识下列基本关系。

（1）在销售总成本已定的情况下，盈亏临界点的高低取决于单位售价的高低。单位售价越高，盈亏临界点越低；单位售价越低，盈亏临界点越高。

（2）在销售收入已定的情况下，盈亏临界点的高低取决于固定成本和单位变动成本的高低。固定成本越高，或单位变动成本越高，则盈亏临界点越高；反之，盈亏临界点越低。

（3）在盈亏临界点不变的前提下，销售量越大，企业实现的利润便越多（或亏损越少）；销售量越小，企业实现的利润便越少（或亏损越多）。

（4）在销售量不变的前提下，盈亏临界点越低，企业能实现的利润便越多（或亏损越少）；盈亏临界点越高，企业能实现的利润便越少（或亏损越多）。

4.4 服务型企业的服务能力计划

4.4.1 服务能力概述

1. 服务能力的定义

服务能力即服务业生产能力是指一个服务系统提供服务的能力程度，通常被定义为系统的最大产出率。这样的定义方法在与制造业定义生产能力时类似，但是对于制造业的企业来说，一个生产系统的生产能力可以用产品数量来衡量，而对于服务业企业来说，很难对服务的产出进行准确的衡量。因为服务的产出是无形的，服务本身难以标准化且存在较大的差异性，同时服务组织也很少提供单一的、统一的服务。例如，医院的产出能否以占用的床位或者病人的人数来衡量？或者用提供医疗的时间或医生数量来衡量？上述方式都只是从某一方面反映出医院的服务能力，不能完全反映出医院的整体服务能力。

2. 服务能力的五个要素

对于制造业来说，企业生产能力的主要要素是劳动者、劳动工具（设施设备）和劳动对象（原材料和零部件）。而对于服务企业来说，能力要素有所不同。服务能力的五个基本组成要素是人力资源、设施、设备和工具、时间以及顾客参与，其中前三个要素与制造业企业是类似的，后两个要素却明显具有行业自身的特点。以下分别加以分析。

（1）人力资源。劳动力是所有服务的一个关键能力要素。某些专业性质的服务需要高技术水平的专业人员来提供，如何将这些人员高效地组织成一个团队，对企业的服务能力尤为重要。企业管理者应设法创造一个良好的激励环境，领导和激励双重作用将进一步提高服务能力。人力资源具有高度的灵活性，在劳动力流动市场高度发达的环境下，人员的招聘和解雇比设备的买卖容易得多。此类人员经过培训还可胜任多个职位，这就使服务能力的调节更加灵活方便。

（2）设施。服务业的设施除了用于容纳设备、操作人员和原材料、半成品之外，还要考虑容纳顾客，因此，应该更加广义地理解服务设施。一般来说，服务设施包括。

① 用于容纳顾客和提供服务的物质设施。例如，旅店里的床位和学校里的教室。此时，能力的限制在于组织能够提供的诸如座位、床位等设施的数量。

② 用于存储或处理货物的设施。如超市货架、运输管道、仓库、停车位或火车车厢等。

③ 基础设施。基础设施中不考虑顾客的存在，设施能力将决定服务能力。

（3）设备和工具。设备和工具是指服务过程中所需的用于处理人、物和信息的物质设备，缺少这些设备将导致服务无法提供。企业通常在设计服务提供系统时，就已经决定了设备计划，必要时还可以投入较少的替代设备或改良设备，大大提高服务效率和服务能力。

（4）时间。对于一些具有需求高峰的服务企业，可以通过改变服务提供时间段的组合或者把服务产出从一个时间段改变到另外的时间段来调节服务能力。相对于某一特定时间来说，单纯通过延长服务时间也能提高整体的服务能力。

（5）顾客参与。服务能力的另一个重要因素就是顾客参与。许多服务过程的完成都要依赖顾客在服务中提供的劳动。这种参与可以是全程的，也可以是部分的。例如某顾客在自动取款机上取钱的全过程都是自己在工作；而在自助餐厅里，只有选菜时是由自己决定的。无论哪种情况下，顾客参与都将影响到服务能力。

4.4.2 服务能力计划的特点

服务需求的起伏波动对服务能力影响很大，时间与空间界面的约束对服务能力影响更大。

1. 时间

与制造业产品生产不同，服务是一种无形的产出，无法保存，在产生的同时就被消耗掉了。在服务需求发生时，必须拥有相应的服务能力为该需求提供服务。例如，某次航班已起飞，尽管机舱中还有很多空座位，但是这些空位不能保存留给下一个航班。

2. 空间

制造业中的产品可在一个地方生产，却又在异地销售。但对于服务业而言，服务能力必须能够延伸至顾客身边才有意义。例如，另一座城市中提供住宿的旅店或者出租车对本地顾客是毫无价值的，无法满足需求。空间的阻隔是服务能力扩大化的一个重大影响因素。

3. 需求易变性

服务能力无法保存的现象使得服务业不能像制造业那样利用库存满足顾客未来的需求的变化。由于文化背景和个体差异对于服务过程体验水平不同，使得为每位顾客服务的时间也有较大的变化性。服务质量是顾客感知到的服务水平与服务期望比较的结果。若绩效感知大于服务期望，则认为服务质量良好。反之，则认为服务质量差。因此，对服务质量的评价具有明显的主观性。

在编制服务能力计划时，服务业经常通过调整提供服务的时间，即改变产出的时间段组合来改变服务能力，尤其是某些具有需求高峰的服务业。在一些服务领域中，顾客参与也是服务能力的重要因素，许多服务的完成需要顾客在服务过程中提供劳动。例如，银行自动取款机、自助餐厅等。在这些情况下，时间和顾客参与都对服务能力产生了影响。

在一些情况下，可采用需求管理战略，以抵消运营能力的限制。定价、促销、折扣和其他类似的策略有助于将一些需求从高峰期转移开，进入低需求期，从而使企业组织实现供给与需求的大致匹配。

4.4.3 服务能力利用率与服务质量

管理者在计划服务能力时，必须考虑随着服务能力利用率的变化，服务质量将如何变化的问题。根据海伍德·法默尔（Haywood-Farmer）和纳莱特（Nollet）对顾客到达速率与妇科服务速率及服务质量的研究，当服务能力利用率大约为70%时，服务质量是最佳的。这时，服务人员被服务需求充分调动，同时又有足够的时间可以为顾客提供服务；另外，因为留有服务能力余量，管理者也能应付自如，不至于过于忙乱。图 4.4 给出了服务能力利用率与服务质量间的关系。

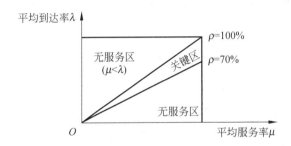

图 4.4　服务能力利用率 ρ 与服务质量间的关系

在图中可以看出，关键区域的服务能力利用率介于 70%～100% 之间，服务系统能够为顾客提供服务，但随着利用率的提高服务质量会逐渐下降。在关键区域的上方，服务的需求超过了服务能力水平，需要服务的顾客不得不排队等待，甚至一些顾客会得不到所需要的服务。

法默尔和纳莱特还发现，最佳的服务能力利用率取决于服务体系所处的具体环境。当服务需求变动较大时，保持较低的服务能力利用率较为合适。例如消防队、医院急诊室、110 巡查队面对的不确定因素很高，多数是突发事件，所以服务能力利用率定在较低的水平，以应对随时可能出现的紧急情况。而需求量相对稳定的服务机构，或者不需要与顾客直接接触的服务系统，例如火车站、银行、邮局等，可将服务能力定在较高的水平上，甚至接近于满负荷运转状态。

讨论案例

南滨器件公司

南滨器件公司始建于 1982 年，在最初两年里经历了一些困难，但公司管理者经营有方，使公司保持了稳定的增长，1992 年公司的销售额超过了 1 200 万元。南滨器件公司生产各种中小型金属器件供当地其他制造厂使用。其中 50% 的客户订单都属于单件或小批量种类，订货数量从 1 件到 500 件不等，平均每次订货数量为 35 件。南滨公司的订单一般是通过参与竞争投标来获得。

南滨器件公司的生产厂内采用工艺专业化设施布置，共有 32 台机器设备，价值为280 万元。生产能力具有灵活性，大部分工人都经过多种技能培训，可操作几种不同的机器设备。根据技能水平不同，工人工资按小时计为每小时56元到112元不等。工厂目前采用每天工作1个班次，每周工作5天。在夏季，公司放假2周，在此期间工厂停止生产。就生产运作管理而言，机器设备的生产能力是主要的限制性因素，生产负荷过多时，通常利用加班延长工作时间来弥补生产能力的不足。

生产运作中存在瓶颈作业环节，这是一个具有4台机器设备的加工中心，每台设备运转时需要配备1人看管操作。操作工人的工资是每小时80元。由于该加工中心设备利用率高，公司管理者给这4台机器设备均配置了固定操作员工，这样工人操作更趋于专业化，可以提高生产效率。

根据对市场需求的判断，公司管理者认为该加工中心机器设备的生产需求还将增加。预计下一年度该加工中心要完成生产需求，按每台设备年运转时间为2 000小时考虑，将需要4台到10台设备。根据销售增长趋势和经济环境，公司管理者对生产设备的需求程度做了如下概率预测：

表4.3　生产设备的需求程度概率预测

所需设备	概率	所需设备数	概率
4	0.10	8	0.50
6	0.25	10	0.15

新设备从订购直到交货大约需要6个月的时间，为此，公司管理者必须决定需要购买几台新设备供明年生产使用；1台机器设备的购买成本和安装费用合计为24.8万元，设备采用直线折旧，所得税率是25%。要求设备投资最低回报率为14%。每台设备的经济寿命是10年，使用8年后设备残值为零。

运作加工中心最经济的方法是采用正常工作时间。利用机器设备加工产品部件的标准时间是每件10小时，这意味着在每天1班工作制的情况下，1台机器设备每年可生产加工200个产品部件。此外，生产加工每一件产品部件需花费的直接人工成本、原材料成本和间接变动成本共计960元。

如果由于缺少设备而使得正常工作时间内的生产能力不够时，公司管理者必须寻找最适合的解决方法。一种可能性是利用加班，所支付的加班工资是正常时间工作工资的1.5倍。工人在某种程度上也愿意加班，因为这可以增加工资收入，但他们并不希望加班过多，所以每周加班时间最长不得超过15小时。另外，加班过于频繁或时间过长反而可能会降低生产效率，也许产品部件的加工时间会上升到每件11小时。

弥补生产能力不足的另一种可能方式是将生产任务外包，委托其他零部件制造商加工产品部件。产品部件外包加工的数量不超过100件时，每件加工成本是2 480元，高于100件时加工成本是2 360元。通过外包加工可利用的生产能力足以容纳南滨器件公司可能需要外包加工的产品部件数量。

第3种解决生产能力不足的可能途径是当现有生产能力满负荷运转时，公司不再投标获取更多的生产订单。但这不仅使公司会失去即时可得的利润（该加工中心产品部件的销售价格是2 800元），并且可能会失去未来潜在的客户订单。

弥补生产能力不足的最后一种可能途径是增加工作班次，实行两班制甚至三班制生产。在过去的生产经营中，公司管理者曾拒绝过此种途径。因为这需要增加生产管理人员，此外，雇用到好的夜班工人也不容易。增设夜班，生产效率可能不会提高，并且产品质量控制也不一定能够得到保障。另外，还需要支付夜班费等。作为管理者需要考虑的一个重要的方面是，如果生产需求不能达到预期水平，可能不得不解聘已接受过培训的新员工，而这是公司管理者所不希望看到的。

如果购买的机器设备数量超过了明年实际所需，则公司管理者不得不面临生产能力过剩的问题。若所有的机器设备不能得到充分利用，则操作这些机器设备的员工岗位将不再固定，有些员工会被调配到工厂的其他岗位工作。然而，通过这种方式来消化富余劳动力的程度是有限的。如果生产需求过低，有些新增员工不得不被解聘，则面临的问题与前述类似。对此，一种解决的途径是出售一些过剩的机器设备，另一种是维持现状，期待今后年度的生产需求会尽快再次回升。

资料来源：http://www.jgxysx.net/jpkc/om/ReadNews.asp?NewsID=278&BigClassID=3&SmallClassID=8

思考题：

1. 制订南滨器件公司的生产能力计划。处于瓶颈状态的加工中心应当购买多少台机器设备？说明制订计划所需的条件假设，并解释所提出建议（购买机器数量）的合理性。

2. 就所提出的建议而言，如果实际需求超过生产能力，或实际需求低于生产能力，公司管理者对此将做出什么样的决策？

本章小结

运营能力从宏观角度讲是指一定期间内生产或服务设施的最大产出率。能力决策的重要性在于能力是产出的上限，并且能力是决定成本的重要因素。能力决策在本质上是战略性的。不同的行业，衡量运营能力的标准也不同。常见的运营能力度量方法是产出与投入度量方式。许多因素都会对运营能力产生影响，例如设施、产品和服务、工艺、人力、运行、供应链及其他外部因素等。制造型企业，主要论述了扩大能力的时机与规模、生产能力计划决策的步骤和方法等内容。而服务业在进行服务能力决策时，需要考虑的重点是服务能力改变后对服务质量的影响，以及服务次数随服务设施的增加而增加所产生的服务效果及影响。

中英文关键词语

运营能力（Capacity）；运营能力的利用率（Utilization Rate of Capacity）；量本利分析法（Volume-Cost-Profit Analysis）

参考文献

[1] ［美］马克·M. 戴维斯等. 运营管理基础. 汪蓉等译. 北京：机械工业出版社，2004.

[2] ［美］理查德·B. 蔡斯等. 生产与运作管理（制造与服务）. 宋国防等译. 北京：机械工业出版社，2000.

[3] ［美］威廉·史蒂文森. 运营管理（原书第9版）. 张群，张杰译. 北京：机械工业出版社，2008.

[4] ［美］理查德·B. 蔡斯，［美］尼古拉斯·J. 阿奎拉诺，［美］F.罗伯特·雅各布斯. 运营管理（原书第9版）. 任建标等译. 北京：机械工业出版社，2003.

[5] 齐二石，朱秀文、何桢. 生产与运作管理教程. 北京：清华大学出版社，2006.

[6] 刘丽文. 服务运营管理. 北京：清华大学出版社，2004.

[7] 刘晓冰. 运营管理. 大连：大连理工大学出版社，2005.

[8] 刘晓冰，李新然. 运营管理. 北京：清华大学出版社，2011.

[9] 陈荣秋，马士华. 生产运作管理（第2版）. 北京：机械工业出版社，2007.

[10] 范体军，李淑霞，常香云. 运营管理. 北京：化学工业出版社，2008.

[11] 陈心德，吴忠. 生产运营管理. 北京：清华大学出版社，2005.

[12] 邱灿华，蔡三发，栗山. 运作管理. 上海：同济大学出版社，2004.

[13] 孙维奇. 生产与运作管理. 北京：机械工业出版社，2004.

[14] 赵启兰. 生产运作管理. 北京：清华大学出版社；北京交通大学出版社，2008.

思考练习题

1. 你是如何理解运营能力的概念的？度量运营能力的形式有哪几种？请举例说明。

2. 影响有效运营能力的因素有哪些？说明它们之间的相互联系。

3. 生产能力计划决策方法有哪些？

4. 制订服务能力计划时需要考虑哪些特殊因素？

第 **5** 章　设施选址与布置

学习目标

通过本章的学习，读者应该能够：

1. 了解什么是设施选址，认识设施选址的重要性；
2. 掌握设施选址的影响因素及其一般步骤；
3. 了解几种常见的选址决策评价方法；
4. 简单了解设施布置的内容。

引导案例

星巴克的选址

星巴克咖啡公司是闻名世界的著名企业，平均每天在全球开设 3 家新店，其秘密不在它的咖啡豆或配方，星巴克最为人称道的就是它店面的选址。星巴克的定位就是"第三生活空间"，这是什么意思?就是除了家和办公室，中间还应该有一个地方可以为大家提供休息、畅谈，包括来洽谈一些商务的环境，星巴克进入市场的切入点就是这一点。

商圈的成熟和稳定是选址的重要条件，而选址的眼光和预测能力更为重要。星巴克有自己独特的选址软件 Atlas，每家新店的选址都会通过这个软件进行测算分析。如果这个选址不在特定的投资回报率参数范围内，那公司就不会在这个选址上浪费时间。Atlas软件增强了公司的战略决策流程，促进了星巴克的飞速发展。星巴克的每个选址决策都会对地理编码的人口和消费者统计数据进行评估，来自地理信息系统的数据会提供区域的人口、年龄、购买力、交通流量以及每个街区的竞争情况。规划者能迅速看到周围所有商店、规划地点和竞争者位置。这为星巴克店面的选址工作提供了巨大的帮助。

资料来源：根据星巴克公司介绍和互联网资料整理而来。

5.1 设施选址概述

5.1.1 设施选址的基本概念

设施选址（Facility Location）是指企业为开拓新市场、提高生产能力或提供更优质的客户服务等而决定建造、扩展或兼并一个物理实体的一种管理活动。根据企业性质的不同，该物理实体的具体形态也不同，对于制造型企业，可能是工厂、办公楼、车间、设备、原材料仓库等；对于服务型企业，可能是配送中心、分销中心、零售商店、银行、超市等。选址决策不是每个企业的常态性工作，但它是企业战略计划流程中一个不可缺少的部分。任何新建或扩建的生产和服务组织都会面临设施选址的问题。它不仅关系到设施投资的规模和速度，而且在很大程度上直接影响着组织在未来相当长的一段时间内生产运作过程中的运营成本以及所提供产品和服务的成本，与组织的绩效息息相关。因此选址是一项巨大的永久性投资。经济全球化带来了企业生产运作的全球化，现在企业选址的范围已经跨越国家、地区的界限，进而在全球范围内考虑厂址选择的相关问题。

企业进行选址决策的根本是为应对内外部经营环境的剧烈变化，主要有以下几方面。

(1) 市场需求的增长。扩建、新设、租赁等。

(2) 生产原材料的枯竭。采矿业、石油业、渔业和伐木业。

(3) 其他原因。汇率、环境、经济发展等因素。

5.1.2 设施选址的重要性

设施选址是建立和管理企业的第一项重要工作，与企业的未来息息相关。著名咨询公司麦肯锡提出：企业选址是决定整个企业战略成败的因素之一。企业选址的重要性不言而喻。

1. 设施选址影响企业的运营成本和竞争优势

地理布局决定着直接成本的高低，它直接影响组织的运作成本、税收以及后续投资，不好的选址将会导致成本过高、劳动力缺乏、原材料供应不足，直至丧失竞争优势，进而不利于企业的运作。选址还直接影响着供求关系，影响着员工的情绪、员工相互之间的关系甚至是公共关系。此外，选址还影响着企业所在供应链的绩效。

2. 选址事关长远

选址是一项巨大的永久性投资，一旦在工厂或服务设施建成后才发现选址错误，则为时已晚，难以补救。厂房设备是不能移动的，设备搬迁与异地重建新厂房都耗资非常大。而且如果继续经营状况不佳的设施也会给企业背上更加沉重的包袱，犹如雪上加霜。因此选址失误的损失是巨大的。

3. 设施选址与企业的经营战略密切相关

不同的企业有着不同的战略目标，不同战略目标的企业又适用于不同的设施选址。如果企业采取了低成本的经营战略，那么通常会把厂址选择在靠近原料供应地或顾客群的地方；如果企业确定了通过增加市场份额来提高利润的战略，那么通常把厂址选在接近市场的地方；而如果采取以顾客为导向型的经营战略则通常把厂址选在能够方便顾客顺利处理事务的地方。设施选址还在一定程度上影响着设施布置以及投产后的产品和服务质量。

5.1.3 影响设施选址的因素

在厂址选择时需要考虑许多因素：自然条件、人力资本、财务因素、与市场和供应商的接近程度、能源和原材料的可靠性等等，在这些因素当中大致可从企业内外两方面分类，内部因素指的是与企业本身密切相关的因素，外部因素指的是社会环境及自然条件对企业选址所施加的影响因素。通常认为，内部因素与外部因素的区别在于前者是可控的，企业可以发挥主观能动性加以改变，而后者是不可控的，企业只能被动适应。

1. 影响企业选址的外部因素

（1）自然资源因素

在这里主要包括土地资源、气候资源、水资源以及物产资源等与自然条件有关的因素。

① 土地资源

建厂需要土地，土地的地理位置、面积、地质条件、地价等都是十分重要的因素。在土地稀少的地方其成本往往很昂贵。如在中国，投资西部的土地成本要比在沿海地区低得多。

另外，土地资源还决定了新址的可扩展性，如果新址不具备继续发展的能力，将对企业未来的经营带来不确定性因素。

② 气候资源

有些对气候有特殊要求的企业，如纺织业和乐器制造业等，气候条件是非常重要的选址因素。这类企业主要考虑温度、湿度、风向、风力、灾害性天气的种类、严重程度和发生概率等。气候条件将直接影响员工的健康和工作效率。根据美国制造业协会的资料显示，气温在 15℃～22℃时，人们的工作效率最高。气温过高或过低都会影响人们的工作效率。

③ 水资源

水是生产与生活所必需的资源，对水的要求不仅仅是数量问题，还要考虑质量和价格方面的问题。水资源短缺是世界性的问题。有些企业用水较多，需优先考虑在水资源充足的地方建厂，例如造纸业、化学工业、发电厂等。一些制药企业对水质的要求较高，则不仅要靠近水源，而且要考虑水质，否则高昂的水处理设备投资将会增加企业的成本。有污染的企业在选址时还要考虑当地环境的有关规定。

④ 物产资源

有些企业需要使用大量特定资源作为制造产品的原材料，甚至有的企业对资源产地有依赖性，因此，企业接近原料产地对于生产加工是十分有利的。采矿业、农业、林业和渔业，必须紧邻原料产地。原料易变质的新鲜水果蔬菜、罐头和奶产品加工等行业选址时必须考虑易腐烂性。金属矿业的原料笨重，产品由原料中的一小部分提炼而成，需要接近原料产地。

（2）社会环境因素

在这里主要介绍基础设施条件、人力资源条件、劳动生产率、市场可接近性、供应商接近程度、群集效应、所在国汇率以及政府和公众的态度等与社会条件有关的因素。

① 基础设施

设厂地区的基础设施对企业的经营成本有很大的影响，主要是煤、电、水的供应是否充足，通信设施是否便捷，交通运输是否方便。基础设施主要包括交通、信息、市政等基础条件。这些基础设施对企业正常的经营活动是必不可少的。便利的基础设施不但可以降低运营成本，而且可以快捷地、高质量地为顾客提供服务。

② 人力资源

劳动力是最重要的生产资源，对企业的发展影响较大，除了数量上的要求外，更重要的是素质方面的要求，如文化水平和技术技能等。此外，人力资源的直接工资成本是厂址选择时最重要的评价标准之一，因为人工成本直接进入制成品成本或提供服务的成本。人工成本越高，产品或服务的成本也就越高。

③ 劳动生产率

企业在进行设施选址决策时，管理层常常会被当地的低工资率所吸引。然而，低的工资率本身并不能说明什么问题。它必须与员工的劳动生产率一起加以考察。绝对生产率是用产出与投入资源的比值来表示的，这也意味着凭借生产率或人工成本选定一个位置时，这两个因素必须一并考虑。

④ 市场可接近性

对许多企业来说，选址靠近消费者是十分重要的。特别对于那些服务企业更是如此，譬如药店、餐馆、邮局、理发店等都以接近市场作为主要的选址要素。对于制造企业，如果产品体积过于庞大、超重或易碎等因素而使得运送困难或运输成本过高，也可以考虑选择在市场附近设厂。另外，随着 JIT 生产方式的盛行，供应商也希望将设施布置在顾客附近以加速配送效率。

⑤ 供应商靠近程度

当企业的原材料或产品具备易腐性，运输成本高昂，运输不便时，企业倾向于将设施布置在靠近供应商的地点。如面包店、牛奶厂、冷冻海产品厂等。当企业生产过程中需要的原材料体积庞大而且笨重，如钢铁企业所使用的煤以及铁矿石，因此存在着高昂的原材料输入成本，此时运输成本成为考虑的主要因素。正如韦伯定律所述：增重靠销地，减重靠产地。足见其重要性。

⑥ 群集效应

群集效应是指有些企业喜欢将厂址选择在与竞争对手靠近的地方。中国称为"扎堆"，例如，我国东莞的电子制造业、苏州的电脑制造业以及温州的鞋业等。群集效应为企业带来滚滚客流的同时，其影响力也往往可以辐射到周边地区。

⑦　所在国汇率

对于境外投资的公司必须考虑所在国汇率。有时，即使当地的员工工资率和劳动生产率都令人满意，企业还是需要考虑货币汇率问题，因为它有可能让企业的账户大幅缩水。

⑧　政府和公众的态度

企业在当地是否受到公众的欢迎，对企业的日常经营活动存在着影响，严重的负面形象会使企业无法进行正常的生产活动。另外，政府对私有产权以及污染等问题的态度是变化的，对企业经营决策的态度同样会发生变化。

对设施选址有影响的社会环境因素还包括运营税收、地方政府的政策法规、工会力量、教育水准和生活条件等。

2.　影响企业选址的内部因素

（1）企业的性质

企业是属于制造业还是服务业，这本身就成为选址决策依据的差异。制造企业设施选址，着重成本的最小化；零售业以及专业的服务企业，着重收入的最大化；仓储设施的选址战略，着重各种成本以及产品配送速度。设施选址的根本目标是寻找到一个能让企业利益最大化的合适场所以开展其运营。

（2）企业的战略目标

企业可能出于战略考虑，对所投资项目有着明确的目标和期望。不同的战略考虑也决定了企业应该特别重视那些影响选址的因素。如果企业确定的战略目标是扩大再生产，则应着重考察人力成本和目标地点的物流效率等因素。而如果企业确定的战略是进入新的市场，则应着重考察目标市场的潜力。

（3）企业所投资的项目

对于不同的项目，企业在选址时必须要区别对待。例如对消耗原料大的项目应选择靠近原材料产地；对耗电大的项目应考虑选择在动力基地附近建厂；对属于劳动密集型、资金有机构成低、人力成本在产品成本中占绝大部分的项目，应在劳动力供应充足的地区建设；对知识密集型、技术密集型项目应考虑技术协作条件，在靠近科技中心建设等。

5.1.4　设施选址的一般步骤

设施选址并不是一个固定不变的程序。在这里可分为如下几个步骤。

（1）确定选址任务。根据选址的任务来进行选址规划以给企业或组织带来最大的收益。

（2）列出选址的影响因素。选址时要综合考虑经济、政治、社会和自然因素。

（3）根据选址的任务和影响因素确定候选区域。确定选址的候选区域，可以根据选址的任务和选址的影响因素等确定。

（4）进行设施选址预选。收集各候选区域的信息，并根据选址的具体要求对它们进行比较分析，决策出预选方案。

（5）进行设施选址评价。运用适当的评价方法对预选方案的地址进行评价。

（6）形成选址报告。根据评价结果确定设施具体位置，最终形成选址报告。

5.1.5　服务设施选址的特点

制造业主要满足顾客的共性需求。共性产品在质量和性能上趋同，其竞争力主要体现在成本上。而且，制造过程需要大量原材料和零部件，实体产品拥有庞大的体积和质量，运输成本占很大比重，因此制造设施的选址关注成本最小化问题。相反，服务业主要满足顾客的个性化需求，其竞争力主要体现在顾客满意度上，而且服务以提供劳务为主，因此服务设施的选址集中在收入最大化上，对于服务企业来说，选址对收入的影响比对成本的影响要大得多。这意味着服务企业应该将选址的决定因素集中在业务量和收入方面。杰伊·海泽（Jay Heizer）和巴里·伦德尔（Barry Render）认为，决定服务企业业务量和收入量的主要因素有：

（1）拟选址区域的购买力；

（2）企业的服务和形象与拟选址区域人口统计特征的一致性；

（3）该地区的竞争情况；

（4）竞争的特质；

（5）企业位置与竞争者位置的独特性；

（6）企业设施与相邻企业的实体特性；

（7）企业的经营方针；

（8）管理的质量。

5.2　设施选址决策与评价方法

5.2.1　设施选址方案的评价原则

1. 经济性原则

经济性原则要求以最小的投入取得最好的回报。

2. 发展原则

发展的原则主要考虑发展的前景及适应发展的能力这两个方面。

3. 兼容性原则

兼容性原则要求选址时要考虑与原有经济、技术、环境和社会等的兼容性。

4. 相关效果原则

相关效果原则要求考查相关的经济、技术、环境和社会等的双向影响效果。

5.2.2　设施选址决策评价方法

1. 定性分析方法

（1）优缺点比较法

所谓优缺点比较法是指直接把各个方案的优点和缺点列在一张表上，对各个方案的优缺点进行分析和比较，从而得到最终方案。

优缺点比较法是一种最简单的设施选址的定性分析方法，尤其适应于非经济因素的比较。该方法的具体做法是：罗列出各个方案的优缺点进行分析比较，并按最优、次优、一般、较差、极差五个等级对各个方案的各个特点进行评分，对每个方案的各项得分求和，得分最高的方案为最优方案。

优缺点比较法的比较要素可从以下方面考虑：区域位置，面积及地形，地势与坡度，风向和日照，地质条件，土石方工程量，选址地现在所有者的情况，交通情况，与城市的距离，供电以及排水，地震，防洪措施，经营条件，协作条件以及建设速度等。

（2）德尔菲分析法

德尔菲分析法又称专家意见法，是指以不记名方式根据专家意见做出销售预测的方法。最早由美国兰德公司首先使用，并盛行世界。

德尔菲分析法常用于预测工作，但也可用于对设施选址进行定性分析，其具体步骤如下。

① 组成专家小组。按照设施选址所需要的知识范围确定专家，人数一般不超过 20 人。

② 向所有专家提出设施选址的相关问题及要求，并附上各选址方案的所有背景材料，同时让专家提交所需材料清单。

③ 各个专家根据他们所收到的材料，提出自己的意见。

④ 将专家的意见汇总，进行对比，并将材料反馈给各个专家，专家根据反馈材料修改自己的意见和判断。这一过程可能要进行 3~4 次，直到每一个专家不再改变自己的意见为止。

⑤ 对专家的意见进行综合处理以确定选址方案。

2. 定量分析方法

（1）加权因素评分法

设施选址会涉及多方面的因素，其中许多因素又是无形的、难以量化的。全面比较不同的选址决策方案，是一个多目标多准则的决策问题，加权因素评分法就是这样一个适合比较各种非经济性因素的方法。由于各种因素的重要程度不同，需要采取加权方法。具体步骤如下。

① 针对场址选择的基本要求和特点列出要考虑的各种因素。

② 按照各因素相对重要程度，分别规定各因素相应的权重。通过征询专家意见或其他方法来决定各因素的权重。

③ 对各因素分级定分，即将每个因素由优到劣分成等级，如最佳、较好、一般、最差，并规定各等级的分数为 4、3、2、1 等。

④ 将每个因素中各方案的排队等级分数乘以该因素的相应权数，最后比较各方案所得总分，总分数最高者为入选方案。

例 5.1 某企业新建厂区，其初步确定了 4 个厂址备选方案：K 方案、L 方案、M 方案和 N 方案。影响厂址选择的因素主要有 8 项，其权重、等级及分数如表 5.1 所示。

表 5.1 备选方案的权重、等级及分数

序号	考虑因素	权重	各方案的等级及分数			
			K	L	M	N
1	位置	8	A/32	A/32	I/16	I/16
2	面积	6	A/24	A/24	U/0	A/24
3	地形	3	E/9	A/12	I/6	E/9
4	地质条件	10	A/40	E/30	I/20	U/0
5	运输条件	5	E/15	I/10	I/10	A/20
6	原材料供应	2	I/4	E/6	A/8	O/2
7	公用设施条件	7	E/21	E/21	E/21	E/21
8	扩建可能性	9	I/18	A/36	I/18	E/27
	合计		163	171	99	119

注：（A=4,E=3,I=2,O=1,U=0）

比较 K、L、M、N 4 个选址方案加权求和后的总分数值。K 方案：163 分，L 方案：171 分，M 方案：99 分，N 方案：119 分。其中 L 方案的总分最高，所以，L 方案为入选方案。

（2）成本—利润—产量定址分析法

成本—利润—产量定址分析也称量本利分析，它能对所供选择的地址在经济上进行对比，根据各成本和销量的分析，对备选地址进行比较和选择。常用图表法求解，它的步骤如下。

① 确定每一备选地址的固定成本和可变成本。

② 在同一张图表上绘出各地点的总成本线。

③ 确定在某一预定的产量水平上，哪一地点的成本最少或者哪一地点的利润最高。

运用这种方法的时候还需要明确以下几点假设。

① 产出在一定范围时，固定成本不变。

② 可变成本与一定范围内的产出成正比。

③ 所需的产出水平能近似估计。

④ 只包括一种产品。

在成本分析中，要计算每一个地点的总成本 TC，利用以下公式：

$$TC=FC+VC\times Q$$

式中：

FC——固定成本；

VC——单位的可变成本；

Q——产出产品的数量或体积。

例 5.2 某企业考虑将扩展新建一处生产制造厂，在候选厂址 A、B、C 和候选厂址 D 中进行选择。分析表明，在这 4 个候选厂址建厂的固定成本分别为：250 000 美元、100 000 美元、150 000 美元和 200 000 美元，单位变动成本分别为：11 美元、30 美元、20 美元和 35 美元。要求：

1）绘出各地点的总成本线图；

2）指出使每个备选地点产出最优的区间（总成本最低）；

3）如果要选择的地点预期每年产量为 8 000 个单位，哪一地的总成本最低？

解：1）绘出各总成本线，选择最接近预期产量的产出（如每年 10 000 个单位）。计算在这个水平上每个地点总成本线。

表 5.2 总成本计算   单位：美元

候选厂址	固定成本	可变成本	总成本
A	250 000	11（10 000）	360 000
B	100 000	30（10 000）	400 000
C	150 000	20（10 000）	350 000
D	200 000	35（10 000）	550 000

A 方案、B 方案、C 方案和 D 方案的设施选址盈亏平衡分析如图 5.1 所示（其中，纵坐标单位：1 000 美元，横坐标单位：1 000 个单位）。

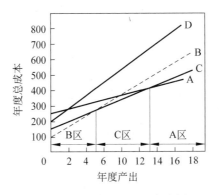

图 5.1 设施选址盈亏平衡分析

2）指出使每个备选地点产出最优的区间（总成本最低）。

如图所示，在 A 区间 A 方案最优；B 区间 B 方案最优；C 区间 C 方案最优。

3）通过上面设施选址盈亏平衡分析图，我们可以很明显知道如果要选择的地点预期每年产量为 8 000 个单位，则 C 地区的总成本最低。

（3）重心法

重心法适合对单个分销中心或工厂的选址。它用于寻找使运送费用最小化的配送中心。该方法将市场位置、要运送到各市场的货物量、运输成本都加以考虑，来最终确定最佳选址位置。重心法的思想是，在确定的二维坐标系中，各个原材料供应点坐标位置与其相应供应量、运输费率之积的总和等于设施场所位置坐标与各供应点供应量、运输费率之积的总和。这种方法适用于运输费率相同的产品，即运输单位产品花费相同。具体方法如下。

① 先建立坐标系。

② 将所有的备选地址绘制在坐标轴上，确定坐标值。

③ 根据位置坐标值、货物量等参数计算重心。重心点坐标值对应的地点为要布置设施的地点。

假设 $P_0(x_0, y_0)$ 表示新设施的位置，$P_i(x_i, y_i)$（$i=1,2,\cdots,n$）表示现有设施（或各供应点）的位置，则利用重心法的设施位置坐标图如图 5.2 所示。

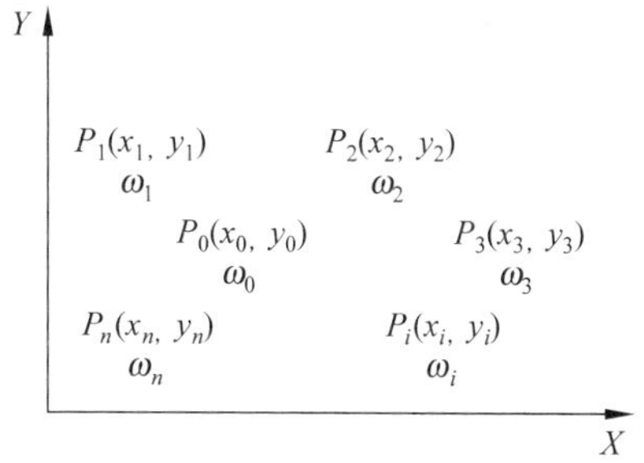

图 5.2　设施位置坐标图

图中的 ω_i 表示第 i 个供应点的运量，若 c_i 表示各供应点的运输费率，c_0 表示新址的运输费率。

则根据重心法，有

$$\left\{\begin{array}{l} \sum_{i=1}^{n} x_i \omega_i c_i = x_0 \sum_{i=1}^{n} \omega_i c_0 \\ \sum_{i=1}^{n} y_i \omega_i c_i = y_0 \sum_{i=1}^{n} \omega_i c_0 \end{array}\right\}$$

得

$$\left\{\begin{array}{l} x_0 = \dfrac{\sum\limits_{i=1}^{n} x_i \omega_i c_i}{\sum\limits_{i=1}^{n} \omega_i c_0} \\[4mm] y_0 = \dfrac{\sum\limits_{i=1}^{n} y_i \omega_i c_i}{\sum\limits_{i=1}^{n} \omega_i c_0} \end{array}\right.$$

假设各供应点和新址的运输费率相同，即 $c_i = c_0$，则有

$$\begin{cases} x_0 = \dfrac{\sum\limits_{i=1}^{n} x_i \omega_i}{\sum\limits_{i=1}^{n} \omega_i} \\[4mm] y_0 = \dfrac{\sum\limits_{i=1}^{n} y_i \omega_i}{\sum\limits_{i=1}^{n} \omega_i} \end{cases}$$

例 5.3　某工厂每年需要从 S_1、S_2、S_3 和 S_4 四个地点运来原材料，各地与城市中心的距离和每年的材料运输量如表 5.3 所示，用重心法求最佳的工厂选址位置。

表 5.3　距离和运输量表

原材料产地	S_1		S_2		S_3		S_4	
	x_1	y_1	x_2	y_2	x_3	y_3	x_4	y_4
距中心城市的位置/千米	60	40	30	120	90	110	130	130
年运量/吨	2 000		2 000		1 000		1 000	

解： 根据题意画出工厂位置坐标图，如图 5.3 所示。

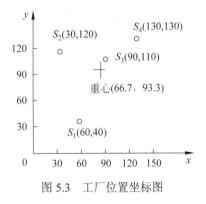

图 5.3　工厂位置坐标图

根据公式，计算如下：

$$x_0 = \frac{60 \times 2\,000 + 30 \times 2\,000 + 90 \times 1\,000 + 130 \times 1\,000}{2\,000 + 2\,000 + 1\,000 + 1\,000} = 66.7 \text{（千米）}$$

$$y_0 = \frac{40 \times 2\,000 + 120 \times 2\,000 + 110 \times 1\,000 + 130 \times 1\,000}{2\,000 + 2\,000 + 1\,000 + 1\,000} = 93.3 \text{（千米）}$$

根据重心法该工厂应该选在坐标（66.7，93.3）的位置，即在距离城市中心 x 轴 66.7 千米，y 轴 93.3 千米的地点。

需要说明的是，重心法虽然能够找到最优解，但是在现实问题中，往往会遇到无法选择该点做设施位置的情况，所以中心点的附近位置有的时候也应充分考虑进去。这样有一些由重心法所求得的位置就并非是最优点，但是它至少是寻找最佳结果的良好出发点。

（4）线性规划——运输模型法

线性规划方法是一种广泛使用的最优化技巧，它在考虑特定的约束条件下，从许多可用的选择中挑选出最佳方案。

对于复合选址问题，即一家公司设有多个工厂供应多个销售点，当产量不足时，需要增建工厂，一般已知数个待选厂址方案，要求确定一个厂址，使已有设施的生产运输费用最小。运输模型法的分析目标是在给定有限原料位置点的供给和特定的需求要求后，找出在最低可能运输成本下满足所有的需要。

对于复合设施的选址问题，如对于一个公司设有多个工厂、供应多个销售点（或仓库）的选址问题，可以用线性规划—运输模型法求解，使得所有设施的总运费最小，即

$$目标函数 \min \sum_{i=1}^{m} \sum_{j=1}^{n} c_{ij} x_{ij}$$

$$约束条件 \begin{cases} \sum_{i=1}^{m} x_{ij} = b_j \\ \sum_{j=1}^{n} x_{ij} = a_i \\ x_{ij} \geq 0 \end{cases}$$

式中：

m——工厂数；

n——销售点数；

a_i——工厂 i 的生产能力；

b_j——销售点 j 的需求；

c_{ij}——在工厂 i 生产的单位产品运到销售点 j 的生产运输总费用；

x_{ij}——从工厂 i 运到销售点 j 的产品数量。

例 5.4 已有两个工厂 F_1 和 F_2，供应 4 个销售点 P_1、P_2、P_3 和 P_4。由于需求量不断增加，需再设一个工厂。可供选择的地点是 F_3 和 F_4。试在其中选择一处最佳厂址。根据资料分析得各厂址到各供销点的总费用，如表 5.4 所示。约束条件是各工厂不能超过其生产能力；各销售点不能超过其需求量。

表 5.4　生产运输费用表

	P_1	P_2	P_3	P_4	生产量/台
F_1	8.00	7.80	7.70	7.80	7 000
F_2	7.65	7.50	7.35	7.15	5 500
F_3	7.15	7.05	7.18	7.65	12 500
F_4	7.08	7.20	7.50	7.45	
需求量/台	4 000	8 000	7 000	6 000	25 000

解：（1）若新厂设在 F_3，则根据运输问题解法，具体的解题步骤如下：

a. 上表中 F_3-P_2 组合的费用最少，为 7.05 万元。但需求量仅为 8 000 台，就把 F_3 的 8 000 台分配给 P_2。F_3 还有 4 500 台的剩余产量。由于 P_2 的需求量已经全部满足，这一列可以不再考虑。

b. 其余组合中费用最少的是 F_3-P_1 和 F_2-P_4，都是 7.15 万元。可把 F_3 的 4 500 台剩余产量中的 4 000 台分配给 P_1。这时，P_1 的需求已经全部满足，这一列可以不再考虑。F_3 还有 500 台剩余产量。

c. 其余组合中费用最少的是 F_2-P_4，可以把 F_2 的 5 500 台产量全部分配给 P_4。F_2 的产量已经全部分配完毕。

d. 其余组合中费用最少的是 F_3-P_3，是 7.18 万元。可以把 F_3 的 500 台剩余产量分配给 P_3。这时，F_3 的产量已经全部分配完毕。

e. 其余组合中费用最少的 F_1-P_3，是 7.7 万元。P_3 还需要 6 500 台，可以把 F_1 产量中的 6 500 台分配给 P_3。这时，P_3 的需求量已经全部满足，这一列可以不再考虑。

f. 最后，P_4 还有 500 台的需求量尚未满足，将 F_1 的 500 台剩余产量分配给 P_4。至此，所有销售点都得到满足，所有产量都分配完毕。

新厂设在 F_3 处时所有产量分配情况得所有产量分配如表 5.5 所示。

表 5.5　新厂设计 F_3 处产量分配

至＼从	P_1	P_2	P_3	P_4	生 产 量/台
F_1	8.00	7.80	⑤ 7.70 6 500	⑥ 7.80 500	7 000
F_2	7.65	7.50	7.35	③ 7.15 5 500	5 500
F_3	② 7.15 4 000	① 7.05 8 000	④ 7.18 500	7.65	12 500
需求量/台	4 000	8 000	7 000	6 000	25 000

则设厂于 F_3 处，全部费用至少为

$C_3 = 6\,500 \times 7.70 + 500 \times 7.80 + 5\,500 \times 7.15 + 4\,000 \times 7.15 + 8\,000 \times 7.05 + 500 \times 7.18 = 181\,865$（万元）

（2）若设厂于 F_4 处，

表 5.6　设厂于 F_4 处的产量分配

至＼从	P_1	P_2	P_3	P_4	生 产 量/台
F_1	8.00	7.80	7.70	7.80	7 000
F_2	7.65	7.50	7.35	7.15	5 500
F_4	7.08	7.20	7.50	7.45	12 500
需求量/台	4 000	8 000	7 000	6 000	25 000

若设厂于 F_4 处，解法与上述相同，得到的结果如表 5.7 所示。

表 5.7　新厂设于 F_4 处产量分配

从 至	P_1	P_2	P_3	P_4	生 产 量/台
F_1	8.00	7.80	⑤ 7.70 7 000	7.80	7 000
F_2	7.65	7.50	7.35	② 7.15 5 500	5 500
F_4	① 7.08 4 000	③ 7.20 8 000	7.50	④ 7.45 500	12 500
需求量/台	4 000	8 000	7 000	6 000	25 000

解得，设厂于 F_4 处的全部费用至少是

$C_4=7\,000×7.70+5\,500×7.15+4\,000×7.08+8\,000×7.20+500×7.45=182\,870$（万元）

两方案比较 $C_4>C_3$，所以选 F_3 设厂为优，可节省生产运费：

$C_4-C_3=182\,870-181\,865=1\,005$（万元）

3. 启发式方法

服务业中常遇到在一个地区内需要建立多个服务点的问题。这是一个复杂的问题，企图找到一个最优解是很费时间的。解决这类问题一种可行的方法——启发式方法。启发式方法只寻求可行解，而不是最优解。

例 5.5　某医疗机构想建两个诊所，为四个社区中的居民提供方便的医疗服务，假定每个社区在其地界内人口均匀分布，又假定各社区可能就诊于各个诊所的人数的权重因素如表 5.8 所示，现在要解决的问题是，这两个诊所应该设置在哪两个社区内，使它们为四个社区服务时的距离/人口费用为最低。

表 5.8　四个社区人口、距离和相对权重

从社区	至诊所距离				社区人口/千人	人口相对权重
	A	**B**	**C**	**D**		
A	0	11	8	12	10	1.1
B	11	0	10	7	8	1.4
C	8	10	0	9	20	0.7
D	12	7	9	0	12	1.0

表5.9　权重的人口、距离表

从社区	至诊所（距离×人口×权重）			
	A	B	C	D
A	0	121	88	132
B	123.2	0	112	78.4
C	112	140	0	126
D	144	84	108	0

表5.10　社区至诊所距离表1

从社区	至诊所			
	A	B	C	D
A	0	121	88	132
B	123.2	0	112	78.4
C	112	140	0	126
D	144	84	108	0
合计	379.2	345	308	336.4

　　将表5.9中每列相加得到表5.10，然后挑选出表5.10合计栏中最低成本所在列选作诊所的一个选址。本例中为C列，即在C社区设一诊所。

表5.11　社区至诊所距离表2

从社区	至诊所			
	A	B	C	D
A	0	88	88	88
B	112	0	112	78.4
C	0	0	0	0
D	108	84	108	0
合计	220	172	308	166.4

　　将表5.10中成本低于C社区诊所的成本就保留；若成本高于C社区诊所的成本就将此数字减去C社区诊所的成本，得到表5.11。

　　通过对表5.11每列相加求和计算，得到D社区的成本合计为最低，故可选D社区为另一个诊所地址。

　　选择诊所地址的顺序为首选C社区，其次D社区。

4. 仿真法（Simulation）

　　选址决策目标为物料供应过程运费最小会导致产品发运过程运费增加；反之，以产品发运过程运费最小为目标可能导致物料供应过程运费增加。如何使总运输费用最小，是一个难以用解析方法解决的问题。对这种复杂的优化问题，可采用仿真法。

　　仿真法是一种求解问题的方法。用各种模型和技术对实际问题进行建模，通过模型采用人工试验方法模拟实际问题。通过仿真来评价替代方案，证实哪些方案对解决实际问题有效。

仿真法的一个显著优点是能够解决用解析方法解决不了的复杂问题。有些问题不仅难以求解，甚至难以建立数学模型，也就无法得到解析解。仿真可用于动态过程，通过反复试验（trial-and-error）求优。与实体试验相比，仿真的费用较低，且可以在较短时间内得到结果。

关于用仿真法求选址满意解的细节，本节不做介绍。

5.3 设施布置概述

5.3.1 设施布置的基本概念

1. 设施布置的定义

设施布置是指在一个给定的范围内，确定企业内各作业单位的相对位置，以及车间内部各生产单元或设备的相对位置。对于生产系统设施布置，根据企业的经营目标和生产纲领，在已确定的空间场所内，按照从原材料的接收、零件和部件的制造，到成品的包装、发运的全过程，将人员、设备、物料所需要的空间做最适当的分配和最有效的组合，以便获得最大经济效益。不仅有形的生产设施会遇到布置和重新布置的问题，非物质生产的服务系统，如商店、宾馆、餐馆也同样面临此问题。

2. 设施布置的内容

（1）物流和物料搬运设备

确定物流的重要性和形式，采用何种设备，是传送带、起重机、自动仓库还是自动小车来发送和存储物料，并考虑物料在不同工作单元间移动的成本。

（2）容量和空间要求

为每一作业单位分配合理的空间，并考虑通道、洗手间、餐厅、楼梯等附属设施的要求。

（3）工作环境

从环境和美学角度确定厂区环境、建筑风格、室内布置等因素，以创造良好的工作环境。

（4）信息流

布置必须方便信息交流。设施布置最早起源于工厂设计。一个工厂的设施布置包括工厂总体布置和车间布置。工厂总体布置设计主要解决工厂各个组成部分，包括生产车间、辅助生产车间、仓库、动力站、办公室、露天作业场地等各种作业单位和运输线路、管线、绿化和美化设施的相互位置，同时应解决物料的流向和流程、厂内外运输的连接及运输方式问题。车间布置设计则是解决各生产工段（工作站）、辅助服务部门、储存设施等作业单位及工作地、设备、通道以及管线之间的相互位置的问题，同时，应解决物料搬运的流程及运输方式的问题。

5.3.2 设施布置的基本原则

设施布置与设计是决定企业长期运营效率的重要决策。设施布置的好坏直接影响整个系统的物流、信息流、生产经营能力、工艺过程、灵活性、效率、成本和安全等方面，并反映一个组织的工作质量、顾客印象和企业形象等内涵。

设施布置设计要考虑的基本原则如下：

1. 整体综合原则

设计时应将对设施布置有影响的所有因素都考虑进去，以获得优化的方案。

2. 移动距离最小原则

据测算，与物料搬运和布置有关的成本占工厂生产总运营成本的 20%~50%。如果采用有效的布置方法，可以使这些成本降低 30%左右，甚至更多。因此，企业应该以搬运距离最小原则选择最佳方案，尽可能减少物料和人的不必要搬运，从而缩短生产周期，降低运输成本。

3. 流动性原则

良好的设施布置应使在制品在生产中流动顺畅，消除无谓停滞，力求生产流程连续化。

4. 空间、人力利用原则

由于土地资源稀缺，合理布局、节约用地是当前我们必须面对的共同课题。无论是生产区域或储存区域的空间安排，都应力求充分有效地利用空间，尽可能安排得紧凑合理，减少空间占地面积；同时尽可能减少人员的工作量和生产服务时间。

5. 柔性原则

在进行厂房设施规划布置前，应考虑各种因素变化可能带来的布置变更，以便以后的扩展和调整。

6. 安全舒适原则

要充分考虑生产要求，如防火、防爆、防毒、防盗等；同时工作地要有充足的照明和通风通气条件，搞好绿化工作等。还要充分利用交通、水、电等外部环境提供的便利条件，为员工营造一个良好的工作环境，实施安全生产，提高员工的工作效率。

5.3.3 影响设施布置的因素

影响制造型企业设施布置的因素主要包括以下几项。

1. 企业的产品结构

企业的产品结构决定了与其相对应的加工工艺过程，而其加工工艺过程就确定了设施的大致布置形式。例如，生产机械产品的制造企业，通常是由铸造车间、机床加工车间、装配车间和涂料车间构成；汽车服务业的作业单位大致又包括售后维修服务、汽车养护、汽车保险和汽车配件精品零售店等部门。

2. 企业的生产规模

企业的生产规模主要是指企业的产量。产量大即生产规模大，作业单位的数量就多，为了便于组织生产，大量生产通常采用对象专业化的组织形式；而产量小即生产规模小，作业单位的数量就少，为了便于生产，尤其是对于多品种—小批量的生产则大多数情况会采用工艺专业化形式。

3. 企业的专业化和协作化水平

企业的专业化是按照产品的不同种类、生产过程的不同环节，在各生产部门之间进行分工协作，向专门化、集中化的方向发展。在不同的专业化水平条件下，企业的设施布置不同。例如采取工艺专业化组织形式的企业，通常是按照产品生产的各个主要工作的工艺过程来设置生产单位的。企业的协作化水平不同，企业的设施布置也不同。如果企业的协作化水平高，企业的生产作业单位就可以少设置一些。

4. 设施布置的柔性

设施布置的柔性包括两个层次。一是指对生产条件的变化设施布置本身具有一定的适应性，也就是说即使环境条件等发生了变化，仍然能够完成任务；再者是指当生产发生变化时，设施布置通过简单调整，能够快速适应变化了的情况。因此在设计布置方案时，需要对未来进行充分预测，并且考虑到以后的可改造性。

而在服务型企业的设施布置设计中，有许多服务特有的因素需要考虑进去。如顾客在接受服务过程中的现场体验感，因此，良好的服务包装对于提高顾客满意度至关重要。玛丽·乔·比特纳提出服务场景来描绘服务型企业所处的物理环境及其对顾客与工作人员心理感受的影响。服务场景由三个因素组成：环境条件，空间布置及其功能性，徽牌、标志和装饰品。

（1）环境条件

环境条件指的是工作组织的背景特征，包括噪声水平、照明、温度（通常来说，餐厅灯光越暗，食品价格越贵）。大多数较好的餐厅里都有悬挂在桌子上方的吊灯，这会让顾客产生私密感；而一些快餐店深嵌入天花板里的灯光则给顾客传递了另一种感觉。

（2）空间布置及其功能性

制造型企业设施布置设计的目标是使两地之间的物流成本最小化，而服务型企业则是考虑使工作人员的行走时间最小化。对于服务前台而言，在使顾客行走时间最小化的同时还要使每个顾客收益最大化，这是通过尽可能地向顾客提供服务促使顾客消费来实现的。例如，去拉斯维加斯娱乐场参观的顾客在排队过程中身边有一排角子老虎机，这样，顾客在等待的时候就可以顺便玩玩。

（3）徽牌、标志和装饰品

徽牌、标志和装饰品是服务型企业中具有重要意义的标识物。例如，银行通常用石柱、石壁等向顾客传递一种安全感；大型法律和咨询公司的办公室用黑木制装饰品和厚地毯来暗示成功和传统价值观等。

5.3.4　设施布置的形式

1. 制造型企业设施布置形式

（1）固定式布置

固定式布置（Fixed-Position Layout）也称项目布置，它主要是工程项目和大型产品生产所采用的一种布置形式，是指将加工对象固定在一个位置上，生产工人和设备都随加工产品所在的某一位置而转移。之所以要固定，是因为加工对象大而重，不易移动。这都是由产品本身的特点决定的。例如工程建设、飞机厂、造船厂、重型机器厂等。而且对于这样的项目，一旦基本结构确定下来，其他一切功能都围绕着它定下来。固定式布置是人类最早的生产布置形式，用于农业种植、房屋建造、道路建设和采掘开矿等方面。一般不采用固定式布置，即使采用，也尽量将大的加工对象先期分割，零部件标准化，尽可能分散在其他位置以及进行车间批量生产，以降低生产组织管理难度。如工程建设的预制件生产和大型机器设备的部件生产。图 5.4 是固定式布置图，表 5.12 描述了固定式布置的优缺点。

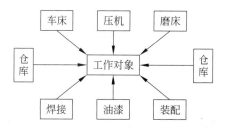

图 5.4　固定式布置图

表 5.12　固定式布置优缺点

优　点	缺　点
① 物料移动少	① 人员和设备的移动增加
② 当采用班组方式时，可提高作业的连续性	② 设备需要重复配备
③ 提高质量，因为班组可以完成全部工作	③ 需要较高的工人技能
④ 高度柔性，可适应产品和产量的变化	④ 会增加工序间储存面积
	⑤ 生产计划要加强控制和协调

（2）产品原则布置

产品原则布置（Product Layout），又称流水线布置（Assembly Line Layout）或对象原则布置。是一种根据产品制造的步骤来安排设备或工作过程的方式，产品原则布置示意图见图 5.5。实际上，每种产品的加工路径都是直线型的。流水线生产是由 Ford 首创的。当生产的产品品种少、批量大时，应当按照产品的加工工艺过程顺序来配置设备，形成流水生产线或装配线布置。旨在使大量产品或顾客顺利且迅速地通过系统。

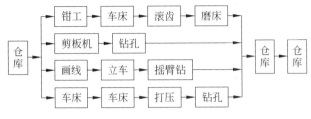

图 5.5　产品原则布置示意图

产品原则布置的基础是标准化及专业分工。整个产品被分解成一系列标准化的作业，由专门的人力及加工设备来完成。标准化极高的产品或服务采用这种布置，因为他们需要标准化很高的、连续的加工过程。例如汽车装配线，对于一条装配线而言，其车型基本不变或变化不大，整个装配顺序固定不变。通过作业分工将汽车装配分解为若干标准化的装配作业，各个工作站配备有专用的装配设备来完成固定的装配作业，不同工作站间的运输采用专用的、路径固定的运送设备。表 5.13 描述了产品原则布置的优缺点。

表 5.13　产品原则布置优缺点

优　点	缺　点
① 由于布置符合工艺过程，物流顺畅	① 设备发生故障时将使整个生产线中断
② 由于上下工序衔接，存放量少	② 产品设计变化将引起布置的重大调整
③ 生产周期短	③ 生产线速度取决于最慢的机器
④ 物料搬运工作量少	④ 相对投资较大，因为在生产线上有的机器负荷不满
⑤ 可做到作业专业化，对工人的技能要求不高，易于培训	⑤ 生产线上重复作业，易使工人单调乏味，产生厌倦
⑥ 生产计划简单，易于控制	⑥ 维修和保养费用高
⑦ 可使用专用设备和机械化、自动化搬运方法	

（3）工艺原则布置

工艺原则布置（Process Layout），又称功能布置（Functional Layout）。是按照生产工艺特征安排生产单位或设备，工艺原则布置示意图见图 5.6。在这种方式下，将功能相同或相似的一组设施排布列一起，又被称作机群式布置。加工工艺需要这些设备的工件按工艺路线成批进入这些班组。不同的产品需要不同的工艺路线。被加工的零件，根据预先设定的流程顺序，从一个地方转移到另一个地方，每项操作都由适宜位置的机器来完成。同时又为了适应多种加工对象及工艺路线，需要采用可变运输路线的物料搬运设备，如叉车、手推车等。工艺原则布置在服务业中也很常见，称为过程原则布置。例如综合医院的布置一般是将功能相似的检查设备，如牙齿的 X 射线检查仪、内脏的 X 射线检查仪等及相应的医护人员组成放射科，或将服务功能相似的医生，如外科医生、精神科医生等分别组成外科、精神科。汽车修理间、航空公司和公共图书馆都属于这一类。表 5.14

描述了工艺原则布置的优缺点。

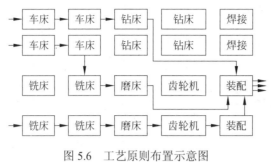

图 5.6　工艺原则布置示意图

表 5.14　工艺原则布置优缺点

优　　点	缺　　点
① 机器利用率高，可减少设备数量 ② 可采用吊用设备 ③ 设备和人员的柔性程度高，容易更改产品品种和数量 ④ 设备投资相对较少 ⑤ 操作人员作业多样化，有利于增添工作兴趣和提高职业满足感	① 由于流程较长，搬运路线不确定，运费高 ② 生产计划与控制较复杂 ③ 生产周期长 ④ 库存量相对较大 ⑤ 由于工作人员从事多种作业，需要较高的技术水平

（4）混合布置

上述三种基本布置形式是理想的模型，实际布置设计常常是几种形式的组合。我们统称它们为混合布置（Mix Layout）。例如一些机械工厂从大面上看是根据工艺原则布置，但不排除部分车间可能会根据产品原则布置。综合医院总的来说也是根据工艺（过程）原则布置，但手术室等则为固定式布置。工艺原则布置和产品原则布置代表了小批量生产到连续大规模生产的两个极端。在工艺原则布置的基础之上，向产品原则布置靠拢。这样，系统既灵活又有效，而且单位生产成本低。

（5）成组原则布置

成组原则布置（Group Layout）在制造业中又称单元制造（Cellular Manufacturing），是一种较为先进的布置方法。由于顾客需求的多样化，多品种、少批量的生产模式已成为当前生产的主流。成组技术正是适应这种需要而发展起来的。它兼有工艺原则布置和产品原则布置两者的优点，既富有柔性，能适应多品种生产的要求，又按一定的零件分配后形成的零件组进行布置。

成组技术就是识别和利用产品零部件的相似性，将零件分类。一系列相似工艺要求的零件组成零件族。针对一个零件族的设备要求所形成的一系列机器，称作机器组。这些机器组即制造单元。成组原则布置可以认为是产品原则布置的缩影，是将工艺原则布置系统转化为接近产品原则布置系统。相比于工艺原则布置，由于经过分组，其加工时间较短、物流效率较高、在制品量较低、准备时间较短，同时又具有工艺原则布置的柔性特点，因而是一种具有发展潜力的布置方式。如图 5.7 所示。表 5.15 描述了成组原则布置的优缺点。

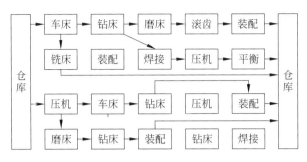

图 5.7　成组原则布置示意图

表 5.15　成组原则布置优缺点

优　点	缺　点
① 由于产品成组，设备利用率高 ② 流程通顺，运输距离较短，搬运最少 ③ 有利于扩大工人的作业技能 ④ 兼有产品原则布置和工艺原则布置的优点	① 需要较高的产品控制水品以平衡各单元之间的生产流程 ② 如果单元之间生产不平衡，需要中间储存，增加了单元之间的物料搬运 ③ 班组成员需要掌握所有作业的技能 ④ 减少了使用专用设备的机会 ⑤ 兼有产品原则和工艺原则布置的缺点

（6）流动模式

流动模式可以分为水平和垂直的，若为单层设施，就只考虑水平流动模式；多层设施布置时还要考虑垂直模式。但总的来说，水平模式是最基本的。如果所有的设备、设施都在同一个车间里时，就参考水平方式；当生产作业是在多个楼层周转时，就参考垂直方式（流动模式见图 5.8）。

1）直线形是最简单的流动模式，它将入口和出口分开。

2）L 形适用于设施或建筑物不允许直线流动的情形。

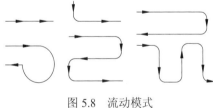

图 5.8　流动模式

3）U 形最大的好处是收发口在同一位置，有利于物料搬运，人员、搬运设备和站台都可以只建一个，形成既不占很大空间又具有高速度的生产线。

4）环形适用于要求物料返回到起点的情况。

5）S 形常用于长的流水装配线布置，如汽车装配线。

实际设施布置的流动规划常常是上述几种模式的组合。在选择流动模式的时候主要考虑收发口、场地和建筑物的限制、生产流程和生产线的特点、通道和运输方式等。例如组合成鱼刺式，是最适合离散制造中部件和产品装配的方式，分枝为部件装配，主干为总装。在设施布置的时候还要考虑物流合理化问题，物流合理化的一个重要原则是避免物流路径交叉。

2. 非制造业设施布置形式

（1）办公室布置

现今，办公室工作人员在整个就业人员中所占的比例越来越大，因此，如何通过合理、有效的办公室布置来提高办公室工作人员的效率日益成为一个重要的问题。办公室布置与工厂布置最大的区别是信息的重要性，办公室布置强调信息流和纸面文件处理流程，并考虑到人员的需要。办公室里的工作人员、他们的工作内容、每个部门的人员组成和各部门的相互关系是必须考虑的，组织机构图是分析各部门和人员相互关系的良好途径。

最早的办公室布置方式是封闭式布置，在长长的走廊两边，分布着一个个小房间，不同部门在不同的房间里办公。这种办公室布置方式可以保持工作人员的独立性，适用于保密性要求相对较高的服务单位，例如政府机关等。虽然这种布置方式可以保持工作人员足够的独立性，却不利于人与人之间的信息交流和传递，使人与人之间产生疏远感，也不利于上下级之间的沟通。

办公室的布置越来越倾向于开放式布置，是近二十年发展起来的一种布置方式。是将员工集中于一个办公室内，他们的工作空间仅用底层分隔墙分开。现在许多公司已经将固定围墙拆掉，以鼓励员工进行更多的交流和团队协作，并且在某种程度上还消除了等级的隔阂。但这种方式的一个不足之处是，员工之间有时会相互干扰。

后来带有半遮屏风的组合办公室布置方式应运而生，它既传承了开放式办公室布置的优点，同时又规避了它的缺点。这种方式的办公室布置灵活性强，可以随时根据需要进行调整甚至可以重新进行布置。而且，我们发现实际中的很多组织越来越倾向于将半遮屏风的组合办公室布置方式与开放式办公室布置方式相结合，实践证明这种方式也很高效。

（2）零售店布置

零售店布置是指店内展示商品的安排方法。该服务设施布置的目标是追求最大单位占地面积净利润最大化，它不仅仅是各商品的摆放位置，还要考虑展示能够吸引顾客，包含很多艺术的因素。零售店应尽可能提供给顾客更多的购物信息。例如商店应当通过橱窗展示吸引顾客进入商店里面，通过商品的合理分区、摆放和展示，让顾客易于找到自己所要的商品。此外，商店布置还应让顾客经过走道时，能够看到冲动性购买的商品。

只要是有一定规模的商店，其内总有一些位置是"黄金铺面"，顾客的交通路线就是毛利最高商品摆放的最佳位置。因此，要将吸引力强和利润高的商品摆在醒目的位置。其次，在进行零售店布置的时候，还要考虑冲动性购买的商品和方便货物应当摆放在店的前面，这样可以增加额外的销售量和销售额。另外，需要顾客仔细挑选的商品及特殊商品，自然会吸引到识货的人，对于这样的商品，在布置的时候则不应放在黄金位置，因为即使放在"死角"也不会影响其销售。因此进行零售店布置的时候应该充分了解顾客的购买习惯。如果顾客进店来买特定的商品，并趋向于直接走向这些商品，那么可在路途中布置一些附属的商品。商店布置应综合考虑客流量、灯光、通道、展示位置、声音、招牌和颜色等多种因素。

零售店主要有三种布置形式，即网格式布置、自由式布置和精品店式布置。

1）网络式布置

网格式布置（Grid Layout）以矩阵网格的方式安排柜台，通道都是平行的。大多数超市和相当数量的折扣店都采用网格型布置，因为它适合自选购物方式，容易控制客流量。

网格式布置能有效利用销售空间，创造整洁的环境，并能简化购物活动。图 5.9 为网格式布置图。

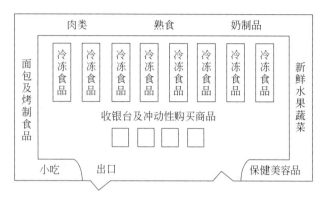

图 5.9　网格式布置图

2）自由式布置

自由式布置（Freestyle Layout）与网格式布置有很大的不同，它采用不同形状和大小的柜台（货架）展示。自由式布置的主要优点是有一个轻松、友好的购物气氛，能够鼓励顾客更长时间地逗留和购买，并增加顾客冲动性购买的机会。该种布置方式的空间利用率不高，而且规划不好还可能会产生安全问题。图 5.10 为自由式布置图。

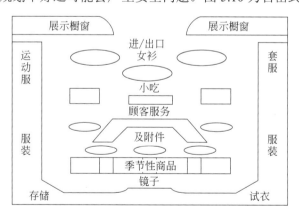

图 5.10　自由式布置图

3）精品店式布置

精品店式布置（Boutique Layout）将商店划分为一系列相对独立的购物区，每一区域都有自己的主题，例如在一个大店里布置一系列专卖店。精品店式能为顾客提供一个独特的购物环境，有些小的百货商店就采用这种布置，可以展现其独特的形象。商店应尽可能将商品展示得吸引人。最好的效果是，顾客的眼睛一看到展示的商品，就知道该店出售的商品。可以将互补的商品一起展示，这样能够促进销售。其次，展示高度也很重要，因为顾客几乎不会购买他们看不到或够不着的商品，尤其是在超市。图 5.11 为精品店式布置图。

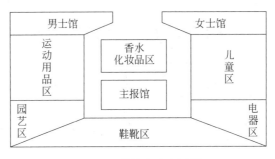

图 5.11　精品店式布置图

（3）仓库布置

仓库布置是指在物料运送成本和存储面积或空间之间进行权衡，即在充分利用存储空间的同时尽可能降低物料的搬运成本。

一个好的仓库布置系统，不仅应有助于实现对仓库的管理和耗用资源最少，还必须能使物料的损耗程度保持在最低限度。订货次数是仓库布置要考虑的重要因素，订货次数不多的物品可以放在仓库靠里面一点的地方即离出口较远的地方，而订货次数较多的物品则应该相应地放在离仓库入口处较近的地方。仓库布置要考虑的另一个很重要的因素是仓库中物品的相关性，将有相关性的物品存放在一起，这极大地方便了我们日常的物品挑选工作，这样无形中又节约了成本和时间。

5.4　设施布置方法

5.4.1　作业单位位置相关图

作业单位位置相关图法是由穆德提出的，它根据各部门间的活动关系密切程度布置相关位置。这个密切程度等级是定性给出的，采用 A、E、I、O、U 和 X 六种，如表 5.16 所示。

表 5.16　作业单位相互关系等级

符号	A	E	I	O	U	X
意义	绝对重要	特别重要	重要	一般	不重要	不要靠近
量化值	4	3	2	1		-1
线条数	4 条	3 条	2 条	1 条	无	1 条折线
比例（%）	2～5	3～10	5～15	10～25	45～80	根据需要

在系统布置设计法（SLP）中，是从各作业单位之间的关系密切程度出发，安排各作业单位之间的相对位置。关系密级高的作业单位之间距离近，关系密级低的作业单位之间距离远，由此形成作业单位位置相关图。当作业单位数量较多时，作业单位之间相

互关系数目非常多，如何入手绘制作业单位位置相关图很困难。为此，引入综合接近程度概念来解决这一问题。所谓某一作业单位综合接近程度等于该作业单位与其他所有作业单位之间量化后的关系密级的总和。作业单位综合接近程度的高低，反映了该作业单位在布置图上是应该处于中心位置还是应该处于边缘位置。把作业单位综合相互关系表，变换成右上三角矩阵与左下三角矩阵表格对称的方阵表格，然后量化关系密级，并按行或列累加关系密级分值，其结果就是某一作业单位的综合接近程度。如图 5.12 所示。

作业单位代号	1	2	3	4	5	6	7	8	9	10	11	12	13	14
1		$\frac{I}{2}$	$\frac{I}{2}$	$\frac{E}{3}$	$\frac{E}{3}$	$\frac{E}{3}$	$\frac{U}{0}$	$\frac{U}{0}$	$\frac{I}{2}$	$\frac{U}{0}$	$\frac{U}{0}$	$\frac{U}{0}$	$\frac{U}{0}$	$\frac{I}{2}$
2	$\frac{I}{2}$		$\frac{I}{2}$	$\frac{U}{0}$	$\frac{X}{-1}$	$\frac{X}{-1}$	$\frac{U}{0}$	$\frac{U}{0}$	$\frac{U}{0}$	$\frac{E}{3}$	$\frac{O}{1}$	$\frac{U}{0}$	$\frac{X}{-1}$	$\frac{I}{2}$
3	$\frac{I}{2}$	$\frac{I}{2}$		$\frac{U}{0}$	$\frac{U}{0}$	$\frac{U}{0}$	$\frac{I}{2}$	$\frac{E}{3}$	$\frac{U}{0}$	$\frac{U}{0}$	$\frac{U}{0}$	$\frac{U}{0}$	$\frac{U}{0}$	$\frac{I}{2}$
4	$\frac{E}{3}$	$\frac{U}{0}$	$\frac{U}{0}$		$\frac{A}{4}$	$\frac{O}{1}$	$\frac{E}{3}$	$\frac{I}{2}$	$\frac{I}{2}$	$\frac{U}{0}$	$\frac{O}{1}$	$\frac{U}{0}$	$\frac{I}{2}$	$\frac{U}{0}$
5	$\frac{E}{3}$	$\frac{X}{-1}$	$\frac{U}{0}$	$\frac{A}{4}$		$\frac{U}{0}$	$\frac{U}{0}$	$\frac{U}{0}$	$\frac{E}{3}$	$\frac{X}{-1}$	$\frac{U}{0}$	$\frac{U}{0}$	$\frac{X}{-1}$	$\frac{U}{0}$
6	$\frac{E}{3}$	$\frac{X}{-1}$	$\frac{U}{0}$	$\frac{O}{1}$	$\frac{U}{0}$		$\frac{U}{0}$	$\frac{U}{0}$	$\frac{U}{0}$	$\frac{U}{0}$	$\frac{U}{0}$	$\frac{U}{0}$	$\frac{X}{-1}$	$\frac{O}{1}$
7	$\frac{U}{0}$	$\frac{U}{0}$	$\frac{I}{2}$	$\frac{E}{3}$	$\frac{U}{0}$	$\frac{U}{0}$		$\frac{E}{3}$	$\frac{U}{0}$	$\frac{U}{0}$	$\frac{I}{2}$	$\frac{U}{0}$	$\frac{I}{2}$	$\frac{O}{1}$
8	$\frac{U}{0}$	$\frac{U}{0}$	$\frac{E}{3}$	$\frac{I}{2}$	$\frac{U}{0}$	$\frac{U}{0}$	$\frac{E}{3}$		$\frac{I}{2}$	$\frac{E}{3}$	$\frac{A}{4}$	$\frac{U}{0}$	$\frac{I}{2}$	$\frac{I}{2}$
9	$\frac{I}{2}$	$\frac{U}{0}$	$\frac{U}{0}$	$\frac{I}{2}$	$\frac{E}{3}$	$\frac{U}{0}$	$\frac{U}{0}$	$\frac{I}{2}$		$\frac{U}{0}$	$\frac{U}{0}$	$\frac{U}{0}$	$\frac{O}{1}$	$\frac{U}{0}$
10	$\frac{U}{0}$	$\frac{E}{3}$	$\frac{U}{0}$	$\frac{U}{0}$	$\frac{X}{-1}$	$\frac{U}{0}$	$\frac{E}{3}$	$\frac{U}{0}$	$\frac{U}{0}$		$\frac{U}{0}$	$\frac{U}{0}$	$\frac{X}{-1}$	$\frac{U}{0}$
11	$\frac{U}{0}$	$\frac{O}{1}$	$\frac{U}{0}$	$\frac{O}{1}$	$\frac{U}{0}$	$\frac{U}{0}$	$\frac{I}{2}$	$\frac{A}{4}$	$\frac{U}{0}$	$\frac{U}{0}$		$\frac{A}{4}$	$\frac{O}{1}$	$\frac{U}{0}$
12	$\frac{U}{0}$	$\frac{U}{0}$	$\frac{U}{0}$	$\frac{U}{0}$	$\frac{U}{0}$	$\frac{U}{0}$	$\frac{U}{0}$	$\frac{U}{0}$	$\frac{U}{0}$	$\frac{U}{0}$	$\frac{A}{4}$		$\frac{O}{1}$	$\frac{I}{2}$
13	$\frac{U}{0}$	$\frac{X}{-1}$	$\frac{U}{0}$	$\frac{I}{2}$	$\frac{X}{-1}$	$\frac{X}{-1}$	$\frac{I}{2}$	$\frac{I}{2}$	$\frac{O}{1}$	$\frac{X}{-1}$	$\frac{O}{1}$	$\frac{O}{1}$		$\frac{I}{2}$
14	$\frac{I}{2}$	$\frac{I}{2}$	$\frac{I}{2}$	$\frac{U}{0}$	$\frac{O}{1}$	$\frac{O}{1}$	$\frac{I}{2}$	$\frac{U}{0}$	$\frac{U}{0}$	$\frac{U}{0}$	$\frac{U}{0}$	$\frac{I}{2}$	$\frac{I}{2}$	
综合接近程度	17	7	11	18	7	3	13	21	10	4	13	7	7	14
排序	3	12	7	2	11	14	5	1	8	13	6	10	9	4

图 5.12　叉车厂综合接近程度排序表

首先根据综合相互关系级别高低按 A、E、I、O、U 级别顺序先后确定不同级别作业单位位置。同一级别的作业单位按综合接近程度分值高低顺序来进行布置。在作业单位位置相关图中，采用符号来表示作业单位。作业单位之间的相互关系用相互之间的连线类型来表示。为了绘图简便，往往采用例如⑧内标注号码来表示作业单位，可不严格区分作业单位性质。用虚线或波浪线表示 X 级关系密级。作业单位工作性质符号详见图 5.13。

工艺过程图表符号及作用		说明作业单位区域的扩充符号	
操作	○	成型或处理加工区	○
		装配、部件装配/拆卸	○
运输	⇨	与运输有关的作业单位/区域	⇨
储存	▽	储存作业单位/区域	▽
停滞	◗	停放或暂存区域	◗
检验	□	检验、测试、检查区域	○
		服务及辅助作业单位/区域	◠
		办公室或规划面积、建筑特区	⇧

图 5.13　作业单位工作性质符号

作业单位关系等级表示方式见图 5.14。

元音字母	系数值	线条数	密切程度
A	4	////	绝对必要
E	3	///	特别重要
I	2	//	重要
O	1	/	一般
U	0		不重要
X	−1	⁄⁄	不希望
XX	−2, −3, −4,?	⁄⁄⁄	极不希望

图 5.14　作业单位关系等级表示方式

现以电瓶叉车总装厂为例，说明绘制作业单位位置相关图的步骤。

第一步首先处理综合相互关系密级为 A 的作业单位对。

（1）从作业单位综合相互关系表中取出 A 级作业单位对，有 8—11、4—5、11—12，共涉及 5 个作业单位，按综合接近程度分值排序为 8、4、11、12、5。

（2）将综合接近程度分值最高的作业单位 8 布置在位置相关图的中心位置。

（3）处理作业单位对 8—11。将作业单位 11 布置到图中，且与作业单位 8 之间距离为一个单位距离，如 10 毫米，如图 5.15 所示。

图 5.15 作业单位对 8—11

（4）布置综合接近程度分值次高的作业单位 4 的位置。由于作业单位 4 与图上已有的作业单位 8 和 11 均非 A 级关系，则应从综合相互关系表中取出 4—8、4—11 的关系密级，结果分别为 I 级和 O 级，即作业单位 4 与 8 的距离应为 3 个单位距离长度，而作业单位 4 与 11 的距离应为 4 个单位距离长度，如图 5.16 所示。

图 5.16 作业单位 4 的位置

（5）处理与作业单位 4 有关的 A 级关系 4—5，从综合相互关系表中取出图中已存在的作业单位 8 和 11 与作业单位 5 的关系，均为 U 级。关系密级 U 为不重要的关系，则只重点考虑作业单位 4 和 5 的关系，如图 5.17 所示。

图 5.17 处理 A 级关系 4—5

（6）下一个要处理的是作业单位 11，已布置在图上，只需要直接处理与作业单位 11 关系为 A 级的作业单位 12 的位置。从综合相互关系表中取出作业单位 12 与 8、4、5 的关系密级，均为 U 级，如图 5.18 所示。

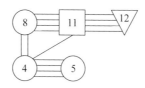

图 5.18 处理作业单位 12 的位置

第二步处理相互关系为 E 的作业单位对。

（1）从综合相互关系表中取出具有 E 级关系的作业单位对，有 1—4、1—5、1—6、2—10、3—8、4—7、5—9、7—8、8—10，涉及的作业单位按综合接近程度分值排序为 8、4、1、7、3、9、5、10、2、6。

（2）首先处理与作业单位 8 有关的作业单位 3、7 和 10，布置顺序 7、3 和 10。

对于作业单位 7 与图中存在的作业单位 8、4、11、12、5 的关系密级分别为 E、E、I、U、U，重点考虑较高级的关系，将作业单位 7 布置到图中，如图 5.19 所示。

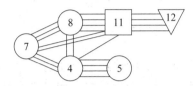

图 5.19　处理与作业单位 8 有关的作业单位

依次布置作业单位 3 和 10。布置中要特别注意作业单位 10 与 5 之间的 X 级关系密级，应使作业单位 10 与 5 尽量远离，如图 5.20 所示。

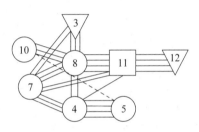

图 5.20　布置作业单位 3 和 10

（3）下一个要处理作业单位 4，与之相关的作业单位对有 1—4、4—7，作业单位 1 与图中已存在的作业单位 4 和 3 关系密级为 E、I 级，如图 5.21 所示。

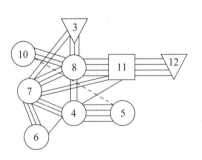

图 5.21　处理作业单位 4 相关的作业单位对 1—4、4—7

（4）处理剩余作业单位。

第三、四、五步分别处理位置相关图中仍未出现的 I、O 级作业单位对。

最后重点调整 X 级作业单位对间的相对位置，得出最终作业单位位置相关图，如图 5.22 所示。

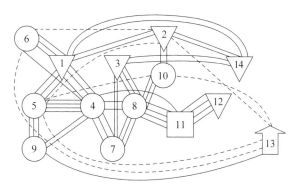

图 5.22　处理剩余作业单位

5.4.2　从-至表法

当产品品种很多，产量很小且零件、物料数量又很大时，可以用一张方阵图表来表示各作业单位之间的物料移动方向和物流量，这个表就是从-至表（From-to Matrix）。它所遵循的原则是使物流量大的作业单位尽可能地相互靠近或邻接，来达到运输成本最低的目标。注意，当物料沿着作业单位的排列顺序正向移动时，即没有倒流物流现象，从-至表中只有上三角方阵有数据；当存在物流倒流现象时，倒流物流量出现在从-至表中的下三角方阵中。总物流量是正向物流量与倒流（逆向）物流量的相加之和。下面举例说明该方法的应用。

例 5.6　某企业有 6 个作业单位，图 5.23 给出了这 6 个作业单位的初始布置方案。表 5.17 是一个从-至表，给出了 6 个作业单位之间的运输量，表 5.18 给出了单位距离运输成本，可用这些数据确定该企业的最佳布置方案。

1	2	3
4	5	6

图 5.23　作业单位间初始布置方案

表 5.17　作业单位之间每周的运输量

	1	**2**	**3**	**4**	**5**	**6**
1		21	41	6	4	18
2	22		5	19	6	1
3	40	11		10	2	7
4	2	42	6		4	7
5	13	7	10	32		5
6	4	10	8	11	39	

表5.18 单位距离运输成本

	1	2	3	4	5	6
1		3	3	4	3	4
2	6		4	3	3	3
3	3	3		3	3	4
4	6	3	3		3	4
5	3	5	4	7		3
6	3	3	4	3	3	

解： 计算出作业单位间每周运输成本。首先计算出从一个作业单位到另一个作业单位的每周运输成本，即将运输量矩阵与单位距离运输成本矩阵的相同位置的数据相乘，如表5.19所示。

表5.19 作业单位之间每周运输成本

	1	2	3	4	5	6
1		63	123	24	12	72
2	132		20	57	18	3
3	120	33		30	6	28
4	12	126	12		12	28
5	39	35	40	224		15
6	12	30	32	33	117	

然后再按对角线对称的成本元素相加,得到两个作业单位之间每周的总的运输成本,如表5.20所示。

表5.20 作业单位之间总运输成本

	1	2	3	4	5	6
1		195 ③	243 ①	36	51	84
2			53	183 ④	53	33
3				42	46	60
4					236 ②	61
5						132 ⑤
6						

接着根据作业单位之间总运输成本来确定作业单位之间的紧密相邻关系。根据表5.22中的①②③④⑤的顺序可知，作业单位1与作业单位3和作业单位2的运输成本都很高，作业单位4与作业单位5的运输成本也很高，作业单位2与作业单位4、作业单位5与作业单位6的运输成本也偏高。于是，这时候就要做出调整，将作业单位1与作业单位3、作业单位2相邻布置，作业单位4与作业单位5相邻布置，作业单位2与作业单位4相邻布置,作业单位5与作业单位6相邻布置。则新的布置方案如图5.24所示。

1	3	6
2	4	5

图5.24　作业单位新的布置方案

需要注意的是，虽然这种方法看起来简单，但是在实际应用中我们会发现，对于 6 个作业单位来说，将会有720(6!)个可能的方案，所以上例中我们得出的新的布置方案只是众多可能的方案中的一种。而且，事实证明，在设施布置的实际问题中，人们通常会去寻求一个满意的方案，而非最优方案。

（讨论案例）

英特尔 12 英寸晶圆厂选址大连

2007年3月26日，世界最大的芯片生产商美国英特尔公司在北京宣布，将在中国辽宁省大连市投资25亿美元，建立一个生产300毫米晶圆的工厂。英特尔公司与大连市政府在新闻发布会上介绍说，这一工厂（英特尔Fab68号厂）是英特尔在亚洲的第一个晶圆厂，此前英特尔在中国上海浦东和四川成都分别设有两家封装和测试工厂。

大连晶圆工厂2007年年底动工，2010年上半年投产。工厂初期将主要生产芯片组以支持英特尔的核心微处理器业务。

"英特尔芯片项目在相当长的时间里没有对外公布，是我们信守对英特尔的承诺。今天，我终于可以告诉600万大连市民，我们赢得了大连历史上最大的外商投资项目，也是振兴东北老工业基地的最大项目。"在签约现场，大连市市长面对本报记者的采访，激动地说："这个项目必将产生强大的、明显的带动效应，有力地提升大连制造业的能力，对大连走向世界，融入全球经济产生积极的影响。"

夏德仁分析说："间接的作用是，英特尔公司作为全球电子信息产业特别是微电子产业领域中的领袖级企业，全球选址极为严格，大连能够获得英特尔公司的认可，说明大连的基础设施条件和社会环境完全可以满足国际跨国公司的投资要求，能够以一流的服务，为大公司的到来提供帮助。"夏德仁说："随着项目的推进，很多企业已经闻风而动，主动与大连接洽的跨国企业已有十几家。产业集聚效应初露端倪。"

在夏德仁的规划中，英特尔芯片项目落户大连签约仪式的举行仅仅只是开始，大连市将一如既往地重视和支持英特尔芯片项目在大连的发展，为项目建设和运营提供高效、优质的服务。"我相信，在我们共同的努力下，英特尔芯片项目将成为中国外资企业成功发展的典范！"此时的市长，笑容里有着百倍信心。"好事多磨！"一位相关负责人日前谈起英特尔大连工厂历经两年的漫长谈判，颇有感慨。据悉，由于英特尔官方保持缄默，英特尔大连工厂的选址信息一直十分模糊。

据了解，英特尔大连工厂已落户大连经济技术开发区双D港。双D港位于大连经济技术开发区中部，南面、东面分别靠近大窑湾、小窑湾，西临大连保税区，占地一万平方米。

一、选址大连

据记者了解，英特尔预计投资 20 亿美元的 12 英寸厂已经选址大连，预计新厂将招收 1 600 名员工，而英特尔此次的选址已经进行了 2 年。

记者未能了解到美国商务部对英特尔在大连建厂的态度。按照美国的《瓦森纳约定》，美国和一些西方国家对社会主义国家限制出口高新技术产品和军事装备等。集成电路制造正在美国限制对中国出口清单之列。两年前，美国德州仪器准备在深圳投资 40 亿美元建晶圆厂的计划就曾因为美国的反对让深圳政府空欢喜一场。

英特尔此次在大陆使用的是 90 纳米的技术，并不是最先进的 65 纳米技术。事实上，英特尔公司也一直在就相关的技术出口游说美国政府。"因为我们知道，要想在全球取得成功，就要不断把新的技术带到中国来。"英特尔高层曾如是表示。

地方政府的冲动也非常明显。据记者了解，大连正在大力发展软件业，地方政府希望引入国际巨头英特尔，从而产生制造与研发的联动效应，带动软件业发展。

目前，英特尔在上海和成都各有一座封装测试厂，在中国没有生产 CPU 的芯片厂。

二、对抗 AMD 升级

赛迪半导体顾问李珂认为，类似英特尔这类 IDM（自己研发、自己制造）企业，在内地设立晶圆厂，是希望建立完整的上下游产业链。亚洲地区 5 年后会发展成全球晶片市场的核心，英特尔此举意在加强内地的布局，以对抗日益强大的竞争对手 AMD 的凌厉攻势。李珂分析认为，在未来几年，中国将成为世界上最大的个人电脑消费国，这同样给英特尔等处理器生产厂商带来了更多的市场机会，但也意味着他们在中国的竞争更为激烈。

"本土化竞争意味着要加大到当地的投资，企业也必须与中国政府搞好关系。"李珂说。在内地投资 12 英寸晶圆厂，意味着英特尔与 AMD 的市场争夺重心已经转向中国。

"在用降价策略对抗 AMD 的时候，英特尔自身的利润同样在迅速下降，英特尔必须重新布局其产业。"李珂对记者分析，尽管英特尔还是老大，但是它同样必须找出应对的方法，以避免竞争对手对其市场份额的逐步蚕食。

事实上，中国目前电子消费品增长迅速，电子产品的代工制造业都开始向中国聚集，把晶圆厂建在中国，将使得英特尔降低成本，避免进出口的高额关税，从而增强其产品在售价上的竞争力，同时可以获得优秀的研发人员。

三、半导体投资是否过热

"英特尔此次如果真的落地大连，地方政府以及我国的高层一定会给予非常优厚的条件。"苏州大学商学院孙永正教授如是分析。

此前，地方政府为引进前期需要巨额投资的半导体企业，如武汉、成都、北京、上海等地，大都采取低价出让配套土地，帮着找银行贷款，甚至政府出面进行投资等优惠政策，吸引芯片厂商建厂。

"如果在内地设立芯片生产线，其成本比美国和日本等国家可以节省30%～40%，这无疑是一个巨大的诱惑，目前国内的芯片市场正处于高速的增长状态，内地廉价的成本和巨大的市场将引来越来越多的海外投资，英特尔绝不是最后一个。"孙永正教授说。

易观国际半导体与消费电子高级分析师赵亚洲曾认为，一些地方投资建设的小规模半导体制造工厂即使建成投资，其收回投资机会也非常渺茫。如国内最大的半导体厂商中芯国际尽管拥有不错的订单，但由于高额的设备折旧以及不断投入巨额资金进行扩张，至今营利还很艰难。

全球半导体设备与材料产业协会 SEMI 中国市场研究经理倪兆明就曾公开表示，由于缺乏资金、合作伙伴和制造经验，未来几年，半数以上甚至60%的中国半导体厂将走向失败。

"如果英特尔真的在中国建厂，他们应该风险不大。"李珂认为，这类厂商由于生产的芯片为自给自足，一般会根据自己的产能来决定是否建厂，不像代工企业先要靠扩大规模才能取得价格优势。

此前，由于美国的相关法案限制，英特尔的晶圆厂一直未落户中国。此次英特尔在中国建立 12 英寸芯片厂，将是英特尔在中国的第一家生产 CPU 处理器芯片的工厂，也是在中国设厂的第一家生产 CPU 的晶圆厂。

上海和成都，英特尔拥有的仍是封装测试厂。其竞争对手 AMD 也仅在苏州拥有一家封装测试厂。

"因为他们不找别的工厂代工，从某种程度上来说，英特尔进来后并不会和国内的一些芯片厂商形成竞争关系，因为他们的 CPU 都是自己的工厂在做。"一位中芯国际员工告诉记者，目前其最大的竞争对手仍是同样做 CPU 的 AMD。

李珂认为，以英特尔的资金和技术研发实力，如果美国政府真的能放行其在中国建厂，这倒是中国引进的一个不错的项目。

"英特尔把 CPU 也移到中国生产，以后电脑会更便宜。"联想的一位销售经理笑着对记者说。

资料来源：http://news.zfa.cn/info/20060904/10340.html

思考题：

1. 试分析英特尔 Fab68 工厂为什么选址大连？
2. 英特尔 Fab68 工厂选址过程中都考虑了哪些因素？
3. 试分析大连市从哪些角度为 Fab68 建厂创造了条件？

 本章小结

本章从设施选址的概述入手，介绍了设施选址的基本概念、重要性、影响因素、一般步骤，并讲述了设施选址决策的评价原则和评价方法。设施选址的评价可从定性和定量两个方面进行分析，定性分析方法包括优缺点比较法和德尔菲分析法；定量分析方法包括加权因素评分法、量本利分析法、重心法和线性规划—运输模型法，接着介绍了启发式方法来解决如服务业中常遇到的在一个地区内要建立多个服务点的问题。第三部分对设施布置进行了概述，分别介绍了设施布置的内容、基本原则、影响因素，以及设施布置的类型。

中英文关键词语

德尔菲分析法（Delphi Analysis）；重心法（Gravity Method）；启发式方法（Heuristic Method）；固定式布置（Fixed-Position Layout）；产品原则布置（Product Layout）；工艺原则布置（Process Layout）；混合布置（Mix Layout）；成组原则布置（Group Layout）；单元制造（Cellular Manufacturing）

参考文献

[1] 齐二石，朱秀文，何桢. 生产与运作管理教程. 北京：清华大学出版社，2006.
[2] 刘晓冰，李新然. 运营管理. 北京：清华大学出版社，2011.
[3] 陈荣秋，马士华. 生产与运作管理（第4版）. 北京：高等教育出版社，2016.
[4] 陈荣秋，马士华. 生产运作管理（第2版）. 北京：机械工业出版社，2007.
[5] ［美］理查德·B. 蔡斯，［美］尼古拉斯·J. 阿奎拉诺，［美］F. 罗伯特·雅各布斯. 运营管理（原书第9版）. 任建标等译. 北京：机械工业出版社，2003.
[6] ［美］威廉·史蒂文森. 运营管理（原书第9版）. 张群，张杰译. 北京：机械工业出版社，2008.
[7] 赵启兰. 生产运作管理. 北京：清华大学出版社；北京交通大学出版社，2008.
[8] 马风才. 运营管理. 北京：机械工业出版社，2007.

思考练习题

1. 一个新成立的公司必须决定其建厂的地点，现有两个可供选择的地点，将厂建在离主要原材料产地近的地方，或将厂建在离主要顾客近的地方？若将厂建在离主要原材料近的地点，其固定成本和可变成本要比将厂建在离主要顾客近的地方低一些，但业主认为由于顾客更乐意同本地供应商打交道，因而会造成销售额上的损失。每种方案的单位营业收入均为185美元。已知以下信息，请确定选在哪个地方产生的利润更大。

	奥马哈	堪萨斯城
年固定成本/百万美元	1.2	1.4
每单位可变成本/美元	36	47
预计年需求量/单位	8 000	12 000

2. 一家机器工具小制造商意欲迁址，并确定了两个地区可供选择。A地的年固定成本为800 000美元，可变成本为14 000美元/单位；B地的年固定成本为920 000美元，可变成本为13 000美元/单位。产品最后售价为17 000美元/单位。

（1）当产量为多少时，两地的总成本相等？

（2）当产量处于什么范围时，A地优于B地？当产量处于什么范围时，B地优于

A 地？

3. 一家制造游艇的公司决定扩大其生产线。但目前设备不足，不能满足负载量的增加。公司正在考虑 3 种方案以解决这个问题：A（增加新地点）、B（转包）、C（扩大现有工厂）。

方案 A 的固定成本较高，但可变成本较低，固定成本为 250 000 美元/年；扩大现有工厂则耗费 50 000 美元的年固定成本和 1 000 美元/艇的可变成本。

（1）当产量处于什么范围时，各实施方案的总成本最低？

（2）年预期产量为 150 艘艇时，实施哪种方案总成本最低？

（3）在转包和扩大生产设备之间做出选择时，还应该考虑哪些因素？

4. 某经理收到一份要在几个城市择地设立办事处的分析报告，具体数据（最高为 10）如下表所示。

因　　素	位　　置		
	A	B	C
商业服务	9	5	5
社区服务	7	6	7
不动产成本	3	8	7
建造成本	5	6	5
生活费用	4	7	8
税收	5	5	4
运输	6	7	8

（1）如果经理对各因素按相同权重衡量，这些地点将如何排列？

（2）如果已知商业服务和建造成本的权重为其他因素的两倍，这些地点将如何安排？

5. 一个玩具制造商在全国的 5 个地区生产玩具，原材料（主要是塑料粉桶）将从一个新的中心仓库运出，而仓库的地点还有待确定。运至各地的原材料数量相同。已建立一个坐标系统，各地的坐标位置如下表所示。请确定中心仓库的坐标位置。

地点	(x, y)
A	3,7
B	8,2
C	4,6
D	4,1
E	6,4

第 6 章　工 作 设 计

学习目标

通过本章的学习，读者应该能够：

1. 掌握工作设计的定义及其影响因素；
2. 明确工作环境对员工健康和工作效率等的影响；
3. 掌握工作分析以及作业测定的方法；
4. 简单了解作业组织相关的问题。

引导案例

ITT 的崩溃

美国国际电话电信公司（ITT）前首席执行官、总裁海洛德·吉尼恩（Harold Geneen）在工作中最重视的是财务结果，他认为管理是最简单而直接的，他坚持 ITT 每年要达到增加利润 15% 的目标，不断提高生产销售目标，不断要求减少开支，每个人必须完成或超过自己的定额指标，优胜者奖，落后者罚，总完不成指标者就走人。

当吉尼恩成为 ITT 总裁后不久，财务报告现实利润持续增加，公司股票升值快速，投资分析师认为 ITT 是一个经营很好的公司，并加以推崇。ITT 公司股票价格的升幅大大超过了别的上市公司，使 ITT 有了兼并别的股票表现不太好公司的能力，ITT 借此增加了每股盈利，因而增加了股票价值。如此仿效，ITT 又在新购买的子公司实行"管理魔术——目标管理"，使 ITT 的股票进一步升值。

在 1961 年，吉尼恩掌管 ITT 两年时，ITT 销售额是 7.566 亿美元，盈利 0.29 亿美元，在 1977 年，吉尼恩下台时，ITT 销售额是 167 亿美元，盈利 5.62 亿美元，吉尼恩掌管 ITT 的 16 年中，ITT 在 80 个国家兼并了 350 家公司，顶峰时是美国 500 强第 9 名。

随后 ITT 就以历史上前所未有的速度和规模崩溃了。首先主要是分公司出现了问题，ITT 就开始出售这些问题分公司，法国等国家坚持要从 ITT 买回自己受人尊重的电话公司，很快 ITT 缩小到了比它最初还要小的规模。让人们吃惊和怀疑的是 ITT 曾经是与福特汽车、通用汽车、IBM、通用电气相提并论的大企业。

ITT 的问题是质量，ITT 电话系统不工作，产品和服务质量低劣。当财务报告显示公司仍大笔赚钱时,没有人指责过 ITT 的质量问题,当质量问题成为有目共睹的事实时,ITT 失去了它所有的魅力,但质量是硬道理,客户是公司存在的基础,吉尼恩 16 年的目标管理实现了,但也正是他为 ITT 挖好了坟墓。

资料来源:陈荣秋,马士华,生产运作管理.北京:机械工业出版社,2007.

6.1 工作设计概述

工作设计是生产管理人员的关键任务之一,也是组织人力资源工作的核心工作之一。所谓工作,是指一个或两个以上工人承担的一组任务或活动的总称。工作设计则是确定具体的任务和责任、工作环境以及完成任务以实现生产管理目标的方法。工作设计的目的是设计出能够满足组织及其技术要求和满足工人生理及个人需求的最终工作结构。一个好的工作设计,可以为员工创造一个良好的工作氛围,能够使员工安全工作,心情愉悦,在工作中得到满足感,进而有利于提高组织的生产率和质量标准,无形中提高了企业的总体收益。

现实生活中的工作形式多种多样。有的是常规性的工作,有的是非常规性的工作;有的需要多种工作技能相结合,有的只需要单一的或者几种少数的技能;有的工作工序规定得相当严格,而有的则相对宽松很多。工作设计要将工作内容和工作方法具体化、详细化。图 6.1 给出了与工作设计决策有关的几项关键问题。

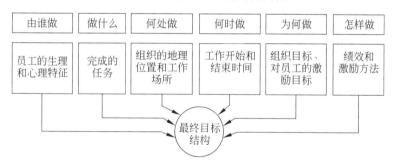

图 6.1 工作设计决策

图 6.1 中的几个关键问题又受以下几个因素的影响。

(1)作为员工工作组成部分的质量控制。

(2)对组织内的员工进行交叉培训,使其可以适应多种工作要求、承担并完成不同的工作任务。

(3)员工参与工作设计,注重团队工作方式。

(4)通过计算机和网络使员工的工作信息化、网络化。

(5)为所有员工提供适合他们的工作。

(6)制订员工报酬奖励制度。

人因工程学以人和工作环境为研究对象,研究二者的内在关系与规律,是工作设计的一个重要组成部分。人因工程学包括很多内容，其中工作环境设计是它的一个重要组成部分，例如有关工作方法的研究、设备厂址的布置等。人因工程学致力于研究如何减少工作环境中不必要的伤害。因为工作中的伤害会降低员工劳动生产率、增加员工的缺勤率、增加健康保险开支和赔偿费用，甚至会使员工在日常工作中缺乏安全感等。

在组织工作设计中，提倡管理者和员工共同参与设计工作。影响工作设计的因素及其关系复杂多变，因此组织应该收集与工作密切相关或者有相关工作背景的人员积极参与到组织的工作设计中，集思广益，积极听取并参考各方的宝贵意见。

6.2　工作环境因素

工作环境指人们在车间或办公室利用工具设备进行生产工作所在的物理环境。工作环境对员工工作效率和质量，甚至对工作中事故的产生都有很大影响，因此要注重工作环境的设计。

1. 气候状况

（1）温度对人工作的影响

人只有在适宜的温度范围内工作才会有舒适的感觉，工作环境中的适宜温度条件是获得良好工作能力的前提。其实每个人本身就是一个热源，人体每时每刻都在产生和散发热量，只有当人体产生和向外界散发的热量达到平衡状态的时候，人才会感觉舒适。工作环境过热或过冷都会对人体产生一定程度的影响，造成员工工作能力下降，易出现差错。如果工作环境温度过高，会使员工判断力下降、心脏负担增加、消化不良、疲劳，以及头晕头痛、恶心等；而温度过低，会造成员工灵活性、协调性、准确性下降，血流速度降低，易出现局部冻伤（≤−5℃）。虽说人能在任何温度下工作，但温度超出了适度范围，工作绩效就会下降。

最适温度不是一个固定值，它与很多因素有关，如工作性质、员工的工作体质、性别、年龄等。据统计，体力劳动者的适宜工作温度范围是10℃～16.9℃；轻劳动者是12.7℃～18.3℃；脑力劳动者是15.5℃～18.3℃。大多数工厂厂房都易产生高气温，且有很多机器设备和货物进出大门，这使得工厂的工作环境很难保持一个恒定而舒适的温度。因此，我们要为工人选择合适的工作服装，或安装合适的供暖和制冷装置。

（2）通风对人工作的影响

通风状况对员工的工作效率影响也很大，工作环境中令人厌恶的气味会使人恶心、分散注意力，甚至会危害员工的身体健康、使其产生一种厌恶感，极大地影响了其工作效率和质量。实验表明，同温下，保持新鲜流通的空气要比污浊令人不舒服的空气其工作效率高出10%。因此，要安装通风设备，以保证良好的空气流通。

（3）空气污染对人工作的影响

工作场地的空气是有污染的，例如生产中产生的粉尘、烟雾、气体、纤维质、蒸汽都有可能刺激和损害人体器官。室内的污染不仅会影响员工的工作效率，还会损坏身体健康。因此要将室内的污染限制在一定许可范围之内，可采用通风等方法最大限度地保持室内空气清新、干净。

此外，人也会对空气造成污染。人在呼吸过程中会排出二氧化碳，随着劳动强度的增大，劳动时间的增加，二氧化碳的排放量会随之增加。室内空气中二氧化碳的含量增加，人会产生头晕等症状，影响工作效率，威胁员工安全，所以要经常保持室内通风。

2. 照明条件

眼睛作为人视觉接受信息的器官，其功能的发挥很大程度上依赖于照明条件。因此，照明对人在工作环境中正常而又有效率的工作起着非常重要的作用。

不同的工作类型，所需的照明条件也不同。越细致的工作，对照明条件的要求越高。人视觉功能的发挥依赖于周围环境的照明度和对比度。对比度就是反映观测物体与其背景的亮差度。照明度与对比度情况越好，工作中的差错率、事故率越低。不良的照明效果会对员工产生负面影响，如增加员工的疲劳度、降低工作效率、增大事故率，压抑员工的心情等，在一定程度上会对员工的工作能力与工作效率产生影响。如果能够给员工创造良好的照明条件，员工不仅可以很好地处理日常工作，而且在处理突发事件时员工也会反应更加敏捷。

在所有工作场地都采用高强度的照明条件是不可取的。可用自然光线来照明。自然光是免费的，会给人的心理和生理带来一种舒服的感觉。但要视情况，比如阴天时没有光线，人的工作就会受到影响。因此，要确定最适宜的照明条件，既要避免工伤事故的发生，又要防止照明上的浪费，还要便于提高员工的工作效率。表 6.1 给出了不同工作的照明条件要求。

表 6.1　不同工作的照明条件要求

工作分类	例　子	标准照明（lx）	照度范围（lx）
超精密工作	钟表、超精密机器加工、刺绣	1 000	700～1 500
精密工作	排字、汽车飞机组装	500	300～700
普通工作	机加工、铸造、焊接	200	150～300
粗工作	木工	100	70～150
非工作	车间非工作区	50	30～70
	附属生活区及厕所	20	15～30

因此，结合实际总结一下对照明条件的设计要求。

（1）亮度：均匀，精细的工作要求亮度高。

（2）位置：固定。

（3）亮度差：（与背景的亮度比）小，否则易引起眼部疲劳。

（4）高度：尽可能高，要求在人的工作视野之外。

（5）自然光与人工光混合使用时，尽可能采用自然光。

（6）经济：采用荧光灯比白炽灯经济。

3. 噪声状况

音乐是有规律的振动，如乐曲；噪声是无规律的振动，不受欢迎且有害身心健康，如工厂噪声、建筑地噪声、交通噪声以及娱乐场所噪声等。它们对生产者造成干扰，既令人心烦，又会使人分心，容易引起事故造成人身伤害等。实验证明，在噪声很高的工厂，噪声是造成事故的主要原因，会造成工人听力损伤，产生巨大的经济损失。从事脑力劳动的人对噪声特别敏感，噪声会分散人的注意力，对人的脑力工作产生消极影响。人耳可感觉的声音频率是 20～20 000Hz，其中最好的感觉范围是 1 000～4 000Hz。表 6.2 简单列举了一些声压级与声源。

表 6.2　声压级与声源

声压级（db）	声　源
10	呼吸声
20	手表摆动声
30	轻声耳语
40	影剧院观众的嘈杂声
60～70	普通说话声（一米内）
80	一般工厂车间机器声
90	载重汽车发动机声
100	织布车间机器声
110	汽车喇叭声

因此要控制噪声，消减噪声的根本方法是从声源入手。研制和选择低噪声的设备进行加工生产，降低声源发声，甚至不发声。如改进设备的结构和材质、改进加工方法、加强润滑等。另一个有效方法是限制噪声的传播，采用消音装置，阻断或屏蔽声音的传播途径。例如消音器、减震器和吸音板等。第三种方法是隔离噪声源或工作人员，为最易接近噪声区的工人配备必要的个人防护装置。最后一种方法就是替换，如选择更好的设备。

4. 安全情况

工作现场会有许多工作隐患，高层领导者或底层工作人员对安全生产问题都不能掉以轻心。若员工感到人身安全会有危险，就不可能安心并全心全意地为组织努力工作。意外事故的发生有可能是员工的粗心大意引起的，如打瞌睡；也有可能是随机的意外事件引起的，比如没有给工人配备必要的保护设备。如果发生工伤事故，不仅对员工是一种身心上的伤害，对组织也有很大的负面影响。一方面有损企业的形象，另一方面会给企业带来很大的经济负担。

建立系统有效的安全生产场地，需要大家的共同努力。高层领导必须以身作则，制订合理的工作程序、配备安全的生产设备，监督工人按照工作程序和相关要求实施安全生产。底层员工要端正工作态度，佩戴必要的安全防护装置，按照工作程序，认真进行安全生产。

6.3 工作分析与测定

6.3.1 工作分析

工作分析是工作设计的基础和依据，它研究某一项工作如何去做，对该项工作进行系统分析，从中找出不合理的地方，然后加以改进，来提高组织的生产率。工作分析既适用于已经存在的工作，也适用于新工作。在进行工作设计时，应从整体工作的分析开始，然后到具体工作的细节，最后落到物料和人员的移动、安排以及工作位置的选定上。对于已经存在的工作，工作人员对正在进行的工作进行观察分析，然后提出改进方案；对于一项新的工作，工作分析人员要根据新工作的性质和组织自身的生产能力，设计出一套新的方案。组织要求进行工作分析的原因很多，例如：

（1）改变或更换工作所使用的设备或工具。

（2）市场上出现了新的产品，使竞争更加激烈。

（3）政府出台了新的政策要求你不得不进行工作分析以适应政府的新政策。

（4）工作设计本身出了问题。

（5）出现了意外事故等迫使工作无法正常进行。

（6）生产程序或生产方法发生了改变。

工作分析的基本过程如下。

1. 确定研究对象

进行工作分析的第一步就是要确定所要研究的工作对象，收集与工作有关的设备、物料以及与工作人员有关的数据。研究对象可以是一个生产运作系统，也可以是整个系统中的一部分。对于很多工作，可以与技术员工进行讨论，广泛而虚心地听取他们的意见，这样做可以降低很多工作成本和费用，来使组织获得最大的收益。进行工作分析所选择研究的对象通常具有特定的特征，例如工作强度很高、工作性质是非常规性的、工作环境令人不舒适甚至存在安全隐患以及工作过程本身出现问题等。

2. 确定研究目标

在确定了工作分析的研究对象以后，要根据对象确定总的和具体的工作目标。并将其文档化，一方面可以作为日后工作的标准，另一方面也便于评价工作分析的效果。组织进行工作分析的研究目标很多，例如如何调动员工的工作积极性与工作兴趣、如何改善工作环境使员工安全并舒适的进行生产活动、如何减少能源和人员的消耗以及如何改进工作方法提高员工的劳动效率和产品质量，等等。

3. 记录现行工作方法

对现在正在实施的工作方法可以通过拍照、录像以及图表、文字等书面方式如实、详细地记录下来。这些被记录下来的现象都可以作为日后工作研究的基础，而且值得注意的是，现行方法记录的真实性很重要，因为它会直接影响到对原始材料进行分析的阶段。所以记录要尽可能真实、尽可能详细。在对现行工作方法进行记录的时候还可以与技术工作的直接接触人员进行交流、讨论，以便迅速准确地获取更多有效的信息。

4. 对现行工作方法进行分析

对现行的工作方法进行分析可以利用"5W1H"的分析方法从六个方面反复进行考查，以便于确定现行的工作方法是否合理、哪些步骤需要改进、哪些步骤需要合并、哪些步骤需要删除甚至哪些程序需要添加步骤，等等。5W1H 分别为：原因（Why）、内容（What）、时间（When）、地点（Where）、人员（Who）以及如何（How），其中原因（Why）最重要。我们要由观察到的并记录下来的现象深入到问题的本质，而且工作分析的过程要尽量简明化。进行工作分析的时候我们可以借助很多工具来对某一过程或者某项作业进行系统分析，在这里我们主要介绍作业流程图和人—机活动图这两种常用的工具。

（1）作业流程图

作业流程图（Operational Chart）是对现行工作方法进行分析的最常用的工具，它是通过集中观察物料和作业人员的移动，来批判的检查每一个作业工序的合理性。它不但可以对现行的或者已经存在的工作方法、工作程序进行优化，而且它对新的工作项目和新的工作方法也有帮助，现在已经被广泛地应用于制造业和服务业。通过该方法的全面分析，可以减少材料的运输距离、减少机器和员工的活动时间和劳动强度、减少原材料的使用、降低成本，找出有条理、更适宜的工作方法。我们来简单介绍一下作业流程图在对现行工作方法进行优化改进时的常规步骤：首先对现有工作方法进行写实；接着对现行工作方法的不恰当之处进行优化，并实施改善后的工作方法；最后对实施的效果进行评价。

（2）人—机图

人—机图（Man-Machine Chart）也是一种非常有用的工作分析工具，为了研究如何才能使组织中的工作人员更合理、更有效以及实现人和机器更协调的配合，这种方法通过研究人和机器在某一个工作周期内的每一个操作，然后以图形的方式将人和机器在工作时间上的配合情况表示出来。通过人—机图，分析人员会很容易发现操作人员和机器什么时候是独立工作的、什么时候又是交叉工作的。观察分析之后，分析人员或者管理人员可以根据人—机图得到的结论来决定一个作业人员应该操作多少台机器或者同一机器应该被多少作业人员同时操作，以达到同时提高人和机器的利用率，为组织整体效益的提高添砖加瓦。

5. 设计并实施新的工作方法

对现行工作方法进行分析之后，找出了其存在的问题，以此为基础运用 ECRS（四种技巧）技术对现行工作方法进行改进，以得到新的工作方法，ECRS 即"取消—合并—重排—简化"的简称，具体内容见表 6.3。

新的工作方法最终都要落实到员工的具体工作之中才能知道它是否真的奏效。要想实施改进后的新方法并不是一件容易的事情，因为大多数人常年已经习惯了一些工作方

表 6.3　ECRS

- 取消（Elimination）：对任何工作首先要问：干什么？为什么干？是否能干？包括取消所有可能的工作、步骤和动作；减少工作中的不合理和不规范的地方；除了必要的工作休息外，最大程度减少甚至消除不必要的闲置时间
- 合并（Combination）：如果某些工作或某些工作步骤不能取消的话，可以考虑能否与其他工作或步骤进行合并；还可以实行设备等工具的合并、控制的合并和动作的合并
- 重排（Rearrangement）：对工作流程或者工作顺序进行重新排列
- 简化（Simplification）：对工作内容和工作步骤进行简化，也包括对动作和能量的简化

法，当对工作方法进行改进却没有被大家所了解的时候，这部分人就很容易形成一种阻力。所以在实施新方法的过程中要认真做好宣传工作、根据组织情况对员工进行培训和必要的工作调整以及对员工进行耐心的示范等。另外，值得一提的是，在改进的全过程中，最好能与员工保持沟通，积极参考并采纳员工的意见，这样做的方案远比由分析人员独自完成整个改进工作的全过程并强迫员工执行新方案更容易让员工接受，减少了很多实施过程中的阻力与困难。

6. 重复检查，优化改进后的新方法

为了保证新工作方法的有效性，分析人员应该定期反复检查，并与现场操作的工作人员保持积极良好的沟通，确认新工作方法的运行情况。必要时可以对新工作方法进行进一步的优化，分析人员在这个阶段的主要任务就是对新的工作方法进行必要的巩固和强化。

6.3.2　动作研究

动作研究（Motion Study）是系统地观察、分析和研究员工所执行的某项作业所涉及的一系列动作，从而减少不必要的动作，最终形成一套良好的作业顺序和作业步骤来寻求操作的省力化和高效率。例如对作业姿势、动作的反复效能、工具摆放以及工作地的布置方式等。弗兰克·吉尔布雷斯（Frank Bunker Gilbreth）是公认的动作研究之父。20世纪初，吉尔布雷斯对建筑工人的砌砖过程进行动作研究。他发现工人砌砖的工作姿势各不相同、工作速度也有快有慢。因此，他对工人砌砖的动作姿势和速度快慢以及他们之间的关系产生了兴趣。他仔细观察砌砖工作中的各种动作姿势，仔细研究哪些动作姿势是必要的、哪些动作是高效的、哪些动作是低效不合理的、哪些动作又是不必要的。而且，他还根据操作工人的动作姿势和工作任务的具体内容，对工人的操作工具进行了改进。例如，在砌内层砖时，他把动作从 18 个减到 2 个，使每个工人每小时的砌砖数从120 块增加到 350 块；在砌外层砖时，他又把每块砖的动作从 18 个减到 5 个。他还设计了一种堆放砖的方法，使工人不必像往常那样检查砖的哪一面最好；他还设计出了一种可调整的支架，使工人不再需要像往常那样弯腰取砖。

动作分析人员采用了许多不同的技术来建立、开发和研究有效的工作程序，最常用的技术有：

1. 基本动素分析

基本动素（Therbligs）是工人动作基本单位，是工人完成一项工作所需要的基本动作。吉尔布雷斯通过对动作的分析和研究发现，虽然完成工作的操作千变万化，但完成工作的手的动作由 17 个基本动素组成。我们可以发现，Thberligs（动素）这一词除了 t 和 h 的顺序，和增加的 s 外，是 Gilbreth（吉尔布雷斯）从后往前的拼写，这是用来纪念我们这位伟大的动作研究先驱者。动素分析是对工作任务进行详细的观察，对每一个连续动作进行分解，将左、右手和眼睛三种动作分开观察并进行记录，进而寻求对这些基本动作单元进行减少、组合和重新安排等改善的动作分析方法。

17 动素可以分为三类。第一类是有效动素。它们是完成一项操作所必须具有的动素，例如获取、搬运、装配、对准、应用、检查等。我们要对这类动素进行检查研究，看看哪些动素是可以进行改善的。因为第一类动素虽然是完成一项操作所必须的，但这并不意味着它们就是最有效、最优的动作方法。第二类是缓解类动素，也就是对第一类动素起到的进行缓解的作用，例如计划、安置、释放、寻找和选择等。对于这类动素，我们需要事先加强研究和准备工作、对工作地的布置进行改进，以达到尽可能减少这类动素发生的目的。第三类是无效动素，这类动素是对一项操作的完成没有任何益处的动素，有的时候甚至会有负面效果，例如休息和延迟等。对于这类动素我们必须减少其发生，我们可以通过对工作程序和工作地布置等进行研究最终达到该目的。其实利用基本动素分析来研究一项工作常常需要很大的工作量，但是，对于一些周期短并且动作重复性高的工作，基本动素分析法还是很适用的。基本动素表见表 6.4。

表 6.4　基本动素表

序号	动素名称	文字符号	定　　义	符号说明
1	伸手	R	空手移动，接近或离开目的物的动作（运空）	空手或空碟的形状
2	握取	G	利用手指充分控制物体	抓东西的形状
3	移动	M	手持物从一处移另一处的动作（运实）	手里或碟子里有东西的形状
4	放手	RL	从手中放掉东西，称放手或放开	东西从手里或碟子掉下来的形状
5	预定位	PP	物体定位前线将物体安置到预定位置	把两个将要对准的东西接近的形状
6	装配	A	为了两个以上的物件的组合而做的动作	把东西组合起来的形状
7	使用	U	利用器具或装置所做的动作，称使用或应用	USE
8	拆卸	D	对两个以上组合的物体，作分解动作	从组合中去掉物件的形状
9	检验	I	将产品和所制订的标准作比较的动作，叫检查或检验	透视的形状
10	寻找	SH	确定目标物的位置的动作	用眼睛找东西的形状
11	选择	ST	为选区与抓取目的物的动作	指示选择出来东西的形状
12	计划	PN	在操作运行中，为决定下一步骤所做的考虑	把手放在头上进行思考的形状

序号	动素名称	文字符号	定　　义	符号说明
13	定位	P	把物体放置所需的正确位置为目的而进行动作又称对准	螺旋曲线向心导入的形状
14	持住	H	手握物并保持静止状态，又称拿住	磁铁吸住东西的形状
15	休息	RT	不含有用的动作，而以休息为目的	人坐在椅子上的形状
16	延迟	UD	含有有用的动作，而作业者本身所不能控制的动作	人失控倒下的形状
17	故迟	AD	不含有有用的动作，而这也这本身所可以控制而不去控制的动作	人躺着休息的形状

2. 动作经济原则

动作经济原则最开始是由吉尔布雷斯提出的，后来经过许多专家学者的研究和补充整理而成。动作经济原则是一个使作业能以最少的投入，产出最大的效果，并且能够很好地完成作业目标的原则。该原则对提高工作效率起到了很大的促进作用，因此也称为省力原则。这些原则大致涉及人、工作位置环境和工具设计这三个方面。在这里，我们对动作经济原则的各个原则简略地介绍一下，见表 6.5。

表 6.5　动作经济原则

- 身体使用原则
  1. 双手的动作应该是同时的和对称的。合理地利用双手同时工作，这样可以提高工作效率。双手按照分工，同时开始并同时结束动作（休息期间除外）。
  2. 身体的动作应以最低等级的动作来进行。身体的动作幅度越小越好，人体的动作等级按照下列次序递减：腿的动作→腰的动作→肩的动作→肘的动作→手腕的动作→手指的动作。
  3. 只要有可能，要尽可能利用物体的惯性。就像使用手锤我们所感觉到的那样，当尽可能利用手锤的惯性时，就会省力，所以利用物体的惯性就能节省体力提高效率。
  4. 连续圆滑的曲线动作。动作的速度和方向突然或急剧的变化时，会打乱工作的节奏，同时又会消耗大量的体力。这时连续而圆滑的曲线动作比直线运动更可取。
- 工作位置的安排原则
  1. 所有的工具和物料必须有明确的和固定的存放位置。
  2. 工具和物料应该放在近处或者操作者面前，以便使它处在双手容易拿到的位置。手的移动距离应该越短越好，移动次数越少越好。
  3. 重力箱和降落传送装置的安置可减少加工部件的拿取和移动的时间，只要可能，尽量使用推顶器来自动脱离完成部件的操作。
  4. 满足作业要求的照明。工作场所的光线应适度，要保持良好的通风条件，温度要适宜，使工作者尽可能地舒适。
- 工具和设备的设计原则
  1. 使用专用工具。生产线中所用的工装应是最适合该产品及人工操作的专用工具以提高生产效率。
  2. 用固定的夹具来固定产品及工具，将部件固定在最适宜的位置，以解放人手从而进行双手作业。
  3. 所有的杠杆、把手、机轮和其他控制装备应该尽量容易操作，并且设计的最具机械优势，这样以便利用操作工人最强壮的肌肉群。

运用动作经济原则来研究和确定动作最经济有效的工作方法时，动作分析人员还应尽可能考虑以下几点。

（1）减少不必要的动作。

（2）合并相关的动作。

（3）减少工作中的疲劳强度与疲劳时间。

（4）改善工作位置的安排和工作条件。

（5）改善工具和设备的设计。

3. 微动作研究

吉尔布雷斯和他的妻子莉莲·吉尔布雷斯（美国第一个获得心理学博士的女士，被称为"管理学第一夫人"，与吉尔布雷斯一道从事动作研究），使用电影胶片来进行动作研究。运用照相机和慢动作，可以使工作人员能够对那些动作快的用肉眼看不清楚的动作进行研究分析。这种方法已被应用于很多领域，例如，工业领域、医疗护理等领域。此外，进行动作研究后使用过的胶卷，一方面，为分析人员提供了可以参考的记录，另一方面，也为日后可能涉及的争执提供了解决问题的依据。

微动作研究被应用在重复性很高的工作上。因为对于那些重复次数很多的工作，即使每次微小地改进也能带来时间和体力上相当可观的节约。

4. 动作研究图表

进行动作研究的分析人员，经常利用一些图表的工具来分析和记录动作研究的结果。正如本章所提到的人—机图和流程图。人—机图是用来描述作业中人和机器的关系，而流程图则是用来方便工作人员观察某个具体的作业步骤，以及各步骤之间的关系。除此之外，动作分析人员还用西蒙图（Simo Chart）来研究双手并用的动作，等等。这些研究图表在进行动作研究时都起到了很大的作用。

6.3.3 作业测定

作业测定（Work Measurement）决定了完成某项工作所需的时间长度。产品在加工过程中包括基本作业时间和无效时间。作业测定是制订人力计划、估算成本、安排工作进度和设计员工报酬的关键。目的是尽量削减工作中的无效时间，合理的设计并完善工艺生产过程。基本作业时间指工人按照正常的工作程序、采用正确的工作方法，合理利用工具、设备和原材料等进行加工生产所需的时间。基本作业时间包括正常的作业时间、合理的宽放时间。宽放时间包括生理所需要的时间（例如休息和上厕所等）、工作的前序准备和后续总结的时间、工作地处理时间（例如清扫）。无效时间是指人为原因造成的人力或设备的闲置时间，包括工人造成的停工损失时间和非工人造成的停工损失时间。

在标准的工作条件下，工人完成某项特定工作所需要的时间，叫标准工作时间。它是确定某项特定工作所需人员数量的依据；衡量计划是否可行的重要依据；进行成本管理的基准；确定工资的主要标准，以及在一定程度上可以提高工人劳动生产率。

企业采用作业测定法来建立标准工作时间，常用的有测时法、预定时间标准法和工作抽样法。

1. 测时法

测时法是用秒表等计时工具，观察测量工人多个周期完成某项工作所需的时间建立一个时间标准，将这个时间标准应用到组织中的方法，又叫直接时间研究法。

测时法的基本过程如下。

（1）确定要测定的作业。确定测量对象后，为使被观测工人的操作不受影响，测量人员应该事先通知被观测的工人，并就相关事宜彼此协调，测量人员应尽量配合被观测工人的工作。另外，应选择一个一般熟练程度的工人进行测量。

（2）确定观测的周期数，记录每个操作要素的观察时间。

（3）计算每个操作要素的观察时间，以及整个作业的观察时间。

（4）对工人的绩效进行评价，计算正常作业的标准时间。

2. 预定时间标准法

预定时间标准法（Predetermined Time Standard，PTS）是把每一项作业都分解成若干个基本动作单元，对这些基本动作单元进行详细的观察，并根据相应的性质和条件，制成标准动作单元时间的公布数据，即基本动作的标准时间表。当要确定某项作业的实际时间时，只要把该项作业的动作分解成标准时间表中相应的基本动作，并在标准时间表中查到完成各动作单元所需要的标准时间，然后将这些时间累加起来再加上一定的宽放时间，就得到了完成该项工作的标准时间。

PTS法根据各基本动作的类型和不同的时间单位，可以分成很多种。常见的有工作要素法（Work Factor）、标准时间测量法（Methods of Time Measurement，MTM）、基本动作时间研究法（Basic Motion Study，BMS）等。其中，MTM是使用最广泛的一种。在MTM法中，研究人员把作业分解成若干个基本动作单元（例如：伸手、拿取、施压、移动、放置、放手和转动等），测量所涉及的距离，并且评估动作单元的难度，然后查找标准动作时间表中相应的动作单元所需要的时间，最后得出完成该项作业所需要的标准时间。基本动作单元时间可用时间测量单位（TMU）来测量，1TMU=0.000 01小时。

3. 工作抽样法

工作抽样法（Work Sampling Method）是通过选择工作活动中的一部分作为样本进行观测，从而估计出工人或机器设备的工作时间和空闲时间的比例。

工作抽样法是一项间断性观测的方法，它既不需要对实际动作时间进行记录，也不需要对动作进行连续观察，而是通过大量的随机观察，确认工人或机器设备的动作性质，例如是处于工作状态还是处于空闲状态，并按照"工作"和"空闲"分类记录发生次数，不记录事件的延续时间，通过对样本的分析计算出百分比，进而估计出工人或者机器设备的实际工作时间和空闲时间的百分比。因此，工作抽样法又叫作间接时间研究法。

工作抽样法是间接时间研究，测时法是直接时间研究，二者相比，工作抽样法的优点如下：

（1）观测者可以同时对几项作业活动进行样本的观察、测量和研究。

（2）进行样本研究的观测者不需要经过专门的训练。

（3）不需要使用秒表或其他的计时工具。

（4）抽样观察研究的周期时间很长，从而可以减少由于短期的时间波动所导致的误差。

（5）观测者只需随机地对工人或机器设备进行短暂的观测，因而在任何时候暂停一下，是不会影响任何观测结果的。

（6）在工作循环时间较长的情况下，因为所需的观测时间不多，因此是一种很经济的工作研究方法。

（7）适用于周期时间较长和非重复性的工作。

相比较而言，工作抽样法的缺点有：

（1）工作抽样法不适用于周期时间较短和重复性的工作。

（2）工作抽样法不能像测时法那样进行详尽的元素分解。

（3）工作抽样法的一个假设前提是所有抽样观测的动作都存在于一个静止的系统中，而如果需要观测的系统是变化的，那么结果可能就会有误差。

（4）工作抽样法对于重复性工作的标准时间的制订是不准确的。

（5）工作抽样法所需要观察的样本数量较大，而且需要保证有一定的估计精度等。

6.4 作业组织

作业组织是指为确保组织中的员工能够科学合理地开展工作，而采用适宜的生产组织形式。作业组织旨在正确处理组织中部门与部门之间、部门中人与人之间以及员工与作业对象、员工与设备之间的关系。从而更有效地调动员工的积极性、利用机器设备，使组织劳动生产率达到最高。作业组织的内容主要包括编制订员、作业班组设置与作业班组管理等。

1. 编制订员

编制订员指在一定时期和一定的组织、技术条件下，根据企业既定的产品方向和生产规模，规定企业各类人员的数量标准应如何配备。合理的定员能帮助企业节约用人、精简机构，改善企业员工纪律松散、工作散漫等不良现象，帮助企业提高整体效率。

（1）编制订员的基本要求

① 定员标准要遵循先进合理的原则。考虑到组织的实际情况，尽量运用先进的机器设备和工艺技术，改善企业的生产形式，充分利用工作时间，能够实现企业高效率生产的最少人数。

② 正确处理各类人员的比例关系，一经确定不随意改动。各类人员的比例应根据本企业的生产特点和员工性质来确定。例如，要正确处理直接非直接生产人员的比例关系，要尽量提高直接生产人员的比重，降低非直接生产人员的比重；要合理安排基本工人和

辅助工人的比例关系，从企业的实际可能和发展需要出发，正确规定人员比例，做到合理安排、配备适当。企业的定员标准应随技术条件的变化进行相应调整，以适应生产技术发展的需求。

（2）编制订员的范围

企业劳动定员按其工作性质、劳动分工和职能的不同，通常可以分为以下四类。

① 工人：在企业直接从事物质生产的人员，可分为基本生产工人和辅助生产工人。

② 工程技术人员：在企业中担任工程技术工作，并具有一定工程技术能力的人员。

③ 管理人员：在企业各职能机构和各车间部门从事行政、生产、经济管理的人员。

④ 服务人员：直接为员工生活服务或间接为生产服务的人员。

（3）编制订员的方法

编制订员的基本原理是按照生产工作量确定人数，劳动定额作为计算工作量的标准。

① 按时间定额定员

时间定额是最通用的劳动消耗标准。不同工种的加工对象不能直接进行比较，可以把不同工种加工对象的劳动量换算成时间量。例如，计算全公司的基本生产工人定额人数时，可取全场的生产任务总量；计算车间的基本生产工人定额人数，可取车间生产任务总量。

② 按岗位定员

根据工作岗位的多少、岗位的工作量、员工的劳动效率、出勤率等计算定员数量。该方法适用于大型联动装备的企业，它与生产量无直接关系，而与生产类型有关。同样也适用于无法计算劳动定额的工种和人员。例如，辅助工和后勤服务人员等。

③ 按比例定员

按员工总数或一类有定员总数的比例计算某些非生产人员的定员，适用于服务人员和辅助人员。该方法使用的比例值是个经验数据，也可用工作抽样法分析比例值的准确性。

④ 按职责范围和业务分工定员

该方法定性成分很大，适用于管理和工程技术人员。是在确定组织结构的基础上，根据职责范围和专业分工，业务量大小和复杂程度，并结合员工的具体能力和技术水平确定员工数量。因为管理人员和工程技术人员的工作内容广泛，工作量不易计算，工作效率又与每个人的能力、工作态度和热情等有关，具体操作时有一定的难度。工作抽样法也适用于该方法。

2. 作业班组

为了使工作能够协调配合地进行，要在合理分工和正确配备员工的基础上，把完成某项生产和工作有关的员工组织起来，成为工作团队，在统一指挥下，协同动作，这就是作业班组的组织工作。作业班组是工作现场开展生产作业的组织单元。企业的生产通常是基于各个作业班组制订生产计划、配备资源、组织作业、安排作息时间或轮班的。

（1）作业班组的设计原则

作业班组应根据生产类型、工艺特点和生产需要来划分。组织作业班组，目的是以劳动分工为基础，从空间上把工人之间的协作关系有效地组织起来，以保证生产的发展和劳动生产率的提高。设计作业班组，要配备好组内成员并有明确的岗位责任制，选择得力称职的组长，形成团结、高效、民主的劳动集体。按对象原则，即按加工对象来划分，集中所需的不同类型工艺设备封闭式生产某一产品或零件。按工艺原则，即按生产工艺划分，集中同类型的工艺设备，担负同类型的加工任务。当生产活动中配合很重要时，则按混合原则设置班组。

（2）作业班组的组织形式

作业班组按员工工种划分，分为专业或混合组；按机器设备种类，分为不同的机组班组。

① 专业班组是在劳动分工的基础上，为完成某项工作，把同一工种的员工组织在一起。

② 混合班组是在劳动分工基础上，为完成某项工作，把不同工种员工组织在一起。

③ 机组班组是以产品工艺典型化为基础，根据成组加工的要求，将机器设备组成机群式的工作地，由一定数量的员工在明确分工的基础上，对工序内容相似的零件进行加工的劳动组织形式。

讨论案例

美国比萨：将顾客需求应用于流程设计需求的练习

当代运营管理的中心之一是顾客。这很容易理解，即如果一个公司确实以顾客为中心，并且能够提供有竞争力的价格，不断满足顾客需求，那么这个公司就会成功。困难的部分在于了解顾客的真实需求。把顾客的需求转换成可以支付的产品（指商品和服务的某种组合）以及设计一套能以具有竞争力的价格不断交付产品的流程，这些都是非常困难的。最后，更具挑战性的是将这些产品和流程的管理通过员工练习加以理解和掌握，从而获得整个服务组织想要的结果。下面的练习将试图说明满足上述要求有多么困难。

背景

美国比萨是一个提供外卖和即食比萨的连锁店。如果美国比萨提供送货服务的话，许多顾客称他们会购买更多比萨。这个练习分为两部分：在第一部分中你扮演顾客的角色，在第二部分中你扮演美国比萨店的经理，负责比萨送货流程的需求设计。

第一部分

开始你必须像一名顾客一样考虑问题。这很容易，因为你很可能有过订购比萨送货服务的经历。将此经历应用到练习中。从顾客的角度，列出比萨送货服务中的最重要因素。

设计你的清单时，请考虑以下因素：

比萨送货服务必须完成哪些内容才能使你感到适度满意？除此之外，比萨送货服务还应怎样做才能使服务变得更为独特，并创造出竞争优势？或者说，怎样提供比萨送货的服务才能使你忠诚地购买这家公司的比萨（也许你会为这项服务支付更多的费用）。

当你补充清单时，请记住你考虑的是送货服务而不是比萨产品本身。假定这个比萨连锁店能提供你想要的任何比萨。

第二部分

现在戴上美国比萨店经理的帽子，在这部分练习中，你将会与其他学生组成一个小组。首先，从小组成员所罗列的清单中总结出一份主要清单。然后将这些项目分组，并在每组上标出标题。例如，"送比萨的条件"或者"快速，准时送达"，等等。最后，列出一个必须满足"比萨送货流程设计需求"的送货服务的清单。当你在做这些工作时，需要考虑量化的标准。或者说，为了有效、迅速地操作这个流程，你将采取什么措施？为什么你认为这些措施是有效的？

这有一个例子，说明了这一部分的分析是如何应用的。一个顾客要求比萨送达时应该是热的。事实上比萨出炉时就开始逐渐变凉。因此，你如何做才能保证比萨在到达前温度不低于某一个最低值？

资料来源：［美］蔡斯. 运营管理（原书第 11 版）. 北京：机械工业出版社，2007.

思考题：

1. 作为一名顾客，列出你认为在比萨运送过程中最重要的因素清单。

2. 比较你和其他同学所列的清单，将其中最重要的几个因素分类并加上标题。

3. 列出比萨运送过程设计需求的清单。对每一项要求提出一个措施，从而确保运送过程满足要求。

 ## 本章小结

为了提高组织的运行效率，在运营管理中非常重视工作设计。本章首先介绍了与工作设计有关的定义、原理以及影响因素等，旨在能使工作设计达到最好的效果，以提高运营系统的工作效率等。第二部分针对劳动者所处的工作环境，从气候状况、照明条件、噪声状况和安全情况等对劳动者的心理和生理的影响出发，简单讨论了在进行工作设计时有关工作环境方面应该注意的问题。第三部分介绍了工作分析与作业测定的有关内容，分别简要讲述了如何运用测时法、预定时间标准法和工作抽样法来进行作业测定。在本章的最后一部分讲述了作业组织的相关内容。

中英文关键词语

工作设计（Work Design）；工作分析（Work Analysis）；动作研究（Motion Study）；作业测定（Work Measurement）；预定时间标准法（Predetermined Time Standard，PTS）；工作抽样法（Work Sampling Method）

参考文献

[1] 陈荣秋，马士华. 生产运作管理（第2版）. 北京：机械工业出版社，2007.

[2] 刘晓冰，李新然. 运营管理. 北京：清华大学出版社，2011.

[3] 陈荣秋，马士华. 生产与运作管理（第4版）. 北京：高等教育出版社，2016.

[4] ［美］理查德·B. 蔡斯，［美］尼古拉斯·J. 阿奎拉诺，［美］F. 罗伯特·雅各布斯. 运营管理（原书第9版）. 任建标等译. 北京：机械工业出版社，2003.

[5] ［美］威廉·史蒂文森. 运营管理（原书第9版）. 张群，张杰译. 北京：机械工业出版社，2008.

[6] 赵启兰. 生产运作管理. 北京：清华大学出版社；北京交通大学出版社，2008.

[7] 马风才. 运营管理. 北京：机械工业出版社，2007.

[8] 王东华，高天一. 工业工程. 北京：清华大学出版社；北京交通大学出版社，2007.

 思考练习题

1. 工作设计受哪些因素影响？

2. 在工作设计和工作分析时要注意哪些方面？

3. 怎样选择合适的工作测定方法？

4. 什么是作业班组？与编制订员有哪些不同？

第三篇

运营系统的运行与控制

第 **7** 章 生产运作计划

通过本章的学习，读者应该能够：

1. 了解企业生产计划体系的构成；
2. 了解主要的定性预测方法和定量预测方法；
3. 掌握备货型和订货型企业年度生产计划制订的方法；
4. 掌握滚动式计划方法；
5. 了解服务业中生产运作计划的控制和管理方法。

引导案例

医疗中心怎么作需求预测

需求预测对医疗中心至关重要。与制造企业不同，医疗中心不充分的资源供应影响的不仅是顾客的满意度，更关系到患者健康状况，并且医疗中心为公众服务的同时也需要盈利。因此，医疗中心在预测需求并按此提供供给上面临相同的困境——损失的销售机会就是损失掉治疗机会，过剩的资源、能力会使成本最小化的目标难以实现。

医院的预测涉及人力资源如护士、医生、患者以及运作商品如床位和药品。床位配备、排队模型等理论可以被应用于分析床位的能力利用，这是和所需房间和床位数量的长期计划相关的，且是未来难以减少的固定成本。平均理论在医疗中心是不适用的，例如，如果计划时考虑流感病人的平均值，那么夏天就会有空床位，冬天床位会不足。

在医疗中心，急诊部门面临着最极端的情况。患者会在一天的任何时间随机到达且患者患病的严重程度不同，这意味着工作负荷是高度变化的。为了提高对这种高度情况变化的管理，医院采用患者分类系统将患者分为严重疾病、非紧急疾病和常规疾病三种，最后一种通常被从急救中心转出，然后安排医生的预约。预测也是急救部门工作的重要构成，众多模型被使用以使患者的需求被及时满足，研究者投入精力致力于发现该领域的最佳预测理论。在一个急救部门样本中，研究者得出结论认为时间序列分析是预测未来需求的极好理论，日常患者到达也可以被计算。为了更精确地进行估算，包含假期、空气污染、温度、湿度等与急救部门患者到达相关变量的自回归求和移动平均理论被使用。自回归求和移动平均理论的应用对提高资源供给状况尤其是人员规划十分重要。

资料来源：Ivanov D, Schönberger J, Tsipoulanidis A. Global Supply Chain and Operations Management[M]. Springer International Publishing, 2017.

7.1 企业生产计划体系

企业的生产经营活动需要多种资源来支撑，要求企业生产、技术、供应、销售、劳资、设备、财务等多个部门的配合与协作。企业内部的不同职能部门，由于其部门目标所强调的重点不同，各个职能级计划对生产计划的影响方向往往不一致，可能会有冲突。例如，营销部门往往希望多品种小批量生产，以适应市场需求的多样化，而生产部门则更希望生产尽量稳定、减少变化，提高系列化、标准化以及通用化（以下简称"三化"）水平，以利于提高劳动生产率，降低生产成本。又如，生产部门为了保持生产的稳定性和连续性，希望保持一定数量的原材料及在制品库存，但财务部门为了加快资金周转，可能希望尽量减少库存，等等。因此，在制订企业生产经营计划时应充分考虑这些相互冲突的制约因素，进行综合平衡，权衡利弊，使生产计划能最大限度地保障企业经营目标的实现。

企业生产经营计划涉及供应、销售、设备投资及维修、资金、成本控制、技术发展等多个领域，具有多目标、多层次、多因素的特点。在一定规模的工业企业中，生产计划工作由一系列不同类别的计划组成。这些计划按计划期的长度分为长期计划、中期计划、短期计划三个层次。它们之间相互紧密联系，协调配合，构成企业生产计划工作的总体系。图7.1以制造型企业为例，表示了这三层计划的组成以及各种计划之间的联系。

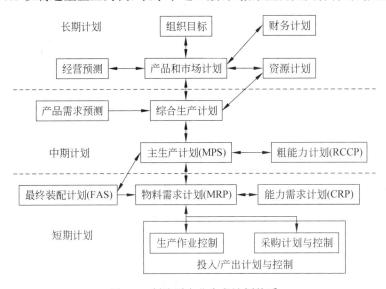

图 7.1　制造型企业生产计划体系

7.1.1　长期计划

长期计划的时间跨度一般为 3～5 年，也可长达 10 年。它是企业在生产、技术、财务等方面重大问题的规划，提出了企业的长远发展目标以及为实现目标所制订的战略计划。它包括产品与市场发展计划、资源发展计划及生产战略计划和财务计划等。

制订长期计划，首先要结合对经济、技术、政治环境的分析，对运营发展做出预测，确定企业的发展总目标，如在总产量、总产值、利润、质量、品种等方面的增长速度及应达到水平。战略计划则要确定企业的经营方向和经营领域、产品门类和系列、体现竞争战略的产品质量和价格水平，以及市场渗透战略。这些就是产品与市场发展战略。

为实现企业的发展目标和战略计划，还需要制订资源发展计划，包括确定所需要增加的生产资源，生产方式上的相应变革，以及生产能力发展的规划。长期计划中的财务计划将从资金需要量和投资回报等方面，对以上各种计划的可行性和经济有利性进行分析，使这些计划在财务上是可行的且有效益的。

7.1.2　中期计划

中期计划的时间一般为一年，或更长一些时间。这就是通常的年度生产计划。

1．综合生产计划

综合生产计划是一种中期计划，衔接长期战略计划和短期作业计划。综合生产计划的计划期一般为 1 年到 18 个月，是关于未来计划期内，资源和需求之间的平衡的规划。它要处理的是将预测的产品需求转化为企业的产品产出的任务计划。计划的重点是确定利用生产能力的有效方式，以最大限度满足市场需求，取得最佳的经济效益。综合生产计划确定了企业在未来计划期内每个月或每个季度需要产出的、企业每一个产品系列的总产量。综合生产计划制订的主要依据是产品与市场计划及资源计划。

2．产品需求预测

产品需求预测主要是对最终产品或备品的需求量进行预测，它与综合生产计划的产出总量一起，作为制订下一层次的计划——主生产计划的主要依据。监控与整合产品需求预测信息的过程也称为需求管理。

3．主生产计划

主生产计划（Master Production Schedule，MPS）确定了在每一具体时间段内每一具体的最终产品的生产数量和日期。主生产计划在短期内（一般为 6～8 周）不发生变化，比较稳定，但 6～8 周以后，就会出现各种变化，而 6 个月以后，主生产计划很有可能会发生根本性的改变。如图 7.1 所示，主生产计划制订的主要依据是综合生产计划及粗能力计划。

4．粗能力计划

粗能力计划（Rough Cut Capacity Planning，RCCP）主要用来检验生产计划的可行性，从而避免主生产计划的能力约束。粗能力生产计划包括核查现有的生产和仓储设备、机器设备、劳动力等资源的可用性，以及主要供应商的供货能力。

7.1.3　短期计划

短期计划的时间在 6 个月以下，一般为月或跨月计划，它包括物料需求计划、能力需求计划、最终装配计划，以及在这些计划实施过程中车间内的作业进度计划和控制工作。

1．物料需求计划

物料需求计划（Material Requirement Plan，MRP）主要是在主生产计划确定之后，将主生产计划所规定的最终产品需求，分解成各个自制零部件的生产计划，以及原材料和采购件的采购计划，以保证主生产计划按期完成。

所谓物料需求计划，是指原材料、零部件的生产、采购计划——采购哪些，生产哪些，哪些物料在什么时候开始订货，每次订货多少，生产多少等，与主生产计划规定的最终产品相关。

2．能力需求计划

能力需求计划（Capacity Requirements Planning，CRP）用于检查物料需求计划的可行性，也称为能力需求进度计划。因为能力需求计划可以根据物料需求计划所规定的计划订单或已下达的 MRP 订单，详细地安排每个工作中心的能力负荷大小及相应的工作时间。

3．最终装配计划

最终装配计划（Final Assembly Scheduling，FAS）确定了最终产品的生产进度。总装配计划需要及时根据顾客的定制要求，以及产品的最终特征要求，调整成进度计划。

4．生产作业控制

生产作业控制确定日常生产经营活动的安排。它是主生产计划的执行计划，是日常生产运作活动的依据，是联系供、产、销和生产技术准备工作的纽带。具体地说，就是根据物料需求计划输出的生产信息，编制车间内部的设备或加工中心的作业顺序和作业完工日期。也就是说，主生产计划已经被细化为切实可行的日工作计划。其内容包括：质量标准的制订、作业计划的编制、生产能力的核算与平衡、日常生产派工和生产作业准备的检查等。

5. 采购计划与控制

采购计划与控制是指根据物料需求计划输出的采购信息，编制物料采购计划，同时还需要进行物料的投入/产出计划与控制。因为通过投入/产出计划与控制不仅可以保证供应商及时供货，而且还可以及时掌握由于各种原因而重新计划采购的物料的交货情况。

表 7.1 列举了上述三类计划的主要特点。从该表可以看出，由于所面临的环境因素不同，各类计划有各自不同的任务、管理层次、计划方法和需要处理的问题，即决策变量。长期计划的主要任务是确定发展的总目标，以及如何为实现总目标获取所需的新资源，它要处理的是企业的发展与外部环境的关系问题，因此要由企业的高层领导负责。这类计划所面临的都是不确定性因素，只能规定出一些非常粗略的指标作为指导。它所做的决策都是关系企业长远利益同时需要巨大投资的重大战略性问题，如产品方向的确定、工厂规模的发展、设备类型的选择、供应渠道、劳动力来源以及管理系统的引入等。它们属于战略层计划。中期计划要处理的是将已知的或预测的市场需求细分为企业的生产指标和产品任务计划。它们应由企业主管生产的部门负责。其主要任务是确定如何有效地利用现有资源，最大限度地满足市场需求并取得最佳的经济效益。在中期计划制订过程中，需要涉及许多不确定的因素，如未来一年中的市场需求。中期计划是根据需求的变动来有效地利用和调节现有可用的生产能力，包括采用工厂工作时间、劳力数量的增减，库存与外部企业生产能力的利用等手段。短期计划所处理的问题基本上是企业内部的具体作业管理问题。这时，生产的任务、能力和物资供应基本上是确定的，计划工作的任务是要将设备和人力最适当地配置给各项已经投产的任务项目，以保证上层计划的实现，是作业层的计划。因此要求它们制订详细的时间进度计划。在计划中要做好生产的品种、批量、顺序和时间进度的决策，也要做好设备与人力负荷的决策。

表 7.1　各类计划的不同特点

分类 特点	长期（战略层）	中期（管理层）	短期（作业层）
1. 计划层总任务	制订总目标及获取所需的资源	有效地利用现有资源，满足市场需求	最适当地配置生产能力，执行厂级计划
2. 管理层次	高层	中层	基层
3. 时间期	3～5 年或更长	1～1.5 年	小于 6 个月
4. 详细程度	非常概略	概略	具体、详细
5. 不确定性程度	高	中	低
6. 决策变量	● 产品线 ● 规模 ● 设备选择 ● 供应渠道 ● 人员培训 ● 库存管理系统类型选择	● 工作时间 ● 劳动力数量 ● 库存水平 ● 外包量 ● 生产速率	● 产品品种 ● 生产数量 ● 生产顺序 ● 生产地点 ● 生产时间 ● 物料库存控制方式

7.2　需求预测

预测是一门古老而又崭新的交叉学科。在古代，就有预测活动，随着科学技术的发展和社会的进步，人类对预测的要求越来越高，预测已经成为人类科学文明发展中不可缺少的方法。本节主要介绍了预测的概念，以及定性预测与定量预测两种方法。

7.2.1　预测概要

预测是指对事物的演化预先做出的推断。广义的预测，既包括在同一时期根据已知事物推测未知事物的静态预测，也包括根据某一事物的历史和现状推测其未来的动态预测。狭义的预测，仅指动态预测，即对事物的未来演化预先做出的科学推测。在此，我们将预测定义为：根据过去和现在的已知因素，运用已有的知识、经验和科学方法，对未来事件进行判定和估算，并推测其结果的一种科学方法。

目前，人们采用的预测方法种类繁多，这些方法之间有许多不同之处，甚至差别很大。但是，对所有的预测方法来说，仍然有一些共同的特征。为了进一步理解预测的含义，我们有必要了解预测的这些特征。

第一，预测一般假设在过去发生的某一事件的状态在将来仍然存在。比如，税收的增减、竞争性产品或服务的价格和质量的变化可能对需求产生重要的影响，而原来的预测是假设在情况不发生变化的前提下做出的，因此，如果发生了突发事件，就必须放弃原来做出的预测。

第二，预测极少准确无误，实际情况总与预期有所不同。由于任何人（或机构，或方法）都不可能准确地判断某些因素会在多大程度上影响预测，因此，预测时必须要考虑预测与实际情况之间的差异，以便在决策时依据预测结果对保险系数进行适当的调整。

第三，对一组事件进行预测比对单个事件进行预测更为准确，这是因为在不同事件之间产生的预测误差是可以互相抵消的。比如，当零部件或原材料被用于多种产品生产，或者一种产品或服务提供给多个相互独立的不同用户，那么成组的机会就会增加。

第四，短期预测比长期预测更准确。因为短期预测处理的不确定因素较少，并且可预见的程度相比长期预测将会更高。

总之，随着经济全球化的大趋势以及市场竞争的日趋激烈，企业要生存、发展，就必须重视预测在生产经营管理和决策中的作用。为避免盲目决策造成的损失，企业在进行重大决策之前必须进行市场预测，明确市场需求，摸清竞争对手的动向，提高自身的适应能力和对市场的反应能力，进而提升市场竞争能力。

7.2.2　定性预测法

定性预测法，又叫直观预测法，主要是根据已有的历史资料和现实资料，依靠个人的主观经验和综合分析能力，对需求的未来发展趋势做出判断。这类方法虽然有些粗糙，但是简便易行，特别是在无法进行定量分析的情况下更加有效。

定性预测的优点在于注重于事物发展在性质方面的预测，具有较大的灵活性，主要发挥人的主观能动作用，简单、迅速、省时省费用。但它也有明显的缺点，比如易受主观因素的影响，比较注重于人的经验和主观判断能力，从而易受人的知识、经验和能力的束缚和限制，并且缺乏对事物发展数量上的精确描述。

主要的定性预测方法包括：市场调查预测法、专家预测法、类比法及相关图法等。下面介绍几种常用的定性预测方法。

1. 市场调查预测法

市场调查预测法，是指预测者深入实际进行市场调查研究，取得必要的市场信息，根据自己的经验和专业水平，对市场的发展变化进行分析判断。比如对市场供需状况的发展前景的分析判断；政策或产业结构调整对原材料、销售动向和库存变动等前景的分析判断；市场商品供求对企业产、供、销变动前景的分析判断等。常用的方法有管理人员意见调查预测法，销售人员意见调查预测法，商品展销、订货会调查预测法，消费者购买意向调查预测法。我们主要介绍前两种。

（1）管理人员意见调查预测法

这种方法是由企业的高层主管召开熟悉市场情况的各业务主管部门人员座谈会，将与会人员对市场需求的预测意见，加以归纳、分析、判断，制订企业的需求预测方案。其基本过程是：高层主管根据政策和经营管理的需要，向各业务主管部门（如销售、计划统计、市场情报、财务会计、生产、研发等部门）提出预测项目和预测期限的要求，然后各业务主管部门分头准备，根据市场调研所掌握的情况以及以往的经验提出各自的预测意见，最后由企业高层主管召开座谈会，对各种意见进行讨论分析，综合判断，得出反映客观实际的预测结果。

其优点是：上下结合，有利于发挥集体智慧；横向联系，有利于获取各方面的意见；来源一线，有利于使预测接近实际；方法简单，比较经济和迅速；方法灵活，当市场发生剧烈变化时，可以及时对预测结果做出调整。其缺点是：对市场需求的变化了解得不够深入、具体；主要依靠经验判断，受主观因素影响大，只能做出粗略的数量估计。另外，座谈会可能会出现部分人成为主导，而其他人的意见得不到重视的情况，影响预测结果的客观性。

（2）销售人员意见调查预测法

销售人员意见调查预测法是向销售人员征求对产销情况、市场动态以及他们各自负责的销售区、商店、柜台等未来销售量（额）的估计，加以汇总整理，对市场需求前景做出综合判断。这种预测主要依靠销售人员掌握的情况、经验、水平和分析判断能力，并结合公司、企业管理部门提供的必要的调查统计资料和市场信息。最终，要经过从基层到企业管理部门逐级审核、汇总和经理厂长批准才能定案。

这种方法的优点是：预测意见和信息来源于最前端，并经过多次审核、修正，比较接近实际；各地区、商店的销售任务是根据自己的预测制订的，会使销售人员产生光荣感和责任感，易于调动其积极性。其缺点是：这种预测是基于销售人员直接接触相关信息，因而得到的信息是最准确最完整的假设，而实际上由于工作岗位和个人能力所限，销售人员对市场全局性的变化及变化趋势把握不准，使该假设难以成立；同时，销售人员可能为了保护自己的利益，所做的估计可能有偏于保守倾向，从而使总体预测失真。

2. 专家预测法

专家预测法属于直观预测范畴，是以专家为索取信息的对象，组织各种领域的专家运用专业知识，直观地对过去和现在发生的问题进行综合分析，从中找出规律，进而对未来事物进行预测。常用的方法有个人判断法、专家会议法、头脑风暴法、德尔菲法、主观概率法等。下面重点介绍头脑风暴法和德尔菲法。

（1）头脑风暴法

头脑风暴法（Brainstorming）是美国学者阿历克斯·奥斯本于 1938 年首次提出的。奥斯本借用 Brainstorming 这个概念来比喻思维高度活跃，打破常规的思维方式而产生大量创造性设想的状况。头脑风暴的特点是让与会者敞开思想，使各种设想在相互碰撞中激起脑海的创造性风暴。它是一种集体开发创造性思维的方法。

头脑风暴法的关键可归纳为以下几点：

a. 自由畅谈

参加者不应该受任何条条框框限制，放松思想，让思维自由驰骋，从不同角度，不同层次，不同方位，大胆地展开想象，尽可能地标新立异，与众不同，提出独创性的想法。

b. 延迟评判

头脑风暴，必须坚持当场不对任何设想做出评价的原则。这样做一方面是为了防止评判约束与会者的积极思维，破坏自由畅谈的有利气氛；另一方面是为了集中精力先开发设想，避免把在后阶段要做的工作提前进行，影响创造性设想的大量产生。

c. 禁止批评

绝对禁止批评是头脑风暴法应该遵循的另一个重要原则。参加头脑风暴会议的每个人都不得对别人的设想提出批评意见，因为批评对创造性思维无疑会产生抑制作用。同时，发言人的自我批评也在禁止之列。

d. 追求数量

头脑风暴会议的目标是获得尽可能多的设想，追求数量是它的首要任务。参加会议的每个人都要抓紧时间多思考，多提设想。至于设想的质量问题，可留到会后的设想处理阶段去解决。

e. 会后的设想处理

通过头脑风暴畅谈会，往往能获得大量与议题有关的设想。至此任务只完成了一半。更重要的是对已获得的设想进行整理、分析，以便选出有价值的创造性设想来加以开发实施。这个工作就是设想处理。

头脑风暴法的设想处理通常安排在头脑风暴畅谈会的次日进行。在此之前，主持人或记录员应设法收集与会者在会后产生的新设想，以便一并进行评价处理。设想处理的方式有两种：一种是专家评审，可聘请有关专家及畅谈会与会者代表若干人（5 人左右为宜）承担这项工作；另一种是二次会议评审，即由头脑风暴畅谈会的参加者共同举行第二次会议，集体进行设想的评价处理工作。

这里有一个关于头脑风暴法的小例子。有一年，美国北方格外寒冷，大雪纷飞，电线上积满冰雪，大跨度的电线常被积雪压断，严重影响通信。过去，许多人试图解决这一问题，但都未能如愿以偿。后来，电信公司经理应用奥斯本发明的头脑风暴法，尝试解决这一难题。他召开了一种能让头脑卷起风暴的座谈会。参加会议的是不同专业的技术人员，大家热烈地展开讨论。不到一小时，与会的 10 名技术人员共提出 90 多条新设想，其中有一个"用直升机扇雪"的新设想，经过现场试验，人们发现用直升机扇雪真能奏效，一个久悬未决的难题，终于在头脑风暴会议中得到了巧妙的解决。

（2）德尔菲法

德尔菲法，也被称为专家调查法。这种方法首先是由美国兰德公司的奥拉夫·海尔默等人发明的，被称为德尔菲法（Delphi Method）。德尔菲是古希腊传说中的神谕之地，在这里被借用。

一般来说，德尔菲法就是有反馈的函询调查法，即将所要决策的问题和必要的背景材料，通过信函寄给各位专家，请他们提出意见或看法，在不泄露决策人倾向的条件下，将收到的专家答复意见加以综合整理，然后不注姓名将归纳后的结果寄回专家，继续征询意见。如此反复几次，直到对决策问题的意见趋于集中为止。其工作步骤如下：

① 在有关领域内确定专家名单，一般 30～50 人为宜，以信件的形式，向专家提出所要解决的问题，并附上有关这个问题的各种背景材料，请他们书面答复。应该注意的是，问题的提出不应带有任何倾向性。

② 采取背靠背的方式，各专家在回答问题时，不与其他专家交换意见，只表达自己的意见和看法。

③ 将各专家第一次回函所得的意见进行统计、归纳、综合并列表，不注姓名，再交给各位专家，请他们修正或坚持自己判断，并书面答复调查人员。

④ 将反馈回来的各专家意见或判断置于修正表内，制成第三轮表格，再一次交给各专家，以便他们参照比较，再一次修正或坚持自己的意见。

⑤ 专家们的意见几经反馈后，通常对决策的问题渐趋一致，这个意见或判断即可作为决策的基础。

德尔菲法最大的优点就是：既依靠专家的专业知识，又避免了专家会议方式的不足。比如，减少了因为迷信某些权威而使自己的意见"随大流"，不说出真实想法，或是因为不愿当面放弃自己的想法而固执己见的现象。当然它也有缺点，缺点就是：信件往返时间长，可靠性不太高，容易对不明确的问题过于敏感。

用德尔菲法征询专家意见一般要求在三轮以上，只有经过多次的征询，专家们的看法才能更加成熟、全面，并使预测意见趋于集中。一般采用平均数法和中位数法等数学统计分析方法处理专家们的预测数据，得出最终预测值。

a. 平均数法：

$$Y = \frac{\sum X_i}{n}$$

其中：

X_i ——各位专家的预测值；

n ——专家人数。

b. 中位数法：

中位数的位置：$\dfrac{n+1}{2}$，该位置所对应的值即预测值。

具体做法是：将最后一轮专家的预测值从小到大排列，碰到重复的数值舍去，那么第 $\dfrac{n+1}{2}$ 位的数据，就是中位数。

例 7.1 某企业开发一种新产品，新产品的年销售量难以确定，因而聘请 10 位专家，用德尔菲法进行预测。具体数据见表 7.2。

表 7.2 德尔菲法预测值汇总表　　　　　　　　单位：万台

征询次数＼专家编号	1	2	3	4	5	6	7	8	9	10
第一轮	70	80	75	52	75	45	50	60	54	63
第二轮	70	75	73	55	65	47	54	65	60	63
第三轮	70	73	70	62	72	55	58	60	63	65

从表 7.2 中不难看出，专家们在发表第二轮预测意见时，大部分的专家都修改了自己的第一轮预测意见，只有编号为 1 和编号为 10 的专家们坚持自己第一轮的预测意见。专家们发表第三轮预测意见也是如此。经过三轮征询后，专家们预测值的差距在逐步缩小，在第一轮征询中，专家的最大预测值 80 与最小预测值 45 相差 35 万台；第二轮征询中，专家最大预测值 75 与最小预测值 47 相差 28 万台；第三轮征询中，专家最大预测值 73 与最小预测值 55 相差 18 万台。

解：（1）若用平均数法确定最终预测值：

$$Y = \frac{\sum X_i}{n} = \frac{70+73+70+62+72+55+58+60+63+65}{10} = 64.8$$

即预测新产品年销售量为 64.8 万台。

（2）若用中位数法确定最终预测值：

首先，将表 7.2 中专家第三轮预测值，按其数值从小到大排列：

53，58，60，62，63，65，70，72，73（有两个 70，舍去 1 个）

其次，确定中位数所在的位置，

$$\frac{n+1}{2} = \frac{9+1}{2} = 5$$

那么，第 5 个数据为中位数，即预测新产品的年销售量为 63 万台。

3. 类比法

类比法是遵循类比原则，把预测目标与其他同类的或相似的先行事物加以对比分析，根据市场及环境的因素之间存在的相似性，从一个市场发展变化的情况推测另一个市场未来趋势的预测法。类比法可以用于许多类型的产品——互补产品、替代产品等竞争性产品或需求随收入发生变化的产品，等等。比如说，可以用市场需求量来类比市场销售量，两者有相关性。

运用这种方法的一个最典型的例子就是：人们都是通过邮购目录来查明情况的，而购买了一件商品之后，人们往往都会收到一大堆与该目录类似的其他产品目录的邮寄广告。如果你通过邮购买了一张 CD 的话，那么你将收到更多有关新 CD 及 CD 机的信函。这中间的因果联系就是人们对 CD 的市场需求导致了对 CD 机的需求。

7.2.3　定量预测法

定量预测法是指借助数学模型进行预测分析的方法。这类方法又可分为时间序列外推法和因果分析法。

1．时间序列外推法

时间序列外推法是根据预测对象历史发展的统计资料，运用一定的数学方法推测其在今后一系列时间内的发展趋势和可能达到水平的数理统计方法。使用这种方法的基本前提是：预测对象未来随时间变化的趋势与其在过去随时间变化趋势相同。下面介绍一些常用的方法。

a. 算术平均法。 这种方法的基本思想是：假定预测对象的未来状况与邻近几期的数据有关，而与较远的数据无关。因此，只选近期几个数据做算术平均，作为下期的预测值。

假设被预测对象共有 t 个时期的数值，本期为 t 时期，那么包括 t 时期在内的最近 N 个时期的数据的算术平均值，就是 t 期的算术平均数，记为 M_t，作为 $t+1$ 期的预测值，记为 X_{t+1}，其计算公式为

$$X_{t+1} = M_t = \frac{x_t + x_{t-1} + x_{t-2} + \cdots + x_{t-N+1}}{N} = \frac{1}{N} \sum_{i=t-N+1}^{t} x_i$$

式中：

X_{t+1}——第 $t+1$ 期的算术平均预测值；

N ——算术平均法选定的数据个数；

x_i ——第 i 期的实际发生值。

运用算术平均法进行预测时，关键是确定应选几期的数据来求平均值作为预测值，即确定平均时距 N。这应根据预测对象历史资料时间序列的变动情况而定。如果 N 取大一些，则修正能力强，可更好地消除随机因素的影响。但如果 N 过大，又会使时间序列的差异平均化，显示不出时序变化的特点，缺乏对突变事物的敏感性，影响预测的准确性。因此，在计算平均数之前，应先分析时间序列数值的变化情况，若变动平缓，N 可取大一些，否则，N 取小一些。

用算术平均法预测的优点是非常简单。但它存在非常明显的缺点：平等对待平均时距内的数据；预测值出现滞后偏差（预测值滞后于发展情况）。这主要是因为没有考虑时间因素对预测值的影响。要克服上述缺点，可以分别采用加权移动平均法和趋势修正移动平均法。

b. 加权移动平均法。加权移动平均法是指在计算平均值时，并不同等对待各时间序列数据，而是给近期数据以更大的权重，这样近期数据就会对移动平均值（预测值）有更大的影响。加权移动平均的计算公式。

$$M_t = \frac{w_1 x_t + w_2 x_{t-1} + \cdots + w_N x_{t-N+1}}{w_1 + w_2 + \cdots + w_N} \quad (t \geq N)$$

式中：

M_t —— t 期加权移动平均数；

w_i —— x_{t-i+1} 的权数。

例 7.2 某市 2017 年年末总人口为 138.5 万人，居民鲜菜消费占社会消费的 86%。居民 2010—2017 年人均鲜菜消费量的抽样统计数据如表 7.3 所示。

表 7.3 某市居民人均鲜菜消费量　　　　　　　　　　　　单位：千克/人

年　份	2010	2011	2012	2013	2014	2015	2016	2017
年　序　（t）	1	2	3	4	5	6	7	8
人均消费量（y）	142	138	144	138	139	145	142	144

要求进行以下预测。

（1）用算术平均法预测 2018 年人均鲜菜消费量。

（2）用加权移动平均法预测 2018 年人均鲜菜消费量，以年序 t 作为权重。

解：（1）按照算术平均法公式可得：2018 年人均鲜菜消费量为

$$M_9 = \frac{142 + 138 + 144 + 138 + 139 + 145 + 142 + 144}{8} = 141.5 \text{（千克/人）}$$

（2）按照加权移动平均法公式可得：2018 年人均鲜菜消费量为

$$M_9 = \frac{142 \times 1 + 138 \times 2 + 144 \times 3 + 138 \times 4 + 139 \times 5 + 145 \times 6 + 142 \times 7 + 144 \times 8}{1 + 2 + 3 + 4 + 5 + 6 + 7 + 8} = 142 \text{（千克/人）}$$

加权移动平均法可以解决平等对待时间序列数据的问题，使预测值更符合实际。但不能解决滞后偏差的问题。趋势修正移动平均法正是为解决这一问题而提出来的一种预测方法。

c. 趋势修正移动平均法。趋势修正移动平均法是在算术平均法的基础上，求出相邻两个算术平均值之差，即变动趋势值，再对变动趋势值进行移动平均，求出几期变动趋势的平均值，作为修正值来修正原来的移动平均值。

用趋势修正移动平均法进行预测，步骤如下：

第一步，求算术平均值 X_{t+1}

第二步，求变动趋势值，其公式为

$$F_t = X_{t+1} - X_t$$

第三步，对变动趋势值进行移动平均，即求 t 期变动趋势的平均值 $\overline{F_t}$

第四步，利用变动趋势移动平均值修正预测值。其公式为

$$\overline{X_{t+1}} = X_{t+1} + \overline{F_t}$$

式中：

$\overline{X_{t+1}}$ —— 趋势修正移动平均法对 $t+1$ 期预测值；

X_t —— t 期简单（或加权移动）平均值；

F_t —— t 期变动趋势值；

$\overline{F_t}$ —— t 期变动趋势平均值。

例 7.3 某市 2010—2017 年某商场商品销售额如表 7.4 所示。要求用趋势修正移动平均法预测 2018 年的商品销售额。

表 7.4 某市某商场 2010—2017 年商品销售额　　单位：百万元

年　份	2010	2011	2012	2013	2014	2015	2016	2017
年序 （t）	0	1	2	3	4	5	6	7
商品销售额	29.7	30.0	30.8	29.4	30.3	30.3	30.8	30.6

解： 由已知可得：$X_1=29.7$　$X_2=\dfrac{29.7+30.0}{2}=29.9$　$X_3=\dfrac{29.7+30.0+30.8}{3}=30.2$

同理有：$X_4=30.0$　$X_5=30.0$　$X_6=30.1$　$X_7=30.2$　$X_8=30.2$

用公式可求出：$F_1=X_2-X_1=0.2$　$F_2=X_3-X_2=0.3$　$F_3=X_4-X_3=-0.2$

$F_4=X_5-X_4=0$　$F_5=X_6-X_5=0.1$　$F_6=X_7-X_6=0.1$　$F_7=X_8-X_7=0$

变动趋势平均值：$\overline{F_7}=\dfrac{0.2+0.3-0.2+0.1+0.1}{7}=0.07$

用趋势修正移动平均法预测 2018 年的商品销售额：

$$\overline{X_8}=X_8+\overline{F_7}=30.2+0.07=30.27\approx30.3（百万元）$$

d. 指数平滑法。指数平滑法可以看作是权数特殊的加权平均法。它是通过本期的实际值与紧前期对本期的预测值的加权平均，求得一个指数平滑值作为下一期预测值的一种方法。其计算公式是：

$$S_t=\alpha x_t+(1-\alpha)S_{t-1}　（t\geqslant1）$$

式中：

S_t ——第 t 期的一次指数平滑值，即第 $t+1$ 期的预测值；S_0 是已知的初始值；

x_t ——第 t 期的实际值；

α ——平滑系数，取值范围为 $0<\alpha<1$；

S_{t-1} —— $t-1$ 期的一次指数平滑值，即第 t 期的预测值。

运用指数平滑法预测时，平滑系数 α 取值不同，预测结果也不一样。一般，若数据变化比较平缓，或者想消除随机因素产生的偶然误差对预测值的影响，则 α 可取小些，如取 0.1～0.3；若数据变化趋势很大，α 则应取大一些，如 0.7～0.9。

与加权移动平均法相比，指数平滑法对权数进行了改进，更容易确定权数的值，并且能够提供良好的短期预测精度。

例 7.4 表 7.5 显示了某公司订书器的需求情况，根据已知条件用指数平滑法预测 $\alpha=0.4$ 和 $\alpha=0.1$ 时第 11 个月的需求量。

解：由已知可得：

当 $\alpha=0.4$ 时：$x_{11}=156$　　$S_{10}=143.84$

由公式可得：$S_{11} = 0.4 \times 156 + 0.6 \times 143.84 = 148.70$（个）

当 $\alpha = 0.1$ 时：$x_{11} = 156$ $S_{10} = 145.04$

由公式可得：$S_{11} = 0.1 \times 156 + 0.9 \times 145.04 = 146.14$（个）

表7.5 钉书器的需求情况表

时期	需求	指数平滑平均值	
	单位：个	$\alpha=0.4$	$\alpha=0.1$
1	145		
2	143		
3	135		
4	158	145.25	145.25
5	155	149.15	146.23
6	145	147.49	146.1
7	136	142.89	145.09
8	139	141.34	144.48
9	159	148.4	145.93
10	137	143.84	145.04
11	156		

2. 因果分析法

因果分析预测法是根据事物间的因果关系，建立变量间的函数关系，通过已知数据对变量的未来变化进行预测。因果分析预测法主要有回归分析法和计量经济学法。这里主要介绍回归分析法。

回归分析法是反映事物变化发展中一个因变量与一个或多个自变量的关系，用适当的回归预测模型（也称回归方程）表达出来，从而进行预测。常用的回归分析预测法有一元线性回归和多元线性回归。

一元线性回归是回归分析中最简单但应用很广的一种预测模型。它是处理一个自变量 x 和因变量 y 之间线性关系的预测方法。其公式为

$$y = a + bx$$

式中：

y ——因变量；

x ——自变量；

a, b ——回归系数。

一元线性回归的基本思想是：首先，把 x, y 当作已知数，根据现有的 x, y 的实验数据或收集到的统计数据，求出回归系数 a, b，确定回归方程。然后，把 a, b 作为已知数，根据回归方程，预测自变量 x 取某一数值时因变量 y 的取值情况。

确定回归系数。假定回归线性方程为 $y = a + bx$。要合理确定回归系数 a, b，就是要保证预测值 y 与实际观测值之间的误差最小，这里可以用最小二乘法以及微分学的极值

原理。回归系数 a, b 计算公式如下：

$$a = \bar{y} - b\bar{x}$$

$$b = \frac{\sum\limits_{i=1}^{n} x_i y_i - n\bar{x}\bar{y}}{\sum\limits_{i=1}^{n} x_i^2 - n\bar{x}^2}$$

式中：

x_i, y_i——实际观测值；

$\bar{x}$——x_i 的平均值 $\left(\bar{x} = \dfrac{1}{n} \sum\limits_{i=1}^{n} x_i \right)$；

$\bar{y}$——y_i 的平均值 $\left(\bar{y} = \dfrac{1}{n} \sum\limits_{i=1}^{n} y_i \right)$；

n——观测值的个数。

然后进行相关分析。通常，任何一组数据都可以用以上方法求出回归直线方程。但只有当 y 与 x 确实存在线性关系时，回归方程才有意义，所以必须对此加以检验。

两个变量之间的线性相关程度可以用相关系数 r 来描述，其计算公式为

$$r = \frac{\sum\limits_{i=1}^{n} (x_i - \bar{x})(y_i - \bar{y})}{\sqrt{\sum\limits_{i=1}^{n} (x_i - \bar{x})^2 \sum\limits_{i=1}^{n} (y_i - \bar{y})^2}}$$

当 $r = 0$ 时，自变量 x 与因变量 y 没有线性关系；

当 $r = \pm 1$ 时，自变量 x 与因变量 y 保持准确的线性关系；

当 $0 < r < 1$ 或 $-1 < r < 0$ 时，变量间保持某种程度的线性关系。

7.3 年度生产计划的制订

年度生产计划主要是确定全年产品的生产任务，以及完成这些任务的组织措施和技术措施，并规定物质消耗和资金使用限额，以便合理安排全年生产活动。这是计划管理的主要环节，也是长期计划的具体化。年度生产计划应在前一个生产年度末，在总结去年生产经验、编制财务决算、修订各项定额的基础上来制订，主要任务是充分挖掘企业潜力、合理调配和利用企业各类资源，不断生产出国内外市场适销对路的商品，以尽可能少的投入获得尽可能多的产出，以提高企业经济效益。

7.3.1 备货型企业年度生产计划的制订

备货型生产（Make-To-Stock，MTS）企业编制年度生产计划的核心内容是确定品种和产量，因为有了品种和产量就可以确定产值。备货型生产无交货期设置问题，因为顾客可直接从成本库提货。大批或中批生产一般是备货型生产。

1. 品种和产量的确定

（1）品种的确定

对于大批量生产来说，生产的产品品种数很少，而且既然是大批量生产，所生产的产品品种一定是市场需求量很大的产品，因此没有品种选择问题。

对于小批量生产，则存在品种选择问题。确定生产什么品种是十分重要的决策。

确定品种可以利用波士顿矩阵法和收入利润顺序法。

① 波士顿矩阵法又称四象限法，是美国波士顿咨询集团 1970 年首创的，后广为传播，并得以不断发展和完善。该法是按每种产品的销售增长率（企业前后两年销售总量之比）和相对市场份额（本企业产品市场份额与该产品主要竞争对手的市场份额之比）两大因素对产品进行评价，将企业的产品分为四种类型，根据它们在矩阵中的位置，确定对不同产品所应采取的策略，然后从整个企业考虑，确定最佳产品组合方案。

波士顿矩阵由四个象限组成（分别记为 1，2，3，4 象限）如图 7.2 所示：纵坐标市场成长率表示该业务的销售量或销售额的年增长率，用数字 0～22%表示，并认为市场成长率超过 10%就是高速增长；横坐标相对市场份额表示该业务相对于最大竞争对手的市场份额，用于衡量企业在相关市场上的实力，用数字 0.1（该企业销售量是最大竞争对手销售量的 10%）～10（该企业销售量是最大竞争对手销售量的 10 倍）表示，并以相对市场份额为 1.0 为市场份额的高低分界线。需要注意的是，这些数字的范围会在运用中根据实际情况的不同进行修改。图中每一点分别对应于不同的相对市场份额和销售增长率。第 1 象限为销售增长率和市场占有率"双高"的产品群（明星类产品）；第 2 象限为销售增长率低、市场占有率高的产品群（金牛类产品）；第 3 象限为销售增长率高、市场占有率低的产品群（问号类产品）；第 4 象限为销售增长率和市场占有率"双低"的产品群（瘦狗类产品）。

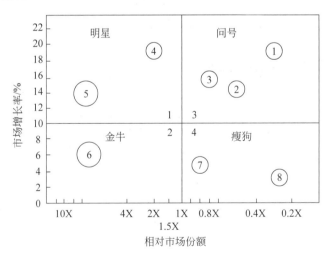

图 7.2　波士顿公司的成长——份额矩阵

② 收入利润顺序法是将生产的多种产品按销售收入和利润排序，并将其绘在收入利润图上，表 7.6 所示的 8 种产品的收入和利润顺序，可绘在图 7.3 上。由图 7.3 可以看出，一部分产品恰好在对角线上，一部分产品在对角线上方，还有一部分产品在对角线下方。

销售收入高，利润也大的产品，即处于图 7.3 左下角的产品，应该生产。相反地，对于销售收入低，利润也小的产品（甚至是亏损产品），即处于图 7.3 右上角的产品，需要作进一步分析。其中最重要的因素是产品生命周期。如果是新产品，处于导入期，因顾客不了解，销售额低，同时由于设计和工艺未定型，生产效率低，成本高、利润少，甚至亏损，应该继续生产，并做广告宣传，改进设计及工艺，努力降低成本。如果是老产品，处于衰退期，就不应该继续生产。除了考虑产品生命周期因素以外，还可能有其他因素，如质量不好，则需要提高产品质量。

表 7.6　销售收入和利润次序表

产品代号	A	B	C	D	E	F	G	H
销售收入	1	2	3	4	5	6	7	8
利　润	2	3	1	6	5	8	7	4

一般来说，销售收入高的产品，利润也高，即产品应该在对角线上，对于处于对角线上方的产品，如 D 和 F，说明其利润比正常的少，这就需要考虑是定价低了还是成本高了。反之，处于对角线下方的产品，如 C 和 H，利润比正常的高，可能由于成本低所致，可以考虑增加销售量，以增加销售收入。

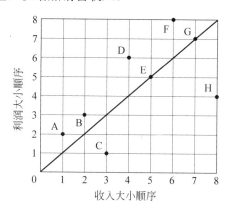

图 7.3　收入—利润次序图

（2）产量的确定

对于单一品种的生产而言，可以利用盈亏平衡法来进行决策。盈亏分析法又称效益法，是指对产品经营情况进行分析从而确定产量的一种方法。其基本程序是：首先，根据产品生产的要求，确定工艺技术和设备，计算出企业的最低生产规模界限，即企业的起始规模；而后，选择合理生产规模，这时要确定产品的产量和成本的变化关系；最后用盈亏平衡分析图等方法，来确定项目的最佳生产规模。该方法首先利用销售量（或产量）、固定费用、产品单价等各种数值，计算盈亏平衡点，计算公式如下：

$$Q_0 = \frac{F}{P-V}$$

或

$$Q = \frac{F}{P-H-V}$$

式中：

Q_0——税前盈亏平衡时的产量；

Q——税后盈亏平衡时的产量；

P——单位产品价格；

H—— 单位产品销售税金；

V——单位产品的可变成本；

F——固定成本。

当生产规模大于盈亏平衡点的规模时，可以获得利润；如果生产规模小于盈亏平衡点的规模时，就要发生亏损。如图7.4所示：S为销售收入线，S'为税后销售收入线。当订单的产品产量达到Q_0时，企业不盈也不亏，收入正好抵补成本，M点为保本点（盈亏平衡点），由此所确定的生产规模OQ_0为最低生产规模。如果考虑销售税金，那么N点为盈亏平衡点，生产规模OQ为最低生产规模。

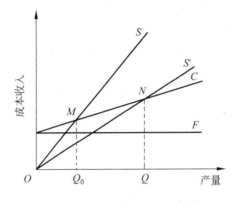

图7.4　成本—产量盈亏平衡图

采用盈亏平衡图进行分析时，由于假定销售收入和成本都按直线方式变动，没有考虑规模扩大带来的规模不经济的情况，所以该方法所确定的是最低的生产规模或起始经济规模。

对于多品种生产的企业而言，品种和产量的确定应该同时进行，因为不同的产品所消耗的资源是不同的，而企业在计划年度内所拥有的各种资源是有限的。这就出现了一个问题，即企业如何在充分利用有限资源的前提下，合理安排各种产品产量，并使企业利润实现最大化。实际上，这是一个品种和产量的优化问题，品种确定之后，确定每个品种的产量，可以采用线性规划的方法。利用线性规划，可求得在一组资源的约束下（生产能力、原材料、动力等），可获得最大利润的各种产品的产量。例如，有n种产品，m种资源约束，可采用以下形式的线性规划来优化：

$$\max Z = \sum_{i=1}^{n} (r_i - c_i) x_i$$

满足：

$$\sum_{i=1}^{n} a_{ik} x_i \leqslant b_k, \quad k = 1, 2, \cdots, \ m;$$

$$x_i \leqslant U_i;$$

$$x_i \geqslant L_i, \quad L_i \geqslant 0, \quad i=1, 2, \cdots, n;$$

式中，x_i 为产品 i 的产量；b_k 为资源 k 的数量；a_{ik} 为生产一个单位产品 i 需资源 k 的数量；U_i 为产品 i 最大潜在销售量（通过预测得到）；L_i 为产品 i 的最小生产量；r_i 为产品 i 的单价；c_i 为产品 i 的单位可变成本。

2. 产品出产计划的编制

确定了产品的品种与产量之后，再安排产品的出产时间，就得到了产品出产计划。产品出产计划是企业各部门、各生产环节的行动纲领，它将全年的生产任务按品种、规格及数量具体地分配到各个季度和月度。安排产品出产计划，必须考虑到市场需求对出产计划的不同要求。市场需求分为均衡需求和非均衡需求，下面分别进行讨论。

（1）处理非均衡需求的产品出产计划安排方法

1）改变库存水平，即通过库存来调节生产，维持生产率和工人数量不变。这种策略可以不必按最高生产负荷来配备生产能力，节约了固定资产。当需求不足时，多余的产品就会进入库存，致使库存量上升；当需求增加时，不足的部分又可以通过库存来补充。这种方式不但保证了生产系统的正常运行，而且还满足了波动的市场需求，但是过多的库存会增加库存费用，同时也破坏了生产的准时性要求。因此，纯服务性企业不能采用这种策略，但可以通过价格折扣的方式来转移需求，从而使负荷高峰得以平缓，如图 7.5 所示。

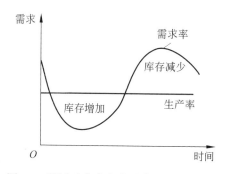

图 7.5　通过改变库存水平来吸收需求波动

2）改变生产率。这种方式就是使生产率与需求率相匹配，市场需要多少就生产多少，什么时候需要就什么时候生产，这就是准时制（Just-In-Time，JIT）所采用的策略。它可以消除库存，当生产任务紧时就加班生产，任务松时就将工人抽调到其他的生产单位工作。当生产任务太大时，还可以采用外包的方式来解决。采用这种方式的弊端是易造成生产不均衡，同时会增加工人费用。

3）改变工人的数量。这是一种根据需求变化的情况随时增加和减少劳动力数量的方式。采用这种方式的弊端是当需要增加工人，尤其是增加技术工人时，企业未必能雇用到。另外，这样做会造成员工队伍的不稳定，进而对生产系统的出产造成负面影响。

以上三种策略可以任意组合成多种混合策略。比如可以将改变工人的数量与改变库存水平结合起来。混合策略一般要比单一策略效果要好。

（2）均衡需求条件下产品出产计划的编制

由于生产类型的不同，均衡需求条件下的产品出产计划分为两种。

a. 大量大批生产企业产品出产计划

由于品种数少、产量大，生产的重复程度高，大量大批生产是典型的备货型生产，其生产的直接目标是补充成品库存，采用改变库存水平的策略较好。这样可以通过成品库将市场与生产系统隔开，使生产率均匀，保证生产的节奏性。

有三种方式可用于分配各季各月的产量：

1）均匀分配方式。将全年计划产量按平均日产量分配给各月。这种方式适用于需求稳定、生产自动化程度高的情况。

2）均匀递增分配方式。将全年计划产量按劳动生产率每季（或每月）平均增长率分配到各月生产。这种生产方式适用于需求逐步增加、企业劳动生产率稳步提高的情况。

3）抛物线递增分配方式。将全年产量按开始增长较快、以后逐步缓慢的递增方式分配到各月生产。

b. 成批生产企业产品出产计划

由于产品品种较多，各种产品产量多少相差较大，不能采用大量大批生产企业的方式安排生产。具体的方法有：

1）对于订有合同的产品，要按合同规定的数量与交货期安排，以减少库存。

2）对于产量大、季节性需求变动小的产品，可按均衡分配的方式安排生产。

3）对于产量小的产品，要权衡库存费用与生产准备费用，确定投产批量，做到经济合理。

4）同一系列的不同规格的产品，当产量较小时，尽可能安排在同一时期内生产，这样可以集中组织通用件的生产。

7.3.2　订货型企业年度生产计划的制订

单件小批生产（Job-Shop Production）是典型的订货型生产（Make-To-Order，MTO），其特点是按用户的需求，生产规格、质量、价格、交货期不同的专用产品。如船舶、大型发电机设备、化工设备、炼油设备、各种专用生产设备、装置等。对于单件小批生产的企业，由于面对的市场需求具有很强的随机性，产品需求往往又是一次性的，导致企业无法在计划期内对生产任务做出科学的安排，当然就无法用线性规划的方法求出数量与产量的最佳组合，这并不是说单件小批量生产的企业就不需要编制生产计划，相反，生产计划对于单件小批量生产企业具有极其重要的意义。

1. 接受订货决策

由于订货型企业完全是按照用户的订单来组织生产的，当接到用户订单时，企业要做出接不接、接什么、接多少和何时交货的决策。在做出这些决策时不仅要考虑订货价格能否接受，而且要考虑企业所能生产的产品品种，现已接受任务的工作量，生产能力与原材料、燃料、动力供应状况，交货期要求等。这是一项十分复杂的决策，其决策过程可以用图 7.6 来描述。

用户订货过程一般包括产品的型号、规格、性能、技术要求、数量、交货时间（D_c）和订货价格（P_c）的确定。在通常情况下，用户与企业进行谈判时已经确定了一个底线，即最高可以接受的价格（P_{cmax}）和最迟的交货期（D_{cmax}），如果超过了这个底线，用户将另选厂家。

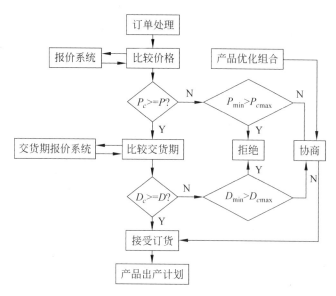

图 7.6　订货决策过程

对于企业来说，通常会根据市场的需求情况与价格行情来设定产品的正常价格（P）与最低可以接受的价格（P_{min}），再根据企业内部的生产任务情况，生产能力及技术准备周期、产品制造周期来设定正常的交货期（D）与赶工条件下的交货期（D_{min}）。

在品种、数量等其他条件都能够满足的情况下，企业的订货谈判将出现如下情况：

当 $P_c \geq P$ 且 $D_c \geq D$ 时，订货一定被接受，接受的订货将被列入产品出产计划。$P_{min} > P_{cmax}$ 或者 $D_{min} > D_{cmax}$ 时，订货将被拒绝。

除了以上两种情况外，还可以有许多复杂的情况，如谈判的任一方出于某种原因而妥协，订货谈判也可能成功。一般情况下，较紧的交货期和较高的价格，较宽松的交货期和较低的价格都可能成交。符合企业产品优化组合的订单可能在较低的价格下成交，相反可能在较高的价格下成交。

2．品种、价格与交货期的确定

（1）品种的确定

订单的处理还可以将一段时间内接到的订单积累起来再作处理，这样做的好处是可以对订单进行优选。

对于小批量生产也可用线性规划方法确定生产的品种和数量。对于单件生产无所谓产量问题，可用 0—1 型整数规划来确定要接受的品种。

例 7.5　已接到 A、B 和 C 三种产品的订货，其加工时间和可获利润如表 7.7 所示，能力工时为 40 个时间单位，接受哪些品种最有利？

表 7.7　产品加工时间和利润

产　品	A	B	C
加工时间	12	8	25
利　润	10	13	25

解：这是一个 0—1 型整数规划问题。决策变量取 0，表示该品种不生产；取 1，表示生产。其数学模型为

$$\max 10x_A + 13x_B + 25x_C$$

满足：

$$12x_A + 8x_B + 25x_C \leqslant 40$$
$$x_A, x_B, x_C = 0 \text{ 或 } 1$$

0—1 型整数规划的解法十分复杂，对于 n 个品种，有 2^n 种组合情况。对于规模较大的实例，在正常的时间范围内是得不到最优解的。因此需要采用启发式算法。有一种启发式算法是按（利润/加工时间）的值从大到小排序。即优先考虑单位加工时间利润最大的任务。对本例：

A　10/12=0.83　　　　　　B　13/8=1.63　　　　　C　25/25=1

于是，得到优先级为 B—C—A。选择 B，余下能力工时为 32；再选择 C，余下能力工时为 7，不足以加工产品 A。只能选择 B 和 C，结果获利 38。

（2）价格的确定

确定价格可以采用成本导向法和市场导向法。成本导向法是以产品成本作为定价的基本依据，加上适当的利润及应纳税金，得出产品价格的一种定价方法。这是从生产厂家的角度出发的定价法，其优点是可以保证所发生的成本得到补偿。但是这种方法忽视了市场竞争与供求关系的影响，在供求基本平衡的条件下比较适用。

市场导向法是按市场行情定价，推算成本应控制的范围。按市场行情，主要是看具有同样或类似功能产品的价格分布情况，然后再根据本企业产品的特点，确定顾客可以接受的价格。按此价格来控制成本，使成本不超过某一限度，并尽可能处于低水平。

对于单件小批生产的机械产品，一般采用成本导向定价法。由于单件小批生产产品的独特性，它们在市场上的可比性不是很强。因此，只需考虑少数几家竞争对手的类似产品的价格即可。而且，大量统计数据表明，机械产品原材料占成本比重的 60%～70%，按成本定价是比较科学的。

由于很多产品都是第一次生产，而且在用户订货阶段只知道产品的性能、容量上的指标，并没有设计图纸和工艺，所以按原材料和人工的消耗来计算成本是不可能的。因此，往往采取模拟的方法来定价，即按过去已生产的类似产品的价格，找出一大类产品价格与性能参数、重量之间的相关关系，以此来确定将接受订货的产品价格。

（3）交货期的确定

出产期和交货期的确定对单件小批量生产十分重要。产品出产后，经过发运，才能交到顾客手中。交货迅速而准时可以争取顾客。正确设置交货期是保证按期交货的前提条件。交货期设置过松，对顾客没有吸引力，还会增加成品库存；交货期设置过紧，超过了企业的生产能力，造成误期交货，会给企业带来经济损失和名誉损失。

现将常用的交货期设置方法作简单介绍：

a. CON（Constant）法

$$d_i = r_i + k$$

式中，d_i 为产品（工件）i 的完工期限；r_i 为产品（工件）i 的到达时间或准备就绪时间，一般是指可以开始加工的时间；k 为固定常量，对所有产品都一样，由经验决定。

CON 法建立在所有产品从接受订货后的生产技术准备与生产制造所花的时间都一样的假设基础上。显然，这是一种比较粗略的处理方法。

b. RAN（Random）法

$$d_i = r_i + e_i$$

式中，e_i 为随机数；其余符号意义同前。

RAN 法是指交货期按顾客要求决定，因而具有随机性，完全按顾客要求定交货期的情况也比较少。

c. TWK（Total Work Content）法

$$d_i = r_i + kp_i$$

式中，k 为系数，由经验决定；p_i 为产品（工件）i 的总工作量；其余符号意义同前。

TWK 法考虑了不同产品的工作量，在实际中用得较多。

d. SLK（Slack）法

$$d_i = r_i + p_i + k$$

式中，k 为固定常量；其余符号意义同前。

SLK 法与 CON 法的不同之处是将产品的总工作量分离出来，体现了不同产品之间的差别。

e. NOP（Number Of Operations）法

$$d_i = r_i + kn_i$$

式中，n_i 为产品（工件）i 的工序数；其余符号意义同前。

NOP 法实际上是认为排队时间是最重要的。

此外，还有一些设置交货期的方法，这里就不一一介绍了。

对单件小批量生产来说，设置交货期不仅要考虑产品从投料到出产之间的制造周期，而且还要考虑包括设计、编制工艺、设计制造工装、准备大型锻造件和采购供应原材料等活动所需的生产技术准备周期。然而由于产品的独特性，生产技术准备周期和制造周期也难以估计。因此，统计方法一直是最为广泛的使用方法。

7.4 滚动计划

现代企业面临的环境不确定性越来越突出。企业往往在制订生产运作计划时，能够具体落实的任务项目可能不足以充分利用企业的自有能力，或者超出企业的自有能力。因此常常通过预测来预先安排生产运作计划。在执行计划的过程中，随着顾客订货要求的改变以及市场需求的不断变化，任何预测都会出现偏差，企业管理者发现原订的生产运作计划无法满足市场的实际需求时必须调整计划。因此，企业必须加强经营管理，对生产运作计划进行有效的控制，提高生产运作计划的应变能力。本节介绍的滚动计划法即是一种有效地应对变化的方法。

1．滚动计划法的定义

滚动计划法是根据一定时期计划的执行情况，考虑企业内外环境条件的变化，调整和修订未来的计划，并相应地将计划期顺延一个时期，把近期计划和长期计划结合起来的一种编制计划的方法。

2．滚动计划法的制作流程

在计划编制过程中，尤其是编制长期计划时，为了能准确地预测影响计划执行的各种因素，可以采取"近细远粗"的办法，近期计划制订得较细、较具体，远期计划制订得较粗糙、较概略。在一个计划期结束时，根据上期计划执行的结果，同时考虑顾客要求的改变和市场需求的变化，对原来制订的计划进行必要的调整和修订，并将计划期顺序向前推进一期，如此不断滚动、不断延伸。按照编制滚动计划的方法，整个计划期被分成若干个时间段（年、季、月）。其中，最近的时间段中所计划的任务都是已经落实的合同订货，称为执行计划，内容具体而确定。以后几个时间段的计划则可以根据预测的需要量，进行比较粗略的筹划，为将来可能有的订货任务作好必要的生产准备，称为预计计划。每经过一个时间段，根据新的订货需求和企业内、外环境的变化，对原来的预计计划进行调整和修订，制订出新的执行计划和预计计划。如此重复安排，把静态的固定的计划变成动态的跟踪的计划。比如，2009 年编制五年计划，计划期从 2010—2014年，共五年。若将五年分成五个时间段，则 2010 年的计划为执行计划，2011—2014 年的计划均为预计计划。当 2010 年的计划实施之后，再根据当时的情况编制 2011—2015年的五年计划，其中 2011 年的计划为执行计划，2012—2015 年的计划为预计计划，依次类推，如图 7.7、图 7.8 所示。

图 7.7　滚动计划示意图

3．滚动期和计划期

编制滚动计划，要求选择适当的滚动期和计划期。滚动期就是修订计划的间隔时间，它通常等于执行计划的计划期。例如，五年计划以年为执行计划期，每隔一年修订计划一次，即滚动期为年。计划期长度为计划所包括的时间长度，例如五年、一年、五个月等。计划期的长短随产品的生产技术准备周期和产品生产周期而定。有足够长的计划期有利于做好生产技术准备；但计划期长，编制计划的难度也相应增加，故应综合考虑，选择合适的计划期。

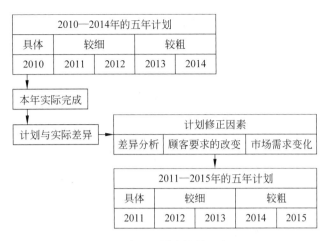

图 7.8 滚动计划法的制订流程

4．滚动计划法的优点

滚动计划法能够根据变化的组织环境及时调整和修正组织计划，体现了计划的动态适应性。而且，它可使中长期计划与短期计划紧紧地衔接起来。滚动计划法既可用于编制长期计划，也可用于编制年度、季度生产计划和月度生产作业计划。滚动计划法的优点主要体现在以下几个方面：

（1）计划是动态跟踪型的，计划的严肃性和应变性均得到保证。原来编制的三年或五年长期计划和年、季、月计划，一经编制完成后，计划量不再变动，计划也不再修订。如果第一期实施结果出现偏差，以后各期计划如不做出调整，计划就会流于形式。而滚动式计划，无论是长期的还是短期的，在一个滚动期内，计划量要按市场需要不断地进行调整变动，按滚动期延续不断地编制计划。因为执行计划是在计划编制后的短时间内执行的，企业内、外环境变化不会太大，基本可以保证计划量不再变动，体现了计划的严肃性；预计计划允许修改，所以滚动式计划能适应市场需要，体现了应变性。

（2）滚动计划法可以使长期计划、中期计划和短期计划相互衔接，计划内部各阶段相互衔接，这就保证了当环境变化时能及时进行调整，使各计划基本保持一致。提高了计划的连续性，计划逐年滚动，依次形成新的计划，便于建立正常的生产秩序和组织均衡生产。

图 7.9 所示的滚动计划的计划期为五个月，滚动期为一个月，即 1 月编制 2、3、4、5、6 月的计划，2 月编制 3、4、5、6、7 月的计划，以此类推。1 月编制的 2、3 月的计划是执行计划，4、5、6 月的计划是预计计划。在一个计划期内，执行计划和预计计划应为多长时间，企业要根据具体情况确定。

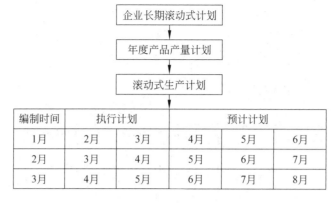

图 7.9　企业生产滚动式计划

7.5　服务业中生产运作计划控制和管理

制造业是通过产品为顾客服务，而服务业是通过员工的劳动直接为顾客服务。服务业直接与顾客打交道，其与顾客的关系比制造业与顾客的关系更紧密，所以服务业的生产运作计划与制造业的生产运作计划有很大的区别。服务业受到多种因素的影响，如顾客的参与、需求的不稳定性、随机性和非均匀性，这就使得制订服务业生产运作计划变得复杂。许多服务企业只有在明确了服务对象之后，才能设计服务内容与服务方式，因此制订生产运作计划时需要确定的作业人员、作业时间、作业标准和方法就很难做到如制造业那样标准化、规范化。在这里我们主要分析影响服务业生产运作计划的一些因素，并提出克服这些影响因素的方法，以及制订服务业生产运作计划的策略。

7.5.1　服务业生产运作计划的影响因素

1．顾客参与的影响

服务业与制造业的一个显著区别是服务运作过程中有顾客的直接参与。顾客的参与会给服务运作带来很大的影响：

（1）顾客的参与使服务运作难以实现标准化，直接影响服务效率。

顾客在直接参与过程中会对服务人员提出各种各样的要求和发出各种各样的指示，使得服务人员不能按预定的程序工作，从而影响服务的效率。

（2）服务业的工作人员要与顾客直接接触。

为了满足顾客的需求，需要考虑很多事情，势必会造成时间的浪费，从而造成服务能力的浪费。

（3）顾客对服务质量的评价是主观的。

纯服务是无形的，难以获得客观的质量评价。服务质量与顾客的感觉有关。某些顾客如果感觉自己不受重视或者某些要求不能得到及时的满足，就会感到不满，尽管他们所得到的服务与其他顾客一样多，也会认为服务质量差。因此，与顾客接触的服务人员必须敏感，善于与顾客交往。

（4）顾客参与程度不同，对服务运作的影响就不同。

例如，邮政服务，顾客的参与程度低；旅店，顾客的参与程度较高；咨询服务，顾客的参与程度更高。顾客的参与程度越大，对服务业效率的影响越大。

2. 减少顾客参与的影响

顾客参与会对服务运作造成不利的影响，因此，要设法减少这种影响：

（1）通过服务标准化减少服务品种。

服务标准化可用有限的服务满足不同的需求。

（2）通过自动化减少同顾客的接触。

目前有很多服务通过运用自动化来限制同顾客的接触。如商店的自动售货机、银行的自动取款机等。这样既降低了成本又减少了顾客的参与。

（3）将部分操作与顾客分离。

将顾客不需要接触的那部分操作同顾客分离。如在酒店，服务员在顾客不在的时间才打扫房间。这样做不仅避免打扰顾客，而且减少了顾客的干扰，提高了服务人员的工作效率。

（4）设置一定量的库存。

纯服务是没有库存的，但很多一般服务还是可以通过库存来调节生产活动，如批发和零售服务，都可以通过库存来调节。

7.5.2 制订服务业生产运作计划的策略

由于服务业的特点,在服务业生产运作计划的设计时,应充分考虑服务业的差异性。第一，服务是无形的，容易受到主观因素的影响，因此在制订计划时要注重一些不可触摸因素；第二，服务的生产和消费是同时进行的，只有在为顾客服务之后才能了解所设计的一套服务是否满足顾客的需要，而先于顾客发现和改正服务中的错误就非常困难；第三，服务不能储存，无法用库存来缓和需求的变动，因而需要更加重视服务系统的设计；第四，顾客的参与使服务质量更加难以控制，因此，充分了解顾客的心理是很有必要的；最后，服务很容易被模仿，这给服务设计提出了很大的挑战。服务业的生产运作计划必须做到既要有创新又要充分考虑成本因素。下面提供几种有效地适用于服务业生产运作计划的策略。

（1）固定时间表。

对于那些顾客参与程度较低的服务业，如航班、长途汽车、轮船等，如果完全按照顾客的需要来安排服务，势必会造成巨大的浪费。采用固定时间表，既可满足顾客的需求，又可以减少服务能力的浪费。

（2）使用预约系统。

对于那些顾客参与程度较高的服务业，如找心理医生看病，采用预约系统，既满足了病人的需要，同时也使得心理医生的时间得到充分利用。

（3）为低峰时的需求提供优惠。

为了使有限的服务设施得到充分利用，可以采用转移需求的策略，对低峰时的需求提供价格上的优惠或其他优惠。如在晚上 10 点钟之后上网有半价优惠，就是这种策略。

（4）改善人员班次。服务需求是非均匀的。

很多服务是每周 7 天，每天 24 小时进行的。其中有些时间是负荷高峰，有些时间是负荷低谷。因此，要对每周和每天的负荷进行预测，在不同的班次或时间段安排数量不同的服务人员，这样既保证了服务水平，又减少了服务人员数量。

（5）让顾客自己选择服务水平。

设置不同的服务水平供顾客选择，既可满足顾客的不同需求，又可使不同水平的服务得到不同的报酬。如飞机、轮船等设置不同的舱位以供要求不同的顾客选择。

（6）顾客自我服务。

如果能做到顾客自我服务，则需求一旦出现，供给能力就有了，就不会出现能力与需求的不平衡。如自助餐、超市自选购物等，都是顾客自我服务的例子。

（7）雇用多技能员工和利用非全时工作人员。

相对于单技能员工，多技能员工具有更大的柔性。当负荷不均时，多技能员工可以到高负荷的地方工作，从而较容易做到负荷能力的平衡。同时，采用非全时工作人员可以减少全时工作人员的数量。在服务业采用非全时工作人员来适应服务负荷的变化，如同制造业采用库存调节生产一样。

（8）采用生产线方法。

一些准制造式的服务业（如肯德基、麦当劳）采用生产线方法来满足顾客需求。在前台，顾客根据菜单点他们需要的食品；在后台，工作人员采用流水线生产方式加工不同的食品，然后按照订货型生产方式（MTO），将不同的食品组合，提供给消费者。这种方式的生产效率非常高，从而做到低成本、高效率和及时服务。

讨论案例

麦当劳成功之道的 5 点高效服务秘诀

当前，快餐业的"服务效率"已成为竞争的关键，快餐消费者不仅希望所得到的食品是干净、卫生和一定的热度，还非常注重所接受的服务效率，注重能否尽快地得到所要的食品。为此，麦当劳通过制订一系列制度和改进设备，通过改善服务流程来提高餐馆的服务效率，以满足顾客的需要。在麦当劳所制订的一些规则、设计的一些设备及工具上，都体现了麦当劳的匠心独具。如果不去用心体会，很难从麦当劳诸多业务流程中发现一些能提高效率的"秘诀"，下面就从一个顾客进入麦当劳点餐开始，破解麦当劳服务流程的高效率。

一、点餐

自消费者踏入麦当劳餐厅开始，消费者就开始接收麦当劳的服务，也就进入了麦当劳高效率的服务体系中。在麦当劳餐厅里，收银员负责为顾客记录点餐、收银和提供食品。麦当劳在人员安排上，是将记录点餐、收银和提供食品等任务合而为一的，消除了中间信息传递环节，既节省了成本，又提高了服务效率。

顾客点餐时，往往需要对餐馆所提供的食品进行选择，这要顾客花费一定的时间去决策。而麦当劳的菜谱很简单，一般只有9类（而原来有25类之多）食品左右，每类按量或品类分成2~3个规格；这样，顾客就不需要花很多时间去选择，节约了顾客选择的时间，无形中提高了顾客选择的效率。在顾客点餐时，收银员还会推荐"套餐"（买套餐往往就不再需要选择其他食品，也提高了效率），或建议"加大"（增大销售额），或推荐一些其他食品，以协助顾客下决策，缩短顾客点菜的时间。另外，麦当劳有严格的规定，对一个顾客只推荐一次。这意味着顾客不需要在点菜员的推荐下进行选择，也冲淡了"推销"色彩。

另外，当顾客排队等候人数较多时，麦当劳会派出服务人员给排队顾客预点食品，这样，当该顾客到达收银台前时，只要将点菜单提供给收银员即可，提高了点餐的速度；同时，让服务人员对顾客实施预点食品，还能降低排队顾客的"不耐烦"心理，提高了顾客忍耐力，可谓一举两得。

这样，麦当劳通过减少食品数量、提供套餐、协助顾客点菜就大大地降低了顾客点餐所消耗的时间，进而提高了点餐环节的效率。

二、收银

在顾客点餐结束后，接着就是收银员的收银和找零环节。麦当劳通过使用收银机（日本麦当劳首创，后在全世界推广）提高了账目结算的速度，还可将所点的食品清晰地反映给备餐员，提前做好备餐准备。

麦当劳规定收银员在收银过程必须清晰地说出顾客交付的金额，如："谢谢，先生，收您50元"；找零过程中还必须清晰地说出交付给顾客的金额，如："一共是35元，找您15元"。将5元和10元的钞票一一摆放，让顾客清点。这样，就能有效减少或消除收银过程中出现的纠纷。排除了纠纷，也就减少了对正常服务流程的干扰，自然也提高了服务的效率。

为了提高服务的效率，麦当劳规定：当某个收银员出现空闲时，应该向在其他收银台前排队的顾客大声说："先生女士，请到这边来"，以提高顾客排队的效率。另外，如果麦当劳内突然出现高峰人群，那么，其他空闲的收银台马上就会启动。由于，麦当劳对各个店门经营数据进行了详细的统计分析，并参考周边地区的有关活动，进而能比较准确地估计出一个店面出现高峰人群的时间；因此，会提前准备人手，以应付高峰人群的突然到来。找零后，收银员还要及时提供顾客所点的食品和饮料。

三、供应

麦当劳在食品供应上的效率非常高，顾客点餐后只需要等30秒左右就能拿到所点的食品。在食品供应方面，麦当劳采取了不同的方式以提高效率。

麦当劳规定员工在食品供应时都应该带小跑，以提高行动的速度。为了防止行动速度提高而影响食品滑落和外溢，麦当劳对饮料都加了塑料盖、对食品加了纸盒。当然，饮料都加了塑料盖也能防止顾客饮用时外溢，食品加纸盒可以延长保温时间，对顾客来说，也是有利的。

除此之外，麦当劳还对供应设备进行了改革。如在饮料供应方面，饮料设备提供多个饮料出口，只需要员工按一下按钮，就能保证定量的饮料流到杯中。这不仅节省了服务人员"看护""等待"饮料充满的时间；而且，在填充饮料时，员工还可做其他的事情。在食品供应方面，通过工艺改进，只需要将半成品加热（主要是高温油炸的方式）即可，大大地提高了食品的生产速度，而且顾客还能拿到刚出锅略微发烫的食品。

在适量成品库存安排上，麦当劳还根据餐馆位置及当天的日期，参考往年餐厅不同时段的供应量，制订当天不同时段的顾客购买量和购买品种。将每小时细分为 6 个时间段（每个时间段 10 分钟），针对不同的时间段的需求情况，可提前做好下一个时间段所需要的数量，通过提前准备的成品库存量（通过保温箱保温），来迅速满足顾客的需求。

在食品供应流程中，麦当劳通过提高员工行动速度、改进食品制作工艺、统筹安排适量库存，大大地提高了食品的加工速度和供应速度，将顾客等候时间从最初的 50 余秒缩短到 30 秒左右。

四、消费

按理说，消费速度是由顾客决定的，麦当劳是如何实现消费的高效率呢？

有在麦当劳就餐经历的顾客都知道，麦当劳是不提供筷子、叉子、调羹等辅助就餐工具的，所有固体食品都是通过手来抓取，饮料使用吸管（吸管的管径往往较粗）。顾客用手抓取不仅方便，而且，抓取的效率要大大高于使用筷子和叉子等工具时的效率。因此，顾客直接用手拿着薯条、汉堡包、派、鸡翅等就餐，就不知不觉地提高了就餐速度。

另外，麦当劳的座位和餐桌往往偏小，不宜久坐，如果长时间坐着往往有不舒服的感觉，这就使得顾客不愿意长时间坐下去，自然提高了餐位的使用效率。还有，麦当劳往往使用小型餐桌，最多配给 2～4 个座位；因此，麦当劳餐厅内不太适合较多朋友聚会。

通过餐厅的设计，顾客往往不会长时间地停留在餐厅；而且，麦当劳也将那些消费时间很长的潜在消费者排除在顾客之内；同时，小的座位和餐桌也增加了有效营业面积。

同时，麦当劳还提供外带服务，这些外带食品是不占用麦当劳营业空间的；因此，麦当劳专门为外带服务的饮料提供专门设计过的塑料袋，方便顾客携带和使用。这在某种程度上，也鼓励了顾客外带食品。

五、清洁

在清洁方面，麦当劳也有一套方法和体系保证清洁的速度。

首先，麦当劳大量使用纸质、塑料等一次性餐具，在清洁顾客留下的餐巾纸、吸管、可乐杯、纸杯时，只需要将这些餐具倒在垃圾桶里即可，就节省了餐具回收、餐具清洗、消毒、干燥等诸多工序。其次，使用托盘和托盘纸，不仅方便顾客携带，还能为餐厅做广告，减少了桌面被弄脏的概率，节省了桌面清洁的时间。

麦当劳还制订了员工要随手清洁的规定，任何人在任何岗位都要顺手将周边的岗位用抹布清扫干净。这样，油渍等废弃物不容易沉积，经过多次打扫，也很容易保持清洁。除此之外，麦当劳的桌子、凳子等需要清洁的表面都采用塑料等覆盖，厨房设备都采用不锈钢表面，不仅容易清扫，而且清洁的效果也容易显现，提高了清洁工作的效率。麦当劳没有采取如一般餐厅采用覆盖桌布等的做法，既降低了成本，也提高了效率。在打烊时，麦当劳还要组织员工对所有的器具再进行一次清洁；因此，由于员工随手进行清洁，最后再清洁也变得很容易了。

对于被顾客打翻的饮料，麦当劳规定要立即进行清洁，以防止污染扩大。同时，麦当劳还有多种配方的清洁液，针对不同的污渍采取不同的清洁液进行清洁，以提高清洁的针对性。

资料来源：马瑞光.《麦当劳服务的高效秘诀》. 中华品牌管理网，2007-1-12.

思考题：

1. 结合本例谈谈影响麦当劳服务效率的因素主要有哪些？
2. 麦当劳是怎样提高服务效率的，麦当劳的经验能带给我们怎样的启示？

 本章小结

本章首先主要介绍了企业生产计划体系的构成，分别描述了长期计划、中期计划和短期计划的特点和内容。第二部分简单介绍了预测的概念以及预测方法的特征，然后详细介绍了几种典型的定性和定量预测方法。第三部分介绍了备货型和订货型企业年度生产计划的制订方法和内容。第四部分从企业所面临的环境的不确定性入手，阐述了滚动计划法的定义并详细说明了滚动计划法的制作流程，同时列举了使用滚动计划法的优点。本章结尾部分探讨了影响服务业生产运作计划的因素，以及适用于服务业的生产运作计划的策略。

中英文关键词语

生产计划体系（Manufacturing Planning System）；长期计划（Long-term Planning）；中期计划（Medium-term Planning）；短期计划（Short-term Planning）；滚动计划法（Rolling Plan）；计划期（Planning Horizon）；滚动期（Rolling Horizon）；头脑风暴法（Brainstorming）；德尔菲法（Delphi Method）；备货型生产（Make-To-Stock，MTS）；准时制（Just-In-Time，JIT）；单件小批生产（Job-Shop Production）；订货型生产（Make-To-Order，MTO）

参考文献

[1] 陈荣秋，马士华. 生产与运作管理（第二版）. 北京：高等教育出版社. 2005.
[2] 刘晓冰. 运营管理. 大连：大连理工大学出版社. 2005.
[3] ［美］蔡斯. 运营管理（原书第 11 版）. 北京：机械工业出版社. 2007.
[4] 齐二石. 生产与运作管理教程. 北京：清华大学出版社. 2006.
[5] 张群. 生产与运作管理. 北京：机械工业出版社. 2003.
[6] 汪克夷，易学东，刘荣. 管理学. 大连：大连理工大学出版社. 2006.

[7] 李红镝. 可行性研究原理与方法. 北京：电子科技大学出版社. 2005.

[8] 金占明. 战略管理——超竞争环境下的选择. 北京：清华大学出版社. 2004.

[9] 赵红梅，岳建集. 生产运作管理. 北京：人民邮电出版社. 2007.

思考练习题

1. 某商品 2011—2018 年的市场需求量如表 7.8 所示。请用趋势修正移动平均法预测 2019 年的市场需求量。

表 7.8　某商品 2011—2018 年市场需求量　　单位：百万元

年　份　(t)	2011	2012	2013	2014	2015	2016	2017	2018
年序　　(t)	0	1	2	3	4	5	6	7
市场需求量（y）	27.4	28.6	28.8	29.0	29.3	29.6	30.1	30.3

2. 中国——东南亚航线上的某 3 000 吨级船舶，每年大约营运 25 个航次，平均运费收入为每吨 200 元，年总成本为 1 125 万元，其中船价折旧费为 380 万元，燃油费为 300 万元，港口费为 150 万元，船员工资为 75 万元，保险费为 50 万元，维修、备件费为 120 万元，管理费为 50 万元，年营业税为年营业收入的 3%，试计算盈亏平衡点。

第 **8** 章 生产作业计划

学习目标

通过本章的学习，读者应该能够：

1. 了解生产作业计划的特点、影响因素、主要内容和编制方法；
2. 理解物料需求计划的内容描述，包括其定义、原理和相关计算；
3. 掌握计算生产能力和判断生产能力平衡的方法；
4. 了解作业调度的内容以及简单作业排序的几种常用规则；
5. 了解其他的生产作业控制技术。

引导案例

某车间的生产作业计划

某车间有三台加工设备，假设其编号为 M_1、M_2 和 M_3；若生产三种工件，假设其编号为 J_1、J_2 和 J_3，且每种工件各生产一个；同时假设三个工件的生产工序、加工设备和加工时间情况如下所示：

工件编号	工序 **1**	工序 **2**	工序 **3**
J_1	M_1，1 小时	M_3，2 小时	M_2，2 小时
J_2	M_1，2 小时	M_3，3 小时	M_2，1 小时
J_3	M_1，3 小时	M_3，2 小时	M_2，1 小时

若希望在一天之内完成上面的三个生产任务，并假设一天之内的所有设备能够提供的生产能力为 8 小时，并且所有设备所采用的工作班次完全相同。

按照基于设备的所有工序的工时累计的能力需求计划的计算方法，可以依据设备负荷率=100%*实际生产量/额定生产能力，算出各个设备的设备负荷率如下：

设备 M_1 的设备负荷率为 75%，M_2 的设备负荷率为 62.5%，M_3 的设备负荷率为 75%。

显然，三台设备的负荷情况都比较乐观，似乎完成生产任务没有问题。

讨论题：

假如您是一个车间调度人员，您将如何作出如下决策：

1. 在指定的时间范围内能否完成生产任务？

2. 做出怎样的生产调度安排，使得既能完成任务又能做到加工时间最短？

8.1 生产作业计划概述

生产作业计划（Production Planning and Scheduling）是生产计划工作的继续，是企业年度生产计划的具体执行计划。它是协调企业日常生产活动的中心环节。生产作业计划制定出车间内每项作业的具体时间和组织安排，规定出各项作业之间的时间先后顺序，以及由何人，使用何种设备，在何时完成工作。其主要内容包括：决定订单在每个工作中心的优先顺序，即对订单经过的工作中心的顺序进行排序；当订单可以在工作中心的几台机器中任意安排时，决定订单安排给哪台机器。作业计划决策质量会直接影响生产成本、生产能力的利用和交货的速度，是整个企业的计划体系中非常重要的一个环节。

1. 生产作业计划的特点

（1）计划期短：生产计划的计划期常常表现为季、月，而生产作业计划详细规定月、旬、日、小时的工作任务；

（2）计划内容具体：生产计划是全厂的计划，而生产作业计划则把生产任务落实到车间、工段、班组、工人；

（3）计划单位小：生产计划一般只规定完整产品的生产进度，而生产作业计划则详细规定各零部件，甚至工序的进度安排。

一份制订精良的生产作业计划可以帮助生产系统实现很多目标，例如：

a. 根据顾客要求按时完成作业任务；

b. 在无法按时完工时，作业延迟尽可能最小化；

c. 实现生产周期最小化；

d. 实现设备和劳动力利用最大化；

e. 实现闲置时间最小化；

f. 实现在制品存储最小化。

2. 生产作业计划的影响因素

工作中心（Work Center）是生产制造系统组织生产的基本单元，也是进行作业安排、执行能力需求计划和进行成本核算的基本依据。工作中心是指完成某种加工的设备或设备组。为了安排能力需求计划，根据设备和劳动力状况，将能够执行相同或相似工序的设备、劳动力组成一个工作中心生产单元。生产作业控制在将订单安排给各个工作中心时，需要协调各个工作中心的计划。当情况变化时，需对计划进行适当调整或修改。生产作业计划取决于以下几个方面的因素：

（1）作业到达的模式

作业可能是成批到达或者以某种统计分布的时间间隔到达。前者是静态的，后者是动态的。静态到达是指将一段时间的订单收集起来，同时制订生产作业计划，即采用批处理的计划方式。如果生产控制人员每周制订一次生产作业计划，只有每周的订单全部收集后才开始制订。动态到达是指订单到达时立即安排生产加工计划。因为新到达的作业会影响原有的生产设备安排计划，常常需要对生产作业计划进行不断调整。

（2）工作中心机器的数量和种类

工作中心的机器数量会明显地影响生产计划的编制。如果仅有一台机器或者几台机器可以作为一台机器处理，此时生产作业计划就可以大大简化。随着机器数量和种类的增加，生产作业计划会越来越复杂。

（3）工作中心工人和机器的比例

如果工作中心工人的数量多于或者等于机器的数量，这样的工作中心可以称为设备限制系统；如果设备数量多于工人数量，则称为劳动限制系统。最近研究表明，在实践中，劳动限制系统较为普遍。劳动限制系统研究所关心的问题是如何把一个工人更合理地安排控制多台机器，并决定为机器配置适当工人的最优方法。

（4）作业在工作中心流动的模式

工作中心的流动模式从流程工作中心到随机工作中心，有多种类型。前者指所有作业遵循相同的加工路线从一台机器到下一台机器依次进行加工，后者指不同的生产任务从一台机器到下一台机器的加工线路是随机的。大多数的工作中心介于两者之间。

（5）把作业分配给工人或机器的优先原则

在企业的实际生产运作中，作业计划的编排是非常复杂的，制定者无法利用精确的算法进行低成本的计划编排工作。因此，常常采用优先规则决定加工作业的排序。优先规则中，有的规则非常简单，只根据一种数据进行作业排序，如处理时间、到期日或者订单到达时间。另外一些规则虽然同样简单，但是可能需要较多的数据，如最小松弛规则和关键率规则。采用的排序规则不同常常会产生完全不同的作业计划。

3．生产作业计划的工作内容

（1）制定期量标准

期量标准又称作业标准，是为了合理组织生产活动，在生产产品或零部件的数量和生产期限方面规定的标准。有了标准的期和量，编制生产作业计划，组织生产活动才有科学的依据。期量标准对组织均衡生产、提高生产效率和管理水平有重要的作用。

（2）编制生产作业计划

将生产计划在空间、时间和计划单位上进一步细分，层层落实到车间、工段、班组、工序和每个人员。按照生产任务的要求具体规定做什么、谁去做、怎样做、什么时候做、什么时间完成。通过编制生产作业计划，把全厂的生产活动有机地联系起来，紧密协调配合，全面完成生产计划规定的各项任务。

（3）做好生产作业准备

按照生产作业计划要求的时间和数量，将生产所需的原材料、半成品、工艺装备、燃料动力、辅助材料及产品图纸、工艺文件等准备好，准时地运送到生产现场，以保证作业计划的实施和完成。

（4）进行设备的负荷核算和平衡

为了使生产计划落到实处，还需要对各种设备的负荷状况进行具体的核算，使设备加工能力能够满足生产任务的要求。当出现能力不足情况时，要采取切实有效的措施加以解决，并加强对瓶颈环节及关键设备的控制。

（5）进行生产作业控制

产品生产过程，由于受到内部和外部、主观和客观、技术和管理等各种因素的影响，实际运作过程和预定计划在时间、数量、质量和成本等方面都可能存在偏差。生产作业控制就是要通过各种生产信息的反馈，检查和发现实际与计划的偏差，并采取措施予以纠正，使生产过程恢复正常状态。生产作业控制主要包括生产调度、进度控制和在制品控制等。

4. 编制生产作业计划的主要依据

（1）年度、季度生产计划和各项订货合同；

（2）前期生产作业计划的预计完成情况；

（3）前期在制品周转结存预计；

（4）产品劳动定额及其完成情况，现有生产能力及其利用情况；

（5）原材料、外购件、工具的库存及供应情况；

（6）设计文件、工艺文件及其他的有关技术资料；

（7）产品的期量标准及其完成情况。

5. 生产作业计划编制方法

不同生产类型的企业选择不同的编制方法，主要有在制品定额法、提前期法、生产周期法和订货点法。随着科学技术的迅速发展，企业生产的产品品种日益增多，系统分析、运筹学等原理和计算机越来越多地用于企业管理，又出现了成组技术计划法、网络法等新的生产作业计划编制方法。

（1）在制品定额法

根据生产计划的要求将预先制定的在制品定额与预计可能结存的在制品数量作比较，使期末在制品数量保持在规定的定额水平上，并据此来规定各车间的生产任务。这种方法适用于大批量生产的企业。

（2）提前期法

又称累计编号法，是指根据预先制定的提前期标准，规定各车间投入和产出应达到的累计号数的方法。这种方法将预先制定的提前期转化为提前量，确定各车间应达到的投入和产出的累计数，减去计划期前已投入和出产的累计数，以求得各车间应完成的投入和出产数。累计编号法只适用于需求稳定而均匀、周期性轮番生产的产品。

累计编号，是指从年初或从开始生产这种产品起，按照产品出产的先后顺序，为每一件产品编上一个累计号码。在同一时间，产品在某一生产环节上的累计号数，同成品

出产累计号数相比，相差的号数叫提前量。提前量 = 提前期×平均日产量

（3）生产周期法

根据生产计划的要求和预先制定的产品生产周期图表，通过生产能力的核算来规定各车间的生产任务。这种方法适用于单件小批量生产的企业。

（4）成组技术的计划方法

这种方法打破产品界限，把工艺相似的零件组织成组生产。适用于多品种、中小批量生产的企业。

（5）网络法

它是一种逻辑性的计划手段，其典型的方法是计划评审法。这种方法主要用于复杂的一次性产品（或工程）的生产。

（6）订货点法

订货点法指的是对于某种物料或产品，由于生产或销售的原因而逐渐减少，当库存量降低到某一预先设定的点时，就开始发出订货单（采购单或加工单）来补充库存，当库存量降低到安全库存时，发出的订单所订购的物料或产品刚好到达仓库，补充前一时期的消耗。此订货的数值点，即称为订货点。

订货点法是要解决订什么、订多少和何时订货三个问题，它是靠维持一定量的库存来保证需求的。但是，将订货点方法用于制造过程有以下缺点：

a.盲目性

对需求情况不了解，盲目地维持一定量的库存会造成资金积压。靠经常维持库存来保证需要，是由于对需求的数量及时间不了解所致。盲目性造成浪费。

b.高库存与低服务水平

用订货点方法会造成高库存与低服务水平并存的现象。由于对需求的情况不了解，只有靠维持高库存来提高服务水平，这样会造成很大浪费。

c.形成"块状"需求

采用订货点方法的条件是需求均匀。但是，在制造过程中形成的需求一般都是非均匀的：不需要的时候为零，一旦需要就是一批。采用订货点方法扩大了这种需求的不均匀性，造成库存水平呈现"块状"变化。

订货点方法主要用于处理独立需求问题，它不能令人满意地解决生产系统内发生的相关需求问题。其中，独立需求指来自用户的对企业产品和服务的需求，最明显的特征是需求的对象和数量不确定，只能通过预测方法粗略地估计；相关需求也称为非独立需求，指企业内部物料转化各环节之间所发生的需求，它可以根据对最终产品的独立需求精确地计算出来。而且，订货点方法不适于订货型生产企业（MTO）。于是，人们找到了 MRP。它可以精确地确定对零部件、毛坯和原材料的需求数量与时间，减小盲目性，实现低库存与高服务水平并存。

8.2 物料需求计划

在制造业的生产经营活动中，为了解决原材料、零部件、在制品和半成品的库存费用与企业资金周转利用率的矛盾，物料需求计划的概念应运而生。物料需求计划是一种

较为精确的生产计划系统，又是一种有效的物料控制系统，用来保证及时满足物料需求的前提下，使物料库存水平达到最小值。

8.2.1 物料需求计划简介

（1）物料需求计划的定义

在企业运作管理中，如何根据准确的库存量和真实的生产能力来制订可靠的生产计划是最关键的工作环节。物料需求计划（Material Requirement Planning，MRP）系统的出现解决了这一问题，保证了生产和库存管理的规范化。MRP 即物料需求计划，是指在产品生产过程中对构成产品的各种物料的需求量与需求时间所做的计划。在企业的生产计划系统中，它属于作业层的计划决策，这类系统在早期主要用来解决物料需求的计划问题，故它们统称为物料需求计划系统。

（2）物料需求计划的目的

基本的物料需求计划（MRP）系统的主要目的是控制库存水平，为物料项目的操作设定优先级以及为生产系统提供能力计划。这些可以简单地概括如下：

a. 在库存方面，能够订购或生产正确的零件和正确的数量，并且在正确的时间里订货；

b. 在优先级方面，能按正确的日期完成订货或生产，保证完成日期有效；

c. MRP 系统能够制订一个完整的负荷计划，使负荷计划精确有效，有充足的时间对未来负荷进行考虑。

在 MRP 系统中，物料清单（Bill of Materials，BOM）起的作用又非常大，生产部门、产品成本核算部门、物料需求计划系统等都使用 BOM 信息。在物料需求计划系统中 BOM 是 MRP 的主要输入信息之一，它利用 BOM 决定主生产计划项目时，动态确定物料净需求，知道需要哪些自制件和外购件，需要多少、何时需要，并对标准用料与实际用料的差异进行分析。因此本书简单介绍一下 BOM 的相关知识。

8.2.2 物料清单

（1）物料清单的定义

在 MRP 系统中，首先要使计算机能够读出企业所制造的产品构成和所有要涉及的物料。为了便于计算机识别，必须把用图示表达的产品结构转化成某种数据格式，这种以数据格式来描述产品结构的文件就是物料清单。它又常被称为产品结构表或产品结构树。

BOM 的本质是对物体形态转变语义的结构化表达。其中，物料项描述了一个物体形态，BOM 则描述了一个产品的形态转变的过程，即从哪个状态开始，经过哪些状态，最后形成了什么状态。BOM 是对物料项之间的语义关系的一种表达。BOM 将功能关系、工艺关系、装配关系、制造关系等物料项之间的语义关系以结构化的方法表示。

（2）BOM 的结构

BOM 是定义产品结构的文件。产品的结构可以看作是一个树型结构，位于最上面的根节点，代表一个产品，其下的各层子节点和叶节点，代表了该产品的各个部件、组装件和零件。任何一个机械产品，不论是简单或复杂产品，都可以绘制出这种结构树图。图 8.1 就是一个简单的产品结构树。这是生产一支眼镜的有关产品结构树。在 BOM 的层次含义中有母项和子项之分，母项指的是相对其下一层子项而言的，如图 0 层即为 1 层的母项，2 层为 1 层的子项。

图 8.1　眼镜的产品结构树

通常树根部反映的是最终产品项目（0 层，如眼镜），以后依次是组成产品的部件或组件（1 层，如镜框、镜片等）、零件（2 层，如镜架、镜腿、鼻托等）、原材料（3 层）等等。其中 0 层为最高层，1 层其次，数越大层次越低。

在 BOM 中，结构树包含了一个产品在生产或装配时所需的全部组件、零件以及原材料的清单，它不仅能反映一个产品的物料构成项目，同时还能指出这些项目之间的实际结构关系，即从原材料、零件、组件部件直到最终产品，每一层之间的隶属关系和数量关系。例如，图 8.1 所述的产品结构用 BOM 来描述则是如表 8.1 所示的形式。

表 8.1　一副眼镜的 BOM

产品物料号：20000　　　　　　产品名称：眼镜　　　　　　层次：0

物料号	物料名称	数量	计量单位	层次
20100	镜框	1	副	1
20101	镜架	1	个	2
20110	镜腿	2	支	2
20120	鼻托	2	个	2
20130	螺丝	4	个	2
20099	镜片	2	片	1
20099	螺钉	2	个	1

在 BOM 中，每一个关系都定义成"母项/子项"的形式，并给出子项的数量。同时，一个关系中某个从属子项也可以在其他关系中充当"母项"，从而形成项目之间的层次从属关系。显然，BOM 给出了两个最基本的重要信息：

（3）一个母项（产品、部件、组件）是由哪些子项（原材料、配件、零件等）所组成的，同理，也可以说明某个子项应用于哪些母项。

（4）一个母项对构成它的子项的数量要求。

仍以图 8.1 相关需求的产品眼镜为例。对于眼镜来说，部件镜片、镜框为子项，眼镜为母项；而在部件镜框与零件镜架、镜腿的关系中，镜框为母项，镜架镜腿为子项。

从图形上看，产品眼镜是一个多层次的"A"型结构，结构表的最顶层，即相当于最终产品的一层为 0 层，称为最终项目。

8.2.3　物料需求计划系统的工作原理

当对一项物料的需求与对其他物料项目或最终产品的需求有关时，称为相关需求。这些需求是计算出来的而不是预测的。物料需求计划（MRP）系统就是针对相关性需求的特点开发的生产计划与库存控制的计算机软件系统。它依据相关性需求的一系列假设：物料需求确定而且已知，需求分时间段（周）成批发生，呈现离散型，要求服务水平（按期供货的程度）达到百分之百等。在这些假设条件下，利用物料需求之间的相关关系，即产品结构中物料的从属与数量关系，来确定它们的需要量与需要时间，及其投产或采购的批量与进度日程的计划。MRP 是为了解决如下的一组问题而提出的。

（1）要生产什么？

（2）需要什么？

（3）还缺少什么？

（4）什么时候需要？

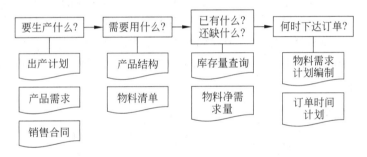

图 8.2　MRP 系统原理图

如图 8.2 所示，第一个问题指的是产品的需求，也就是它们的出产计划，应由销售合同或产品出产计划来提供答案。第二个问题是关于产品结构的问题，应由描述产品结构的资料来回答。第三个问题指的是对现有的库存量的查询，要求提供库存中现有多少物料能满足计划的需求量。最后一个问题是物料需求计划的编制问题，它说明应充分利用库存物料来满足计划需求，当库存不够满足需求的情况下，对不足的部分制订需求计划，包括提出订单的时间计划。

从上述 MRP 的工作原理可以看出，它要求在保证生产需要的前提下，最大限度地降低库存，即只在需要的时候，向需要的部门，按需要的数量，提供所需要的物料。它既要防止物料供应滞后于它们的需求，也要防止物料过早地出产和进货，以免增加库存，造成物资和资金的积压浪费。

8.2.4　物料需求计划系统结构

生产活动中物料需求计划部分与主生产计划、物料清单文件、库存记录文件、物料的采购和加工计划之间有着密切的相互作用。MRP 系统的基本工作流程是：使用产品订单来生成一个主生产计划，它指出在特定的时间区内应生产的物料数量。物料清单文件指出用于制造每一种物料所用的材料及正确的数量。库存记录文件包括诸如现有物料数量和已订购数量等数据。这三个数据来源，即主生产计划、物料清单文件和库存记录文件，成为物料需求程序的数据来源，该程序将生产计划扩展成关于整个生产流程的详细的订单计划，如图8.3所示。

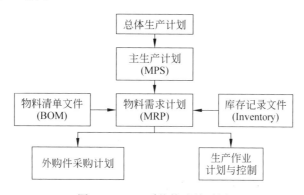

图 8.3　MRP 系统构成关系图

根据总体生产计划导出的主生产计划，物料需求计划系统生成了一些作业计划，这些作业计划确定了为生产最终物料项目所需的零件和物料以及它们各自确定的数量，确定在整个生产周期内何时下达订单，何时接收订单，何时完成订单任务。除了尽可能地利用少量能力资源外，在真正需求之前，最好不要有原材料和在制品，因为库存占据了额外库存空间和资金，妨碍了设计的变化。

因此，可以看出 MRP 能给企业带来了巨大效益，其优点归纳如下：①在销售市场上，定价更有竞争性，销售价格降低，提供更好的顾客服务，对市场需求的反应更快。②在生产成本和能力上，改变主计划的能力增强，生产准备和设备拆卸的费用降低，空闲时间减少，库存减少。③在管理效率上，提前通知管理人员，以便他们能在实际订单下达之前看到计划情况；指出何时应加快进度，何时应减慢进度；推迟或取消订单和改变订单的数量，以及提前或推迟订单的交货日期等。

8.2.5　物料需求计划的计算

任何计划都包含两种基本的决策变量：数量和时间期限。物料需求计划也同样如此。具体地说，物料需求计划中共有 6 个计划项目。

（1）总需求量或称毛需求量。它是指为满足母项物料的生产而要求该物料提供的数量。这种需求量是分时间周期提出的，用 $G_j(t)$ 代表总需求量，其中，j 代表物料号，t 代表周期号。必须说明的是，总需求量来自该项物料的直接母项，而不是最终成品对它的需求量。总需求量的计算公式表达如下：

总需求量 $G_j(t)$ = 非独立需求量+独立需求量

= 上层物料计划订单的投入数量×物料清单中每个组装件的用量

+ 独立需求量

（2）计划到货量。这是已经投产或已经订购的，预计可在计划周期内到货入库的物料数量。该项变量用 $S_j(t)$ 表示。

（3）可用库存量，即在满足总需求量后尚有剩余可供下个周期使用的存货量。习惯上，用周期末的库存量代表，以 $H_j(t)$ 表示。每期的可用库存量按下式计算：

$$H_j(t) = H_j(t-1) + S_j(t) - G_j(t) - A_j(t)$$

式中，$A_j(t)$ 为已预留给其他产品使用的数量，即预留库存量。

（4）净需求量。当可用库存量不够满足该期总需求量时，其短缺部分就转为净需求量，以 $N_j(t)$ 代表。

$$N_j(t) = G_j(t) - H_j(t) - S_j(t)$$

当计算结果为负数时，则 $N_j(t)$ 取为零。

（5）计划订货量，即向生产部门或供应部门下达的订货任务量。一般地说，净需求量就是计划订货量。但在实际生产或供应时，需考虑它们的经济性和计划周期等因素对净需求量加以调整。按批量规则将净需求量调整成的生产批量或采购批量就是计划订货量，用 $P_j(t)$ 代表。其中 t 是预定的交货时间。

（6）计划投入量，是指投入生产或提出采购的数量，用 $R_j(t')$ 代表。它在数量上一般等于计划订货量，只是将时间从订货量的交货时间反推一个提前期，以得到投入的时间。$R_j(t') = P_j(t - L)$ 式中，L 为该项物料的制造提前期或采购提前期。这里的提前期是指物料在所处的生产阶段中所需要的制造周期：如部件的提前期是部件装配的生产周期，零件的提前期则是它的机械加工的生产周期等。

现在利用表 8.2 组件 A 的需求量举例说明物料需求量的计算。

表 8.2　物料 A 的需求量

周次	1	2	3	4	5	6	7	8	9
总需求量	20	10		30	30	10			
已分配量	0								
计划接收			40						
现有库存	20	10	50	20	−10	−10			
净需求量					10	10			
计划投入			10	10					

从表中可见，物料 A 第 1 周总需求量为 20，已分配量为 0，原有库存为 40，现有库存减至 20；第 2 周需求量为 10，现有库存为 10；第 3 周需求量为 0，而计划收到 40，所以现在库存增加至 50；第 4 周总需求量为 30，现有库存减至 20；第 5 周总需求量为 30，现有库存量不能满足需要而变为负数，这时就产生了净需求量 10；第 6 周总需求量为 10，当然现有库存仍为负数，净需求量为 10。由于物料 A 的提前期为 2 周，批量为 10，所以分别在第 3、4 周下达计划，计划投入量为 10。对组件 A 下属的零件来说也可以按以上方法计算各自下达的计划数量和时间。

8.2.6　物料需求计划的发展

物料需求计划（MRP）系统目前发展比较成熟。但依然在系统中出现一些问题，没有平衡需求与供应是其最大的不足。在 MRP 系统的基础上，20 世纪 70 年代提出了闭环 MRP。闭环 MRP 是指把生产能力需求计划、车间作业计划、采购作业计划等几个环节纳入 MRP，形成了一个封闭的系统，如图 8.4 所示。但是，闭环 MRP 存在不能覆盖整个生产过程的缺陷，而且容易受到信息反馈结果的困扰。

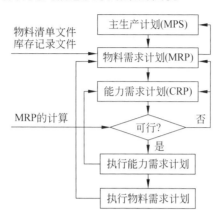

图 8.4 闭环 MRP

制造资源计划（Manufacture Resource Plan，MRPⅡ）是在 20 世纪 80 年代提出的，它是在闭环 MRP 的基础上，将生产、财务、销售、技术、采购等各个子系统吸纳进来，形成一个一体化的系统。至此企业整个生产活动的主要环节被纳入到一个集成化的系统之中，并且具有覆盖整个企业的管理信息系统（Management Information System，MIS）功能。

随着企业生产经营国际化的发展，一些企业开始感到传统的 MRPⅡ 软件所包罗的功能已不能满足企业生产经营管理的需要。20 世纪 90 年代初，美国著名的咨询公司 Gartner Group 总结了 MRPⅡ 软件的发展趋势，提出了企业资源规划（Enterprise Resource Planning，ERP）的概念。ERP 是一个高度集成化的系统，从物资供应、生产加工、销售这一"供应链"出发，全面优化企业资源，对供应链上的所有环节实施有效的管理。因此受到企业、特别是大中型企业的重视。

8.3 生产能力平衡

在企业生产过程中，MRP 规划出产品的物料需求量与需求时间，而具体的产品加工过程则需要生产设备来完成。然而，实际生产环境下企业的生产能力并不是无限的，如果实际需求的生产能力超出企业标准生产能力，就会导致企业生产能力的不平衡，出现企业费时费力费料的现象，降低了企业的生产效率，甚至还会给企业带来巨大的成本经济损失，因此有必要对企业生产能力计算及其平衡做出判断。

8.3.1 生产能力的计算

企业生产能力的核算应该从基层开始，自下而上地核算各生产单位的生产能力。首先计算设备、班组、工段的生产能力，再核定车间的生产能力，最后在综合各个环节的生产能力的基础上，核定企业的生产能力。不同的生产类型，其生产能力的计算方法有所不同，有的生产主要利用机器设备，其生产能力主要取决于机械设备；有的大型重型产品的生产，其生产能力主要取决于作业场地。

（1）机器设备生产能力的计算。

首先要将机器设备按其生产技术特征分类，然后按不同的设备组分别计算，公式如下：

$$M = F \cdot S \cdot P$$

式中：

M ——设备组生产能力；

F ——计划期单位设备的有效工作时间；

S ——设备组内设备数量；

P ——单台设备加工某种产品的产量定额。

（2）作业场地生产能力的计算，可通过以下公式进行：

$$M = \frac{F \cdot A}{a \cdot t}$$

式中：

M ——作业组的生产能力；

F ——作业面积的有效利用时间总数；

A ——作业面积数量；

a ——制造单位产品所需的生产面积；

t ——制造单位产品所需时间。

8.3.2　生产能力平衡的方法

生产能力平衡的目的是发现能力与任务之间的不平衡现象，具体查明生产能力对计划任务的保证程度，采取各种有效措施，使生产任务保证落实，使生产能力得到充分发挥。因此在进行平衡时，既要考虑到短期内生产能力的不足或有余，又要考虑到较长时期内社会需求量同企业生产能力的平衡情况。企业的生产能力同计划的生产任务进行比较、调整，从而达到生产能力与生产任务的一致。

比如，某产品需经过车、钻、刨、铣四道工序加工。月计划产量 100 件，各设备组月生产能力如图 8.5 所示。

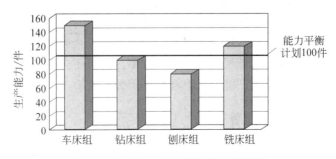

图 8.5　生产能力与计划任务的平衡图

由上图可见，除钻床组生产能力与生产任务平衡外，车床组及铣床组生产能力富余，而刨床组生产能力不足，是薄弱环节。平衡过程中具体可以采取的措施有：如果可能，铣床组可承担部分刨床组的生产任务；或刨床组能力不足的部分通过外协解决，以消除薄弱环节；车床组可接受部分外协订货，以提高生产能力利用水平。

平衡生产能力的具体途径，主要有下列两个方面：

（1）采取技术组织措施、提高薄弱环节的生产能力，缩减过剩环节的生产能力，使其与生产计划任务平衡。

（2）增加新设备和投资。对个别设备在采取上述技术组织措施后，若生产能力仍不能满足要求时，应投资购买新设备。

生产计划中生产能力与生产任务的平衡，通常包括设备台时能力与生产任务的平衡；生产面积能力与生产任务的平衡；以及劳动力与生产任务的平衡三个方面。

（1）设备台时能力与生产任务的平衡。通常称为"台时平衡法"，就是将主要设备的台时能力数与完成生产任务所需台时数相比较。即先根据单位产品的台时定额，计算出完成计划产品所需的台时总数。然后与设备在计划期内有效工作时间总数进行比较。计算方法如下：

a. 计算完成计划任务所需要的某种设备台时数。计算公式如下：

$$T_1 = \sum_{i=1}^{n} N_i \cdot t_i \cdot \beta(1+\alpha)$$

式中：

T_1——为完成计划任务所需要的某种设备台数；

N_i——第 i 种产品计划产量；

t_i——第 i 种产品的单位产品台时定额（台时/台）；

α ——考虑补废的台时损失系数；

β ——台时额定计划压缩系数；

n ——产品品种数，$i = 1,2,3\cdots n$。

b. 设备台时能力与生产任务平衡的方法。设备台时能力与生产任务的平衡，即以设备台时为计算单位进行生产任务和生产能力平衡的方法。就是将计算的完成计划任务所需的某种设备台时数（T_1），与计划期该种设备组的有效台数（T_0）进行比较。方法有以下两种：

1）两者相减。当 $T_0 - T_1 = 0$ 即能力平衡；当 $T_0 - T_1 < 0$ 即能力不足；当 $T_0 - T_1 > 0$ 即能力有余。

2）两者相比。就是通过计算设备的负荷系数（率）方法进行生产能力与生产任务平衡。计算结果出现以下三种情况：

$$设备负荷系数（率）= \frac{T_1}{T_0} = \frac{计划任务}{设计能力} \begin{cases} =1 & ——平衡，即能力与任务相等； \\ <1 & ——能力过载，即低负荷； \\ >1 & ——能力不足，即超负荷 \end{cases}$$

对负荷不足和过载的情况，企业均应做出相应的调整，从而使生产任务和生产能力达到平衡。

（2）生产面积能力与生产任务平衡。分别计算为完成生产任务所需要的生产面积的平方米小时数与计划期有效时间内生产的平方米小时数，然后进行比较即可。计算方法如下：

$$M_1 = \sum_{i=1}^{n} N_i \cdot m_i \cdot t_i$$

$$M_0 = M \cdot F_y \cdot H$$

式中：

M_1——计划任务所需要的生产面积数（平方米小时）；

N_i——第 i 种产品计划期产品产量（台）；

m_i——第 i 种单位产品占用生产面积数（平方米）；

t_i——第 i 种单位产品在该生产面积上制造停留的时间数（小时）；

M_0——计划期有效时间内生产面积总数（平方米小时）；

M ——现有生产面积数（平方米）；

F_y——计划期内工作天数；

H ——每天工作小时数；

n ——产品种数，$i=1,2,3\cdots n$。

（3）劳动力与生产任务的平衡。以手工业为主的产品，其生产能力与生产任务的平衡，主要计算任务工时和能力工时后进行比较即可。计算公式如下：

$$C_1 = \sum_{i=1}^{n} N_i \cdot t_i \cdot \beta$$

$$C_0 = D_0 \cdot F_y \cdot H \cdot \eta_a \cdot \eta_b$$

式中：

C_1——计划期任务工时数；

C_0——能力工时数；

D_0——工人平均人数；

η_a——工时利用率；

η_b——出勤率。

例 8.1 铣床组的设备数为 5 台，二班制工作，每班工作 8 小时，设备停修率 5%，生产任务为某产品 3 800 台，每台产品在铣床组加工的台时消耗为 6.2 小时。判断其生产平衡。

解： 设备组年有效工作台时＝5×306×2×8（1-5%）=23 256（小时）

任务所需该类设备台时数

＝3 800×6.2

＝23 560（小时）

23 560＞23 256，说明生产能力不足，应采取措施，同样可采用设备负荷率指标反映生产能力的利用程度。

上例中，铣床组设备计划负荷率=23 560/23 256×100%＝101.3%

从负荷率指标看出，设备为超负荷，需做相应调整。

8.4 作业调度

作业调度是车间执行层次的生产管理，它在企业生产目标的指导下，在产品生产计划、物料需求计划和能力需求计划的基础上，制订零部件生产计划和工序排产计划，对车间生产的有关事务进行运作管理和分析控制。作业调度为某特定作业的时间设定，包括设备及人力活动的使用，是生产管理中对何时作业的安排，主要针对产品在生产前，预先作时间上的安排，目的是使产品在一定期间内完成，满足交货期要求，降低资金积压成本。

8.4.1 作业调度的内容和要求

（1）检查、督促和协助有关部门及时做好各项生产作业准备。

（2）根据生产需要合理调配劳动力，督促检查原材料、工具、动力等供应情况和厂内运输工作。

（3）检查各工作环节的零件、部件、毛坯、半成品等的投入和生产进度，及时发现生产作业计划执行过程中的问题，并积极采取措施加以解决。

（4）对轮班、昼夜、周、旬或月计划完成情况的统计资料和其他生产信息（如由于各种原因造成的工时损失记录、机器损坏造成的损失记录、生产能力的变动记录等）进行分析研究。

8.4.2 作业排序

为每台设备或工作中心、每位员工确定每天的工作任务和工作顺序的过程称为作业排序（Job Sequencing）或作业调度（Job Scheduling）。作业排序是作业计划的基础，合理的作业排序，可以缩短生产周期，提高按时交货的能力；充分利用设备能力，提高生产资源利用率；减少在制品数量，提高资金周转率。作业排序问题的复杂程度取决于车间系统的复杂性，常见的车间系统主要包括：

（1）作业车间（Job Shop）：按照待分配机器数量的多少，作业车间中的排序问题可分为：1）单机排序（Single Machine Sequencing）问题：车间系统中只有一台机器或一个工作中心，所有的作业任务均可在该机器或工作中心加工。2）并行机排序（Parallel Machine Sequencing）问题：车间系统中有多台相同的机器或工作中心，所有的作业任务均可在任意一台机器或工作中心加工。

（2）流水车间（Flow Shop）：车间系统中有一组功能不同的机器或工作中心，每个作业任务必须按照相同的加工路线进行加工。

（3）开放车间（Open Shop）问题：车间系统中有多台机器或工作中心，每个作业任务可选择任意加工路线进行加工。

对任何作业进行排序均需要达到一定的性能指标，即目标函数，常见的目标函数包括最小化最大完工时间（Makespan）、最小化制造成本（Manufacturing Cost），最小化平均作业流程时间（Mean Flowtime）、最小化作业平均延误时间（Mean Tardiness）、最小化作业总延误时间（Total Tardiness）和机器最大负荷（Workloads）等。其中，最大完工时间是指所有机器或工作中心中，加工时间最长的某一机器或工作中心的完工时间；作业流程时间是指作业任务从到达某一机器或工作中心到离开该机器或工作中心的时间；作业延误时间是指作业的实际流程时间与预定交货期之差。

在制造企业中，最常见的排序问题是多种零件要在一个或几个工作地进行加工，每个工作地又具有不同特征的工艺设备和相应的工装夹具，每种零件的工艺路线又不一致，这就要求根据生产现场的实际情况采取不同的技术进行加工顺序的排列。解决作业排序问题的调度技术主要包括数学规划法、基于优先级规则的调度技术、启发式方法、人工智能技术等。下面将集中介绍基于优先级规则的调度技术及其在生产作业计划中的应用。

8.4.3 优先调度规则和技术

优先级规则（priority rules）是指在进行作业排序时使用的规则。这些规则可能很简单，仅根据某一项数据对作业进行排序，比如加工时间、交货日期或者到达的顺序。其他规则尽管也一样简单，但可能要用到几项信息，通常需要一个指标，比如最短关键比例。下面列出了比较常用的几项排序规则：

（1）先到先服务规则（First Come First Served，FCFS）：按照作业到达的先后顺序进行加工。

（2）最短作业时间规则（Shortest Operation Time，SOT）：优先选择加工时间最短的作业。

（3）剩余松弛时间规则（Slack Time Remaining，STR）：这是交货期前的剩余时间和剩余的加工时间的差值。剩余松弛时间最短的作业先进行。

（4）最早交货期规则（Earliest Due Date，EDD）：最早交货的作业最先加工。

（5）最小工作量规则（Least Work Remaining，LWKR）：优先选择余下加工时间最短的作业；最多工作量规则（Most Work Remaining，MWKR）：优先选择余下加工时间最长的作业。

（6）后到先服务规则（Last Come First Served，LCFS）：这个规则通常作为缺省值。后到的作业排到先到的前面，操作员在操作的时候会先加工前面的作业。

（7）随机排序或者随意处置规则：主管或者操作员通常选择他们喜欢的作业来操作。

（8）最短关键比例规则（Smallest Critical Ratio，SCR）：交货日期与当前日期的差值除以剩余的工作日期计算得出作业的关键比例。关键比例最小的作业先加工。

以上几种规则中，SOT 作业的平均流程时间最短，从而达到缩短生产周期、降低在制品库存的目的；FCFS 规则可以实现最公平地对待用户的目的；MWKR 规则可以使不同工作量的作业的完工时间尽量接近；LWKR 规则可以使工作量最小的作业尽快完成；EDD 规则可使作业最长的延误时间达到最小。

为了说明问题，我们用 n/m 来描述 n 个零件在 m 台设备上的作业排序问题。

（1）$n/1$ 作业的排序问题

这是最常见的排序问题。如果加工的零件种类较少，排序过程并不复杂。n 必须是确定的有限的数字。

例8.2 有5个零件需要在某台机器上加工，各零件详细的排序数据如表8.3所示：

表8.3　5个零件的排序数据　　　　　　　单位：天

作业（按到达顺序）	A	B	C	D	E
加工时间	3	4	2	6	1
交货日期（从现在起）	5	6	7	9	2

【方案1】　按照 FCFS 规则：使公司对客户公平服务，FCFS 的流程时间结果如表8.4所示。

表8.4　按 FCFS 的排序结果　　　　　　　单位：天

作业顺序	加工时间	交货日期	流程时间
A	3	5	0+3=3
B	4	6	3+4=7
C	2	7	7+2=9
D	6	9	9+6=15
E	1	2	15+1=16

总流程时间=3+7+9+15+16 = 50 天，平均流程时间= 50/5 =10 天，平均每个作业延迟时间=（0+1+2+6+14）/5 = 4.6 天。

【方案2】　SOT 规则：优先选择加工时间最短的零件。所以，以上五种零件的加工顺序为 E—C—A—B—D，结果如表8.5所示。

表8.5　按 SOT 的排序结果　　　　　　　单位：天

作业顺序	加工时间	交货日期	流程时间
E	1	2	0+1=1
C	2	7	1+2=3
A	3	5	3+3=6
B	4	6	6+4=10
D	6	9	10+6=16

总流程时间=1+3+6+10+16=36 天，平均流程时间=36/5=7.2 天，平均作业延迟时间=（0+0+1+4+7）/5=2.4 天。

【方案3】　EDD 规则：将最早交货期作为优先选择的标准。根据这个标准，以上5个零件的加工顺序为 E—A—B—C—D，结果如表8.6所示。

总流程时间=1+4+8+10+16=39 天，平均流程时间=39/5=7.8 天。平均作业延迟时间=（0+0+2+3+7）/5 =2.4 天。

表 8.6　按 EDD 的排序结果　　　　　　　　单位：天

作业顺序	加工时间	交货日期	流程时间
E	1	2	0+1=1
A	3	5	1+3=4
B	4	6	4+4=8
C	2	7	8+2=10
D	6	9	10+6=16

【方案 4】　LCFS、随机和 STR 规则。结果如表 8.7 所示。

表 8.7　按 LCFS、随机、STR 的排序结果　　　　　单位：天

排序方法		加工时间	交货日期	流程时间
LCFS 排序	E	1	1	0+1=1
	D	6	6	1+6=7
	C	2	2	7+2=9
	B	4	4	9+4=13
	A	3	3	13+3=16
随机排序	D	6	6	0+6=6
	C	2	2	6+2=8
	A	3	3	8+3=11
	E	1	1	11+1=12
	B	4	4	12+4=16
STR 排序	E	1	1	0+1=1
	A	3	3	1+3=4
	B	4	4	4+4=8
	D	6	6	8+6=14
	C	2	2	14+2=16

LCFS 规则排序的总流程时间=46 天，平均流程时间=9.2 天，平均延迟=4 天。

随机排序的总流程时间=53 天，平均流程时间=10.6 天，平均延迟=5.4 天。

STR 规则排序的总流程时间=43 天，平均流程时间=8.6 天，平均延迟=3.2 天。

以上各规则的排序结果如图 8.6 所示。

通过以上结果的对比可以看出，SOT 规则比其他的都好。能够证明，在 $n/1$ 情况下使用其他的衡量标准，比如平均等待时间和平均完成时间，SOT 规则都能产生最优解。

（2）$n/2$ 的排序问题

$n/2$ 排序问题是指 n 个零件在两台设备上进行加工的排序。S·M. 约翰逊（S·M. Johnson）在 1954 年首次提出了一种有效算法，在理论界称为约翰逊算法。该算法的使用条件如下：

a. 排序的目标函数是使全部零件的完工时间最短；

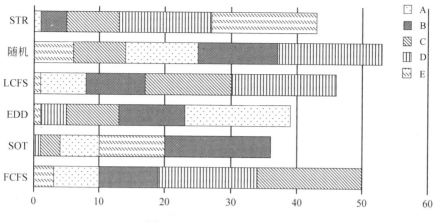

图 8.6 $n/1$ 作业的排序结果

b. 零件在两台设备上的加工顺序完全相同;

c. 所有零件同时到达第一台设备等待加工;

d. 已知各种零件在各台设备上的加工时间。

约翰逊算法的具体步骤如下:

第一步,从加工时间矩阵中找出最短的加工时间。

第二步,若最短的加工时间出现在第一行,则对应的零件尽可能往前排;若最短的加工时间出现在第二行,则对应的零件尽可能往后排。然后将已经排过的零件加工时间做上标记,若最短的加工时间有两个或两个以上则任选一个。

第三步,将已作标记的零件排除,重复以上的规则,直至全部零件排序结束。

表 8.8 是一个加工时间矩阵,现采用约翰逊算法求出这批零件的最短完工时间。

表 8.8   加工时间矩阵   单位:分钟

零件 机床工时	1	2	3	4	5	6
车床 t_1	5	1	8	5	3	4
车床 t_2	7	2	2	4	7	4

从表中可以找到最小的加工时间出现在第一行,相应的零件为 2 号零件,按照排序规则将其排列到最前面并做上标记。重复以上过程,找出最小的加工时间 2,它出现在第二行,为 3 号零件,按照规则将其排在最后面,同时做上标记。余下的零件重复以上的做法继续排序,直至结束。求解过程描述如下:

第一步,将 2 号零件排在第 1 位 2

第二步,将 3 号零件排在第 6 位 2   3

第三步,将 5 号零件排在第 2 位 2   5   3

第四步,将 6 号零件排在第 3 位 2   5   6   3

第五步,将 4 号零件排在第 5 位 2   5   6   4 3

第六步,将 1 号零件排在第 4 位 2   5   6 1 4 3

最优的加工顺序为：2—5—6—1—4—3

总加工时间为 T=28 分钟。

约翰逊算法还有一种改进算法，其步骤如下：

第一步，将所有 $t_1 \leqslant t_2$ 的零件按 t_1 值不减的顺序排成一个序列 A；

第二步，将所有 $t_1 > t_2$ 的零件按照 t_2 值不增的顺序排成一个序列 B；

第三步，将 A 放在 B 之前，就构成了最优加工顺序。

排序结果如表 8.9 和图 8.7 所示，将改进后的算法对上例进行求解，序列 A 为（2，5，6，1），列 B 为（4，3），构成的最优加工顺序为 2—5—6—1—4—3，与约翰逊算法的结果一样。

表 8.9　改 进 算 法

i		1	2	3	4	5	6
t_1		⑤ 7	① 2	8	5	③ 7	④ 4
t_2		7	2	②	④	7	4
i		2	5	6	1	4	3
t_1		① 2	③ 7	④ 4	⑤ 7	5	8
t_2		2	7	4	7	④	②

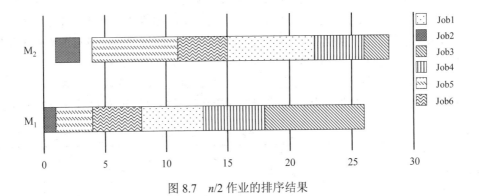

图 8.7　$n/2$ 作业的排序结果

（3）n/m 的排序问题

复杂作业车间的特征是，具有多个工作中心处理一系列不同的零件，这些零件是在一天间歇地到达工作中心。如果有 n 个零件在 m 台机器上进行加工，并且所有的零件要经过所有机器来加工，那么就有 n 种可选的作业排序。由于即使是小规模的车间也有大量的排序方案，计算机模拟是唯一可行的方法，这样才能确定不同的优先准则在这种情况下的相对价值。最新的方法是把人工和模拟结合起来进行排序。表 8.10 是每项作业的机器加工成本分配矩阵。

第三步，用线检验——覆盖全部 0 的最小线数是 4；因为要求线数为 5，所以进入第四步；

第四步，从没有被覆盖的数字上减去其中最小的数，然后将这个数加到直线的交点上，用在第三步里画的线，其中最小的未被覆盖的数是 1。

表 **8.10**　每项作业的机器加工成本分配矩阵　　　　单位：万元

零件	机床				
	A	**B**	**C**	**D**	**E**
T_1	6	7	5	9	4
T_2	7	5	10	9	6
T_3	5	4	3	6	5
T_4	8	3	5	6	4
T_5	4	7	5	6	6

第一步，行减，从每一行中减去本行最小数						第二步，列减，从每一列中减去列最小数					
零件	A	B	C	D	E	零件	A	B	C	D	E
T_1	2	3	1	5	0	T_1	2	3	1	3	0
T_2	2	0	5	4	1	T_2	2	0	5	2	1
T_3	2	1	0	3	2	T_3	2	1	0	1	2
T_4	5	0	2	3	1	T_4	5	0	2	1	1
T_5	0	3	1	2	2	T_5	0	3	1	0	2

第三、第四步见表 8.11。

最优方案为：

零件 T_1 指派给机床 E（4）；

零件 T_2 指派给机床 B（5）；

零件 T_3 指派给机床 C（3）；

零件 T_4 指派给机床 D（6）；

零件 T_5 指派给机床 A（4）。

总成本 = 4+5+3+6+4 = 22（万元）

表 **8.11**　最优方案确定步骤　　　　单位：万元

零件	机床					零件	机床				
	A	B	C	D	E		A	B	C	D	E
T_1	2	3	1	3	0	T_1	1	3	0	2	⓪
T_2	2	0	5	2	1	T_2	1	⓪	4		1
T_3	2	1	0	1	2	T_3	2	2	⓪		3
T_4	5	0	2	1	1	T_4	4	0		①	1
T_5	0	3	1	0	2	T_5	⓪	4		0	3

　　在多数情况下，机器数与任务数是不相等的，指派法就变得不可行。n/m 作业调度问题通常是多约束、多目标、随机不确定优化问题，其求解过程的计算量随问题的规模呈指数增长，已被证明是 NP 完全问题（Non-polynomial Complete Problems），具有复杂性、随机性多约束、多目标的特点。因此，对此类问题的研究目前主要集中在计算机模拟以及调度智能优化算法如启发式算法、混合优化算法等方面。

8.5 服务业生产作业计划

在服务业中存在两类基本作业问题，一类是将不同的顾客需求分配到不同的服务系统的排队问题，另一类是将不同的服务人员安排到顾客需求不同时间段上去的人员班次问题。因此，服务业作业计划要解决的主要问题是服务业能力与客流量的匹配。

8.5.1 排队模型

1．排队模型符号

20 世纪 50 年代初由肯德尔（D.CzKendall）引入排队模型符号 X/Y/Z, 1971 年国际上一次关于排队论符号的标准化会议决定，将 Kendall 符号扩充为：X/Y/Z/A/B/C。其中，每个符号含义如下所示。

X：表示顾客相继到达的间隔时间分布，常见的有定长分布、泊松分布。其中，定长分布指顾客相继到达的时间间隔是确定的，泊松分布指顾客单个到来且相互独立，相继到达的时间间隔及期望值、方差均不受时间影响，具有平稳性、无后效性、普通性等特征。

Y：表示服务时间的分布。服务时间分布形式有多种:定长服务、负指数分布等。其中，当顾客的到达过程服从参数 λ 的泊松分布时，则顾客相继到达的时间间隔 T 必定服从负指数分布，负指数分布具有"无记忆性"，或称为 Markov 性。

Z：表示并联服务台的个数。服务台为 1 时，称单服务台;服务台 2 个以上时，称多服务台。

A：表示服务系统的顾客容量限制，也称等待空间容量。

B：表示顾客源数目，分为有限和无限两种。

C：表示服务规则，其中 FCFS 表示先到先服务的规则；LCFS 表示后到先服务的规则；PR 表示有优先权的服务规则。对于普通门诊来说多数属于先到先服务。少数情况下有优先排队情况。

实际应用中通常仅用排队模型的前 3 个符号，即 X / Y / Z，可理解为系统等待空间容量无限、顾客源无限、先到先服务的等待制服务系统。如 M / M / n 模型则表示顾客输入为泊松流，服务时间为负指数分布，有 n 个并联服务台，服务规则为先到先服务。

2．排队模型设计与衡量

排队系统设计的目标是总成本最低，该目标的实现需要：

（1）提高服务设施的利用率；

（2）减少等待顾客的平均数量；

（3）减少的顾客在系统中的平均逗留时间（等待时间+服务时间）；

（4）减少顾客在队列中的平均时间；

（5）一定数量顾客存在于系统中的概率不超过某一设定值等。

排队模型主要使用以下指标衡量：

λ ——顾客平均到达率，表示单位时间内来到服务系统的平均顾客数；

$1/\lambda$——相邻两个顾客到达系统的平均间隔时间；

μ ——平均服务率，表示单位时间能够被服务完成的平均顾客数；

$1/\mu$ ——每个顾客的平均服务时间；

ρ ——服务强度，即每个服务台单位时间内的平均服务时间；

L_s——队长，即系统中的顾客的平均数，记作 L_s；

L_q——排队长，即在系统中排队等待的顾客的平均数，为 L_q；

W_s——顾客在系统内平均停留的时间，记作 W_s；

W_q——顾客在系统中平均排队等待的时间，为 W_q；

P_0——系统中顾客数为零的概率；

P_n——系统中顾客数为 n 的概率。

3．常见的排队模型

最常见的排队模型包括：泊松到达且负指数服务时间的单通道排队模型 M/M/1 和泊松到达且负指数服务时间的多通道排队模型 M/M/C。

（1）标准的 M/M/1 服务模型，顾客的到达服从泊松分布，单服务台、服务时间呈负指数分布、顾客源无限、服务空间容量无限、先到先服务的原则，其相关指标计算公式为

服务强度：$\rho = \lambda/\mu$；

系统中顾客为零的概率（服务台空闲概率）：$P_0 = 1 - \rho$；

系统中有 n 个顾客的概率：$P_n = \rho^n(1-\rho)$；

系统中的顾客的平均数：$L_s = \dfrac{\lambda}{\mu - \lambda}$；

系统中排队等待的顾客的平均数：$L_q = \dfrac{\rho\lambda}{\mu - \lambda}$；

顾客在系统内平均停留的时间：$W_s = \dfrac{1}{\mu - \lambda}$；

顾客在系统中平均排队等待的时间：$W_q = \dfrac{\rho}{\mu - \lambda}$。

（2）对标准的 M/M/C 模型，顾客的到达服从泊松分布，服务时间呈负指数分布、C 个并联服务台、顾客无限、系统容量无限，假定各服务台工作相互独立，且平均服务率相同，其相关指标计算公式为

系统的服务强度：$\rho = \dfrac{\lambda}{c\mu}$；

服务台空闲概率：$P_0 = \left[\displaystyle\sum_{k=0}^{c-1} \frac{1}{K!} \left(\frac{\lambda}{\mu} \right)^K + \frac{1}{c!(1-\rho)} \left(\frac{\lambda}{\mu} \right)^c \right]^{-1}$；

排队等待人数：$L_q = \dfrac{\rho(c\rho)^c P_0}{c!(1-\rho)^2}$；

系统中平均逗留人数：$L_s = L_q + c\rho$；

顾客平均逗留时间：$W_s = W_q + \dfrac{1}{\mu}$；

顾客到达后必须等待的概率：$P(n \geqslant c) = \sum\limits_{n=0}^{\infty} \dfrac{1}{c! c^{n-c}} \left(\dfrac{\lambda}{\mu}\right)^n p_0$。

4. 串联排队网络

串联排队网络是指服务系统内有 m 个串联的服务节点，每个服务节点 i 处有 $c_i(i = 1, 2, 3, \cdots, m)$ 个服务台。顾客以服从参数 λ 的泊松过程到达第一个服务节点，然后依次经过各服务节点，最后直到在 m 个服务节点结束服务后离去，假设每一服务节点 i 处各服务台的服务时间都服从参数为 μ_i 的负指数分布，且 $\lambda_i < c_i \mu_i$。在以上稳态条件下，各服务节点的输出过程为泊松流。标准的 M/M/C 模型可以用来单独分析网络中各服务节点，将各服务节点处所求得的平均等待时间、平均顾客数相加，即可求整个系统的平均等待时间及平均顾客数。

8.5.2　人员班次计划

人员班次计划是每名工人的休息日/工作日（班次）顺序的作业计划，一般以"周"为单位。人员班次计划既要满足生产需要又要满足职工对休息及工作时间的要求，并使职工数量最少。在人员班次计划中部门指给职工安排班次的企业、部门、单位，工人指所有被安排的对象。

人员班次计划按照班次计划的特点可以分为个人班次计划、公共班次计划；班次的种类有单班制与多班制两种；工人的种类有全职（单种）、全职与兼职、多种向下替代。根据指时间、人力、需求及其他参数是否为已知确定的量，参数的性质可分为确定型与随机型。

单班次问题指每天只有一种班次的班次计划问题，求解单班次问题的思想和方法，能对求解一般的人员班次问题的方法提供一些启示。在保证工人每周有两个休息日，且工人每周有两个休息日为连休的情况下，启发式算法步骤如下：

（1）确定每周对员工的需求量，找出员工需求量总和最少的连续的两天，作为员工 1 的休息日；

（2）员工 1 休息的两天中的需求量不变，将员工 1 工作的 5 天中的需求量各减去 1，再找出员工需求量总和最少的连续 2 天，作为员工 2 的休息日；

（3）重复进行上面的步骤，直至所有的员工休息日确定完毕；

（4）如果有两组连续日期的需求总和是最小的，就根据均衡原则选择，也可任选一组。

某单班次餐厅前厅一周内每天员工需求数如表 8.12，在保证员工每周有两个休息日且两个休息日为连休的情况下采用启发式算法对 8 名员工进行排班得出人员班次计划。

表 8.12　员工需求数

时间	周一	周二	周三	周四	周五	周六	周日
需求数	4	5	6	4	6	8	7

（1）选择员工需求量总和最少的连续的两天，即周一和周二，将这两天作为员工1、员工2和员工3的休息日。

（2）将除周一和周二之外的其他五天需求数减去三，一周内每天员工需求数如表 8.13。再继续寻找员工需求量总和最少的连续的两天，即周三和周四或周四和周五，这里选择周四和周五，将这两天作为员工4、员工5的休息日。

表 8.13　员工需求数

时间	周一	周二	周三	周四	周五	周六	周日
需求数	4	5	3	1	3	5	4

（3）将除周四和周五之外的其他五天需求数减去二，一周内每天员工需求数如表 8.14。再继续寻找员工需求量总和最少的连续的两天，即周三和周四，将这两天作为员工6、员工7的休息日。

表 8.14　员工需求数

时间	周一	周二	周三	周四	周五	周六	周日
需求数	2	3	1	1	3	3	2

（4）将除周三和周四之外的其他五天需求数减去二，一周内每天员工需求数如表 8.15。再继续寻找员工需求量总和最少的连续的两天，即周日和周一，将这两天作为员工8的休息日。

表 8.15　员工需求数

时间	周一	周二	周三	周四	周五	周六	周日
需求数	0	1	1	1	1	1	0

（5）最后生成的人员班次计划如表 8.16 所示。

表 8.16　人员班次计划

	星期一	星期二	星期三	星期四	星期五	星期六	星期日
员工1	休	休					
员工2	休	休					
员工3	休	休					
员工4				休	休		
员工5				休	休		
员工6			休	休			
员工7			休	休			
员工8	休						休

8.6 其他生产作业计划控制技术

随着科学技术的进步、生产力水平的提高，市场需求日益多样化，大批量生产已经不能适应市场的需求，生产管理从观念到生产方式的采用都发生了重大的变革。除了 MRP 技术之外，还有其他生产作业计划控制技术，主要包括最优生产技术（Optimal Production Technology，OPT）、约束理论（Theory of Constraint，TOC）和面向负荷的生产控制方法（Load-Oriented Manufacturing Control，LOMC）。

8.6.1 OPT

OPT 是 20 世纪 70 年代，以色列物理学家 Dr. E. Goldratt 开创的。OPT 不同于 MRP 和 JIT 等生产管理模式，它从系统观点出发，力求取得全局满意解。OPT 认为企业的生产能力是由瓶颈决定的。瓶颈指企业中没有闲置的关键设备、人力和物资等。为此，通过有效的技术手段寻找企业瓶颈，解决瓶颈从而达到均衡生产。对于非关键资源，其生产计划及作业安排则服从于关键资源的充分利用。OPT 原理如图 8.6 所示。

图 8.8 最优生产技术原理

OPT 是用于企业的生产计划和作业控制的管理方法，其关键内容包括以下几个方面：

（1）实现物流平衡；

（2）重点控制关键制约因素——瓶颈资源；

（3）由瓶颈资源的能力决定制造系统其他环节的利用率和生产效率；

（4）对瓶颈工序的前导和后续工序采取不同的计划方法；

（5）不采用固定的生产提前期，用有限能力计划法编制生产进度表；

（6）采用动态的加工批量和运送批量。

8.6.2 TOC 技术

约束理论是在 OPT 的基础上发展起来的理论。TOC 是关于改进和如何最好地实施这些改进措施的一套管理理念和管理原则，可以帮助企业识别在实现目标的过程中存在着哪些"约束"因素，并进一步指出如何实施必要的改进措施来一一消除这些约束，从而更有效地实现企业目标。

TOC 实施计划与控制主要包括以下步骤：

（1）识别企业的真正约束（瓶颈）所在是控制物流的关键。

（2）基于瓶颈约束，建立产品出产计划。

（3）"缓冲器"的管理，以防止随机波动，使瓶颈不至于出现等待任务的情况。

（4）对企业物流进行平衡，使得进入非瓶颈的物料应被瓶颈的产出率所控制（即"绳子"）。一般按无限能力，用倒排方法对非瓶颈资源安排作业计划，使之与关键资源上的工序同步。

TOC 最初被人们理解为对制造业进行管理、解决瓶颈问题的方法，后来几经改进，发展出以"产销率、库存、运行费"为基础的指标体系，逐渐形成一种面向增加产销率而不是传统的面向减少成本的管理理论和工具，并最终覆盖到企业管理的所有职能方面。

8.6.3 LOMC 技术

德国 Hanover 大学生产系统研究所自 1972 年开始研究适合于加工车间的生产计划与控制技术。Bechte 和 Wiendall 等人在 20 世纪 80 年代依据存量控制的基本思想，在分析生产系统的工作地点通过时间和在制品库存关系的基础上，提出"漏斗模型"，进而形成了面向负荷的生产控制方法。

LOMC 适合应用于多品种中小批量生产系统的计划与控制。LOMC 认为，一个企业、一个车间、一台机床等都可以被看作一个"漏斗"。"漏斗"的输入可以是来自用户的订单，或上一道工序转来的工件等；"漏斗"的输出是整个企业、车间、机床完工的任务量。利用"漏斗模型"，可以对一个工作中心的负荷、在制品库存以及平均通过时间和产出量之间的相互关系进行动态分析，得出相应的数量关系，进而建立以工作中心控制为核心的生产作业计划与控制系统。在制品库存主要取决于加工任务的投料方法，这样就可以通过控制"漏斗"的输入，调整在制品数量和平均通过时间，同时控制在制品的输出，保证生产能均衡地进行。

（讨论案例）

ERP/MRP 成功案例

京凯公司是一家生产电子产品的公司，产品特点是多品种、大批量，在没有应用计算机管理系统之前，管理工作十分繁杂，管理人员经常加班仍不能满足企业的要求。

一、使用前的情况

在没有使用计算机管理之前，PMC 部每次下生产计划都要人工计算生产用料单，花费大量的时间清查现有库存，计算缺料等；由于材料品种多，进库、出库、调拨的频繁操作也使得仓库的管理工作量十分庞大，人工误差导致库存数量的不准也影响到生产发料；待工待料现象经常发生，因而也影响到生产交货不及时。供应商的交货信息、客户的发货情况不能及时反馈到财务部门。各个部门各自为政，信息流通滞后，严重影响经营决策，整个企业的管理比较杂乱。

二、使用后的情况

公司于 2002 年年初开始实施软智 ERP/MRP 管理系统，实施后，PMC 人员下一个生产计划由原来的两天变为十几秒钟，自动生成的生产发料单又快又准，材料仓库的进货可在第一时间自动补充生产缺料也使得生产得以及时顺利进行，管理人员再不用为下生产计划而忙得团团转，生产状况得到极大的改善。

库存管理体系建立后，加强了重点物资的管理，通过对库存超储、积压处理等功能的实施，减少了库存的积压，有效地控制了库存资金的占用。公司内多个库房准确的动态库存数据随时为生产计划提供有效的信息。

企业的销售、采购、客户、供应商、应收、应付信息紧密地联系在一起了，通过采购订单自动生成的入库单入库后，入库信息即时反馈到采购部门和财务部门，通过销售订单自动生成的发货单发货后，发货信息即时反馈到销售部门和财务部门，有效改善了原来信息严重滞后的情况，大大减轻了财务人员的工作负担，提高了工作效率。

通过基础工程数据的实施，使整个公司原来各部门分别组织数据、部门各自为政、相互独立的情况得到了全面改善，企业的数据统一组织和管理，不再受部门分工界限的限制，达到了企业信息管理的规范化和标准化，信息的高度集成使企业的管理面目焕然一新。

企业的销售、供应、生产计、库存各个系统协同运行，通过对物料需求功能的实施，销售计划指导主生产计划，根据产品定额产生物料需求计划，对库存数据、采购合同进行平衡计算后，产生物资采购清单，有效缩短了计划的编制周期，提高了物资采购的计划性、准确性，完全解决了生产缺料和库存物料积压过多这两方面的矛盾，也消除了生产线停工待料的现象。

利用系统内质量监测数据档案，对原材料、半成品、成品等进行相关的质量分析，主管领导通过质量分析的结果，找出影响质量的原因，提出短期或中期的质量改进措施，大大提高了产品的质量。

所有生产、经营信息的即时传送，使企业的决策层能随时掌握企业各方面的最新数据，系统不失时机地为经营决策提供有力的支持。

三、系统的经济效益

通过软智管理系统的实施，提高了生产计划的准确性和成本核算的可靠性，降低了物料储备和物料消耗，减少了在制品数量，缩短了生产周期，降低了储备资金、生产资金、成品资金及其他资金占用，节约了流动资金，降低了生产成本，加速了流动资金的周转，提高了单个产品的利税。

系统实施后，极大地提高了管理人员的工作效率。产品质量的提高赢得了客户的好评，大大提高了产品的市场占有率，取得了好的经济效益。

资料来源：杨桦，尹聪春.《管理信息系统》.清华大学出版社，2010.

思考题：

对比使用 ERP/MRP 前后京凯公司的经营状况，讨论 ERP/MRP 的实施给公司带来了那些好处？

 本章小结

本章首先对生产作业计划做了总体概述，并从生产作业计划的特点、影响因素、主要内容和编制方法等方面做了详细介绍。第二部分主要介绍了物料清单、MRP 的工作原理和系统结构。第三部分介绍了怎样进行生产能力的计算，以及如何进行计划和企业产能之间的平衡。第四部分主要介绍了作业调度的内容和要求，几种常见的简单作业排序的规则。第五部分简单介绍了服务业中的生产作业计划。本章的最后一部分对其他的一些生产作业计划技术如 OPT，TOC 和 LOMC 等做了概述，在实施计划控制和核心思想等方面进行了相对详细的论述。

中英文关键词语

生产作业计划（Production Planning and Scheduling）；工作中心（Work Center）；物料需求计划（Material Requirement Planning，MRP）；物料清单（Bill of Materials，BOM）；管理信息系统（Management Information System，MIS）；作业调度（Scheduling）；制造资源计划（Manufacturing Resource Planning，MRP II）；企业资源规划（Enterprise Resource Planning，ERP）；约束理论（Theory of Constraint，TOC）；最优生产技术（Optimal Production Technology，OPT）；面向负荷的生产控制（Load-Oriented Manufacturing Control，LOMC）。

参考文献

[1] 陈荣秋，马士华. 生产与运作管理（第二版）. 北京：高等教育出版社，2005.

[2] 刘晓冰. 运营管理. 大连：大连理工大学出版社，2005.

[3] ［美］蔡斯. 运营管理（原书第 11 版）. 北京：机械工业出版社，2007.

[4] 陈荣秋，马士华. 生产与运作管理. 北京：高等教育出版社，1999.

[5] 王万良，吴启迪. 生产调度智能算法及其应用. 北京：科学出版社，2007.

[6] 李锦飞，马汉武，陈纪南. 生产管理与调度. 北京：化学工业出版社，2005.

[7] 朱昊. 如何进行现场管理. 北京：北京大学出版社，2004.

[8] 程国卿，古国力. 企业资源计划（ERP）教程. 北京：清华大学出版社，2008.

[9] 程控，革杨. MRPII/ERP 原理与应用（第 2 版）. 北京：清华大学出版社，2006.

[10] ［加］托尼·阿诺德，［美］斯蒂芬·查普曼，［美］洛伊德·克莱夫. 物料管理入门. ［美］李秉光，霍艳芳，徐刚译. 北京：清华大学出版社，2008.

[11] 黄学文. 制造执行系统（MES）的研究和应用. 大连理工大学博士学位论文，2003.

[12] 周玉清. MRP II 原理与实施. 天津：天津大学出版社，1994.

[13] 陈启申. MRP II-制造资源计划概论. 北京：北京农业大学出版社，1993.

[14] 李鹰，唐德新. 现代企业管理. 现代企业管理. 北京：冶金工业出版社，2007.

[15] 张波. 生产运营管理原理与实践. 生产运营管理原理与实践. 北京：国防工业出版社. 2009.
[16] 杨桦，尹聪春. 管理信息系统. 北京：清华大学出版社.

 **思考练习题**

1. 用约翰逊算法求解以下问题的最优解。

机床工时＼零件	1	2	3	4	5	6	7	8
a_1	10	8	11	9	3	2	6	5
a_2	7	3	4	2	6	9	8	5

第9章 库存管理

学习目标

通过本章的学习，使读者应该能够：

1. 掌握库存内容、功能、分类、控制决策及影响因素等基本内容；
2. 深刻理解安全库存并掌握订货点库存量概念及计算方法。

引导案例

库存管理成就沃尔玛的"天天平价"

沃尔玛百货有限公司由美国零售业的传奇人物山姆·沃尔顿先生于 1962 年在阿肯色州成立。经过五十多年的发展，沃尔玛公司已经成为世界最大的私人雇主和连锁零售商，多次荣登《财富》杂志世界 500 强榜首及当选最具价值品牌。2016 财政年度（2015年 2 月 1 日至 2016 年 1 月 31 日）的营业收入达到 4 821 亿美元，全球员工总数约为 230万名。

沃尔玛为什么能连续多年击败家乐福等同业竞争对手？沃尔玛又凭借什么将实力雄厚的微软、通用汽车、英国石油等巨头抛在了后面，创造了一个又一个的奇迹？近半个世纪以来，沃尔玛一直把最大可能地向消费者提供最低价位的商品作为沃尔玛的经营宗旨，而沃尔玛的成功也得益于这个简单而又平凡的道理——"天天平价"，而沃尔玛"天天平价"承诺的实现与其独特的供应链体系有着不可分割的密切联系。

首先，沃尔玛于 1987 年投入巨资建立了基于 GPS 的内部信息通信网络，辅之以实时监控销售的 POS 系统，使管理者可以在任何时刻准确地掌握整个集团的所有销售细节，并据此全盘优化订货。

其次，到 90 年代初，沃尔玛自己的运输网络拥有遍布美国的 20 个配送中心，以及2 000 余部大型货柜运输车辆，能保证进货从仓库到任何一家商店的时间不超过 48 小时，相对于其他同业商店平均两周补货一次，沃尔玛可保证分店货架平均一周补两次。快速的送货，使沃尔玛各分店即使只维持极少存货也能保持正常销售，从而大大节省了存储空间和费用，其销售成本因此低于同行业平均销售成本 2%～3%，这成为沃尔玛全年低价策略的坚实基石。

再次，沃尔玛对少量的销售不畅的库存物资，采用退货或者减价销售的方式快速消化库存，保证整个集团的物资库存处于一个很低的水平。因为采用了上述的措施，沃尔玛的运营成本远远低于同等规模的其他连锁零售集团。

资料来源：沃尔玛中国有限公司官网，http://www.wal-martchina.com，2018.

吕一林. 美国沃尔玛——世界零售第一，北京：中国人民大学出版社，2000.

9.1 库存管理的基本内容

众所周知，企业是通过向社会提供所需要的产品或服务而获得利润的经济组织。对工业企业而言，企业生产包括原材料购入，产品加工等环节，产生价值的转移，从而生产出社会所需要的产品，在这样一个从原材料采购到生产，再由生产到销售的过程中，企业必然要对生产经营所需的各种物质进行有计划的采购、供应、存储、组织和合理使用等一系列的管理工作，我们通常将上述工作统称为物资管理，物资管理工作的核心是库存的管理与控制工作。

9.1.1 库存及其基本功能

库存是指企业组织中存储的各种物品与资源的总和。有人将库存定义为存放在仓库中的物品，像存放在蓄水池中的水一样暂时派不上用场的备用品。由于库存不能马上为企业产生经济效益，同时企业却要为库存物资承担资金、场地、人员占用而产生库存成本，因而存在需要控制的一面；但另一方面，由于生产运作中存在着不可避免的不确定因素，库存同时也是企业生产和经营所必备的，对保证正常生产作用重大，具有积极的一面。因此，控制库存量是企业生产运作管理工作中的经常性工作。具体地说，库存控制包括确定企业的库存水平高低，监控库存变化方式以及如何补充库存等一系列库存策略。

具体地讲，库存的功能主要包括以下五个方面。

（1）保证各生产环节的独立性。现代企业生产环环相扣，生产过程上下游工序之间的关联性强，如果企业没有必要的库存，一旦某一生产环节因故停工，下游工序的工作便会因材料缺乏而停工。而通过建立库存，可以使原本相关的工序相互独立。而原材料库存使采购与生产运作分离，成品库存使生产与销售分离，管理者在进行生产安排时，具有更大的灵活性，以便获得更佳的经济效益。

（2）适应市场的需求变化。市场需求变化迅速是现代企业面临的现实问题，面对多变的市场，企业很难精确地预计企业的实际销量，生产量与销售量之间很难保持一致。适量的成品储备，可以保证企业在市场需求突然增加的情况下具有一定的应变能力，以免丧失商机。

（3）增强生产计划工作的灵活性。库存的存在，使生产运作管理人员在进行生产安排时具有更大的灵活性。例如，加大库存量后，企业在保证生产正常进行的前提下，适当地增加订货间隔期，同时在选择订货量时，也可以具有更大的选择余地，达到降低订货成本的目的。

（4）增强企业抵御原材料市场变化的能力。适当的原材料库存，可以增强企业克服短期原材料供应紧张的能力，可以避免原材料供应商或运输过程中出现意外而直接影响企业的生产，确保生产正常运行。

（5）达到经济订货规模。在很多情况下，企业出于减少库存的考虑，在订货时订货量较少，完全达不到经济订货批量，这样，由于每次订货量少，订货次数较多，企业的库存管理总成本并未下降，在此种情况下，适度的库存可以帮助企业达到经济订货规模，追求库存管理总成本最低。

库存是应对缺货风险的一种措施。为充分发挥库存的固有功能，企业必须储备一定的物资、但也会因此而发生各种库存资金占用。如果降低库存水平，则库存资金占用率也会相应比较低，并使企业将更多资金用于其他投资途径，减少资金被占用的机会成本，但这样可能导致由于缺货而影响正常的生产秩序，或使得由于达不到经济订货批量而使订货成本增加；反之，如果增加库存水平，可保证正常的生产秩序，并且使订货成本降低，但是储存成本又会提高。可见，如何控制库存数量，使其总成本保持低水平，并能在各种外界条件变化下，做出正确的调整，这是企业降低库存资金占用、有效利用流动资金的一个重要手段。

9.1.2　库存控制的任务

与其他的管理工作相类似，库存控制的难点是如何正确处理充分发挥库存功能的同时，尽可能地减低库存成本。两者间存在一些内在的矛盾，在进行库存控制时应该侧重完成以下几项任务：

（1）保障生产供应。库存的基本功能是保证生产的正常进行，保证企业经常维持适度的库存，避免出现因供应不足而出现非计划性的生产间断，是传统的库存控制的主要目标之一，现代的库存控制理论虽然对此提出一些不同的看法，但保障生产供应仍然是库存控制的主要任务。

（2）控制生产系统的工作状态。一个精心设计的生产系统，均存在一个正常的工作状态，此时，生产按部就班有序进行，生产系统中的库存情况，特别是在制品的数量，与该生产系统的设计在制品定额相近。反之，如果一个生产系统的库存失控，该生产系统也很难处于正常的工作状态，因此，现代库存管理理论将库存控制与生产控制结合一体，通过对库存情况的监控，达到对生产系统整体控制的目的。

（3）降低生产成本。控制生产成本是生产运作管理的重要工作之一，无论是生产过程中的物资消耗，还是生产过程中流动资金的耗用，均与生产系统的库存控制有关。有资料表明，工业生产中，物资消耗常常占总成本的60%，同时，库存常常占用企业流动资金的80%以上。因此，通过有效的库存控制方法，使企业在保障生产的同时减少库存量，达到提高库存物资利用率，而降低生产成本是成本控制的目的。

9.1.3 库存的分类

（1）库存按其在生产中的作用分类

a. 主要原材料　主要原材料是指直接用于生产过程，构成基本产品实体的材料，主要包括：铸铁、铸钢、钢材、木材、塑料和有色金属材料等。

b. 辅助材料　指用于生产过程，能够帮助产品生成，但本身并不加入产品，或者加入产品但并不构成产品主要实体的各种物资。辅助材料还可以进一步细分为工艺用辅助材料（如型沙等），设备用辅助材料（如润滑油、皮带蜡），工人劳动护具以及包装材料等。

c. 燃料和动力　指生产过程中耗费的能源动力资源。通常包括石油、煤炭、木材、电力、蒸汽、压缩空气等。

d. 维修用备件　指设备维修中需要经常更换的易损零件，包括轴承、齿轮、丝杠等。

（2）按库存物资存在状态分类

a. 原材料库存　指已购入的尚未开始加工的原材料。

b. 成品库存　指已经生产完毕但尚未卖出的产成品。

c. 零部件库存　指已经加工完毕但尚未组装的零部件。

d. 备件库存　指在设备维修中需要经常更换的易损零件。

e. 在制品库存　指生产中正处于被加工状态的工件。

（3）按库存用途分类

a. 经常性库存　指企业前后两次订货时间间隔期内，为保证正常生产所必须耗用的物资储备量。

b. 安全库存　指企业为防止由于原材料供应商生产或运输过程可能出现延误而设置的物资储备量。

c. 季节性库存　指企业为防止季节性变化影响进货或销售而设立的物资储备量。

不同的库存分类方法，适用于不同的库存管理用途。将库存按其在生产中的作用进行分类，能够较好地反映生产运作过程中的产品增值变化的情况。同时，由于此种分类方法与会计科目的设置较为相近，因此与企业的生产成本控制关系密切，通常用于计算产品成本和流动资金的运用。而按库存物资存在状态进行分类，主要着眼于库存控制与生产系统的设计方面。按库存用途分类的方法主要用于库存决策的分析。

9.2　库存控制决策与库存成本

一方面，生产系统在不断地耗用库存物资，生产出社会需要的产品，库存物资呈逐渐减少的态势；另一方面，企业又不断地购进物资，补充库存，满足生产需要。因此，企业的物资库存量处于不断的变化状态之中，如何在保证生产正常进行的前提下，不过多地积压物资，即如何将库存水平控制在预期的水平上，是库存控制的核心。

9.2.1　库存控制决策的内容

在生产需求一定的条件下，平均库存水平是由每次的订货量决定的，如果每次订货数量较大，虽然订货次数相应减少，但平均库存水平仍比较高。图 9.1 表明了订货量变化对平均库存水平的影响示意图，从图中可见，当每次订货批量为 M 时，平均库存水平为 M/2，而当每次订货批量为 M/2 时，平均库存水平降为 M/4，但其进货的次数明显增加。尽管图 9.1 是在生产需求均匀的假设前提下产生的，但我们仍然可以从中得出如下的推论：平均库存量与需求速度和进货速度有关，当需求速度一定时，生产系统的管理者可以通过对进货速度的控制，将生产系统的库存水平维持在一个预期的水准上，而进货速度是由进货的批量与频度共同决定的。因此，从本质上说，库存控制的基本决策主要包括以下内容。

（1）确定相邻两次订货的间隔时间。

（2）确定每次订货的订货批量。

（3）确定每次订货的提前期。

（4）确定库存满足供货的服务率，如满足用户需求的服务水平的控制。

库存控制决策的目标是在企业现有资源约束下，以最低的库存成本满足预期的需求。

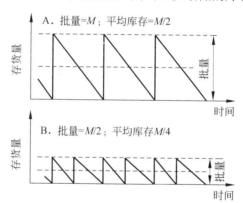

图 9.1　订货量变化对平均库存水平的影响示意图

9.2.2　影响库存控制决策的因素

在影响库存控制决策诸多因素中，生产系统对物资的需求特性是需要优先考虑的因素。

（1）需求特性因素

需求分为确定需求与非确定需求两大类,如果生产系统对物资的需求是可以预先确定的，则称之为确定需求，反之则称为非确定需求。相比之下，确定需求的生产系统的库存控制相对容易，管理者只要保证进货的速度与需求消耗速度保持同步，便能维持合理的库存水平；而非确定需求的生产系统的库存控制较为复杂，由于需求状况无法预先准确估计，因此，管理者在考虑正常需求的同时，还要考虑保持一定的安全库存储备。

需求还可分为有规律变化需求与随机变化需求两大类，如果生产系统中物资需求的变化有规律可循，管理者在进行库存控制时，可以根据需求的变化规律准备库存物资，需求旺季增大库存量，淡季则降低库存量，使得系统的整体库存水准处于合理水平。如果生产系统对物资的需求是随机的，无法较为准确地预测，则需在设定经常性库存的基础上，进一步建立额外的安全库存，以应付突然出现的需求变化。

需求也可分为独立性需求与相关性需求两大类，如果一种物资的需求与其他物资的需求无关，则称之为独立性需求，反之则称为关联性需求。事实上，生产系统耗用的各种物资间均存在着一定的关联性，因此，在进行企业的生产计划时，通常考虑需求的关联性。由于现有的研究手段与数学工具的限制，目前在进行库存控制决策时，多从独立性需求的前提下展开，并借此简化问题，以便快捷有效地获得优化方案。

需求是否具有可替代性，也是库存控制决策必须考虑的因素之一。如果一种物资可以用多种其他物资替代，且替代物资很容易获得，则该物资的库存量可以少些。反之，该物资的库存量应该多设一些。

（2）订货提前期

订货提前期是影响库存控制决策的另一重要因素，订货提前期是指从发出生产或订货指令到订购物资交货入库需要的时间间隔。订货提前期可以是确定的，也可以是不确定的，因此，在考虑何时订货的决策时，该物资的订货提前期是一项要考虑的重要因素。

（3）自制与外购

许多情况下，企业在选择物资来源时既可以考虑外购，同时也可以考虑自制，一般来讲，如果采用从专业生产厂家购买企业生产所需物资的方式，由于专业厂家的生产规模较大，生产成本较低，生产效率高，从经济角度讲，完全可能获得良好的效果。同时，由于每次订货的数量可以根据企业的实际需要灵活掌握，管理起来也比较容易，有利于降低企业内部的库存物资的总量。如果企业采用自制的方式生产所需的零部件，便可以自己控制生产过程，按期交货的把握较大，同时能够发挥企业的闲置生产能力，为企业分担部分固定成本的支出。缺点是增加了在制品库存，占用了部分宝贵的资金。因此，选择自制还是外购途径进货，要视情况而定。自制和外购是企业进行库存控制的重要调节手段。

（4）服务水平

服务水平是指顾客提出订货要求时，企业能够满足用户需求的可能性。如果整个生产系统任何时候均能满足全部用户的订货需求，则其服务水平为100%，如果能满足95%的需求，则其订货服务水平为95%，也可以称此时的生产系统的缺货概率为5%。由于用户需求通常无法准确预测，企业如果要提高系统的服务水平，常采用增大库存储备的方法提高系统的服务水平。当用户需求急剧增加时，企业生产可能一时无法满足用户需求的增长，可以通过动用库存满足用户需求。库存量越多，及时满足供货的可能性越大，同时也意味着企业要占用更多的资金，付出更高的库存成本。因此，对企业而言，盲目地提高服务水平并不一定会给企业带来期望的经济效益，如何将服务水平定位到一个合理的水平，是企业进行库存控制决策时必须要考虑的。

9.2.3　库存成本

库存管理的主要目标之一就是对生产成本进行控制，因此，库存成本是库存控制决策时需考虑的主要因素，由于其在库存控制过程中的作用特殊，现将其单独分类介绍如下：

（1）订货成本或调整成本

订货成本指企业为补充库存而进行订货时发生的各种费用之和，通常包括订货手续费、物资运输装卸费、验收入库费、采购人员差旅费以及通信联络费等。订货成本的一个共同特点是费用仅与订货次数有关，而与订货批量不发生直接的联系，换言之，生产系统的订货成本总值主要由企业订货的次数决定，随订货次数增加而增加。

与外购时发生的订货成本相似，企业自制生产资料时发生调整成本，调整成本的产生主要是由于生产系统在转换生产的产品时，通常对设备进行调整而造成短期的停工，同时改产的初期生产效率通常也较低，上述损失统称为调整成本，主要与生产调整的次数有关，而与每次决定自制产品的产量关系不大。

（2）存储成本

存储成本是物资在存储过程中发生的成本，主要包括物资在存储过程中发生变质、损失、丢失等自然损失的费用、库存物资占用资金的成本，以及仓库运营管理的人工费、税金的支出。存储成本的多寡，主要取决于库存物资的存量多少与库存时间长短。考虑库存量时，不仅要考虑库存物资的体积、数量等指标，同时还要考虑库存物资的价值。前者主要考虑人工费、场地占用等因素，后者侧重考虑资金的占用成本。但有一点是肯定的，即存储成本与库存量成正比关系。

（3）购置成本

即购买物资耗费的货款。当生产系统外购生产物资时，如果供应商采用差别定价策略，为用户提供批量折扣，则采购方可以通过增加每次订货的批量，获得价格优惠，降低总购置成本。购置成本是库存成本的组成部分，影响订货决策。

（4）缺货成本

即由于无法满足用户的需求而产生的损失。缺货成本由两部分组成，其一是生产系统为处理误期任务而付出的额外费用，如赶工的加班费、从海运改为空运产生的额外运费负担等。其二是误期交货对企业收入的影响，包括误期交货的罚款等。上述损失是可以用金钱衡量的，而由于企业缺货无法满足用户的需求，导致销售损失和丧失市场领地的后果更为可怕，影响更久远。

在上述四种库存成本中，在需求确定的前提下，增大每次的订货批量有利于降低订货成本、购置成本、缺货成本，但是订货批量的增加通常会导致库存量的增加，引起存储成本的上升。如何合理控制库存，使库存总成本最低，是库存控制决策的目标。

9.3 库存控制模型

库存控制的基本模型分为两种：一种是连续检查控制法，侧重库存量的连续观测，并以此作为库存控制的主线；另一种是周期检查控制法，通过固定时间间隔的检查，达到控制库存的目的。

9.3.1 连续检查控制模型

采用连续检查控制方式的生产系统（Q system），在每次物资出库时，均盘点剩余物资，检查库存量是否低于预先设定的订货警戒线，如果低于订货警戒线，则应该发出订货指令。由于从订货指令发出到所购物资到货入库，通常需要一段时间，在此期间库存储备不断减少，物资不断地投入生产环节，转换成产品，直到库存储备降到最低点。当订货物资到货时，库存储备得到补充，达到最大值。上述库存储备的变化周而复始，图 9.2 表明了此种控制方式下的库存变化状况。

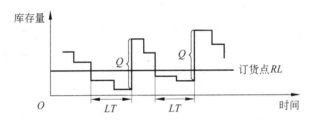

图 9.2　连续检查控制方式下的库存变化示意图

从图中可见，一个企业采用连续检查控制方式后，其库存控制存在如下特点：①每次订货批量 Q 通常是固定的，批量大小选择时主要考虑总库存成本最低的原则；②每相邻两次订货的时间间隔通常是有变化的，其大小主要取决于需求量的变化情况，需求大则时间间隔短，需求小则时间间隔长；③订货提前期 LT 基本不变，订货提前期是由供应商的生产与运输能力等外界因素决定的，与物资的需求情况没有直接的联系，故通常认为是一个常数，图中用符号 L 表示。从图中可见，尽管每次发出订货指令时库存储备基本相等，从订货一直到交货的时间间隔也相同，但由于需求可能时时发生变化，造成库存储备的实际最大或最小值时高时低，并不稳定。基于上述特点，连续检查控制方式的库存控制要点是订货批量的确定与订货警戒线的设立，前者影响整个库存平均水平，后者影响服务水平。

对于下述情况，可以考虑采用连续检查控制方式实行库存控制。

（1）所储物资具备进行连续检查条件。并非所有的物资都能很方便地随时进行检查，具备进行连续检查条件是选用连续检查控制方式的前提条件。

（2）价值较低的非重点控制物资。价值虽低但需求数量大的物资以及价格昂贵物资均是需要严格重点控制的物资，应该考虑采用连续检查控制方式控制。前者是因为此类物资价低量大，采用连续检查控制方式的一些较易实施的方案可以简化控制程序；后者是因为连续检查控制方式可以及时搜集库存信息，较灵活地优化库存控制与管理。

（3）市场上易于采购的物资。采用连续检查控制方式，订货的时间无法确定，因此连续检查控制方式适用于市场上随时可以采购到的物资。

连续检查控制方式常采用收发卡片法或双堆法确定订货时机。

① 收发卡片法。收发卡片法顾名思义就是用特别设计的收发卡片控制订货时间的方法。收发卡片上通常标有物资代号、名称、规格、货位、最低库存储备量以及物资进出库的时间、数量、领料单位等信息。库存管理人员可以通过查看收发卡片上现有库存量与最低库存储备量等基本信息，决定是否订货或何时订货。

② 双堆法。采用该方法的企业，在每次进货时，均将物资分成两部分储备，一部分作为订货点的库存储备，单独存放。其余的作为经常性储备，供日常发料之用。一旦在发料过程中发现经常性储备使用殆尽时，则动用留作订货点的库存储备物资，同时马上发出订货指令。相比之下，双堆法操作起来更为直观简单。

实际生产中，部分企业综合了收发卡片法和双堆法优点，采用了一些更灵活实用的方法。例如，有的企业将收发卡片改造成旋转式卡片，通过卡片的旋转表示出物资的现有库存储备量，当库存储备小于订货点储备量时，卡片上显示出醒目的红色，给出订货提示。

9.3.2 周期检查控制模型

周期检查控制方式（P system）采用定期盘点库存，并根据库存情况，结合下一计划期预计的需求情况确定每次的订货批量，如果目前库存储备较少，或者预计需求将增加时，可以适当地增加订货批量，反之则可以减少订货批量。图 9.3 表明了周期检查控制方式下的库存变化情况。

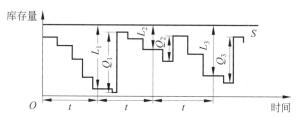

图9.3　周期检查控制方式下的库存变化示意图

从图中可见，每相邻两次订货的时间间隔 t 是固定的，因此，此控制方式也称为固定订货期系统。与订货期固定相反，订货批量通常是变化的。此种控制方式的关键是确定订货间隔期。由于周期检查控制方式采用固定的订货间隔期，通常按月或季来划分，有利于企业科学管理。例如，采用周期检查控制方式的企业从客观上比较容易制订出统一的采购计划，将一段时间需要采购的物资汇总采购，更容易获得价格优惠。

具有下列特点的物资可以考虑采用周期检查控制方式实行库存控制。

（1）需要定期盘点和定期采购或生产的物资。这些物资主要指需要成批生产的各种原材料、配件、毛坯和零配件等。企业在编制上述物资的生产计划或采购计划时通常要考虑现有库存的情况，由于计划是定期制订并执行的，因此，这些物资需要定期盘点和定期采购。

（2）具有相同供应来源的物资。此处具有相同供应来源的物资是指同一供应商生产或产地在同一地区的物资，由于物资来源的相似性，采用统一采购策略，不仅能够节约订货和运输费用，而且可以获得一定的价格折扣，降低购货成本。定期检查存货可以保证统一采购的顺利进行。

（3）需要计划控制的物资。价值较高的物资由于占用较多的资金，需要通过计划控制库存数量，达到优化库存成本的目的。因此，此类物资的生产与采购通常纳入计划管理，多采用与计划期同步进行的周期检查控制方式控制。

9.3.3　库存重点控制方法——ABC 分析法

由于企业的库存物资种类繁多，对企业需用的全部物资进行管理是一项复杂而繁重的工作，使管理者有限的精力过于分散，只能进行较落后的粗放式库存管理，管理效率低下。因此，在库存控制工作中，应该强调重点管理的原则，将管理重心放在重点工作上，对重点物资加强管理，ABC 分析法便是库存重点控制的常用方法之一。图 9.4 为一个化纤企业库存物资累计占用资金的统计图，从中可以看出少数种类的库存物资占用了大量的流动资金。这些物资无疑应该是库存成本控制的要点，搞好这些重点物资的控制与管理，便搞好了整个企业的库存管理。基于上述认识，物资管理的 ABC 分析法应运而生。该方法的基本思路是，将企业的库存物资按其占用资金的多少，依次划分为 A、B、C 三大类，并通过对不同的库存物资采用不同的管理方法，增强管理的针对性，达到简化管理程序，提高管理效率的目的。

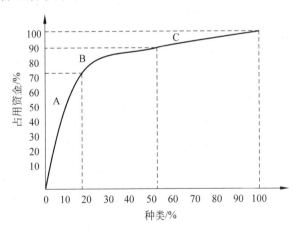

图 9.4　库存物资与资金占用关系图

通过对企业库存物资的情况调查统计，发现多数企业的库存物资中各类物资可按如下比例分类：A 类物资占用企业库存资金最多，其品种数虽仅占库存物资总数的 10%～20%，但占用的库存资金通常可达 70%～80%；B 类物资是占用企业库存资金次多，其品种数可占到库存物资总数的 20%～25%，占用的库存资金通常在 15%～20%；C 类物资是企业物资中品种数最多的，其品种数可占到库存物资总数的 60%～65%，而 C 类物资占用的库存资金的总和却仅为 5%～10%。

进行 ABC 分类的具体步骤如下所述。

（1）首先根据企业的库存物资信息，将各库存物资占用资金的情况进行汇总，计算出各种物资占用库存资金比例。

（2）根据占用资金情况，按从多到少的顺序依次排列，表 9.1 是对图 9.4 数据进一步整理的结果。

（3）考虑占用资金情况，将各种物资归入相应的类别，完成分类。表 9.2 是对表 9.1 数据进行分类处理后的结果。

表 9.1　资金占用量排序

物资编号	年均资金占用量/元	占用资金比例/%
22	95 000	40.8
68	75 000	32.1
27	25 000	10.7
03	15 000	6.4
82	13 000	5.6
54	7 500	3.2
36	1 500	0.6
19	800	0.3
23	425	0.2
41	225	0.1
合计	233 450	100.0

表 9.2　库存物资 ABC 分类

物资类型	物资编号	年均资金占用量/元	占用资金比例/%
A	22 68	170 000	72.9
B	27 03 82	53 000	22.7
C	54 36 19 23 41	10 450	4.4
合计		233 450	100.0

对库存物资进行 ABC 分类后，企业可以对不同类别的物资，视情况采取不同的控制策略。A 类物资是控制工作重点，应该严格控制其库存储备量、订货量、订货时间，在保证生产的前提下，尽可能地减少库存，节约流动资金。B 类可以适当控制，在能力所及的范围内，适度地减少 B 类库存。C 类物资可以放宽控制，增加订货量，加大相邻两次订货的时间间隔，在不影响库存控制整体效果的同时，减少相关的工作量。

在选择连续检查控制方式还是周期检查控制方式时，物资类别是考虑因素之一。一般而言，A 类物资采用连续检查控制方式较好，而周期检查控制方式较多地应用于 C 类物资管理。

需要再次指出，在实际的库存物资分类工作中，考虑占用资金情况的同时，要兼顾供货以及物资重要程度等因素，一些特别关键的或供应较难保障的物资，虽然占用资金较少，但需要按 A 类物资对待。例如，某些关键的设备备件，尽管价值不高，但对维持企业正常运转非常重要，一旦没有保持足够的库存量，设备出现故障时将无法及时排除，造成企业重大经济损失。另一些在供应过程中较难控制的物资，管理者也必须保持足够的库存储备，控制好订货提前期，以备供应出现问题时，企业不至于停产。

9.3.4 库存控制思想的发展

上述介绍的内容主要是一些经典的库存控制方法与理论，近几十年，随着人们对库存的认识的深入，库存控制思想不断地发展变化，特别是日本汽车企业采用准时制生产方式（JIT）的成功，使库存控制思想发生很大的转变。

首先，这种转变表现在对库存的认识上。传统的库存控制思想是基于对库存如下的认识，即库存对企业极为必要，保持一定数量的库存有助于使企业的生产效率更高。而日本人却认为：库存从某种角度看是一种浪费，同时也为掩盖管理工作的失误提供了方便，甚至产生出库存是万恶之源的说法，因而 JIT 生产方式中提出了零库存的概念。

其次，这种转变也表现在对库存的控制范围上。传统的库存控制将控制的重点放在控制生产系统的整体库存水平，达到降低总成本的目的。而在采用 JIT 生产方式的企业，库存控制涉及整个生产过程的每个工序，不仅要力图减少原材料库存，而且要控制在制品库存、部件库存和成品库存，控制范围更广。

再者，这种转变还表现在库存控制的机理上。传统的库存控制主要通过人工控制，而 JIT 通过精心设计的生产系统的自我调节能力，来实施库存控制。

9.4 库存控制决策的定量分析方法

如前所述，常用的库存控制策略分为连续检查控制方式和周期检查控制方式两大类，采用前一类控制方式的系统，由于每次订货量固定，又称固定订货量系统；而采用后一类控制方式的系统，由于每相邻两次订货的时间间隔固定，订货期相对固定，又称固定订货期系统。结合系统需求情况，确定或非确定，构成了不同的库存控制环境。本节将介绍在不同系统环境下的库存控制决策的定量分析方法。

9.4.1 确定性固定订货量系统

理论上讲，严格的确定性固定订货量系统应该具有如下的特点：
（1）需求稳定，单位时间内的系统需求恒定；
（2）订货提前期 L 不变；
（3）每次订货批量 Q 一定；
（4）每批订货一次入库，入库过程在极短时间内完成；
（5）订货成本、单件存储成本和单价固定不变；
（6）不允许出现缺货现象。

在上述条件下，系统的库存储备随时间的变化情况如图 9.5 所示，此时，库存控制决策的目的就是要确定合适的订货批量 Q 与订货点 R，最终降低库存总成本。由于不会出现缺货现象且物资采购单价固定不变，导致购置成本固定不变，缺货成本为零，均可以不予考虑，仅考虑订货成本和存储成本对总库存成本的影响。

在前面的内容中，已经介绍了订货成本和存储成本对总库存成本的影响，增大每次的订货批量有利于减少订货次数，降低订货成本。但订货批量的增加通常会导致平均库存量的增加，引起存储成本的上升，此时的总库存成本与订货量的变化关系见图9.6。如何合理控制库存，使库存总成本最低，关键是兼顾订货成本和存储成本，寻求最佳的订货批量，又称其为经济订货批量。

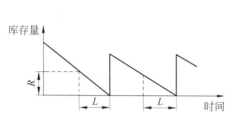

图9.5　确定性固定订货量系统

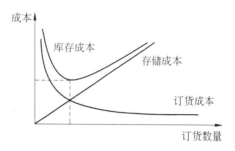

图9.6　订货量变化对订货成本和存储成本的影响

（1）经济订货批量的确定

现暂定计划期为一年，年需求量为 D，订货批量为 Q，每次订货的成本为 C，物资的定购单价为 P，年存储费率为 H。此时，年订货次数等于 D/Q，平均库存量为 $Q/2$，年订货成本可用公式表述为

$$年订货成本 = C\frac{D}{Q}$$

年存储成本则为

$$年存储成本 = PH\frac{Q}{2}$$

年库存总成本 TC 为年订货成本与年存储成本之和，即

$$TC = C\frac{D}{Q} + PH\frac{Q}{2}$$

（9.1）

利用微分法进行求解，对决策变量 Q 求一阶导数，并令其为零，可得 Q 的最优解 EOQ 如下：

$$\frac{\partial(TC)}{\partial Q} = -\frac{DC}{Q^2} + \frac{PH}{2} = 0$$

（9.2）

$$EOQ = \sqrt{\frac{2DC}{PH}}$$

（9.3）

对式（9.2）再次求导，得到年库存总成本的二阶导数为

$$\frac{\partial^2(TC)}{\partial Q^2} = \frac{2DC}{Q^3}$$

（9.4）

从式（9.4）中可见，由于 C、D、Q 均大于零，故始终有 $\partial^2(TC)/\partial Q^2 > 0$，由此证明式（9.3）求得的订货量 EOQ 是使年库存总成本为最小的经济订货批量。

例 9.1 某企业每年需要耗用 1 000 件的某种物资,现已知该物资的单价为 20 元,同时已知每次的订货成本为 5 元,每件物资的年存储费率为 20%,试求经济订货批量、年订货总成本以及年存储总成本。

解: 经济订货批量等于

$$EOQ=\sqrt{\frac{2DC}{PH}}=\sqrt{\frac{2\times1\,000\times5}{20\times0.2}}=50（件）$$

年订货总成本等于

$$C\frac{D}{EOQ}=5\times\left(\frac{1\,000}{50}\right)=100（元）$$

年存储总成本等于

$$\frac{EOQ}{2}PH=\frac{50}{2}\times20\times0.2=100（元）$$

从计算结果可以发现,以经济订货批量订货时,年订货总成本与年存储总成本相等,此现象并非巧合,读者可以通过将式（9.3）中的 EOQ 分别代入订货成本与存储成本,发现二者此时其实相等。

（2）订货点的确定

通过确定经济订货批量,为管理者选择合适的订货批量及订货间隔期,做出正确的库存控制决策提供了辅助决策信息。下一步工作是在确定订货批量及订货间隔期的基础上,确定何时发出订货指令,即确定订货点。

从图 9.5 表述的确定性固定订货量系统特点可见,由于需求稳定,单位时间内的系统需求 d 恒定已知,且假定从发出订货指令到交货的时间间隔即订货提前期 L 一定,因此,订货点处的库存储备量 R 可以通过 d、L 计算确定。

$$R=dL \tag{9.5}$$

式中:

d ——单位时间内的系统需求,常用日需求量;

L——订货提前期,常用日为单位。

例 9.2 以例 9.1 数据为背景,假定每年有 250 个工作日,订货提前期为 10 天,求其订货点的库存储备量。

解: 订货点的库存储备量为

$$R=dL=\frac{1\,000}{250}\times10=40（件）$$

（3）考虑批量折扣因素的经济订货批量

为简化问题,上述计算只考虑库存成本的四大组成部分的前两项,暂时没有考虑批量折扣和缺货成本对经济批量的影响。下面我们将举例说明如何综合考虑存储成本、订货成本和批量折扣的影响,确定经济批量的方法。针对缺货成本的分析方法将在研究非确定性固定订货量系统时详细介绍。

例 9.3 仍以例 9.1 的数据为背景,不同的是该物资的单价随每次的订货量增加而略有下降。当订货批量不超过 40 件时,单价为 22 元;订货批量在 41~80 件时的单价为 20 元;订货批量超过 80 件时的单价为 18 元,试求此种条件下的经济订货批量是多少。

解：首先，用不同的单价可以得到三条不同的库存成本曲线，如图9.7所示。

当单价为22元时：

$$EOQ_1 = \sqrt{\frac{2 \times 1\,000 \times 5}{22 \times 0.2}} = 47.67 \approx 48 \text{（件）}$$

此曲线在 $0 \sim 40$ 件的订货量区间内有效。以 Q 表示订货批量，可以看出，在此区间内，订货批量 $Q = 40$ 件时，总库存成本最低。

$$TC = PH\frac{Q}{2} + C\frac{D}{Q} + PD = 22 \times 0.2 + \frac{40}{2} + 1\,000 \times \frac{5}{40} + 22 \times 1\,000 = 22\,213 \text{（元）}$$

当单价为20元时：$EOQ_2 = \sqrt{\frac{2 \times 1\,000 \times 5}{20 \times 0.2}} = 50 \text{（件）}$

此曲线在 $41 \sim 79$ 件的订货量区间内有效。由于经济批量等于50件，正好在有效区间内，故最低总库存成本为

$$TC = PH\frac{Q}{2} + C\frac{D}{Q} + PD = 20 \times 0.2 + \frac{50}{2} + 1\,000 \times \frac{5}{50} + 20 \times 1\,000 = 20\,200 \text{（元）}$$

当单价为18元时：$EOQ_3 = \sqrt{\frac{2 \times 1\,000 \times 5}{18 \times 0.2}} = 52.7 \approx 53 \text{（件）}$

此曲线在 $80 \sim 1\,000$ 件的订货量区间内有效。当订货批量 $Q = 80$ 件时总库存成本最低，为

$$TC = PH\frac{Q}{2} + C\frac{D}{Q} + PD = 18 \times 0.2 + \frac{80}{2} + 1\,000 \times \frac{5}{80} + 18 \times 1\,000 = 18\,142.5 \text{（元）}$$

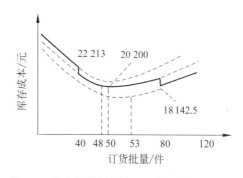

图9.7　考虑批量折扣情况下的经济订货批量

图 9.7 反映出上述三条库存曲线间的相互位置，三条曲线的实线段拼接出整个问题完整的有解区间，整个有解区间中成本最低点所对应的订货量便是此时的经济订货批量，即每次订货80件可以使总库存成本最低。

9.4.2　非确定性固定订货量系统

尽管确定性固定订货量系统的决策分析方法较简便，但由于假设条件较多，与实际生产系统的情况出入较大，影响了其实用价值。不同于确定性固定订货量系统，非确定性固定订货量系统由于无法准确预测系统的需求变化，也无法阻止缺货现象的发生，故如何确定有缺货情况发生条件下的经济订货批量，是非确定性固定订货量系统库存控制

决策分析研究的重点之一。

事实上，非确定性固定订货量系统的决策分析一个重要问题是考虑通过建立安全储备量，如何控制缺货发生的频度，保证生产系统的服务水平。因此，订货点的库存储备量由经常性库存储备和安全储备共同组成。

所谓安全储备量是指为防止供应或需求发生变化而产生缺货而特别储备的额外库存。

尽管非确定性固定订货量系统的需求以及物资供应均无法准确地提前预计，但通过对历史数据的统计，缺货发生的大致情况是可以描述的，下面举例说明非确定性固定订货量系统确定订货点的过程与原理。

例 9.4 已知某企业每次的经济订货批量为 50 件，订货提前期为 10 天，按平均需求量计算，应该在库存储备量为 40 件时开始订货，实际需求的变化情况见表 9.3，如果该生产系统要保证 95% 以上的服务水平，应该设定多大的安全储备量。

表 9.3 实际需求的变化情况

需求量（件）	<37	37	38	39	40	41	42	43	44	>44
剩余库存（件）	>3	3	2	1	0	−1	−2	−3	−4	<−4
发生概率	0.022	0.063	0.092	0.151	0.191	0.190	0.153	0.090	0.027	0.022
累积概率	0.022	0.085	0.177	0.328	0.519	0.709	0.862	0.952	0.978	1.000

分析：从表中数据可知，需求量为 40 件或 41 件的概率最大，库存出现过多或过少的机会又基本上相等，故得知提前期的平均需求量为 40 件。但如果将订货点简单地定为 40 件，则只能有 52% 的把握保证不发生缺货问题，远远无法达到服务水平的要求，因此，必须考虑增设安全储备量。如果增设 1 件安全库存，加上经常性库存 40 件，发出订货指令时总的库存量为 41 件，在此条件下，10 天间的需求只要不超过 41 件均不会缺货。查表 9.3，发现历史上 10 天需求量不超过 41 件的概率为 70.9%，故此时的服务水平亦为 70.9%。同理可知当安全储备量分别为 2、3、4 件时，生产系统的服务水平分别为 86.2%、95.2% 和 97.8%。因此，安全储备量选择 3 件为佳，即可满足服务水平的要求，同时也保证总库存水平较低，减少库存总成本。

解： 订货点的库存量 ＝提前期平均库存量 ＋ 安全库存量＝40＋3（件）

补充一点，通过研究发现，非确定需求多服从正态分布，例 9.4 的需求变化便是典型的正态分布，因此，上述的解题过程可以运用概率论的数学原则，通过查表的方式简化计算过程。

9.4.3 固定订货期系统

在需求确定的情况下，采用连续检查控制方式或周期检查控制方式，其实际的库存控制策略是相同的，但在需求不确定的情况下，采用周期检查控制方式，其库存控制决策的基本机理不同于前两种系统，采用固定的订货周期，每次的订货批量根据现有库存量不同，随需求变化而变化（参见图 9.3），形成所谓的固定订货期系统。

在固定订货期系统中，库存控制决策需要确定的是订货周期和目标库存水平。

（1）订货周期的确定

确定订货周期通常考虑生产经验，并尽可能与计划的周期同步，常见的订货周期是月或者季度，以便于定期进行盘点和采购物资。当然，根据经济订货批量计算出的经济订货次数也可以作为确定订货周期的参考因素。

$$经济订货次数＝年需求量/经济订货批量$$
$$订货周期＝1/经济订货次数$$

（2）目标库存水平的确定

由于固定订货期系统的库存储备量的变化波动较大，因此，一旦订货周期确定后，日常的库存控制工作主要是确定每次的进货量，控制库存的总体水平。此时的订货批量，要满足用于两方面用途，一是满足订货周期加上订货提前期内的平均需求量，另一部分用于满足安全储备之用。具体的计算原则与非确定性固定订货量系统的订货点计算原则相似，只在具体的计算处理上有部分区别。如计算经常性库存量时，不仅要满足下一订货周期的经常性需求量，同时还要考虑订货周期内的需求量波动的大小情况。

9.4.4　单时间阶段随机需求库存模型的经济分析

针对需求不确定且库存产品的可销售时间是有限的情况，通常所遇到的问题是，一方面为了避免因库存缺货（销售损失）而持有较高的库存量，另一方面由于持有的库存量大于需求使得销售期间部分产品未能及时售出而造成损失和浪费。诸如报纸、新鲜食品、圣诞节礼品或季节性时装等销售时间性非常强的商品都属于此类。这类问题通常也被称为"报童问题"。在考虑这类产品库存的数量时，决策者必须优化缺货成本（销售损失）与过剩库存成本的关系，以达到期望销售利润最大（或库存总成本最低）的目的。在库存产品的需求分布为已知的情况下，我们可以利用边际分析的方法来帮助解决此类问题。

为分析起见，设：

D——销售期间库存产品的需求量，为连续随机变数；

$f(D)$——需求量 D 的概率密度函数，为已知；

c_0——销售期末一个单位产品的过剩库存所造成的损失；

c_u——销售期间单位产品的销售利润。

我们需要确定在销售开始时应当通过生产或购货备有多少库存为宜，从而使整个销售期间库存产品的期望销售利润达到最大。以 Q 表示销售期初的产品库存数量，需求量不低于产品库存时，即 $D \geq Q$，此时库存产品全部售出，没有损失，产品销售利润为 $c_u Q$。当需求小于产品库存时，即 $D < Q$，此时因库存产品不能及时售出所造成的损失为 $c_0(Q-D)$，产品销售利润为 $c_u D - c_0(Q-D)$。

以 $\pi(Q)$ 表示产品的期望销售利润，其数学表达式如下：

$$\pi(Q) = \int_0^Q \left[c_u D - c_0(Q-D) \right] f(D) \mathrm{d}D + \int_Q^\infty c_u Q f(D) \mathrm{d}D \tag{9.6}$$

使产品期望销售利润达最大的产品库存量 Q^* 必须满足如下条件：

$$\frac{\mathrm{d}\left[\pi(Q) \right]}{\mathrm{d}D} = -c_0 \int_0^{Q^*} f(D) \mathrm{d}D + c_u \int_{Q^*}^\infty f(D) \mathrm{d}D = 0$$

由于

$$\int_Q^\infty f(D)\,\mathrm{d}D = 1 - \int_0^Q f(D)\,\mathrm{d}D$$

由此可得销售期初产品库存量为最佳时所必须满足的关系为

$$\int_0^{Q^*} f(D)\,\mathrm{d}D = \frac{c_u}{c_u + c_0} \tag{9.7}$$

以 $F(D)$ 表示需求 D 的累计概率分布函数，则由式（9.10）可得

$$F(Q^*) = \frac{c_u}{c_u + c_0} \quad 当 D \leqslant Q^* 时 \tag{9.8}$$

上式说明，给定销售期间内的需求至多达到最优库存量 Q^* 的概率等于 c_u/c_u+c_0。

对式（9.6）求二阶导数可得

$$\pi''(Q) = -(c_u + c_0)f(Q) < 0$$

可见，产品库存量的最优解 Q^* 是唯一的。

例 9.5　考虑连续分布的情况，假设在给定销售期间内需求 D 服从正态分布，其均值 $\mu=800$，均方差 $\sigma=100$。又设单位产品的销售利润 $c_u=4$ 元，单位库存产品未能及时售出造成的损失 $c_0=0.8$ 元。问需要多少产品库存为宜？

解：根据式（9.8），有

$$F(D \leq Q^*) = \frac{c_u}{c_u + c_0} = \frac{4}{4+0.8} = 0.833$$

查正态分布表可得

$$z = \frac{Q^* - \mu}{\sigma} \approx 0.97$$

$$Q^* \approx z\sigma + \mu = 0.97 \times 100 + 800 = 897 \quad （件）$$

亦即销售期间的最优库存量大约为 900 件。

对于最佳库存量的确定，还可以通过边际分析的方法来求得。假如在某一特定环境下，如果假定增加产品库存并仍能够及时售出的概率为 p，则预计的边际收益期望值为 $c_u p$，预计的边际损失期望值为 $c_0(1-p)$，显然，只有当收益值不低于损失值时，才可能追加库存，否则将得不偿失。亦即当 $c_u p \geqslant c_0(1-p)$ 时，可以考虑增加库存。通过简单的数学计算，可以得出以下追加库存的前提条件如下：

$$c_u p - c_0(1-p) \geqslant 0$$
$$p(c_u + c_0) \geqslant 0$$
$$p \geqslant \frac{c_0}{c_u + c_0} = 1 - \frac{c_u}{c_u + c_0} = 1 - F(Q^*) \tag{9.9}$$

上式说明在给定需求概率分布条件下，库存产品能够出售的概率 p 不得低于需求大于库存量的概率分布值，换言之，只要出售最后一个库存产品的概率满足上式，就可以继续增加产品库存数量，此时边际销售利润大于或等于边际损失。

例 9.6　某酒吧老板每天都要从啤酒厂购进鲜啤酒，每桶进价为 450 元，以扎啤的方式售出时，每桶售价为 1 450 元，当日未能出售的啤酒必须倒掉，表 9.4 中给出了通过历史统计得出的酒吧每天销售啤酒量的概率情况。

问老板进多少桶啤酒为最佳？

表 9.4　酒吧每天销售啤酒量的概率情况

每天售出啤酒达到的数量/桶	概率/p
$\geqslant 2$	0.6
$\geqslant 3$	0.4
$\geqslant 4$	0.3
$\geqslant 5$	0.1

解：出售每桶啤酒可或利润为 $c_u=1\ 450-450=1\ 000$（元），由式（9.9）可得需求大于库存量的概率分布值为

$$1-F(Q^*)=1-\frac{c_u}{c_u+c_0}=\frac{c_0}{c_u+c_0}=\frac{450}{1\ 000\times450}=0.31$$

当进 2 桶酒时，$p=0.6>0.31$，故可以考虑追加进货量。

当进 3 桶酒时，$p=0.4>0.31$，故还可以考虑追加进货量。

当进 4 桶酒时，$p=0.30<0.31$，故不能再追加进货量，因此该店每天应该购进 3 桶鲜啤酒为宜。

讨论案例

一汽 DC 柴油机厂中心库建设

中国第一汽车集团公司 DC 柴油机厂创建于 1951 年，是我国最早研制、生产柴油机的厂家之一，中国第一汽车集团公司车用柴油机生产基地，国家大型骨干企业，员工 2 300 余人，年生产能力 10 万台。生产轻、中、重车用发动机，主导产品为 498、6110、6113、6118 四大系列，功率覆盖面 62～220kW（85～300 马力），变型产品 130 余种。产品在满足一汽集团公司需求的同时，还与国内 30 余家汽车厂建有长期配套关系。

由于连年的生产规模扩大，厂区内原有的仓库面积明显不足，加上该厂地处市区中心地段，就近扩容根本没有可能。另一方面，库存占用资金总量已经达到空前的 6 000 余万元，较前一年的 4 800 万元有较大幅度的增加。经过工厂领导班子开会决定，在城市的边远地区建设工厂的零配件中心仓库，并决定将中心库外包给其他企业，由其独立经营，以缓解企业流动资金占用过大的问题。

柴油机体积不大，但使用的零部件相当多。根据企业现有的零部件信息库资料，当时登记入数据库的零部件共有 4 432 种。考虑到同一种零部件常常因为产品型号不同而略有不同，其相互间差别往往是非常有限，实际使用的零部件大大低于上述数字。以该厂产量较大的典型产品 6110-2 为例，共有零部件 337 种，其中标准件 123 种，实际考核部件为 214 种。从功能方面分析，比较重要部件可以分成：构成柴油机主体的缸体、缸盖、油底壳、罩板等主体构件；曲轴、活塞、连杆、齿轮等传动构件；发电机、起动机等启动构件；水泵、油泵和滤清器等供料与过滤部件；各种气管、油管等构件等几大类别。

为了保证该项工作的顺利进行，工厂将此项设计工作外包给一家专业公司新华通公司承担。新华通公司专家组在进行深入调研的基础上发现，DC 柴油机厂建设中心库项

目至少需要解决三个主要问题。

第一个问题是供应商的选择与管理问题，DC柴油机厂的供应商最高峰时有3 000余家，经过不断的优化已经减少到不到2 000家，但相对于柴油机产品的零配件种类数量而言，供应商的数量依然过多，不便于管理的同时，也丧失了一定的规模效应优势。如何通过中心库的建设，合理调整供应商队伍是管理者面临的一个重要问题。

第二个问题是中心库管理与企业计划部门协调问题。在原有的体系下，采购、库存管理和零配件的产前准备均是由企业内部的部门分工完成。建立独立经营的中心库，原有的各部门衔接困难问题，由于一个新的外部单位的参与，显得愈发困难。

第三个问题是中心库与厂区之间的零配件运输问题。由于城市规划的限制，中心库与厂区距离不会小于8公里，由于厂区内部仓储面积有限，企业管理层希望能够逐步实现零配件直送，将零配件产前准备工作在中心库内完成。这对中心库的配送能力是一个严峻的考验。

经过3个月的紧张工作，中心库设计方案终于出台。

（1）初步方案决定选取140家供应商逐步入库。根据DC柴油机厂的生产计划，提前在独立经营的DC柴油机厂中心仓库中的特定仓位，存储一定数量的零备件专供DC柴油机厂生产使用。DC柴油机厂中心库负责库内零配件的仓储管理及产前准备工作。

（2）设计出专门的中心库与企业计划部门之间的工作流程表9.5，并据此设计出一套专门的信息管理系统，协调DC柴油机厂与中心库之间的信息交换和计划执行工作。

（3）设计初步方案，要点包括以下内容。

车辆调度及人员管理归口物料管理组。每日车辆调度可参考表9.5，即两辆车间隔一小时发车，往返用时2小时，每车次运输批量为70~100台份的配套件，具体装运可结合当日排产情况适当调整。这样每日发车共计4~6次，可满足装配线当日两班用料及次日上午车间起动用料。即每日运输400台份中，约180台用于当日白班的上、下午用料，其余220台在二班上班前放于生产准备区。

实际运作中，应结合日排产的具体情况，灵活掌握中心库的备料、装车及现场投料。若有计划变更及投错料等突发情况发生，白班内可首先考虑厂内风险库存解决或紧急通知物流中心备料，并安排现场的运输车辆及时发运，二班则以风险库存调整解决。

随着物流中心的成熟运作、备料和配送的功能健全、厂内生产准备区的规划成型以及工位器具的标准化工作的推广执行，可进一步完善装运、投料的整个流程，进一步实现物料准时化直送工位，全面提高配送的效率，真正做到以时间换空间。

讨论题：

1. DC柴油机厂建设中心库为什么可以给本企业带来好处？

2. 供应商愿意帮助DC柴油机厂建设中心库吗？为什么？

表 9.5 工作流程表

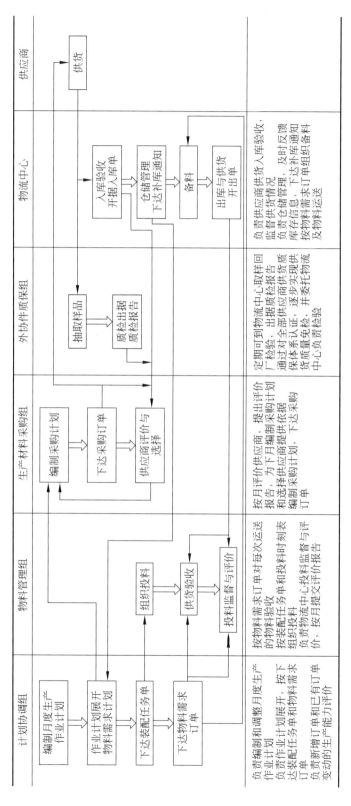

计划协调组	物料管理组	生产材料采购组	外协伴质保组	物流中心	供应商
负责编制和调整月度生产作业计划；负责作业计划展开，按下达装配任务单和物料需求订单；负责新增订单和已有订单变动的生产能力评价	按物料需求订单对每次运送的物料验收；按装配任务单和投料时刻表组织投料；负责向物流中心投料监督与评价，按月提交评价报告	按月评价供应商，提出评价报告，为下月编制采购计划和选择供应商提供依据；编制采购计划，下达采购订单	定期可到物流中心取样回厂检验，出据检验报告；通过对全部供应商供货质保体系认证，逐步实现供货质量免检，并委托物流中心负责检验	负责供应商供货入库验收，监督供货情况；负责仓储管理，及时反馈库存信息，下达补库通知，按物料需求订单组织备料及物料运送	

本章小结

　　库存管理是当前企业生产运作管理的重点内容之一。本章的第一部分介绍了库存的功能、分类等基本内容。第二部分描述了库存控制决策的内容、影响因素，以及库存成本的分类。第三部分介绍了连续检查控制模型（Q system）和周期检查控制模型（P system）两种不同的库存控制模型及 ABC 分类法，揭示了库存控制的基本机理。最后介绍了库存控制的定量分析方法，即固定订货量和固定订货期系统。

　　从全局上看，当前许多企业通过强化库存管理工作，大大降低库存量，达到降低成本，提高企业竞争力的目的；而另一些企业则将管理的重点放在满足市场需求基础上的库存优化。库存管理已经成为企业整体战略中的一个有效构成，直接影响企业运营的整体业绩。

中英文关键词语

　　连续性盘查系统（Q system）；阶段性盘查系统（P system）；经济订货批量（Economic Order Quantity，EOQ）；ABC 分析法（ABC Analysis）

参考文献

[1]　［美］保罗·齐普金. 库存管理基础. 北京：中国财政经济出版社，2013.
[2]　［美］威廉·J. 史蒂文森等. 运作管理. 北京：机械工程出版社，2016.
[3]　［美］Richard B．Chase 等. 运营管理. 北京：机械工业出版社，2011.
[4]　沃尔玛中国有限公司官网，http://www.wal-martchina.com，2018.
[5]　陈佩华. 沃尔玛在中国. 上海：复旦大学出版社，2016.

思考练习题

　　1．库存物资有几种分类方法？

　　2．库存的基本功能有哪些？企业是否可以完全消灭库存？简要论述你对"库存是万恶之源"说法的看法。

　　3．库存成本由哪几种成本组成？

　　4．库存控制的基本决策包括什么内容？

　　5．影响库存决策的主要因素有哪几种？

　　6．简述 ABC 分析法的工作原理与 ABC 分类的具体方法，为什么该法可用于库存的重点控制工作？

　　7．某企业年需要物资量为 14 400 件，该物资的单价为 0.40 元，存储费率为 25%，每次的订货成本为 20 元，一年工作 52 周，订货提前期为一周。试求：

（1）经济订货批量是多少？

（2）一年应该定几次货？

（3）全年的库存总成本是多少？

（4）订货点的库存储备量为多少？

8. 某企业年需求某种物资量为 5 000 件，购货价随订货批量增大而降低。批量在 100 件以下时，每件 5 元；批量小于 1 000 件，每件 4.50 元；批量大于 1 000 件时，每件价格为 3.90 元。如果每次的订货成本为 100 元，保管成本的比率为 20%，试求企业每次订货多少件时，整个的成本最低。

9. 民用航空公司的某一航班有座位 100 个，根据经验，在知道大约有 100 位顾客订票的情况下，订票但实际未购票人数达到或超过 3 人的概率为 0.1，正好 2 人没来的概率为 0.3，正好 1 人没来的概率为 0.5，全部购票的概率为 0.1。每卖一张机票的纯利润为 600 元，接收订票但不能售出票的赔偿为 1 000 元，问售票处应该接受多少顾客的订票最为经济？

第**10**章 生产成本管理

通过本章的学习，读者应该能够：

1. 了解生产成本管理的概念及任务；
2. 了解产品成本计算的各种方法并作比较；
3. 掌握成本决策相关理论，包括本量利分析；
4. 了解成本控制的含义、原则；
5. 掌握目标成本和标准成本的相关内容。

引导案例

某健身器材制造有限公司的成本管理困境

某健身器材制造有限公司成立于 2012 年，是一家健身器材的提供商，推行多品牌战略，经营的产品包含健身器材、商业空间道具、运动装备器材、综合训练器以及按摩椅等七大系列四百多个品种，是行业内产业链较为完整的企业之一。公司拥有现代化生产基地 12 万多平方米，员工 2 000 余人。另有在建项目工程总建筑面积 27 万平方米，规划建设厂房、办公楼等综合配套设施。企业以"传播健康、造福人类"为己任，公司通过了 ISO9001、ISO14001 质量环境管理体系认证及 OHSAS18001 职业健康安全管理体系认证、中国环境标志（Ⅱ）型产品认证。

虽然从成立之初开始，公司便有了长足的发展，取得了不错的成绩，但最近一个时期，公司业绩欠佳，管理层经过市场调研，发现别的健身器材制造企业的产品价格较自己低，但原材料、人工工资、动力费等，与本公司处于同一种水平，而如果按兄弟企业的价格销售，企业就会发生亏损。管理层意识到，本企业的成本管理出了问题。为此，公司特意高薪聘请了高级会计师范某为公司进行作业分析，同时派主管会计刘某协助进行。

（1）范高级会计师和刘某首先调查了公司的供产销，将企业的各项作业分为增值作业和非增值作业，经查，增值作业的比重为 80%，非增值作业的比重为 25%，范高级会计师认为，企业应将成本控制的重点放在非增值作业上。而刘某则认为，增值作业的比重大，而且可调控、操作的空间大，将成本控制的重点放在增值作业上才有意义，公司一直也是这样处理的。

（2）经过调查，范高级会计师认为，企业的资源消耗并非都是合理、有效的，应该提高资源的有效性，为此，范高级会计师认为有必要对本企业进行资源动因分析。特请刘某帮助设计一套资源动因分析程序。

（3）在进行资源动因分析的同时，范高级会计师也进行了作业动因分析，认为企业原来对增值作业、非增值作业的划分存在不正确之处，提出对企业原来划定的增值作业、非增值作业进行重新认定，并提出了增值作业应该满足的三大条件。

（4）通过上述系列的分析，范高级会计师向公司提出了改进作业的五个方法，圆满地帮助企业解决了问题。

10.1　成本管理概述

10.1.1　成本管理的概念

1. 成本管理概念

所谓成本管理，是指企业生产经营过程中各项成本核算、成本分析、成本决策和成本控制等一系列科学管理行为的总称。其目的就是充分动员和组织企业全体人员，在保证产品质量的前提下，对企业生产经营过程的各个环节进行科学合理的管理，力求以最少的生产耗费取得最大的生产成果。

2. 成本管理的对象

成本管理的对象是与企业经营过程相关的所有资金耗费。既包括财务会计计算的历史成本，也包括内部经营管理需要的现在成本和未来成本；既包括企业内部价值链的资金耗费，也包括行业价值链整合所涉及的客户和供应商的资金耗费。总而言之，成本管理的对象最终是资金流出。

3. 成本管理的环节

成本管理是由成本规划、成本计算、成本控制和业绩评价四项内容组成。成本规划是根据企业的竞争战略和所处的经济环境制订的，也是对成本管理做出的规划，为具体的成本管理提供思路和总体要求。成本计算是成本管理系统的信息基础。成本控制是利用成本计算提供的信息，采取经济、技术和组织等手段实现降低成本或成本改善目的的一系列活动。业绩评价是对成本控制效果的评估，目的在于改进原有的成本控制活动并激励约束员工和团体的成本行为。

4. 成本管理的功能

随着环境条件的变化，成本管理系统的功能也在发生变化。但总的来说，成本管理主要有三项功能：以定期的财务报告为目的，计算销售成本和估计存货价值；估计和预测作业、产品、服务、客户等成本对象的成本；为企业提高业务效率、进行战略决策提供经济信息和反馈。

10.1.2 生产成本管理

1. 生产成本管理概念

生产成本亦称制造成本，是指生产活动的成本，即企业为了生产产品而发生的成本。

生产成本管理是对企业产品生产和经营过程中所发生的产品成本有组织、有系统地进行预测、决策、计划、控制、核算、分析和考核等一系列的科学管理工作，其目的在于（在保证产品质量的前提下，）挖掘降低成本的途径，争取以最少的生产耗费取得最大的生产成果。

生产成本管理通过成本的计算分析，真实地反映出产品的成本，通过成本控制来加强成本管理，达到降低成本进而提高经济效益的目的。

2. 生产成本管理的任务

（1）建立健全成本管理的规章制度；

（2）制订定额，进行费用预算；

（3）拟定成本目标，编制成本计划；

（4）制订降低成本的各项措施并组织实施；

（5）成本核算和成本分析；

（6）编写成本报表；

（7）成本考核和成本评比。

3. 生产成本管理方法介绍

生产成本管理方法一般包括成本预测、成本决策、成本计划、成本控制、成本核算、成本分析和成本考核等。

（1）成本预测

成本预测是在认真分析企业内在和外在条件变化的基础上，根据现有的成本资料，运用专门方法对未来一定时期产品进行预计和测算。成本预测的目的在于寻找降低产品成本的途径，挖掘降低成本的潜力，并为成本预测、编制成本计划、进行成本控制提供科学的依据，从而提高经济效益。

（2）成本决策

成本决策是在成本预测的基础上，根据内部潜力，制订优化成本的多种可行性方案，运用决策理论和方法，对多种方案进行比较分析，从中选择出最优方案，确定应达到的目标成本及其执行过程。做出最优化的成本决策，是制订成本计划的前提，也是提高经济效益的重要途径。

（3）成本计划

成本计划是在成本预测和决策的基础上，为保证成本决策所确定的目标成本的实现，通过一定的程序，运用一定的方法，以货币形式规定计划期产品的生产耗费和各种产品的成本水平，并以书面文件的形式下达各执行单位和部门，作为计划执行和考核的依据。

（4）成本控制

成本控制是指对整个生产经营活动中各项生产费用的发生进行引导和限制，使之能按预定的目标或计划进行的一种管理制度。从企业的整个经营过程来看，成本控制包括产品投产前的事前控制、生产过程控制和事后控制。

（5）成本核算

成本核算是按照企业的生产工艺和生产组织的特点以及对成本管理的要求所确定的成本计算对象，采用与成本计算对象相适应的成本计算方法，按规定的成本项目，通过一系列的生产费用的归集与分配，正确划分各种费用界限，从而计算出各种产品的实际总成本和单位成本。

（6）成本分析

成本分析主要是利用成本核算数据和其他相关数据，将本期实际成本与目标成本、上年同期实际成本、国内和国外同类产品的成本进行比较，用以了解成本的升降变动情况，系统地研究影响成本变动的因素，以及应负责任的单位和个人，并提出积极建议，以采取有效措施，进一步挖掘增产节约、降低产品成本的潜力。

（7）成本考核

成本考核定期对成本计划及有关指标实际完成情况进行总结和评价。成本考核要以各责任者（部门、单位和执行人）为对象，以其可控制成本为界限，并按责任的归属来核算和考核其成本指标完成情况，评价其工作业绩和决定其奖惩。

上述成本管理的各种方法，既相互独立又相互联系地构成一个有机的体系。成本预测是成本决策的前提，成本决策是成本预测的结果；成本计划是在成本预测和成本决策的基础上为保证决策目标而制订的具体实施方案，它是进行成本控制、分析和考核的重要依据；成本控制是为保证实现决策目标而对成本计划执行进行的监督；成本核算是对决策目标和成本计划完成情况的检验；成本分析在于找出影响成本变动的各种因素和原因，并对成本决策的正确性做出判断；成本考核是为了正确评价各责任部门、层次和个人履行责任的业绩，并决定奖惩，借以调动企业全体职工完成成本计划，实现目标成本的主动性、积极性和创造性。这 7 个方法的相互关系可以通过图 10.1 来表现。

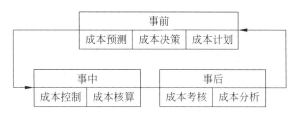

图 10.1　生产成本管理方法之间的关系

10.1.3　服务成本

1．服务成本概述

服务成本是指提供服务的企业或其他机构在提供服务的过程中应计入的各项成本的总和。

2．服务成本的内容

服务企业在经营服务过程中的全部耗费，它包括服务活动中所发生的物质消耗和活劳动消耗。服务成本是服务企业一项综合性经济指标，反映了企业经营服务成果和经营管理水平，是制订服务价格的重要依据。

（1）物质消耗是指物质资料在生产过程中的消耗。

（2）活劳动消耗是指物质资料的生产过程中劳动者的脑力和体力的消耗过程。活劳动是处于流动状态的人类劳动消耗。

10.2　成本核算

成本核算是成本管理的重要组成部分，在确定了成本计算对象之后，企业的主要工作是正确划分各种费用的界限，进行生产费用的归集和分配，进而计算出各种产品的实际总成本和单位成本。

10.2.1　费用的分类和计算

1．生产费用

生产费用是指在企业产品生产过程中，发生的能用货币计量的生产耗费，是企业在一定时期内产品在生产过程中消耗的生产资料的价值和支付的劳动报酬之和。一般说来，生产费用可以分为以下几种。

（1）直接材料费

直接材料费是指直接用于产品生产，构成产品实体的原料及主要材料及有助于产品形成的辅助材料和其他直接材料费用。

（2）直接人工费

直接人工费是指直接参加产品生产的工人工资以及按生产工人工资和规定的比例提取的职工福利费。

（3）燃料和动力费用

燃料和动力费用是指直接用于产品生产的外购和自制的燃料及动力费。如果产品成本中燃料和动力费所占的比重很小，也可以将其并入"直接材料费"或"制造费用"中。

（4）制造费用

制造费用是指企业各个生产单位为组织和管理生产而发生的各项间接费用。包括管理人员工资及福利费、折旧费、修理费、办公费、水电费、机器物料消耗、劳动保护费以及其他制造费用。

上述四项费用，它们共同构成产品的生产成本或制造成本。为了具体地反映计入产品成本的费用的各种用途，应进一步划分为若干个项目，即生产成本项目。在实际工作中，生产主管要根据本公司的生产特点和管理要求，对以上生产成本项目作适当的增减调整。

2. 生产费用在各种产品间的归集与分配计算

（1）直接材料费用的归集与分配

直接材料费用一般可根据原始凭证直接计入产品生产成本明细账"直接材料"成本项目中。如果原材料是几种产品共同耗用的，就需采用一定的方法在不同产品间进行分配，再分别计入各产品的生产成本项目。采用的方法要尽可能准确地反映各种产品的材料耗用量，其分配方法通常有以下几种。

① 按材料定额耗用量比例分配

此种方法一般适用于定额管理制度比较齐全的企业。计算公式如下：

$$某产品定额耗用量比例 = \frac{产品定额耗用量}{各产品定额耗用量}$$

$$某产品应分配的原材料费用额 = 原材料实际耗用总量 \times 该产品定额耗用量比例 \times 原材料实际单价$$

② 按标准产量比例分配（系数分配法）

在企业成本核算中，某些产品耗用的材料相同，产品品种相同，仅仅是规格型号不一样，为了简化核算，可以选用一种常规、大量生产的产品或系列产品中的中间产品作为标准产品，并规定系数为1，然后将其他产品的产量按一定的标准（如消耗定额、实际重量、面积、体积等比例）折合成标准产品产量，然后按产品的标准产量比例把原材料费用在各产品间分配。

$$某产品相当于标准产品的产量 = 该产品的实际产量 \times 该产品的系数$$

$$某产品应分配原材料费用额 = \frac{该产品相当于标准产品产量}{各产品相当于标准产品产量之和}$$

③ 按原材料定额成本（计划成本）比例分配

按原材料定额成本或计划成本比例分配几种产品共同耗用原材料的方法，其计算公式和步骤基本上与按原材料定额消耗量比例分配的方法相同，不再赘述。

（2）直接人工费的归集与分配

直接进行产品生产的生产工人工资，如果采用计件工资形式支付，工资属于直接费用，应根据工资的结算凭证直接计入各种产品成本的"直接人工"项目；如果是采用计时工资形式支付，在只生产一种产品的情况下，生产工人的工资仍属直接费用，应直接计入该种产品成本，企业同时生产若干种产品的情况下，直接参加产品生产的工人工资，就必须按一定的方法在各产品之间进行分配。根据不同企业的特点，分别采用各产品的实耗工时（或定额工时）比例、定额消耗量比例分配。前一种方法运用比较简便、合理、

普遍，其计算公式为

$$分配率 = \frac{生产工人工资总额}{各种产品实用工时之和}$$

某种产品应分配的工资费用 = 该种产品实用工时×分配率

（3）燃料和动力费用的归集与分配

几种产品共同耗用的燃料及动力（外购或自制的），也应按一定的方法在各种产品之间进行归集与分配。分配的方法一般有：按定额耗用量比例分配、按定额工时比例分配、按实际生产工时比例分配、按机器工时比例分配。其计算公式与原材料分配的计算公式基本相同。

（4）制造费用的归集与分配

制造费用的归集是通过设置"制造费用"总账及其明细账户进行的。制造费用的实际发生数，按其经济用途和发生地点进行归集。归集时，应根据费用发生的有关凭证和费用分配表，再制造费用总账及其明细账进行登记。

在生产多种产品的情况下，应采用适当的分配方法，将车间经费在各产品间分配。通常采用的分配标准有：各产品生产工人工资、生产工人工时、机器工时、耗用原材料的数量或成本、直接成本的比例等。此外，还可按各产品产量比例分配。

另外，制造费用还经常使用预定的分配率进行分配，其计算公式如下：

$$预定的制造费用分配率 = \frac{预计的全厂制造费用（车间费用）}{预计的全年作业量}$$

某产品应分配的制造费用 = 某产品全年预计作业量×预定的制造费用分配率

3. 生产费用在完工产品与期末在产品之间的分配计算

经上述的归集和分配之后，生产成本已集中在"生产成本"账户和所属的各基本生产明细账及产品成本计算单上。在有月初在产品和月末在产品的情况下，必须将归属于同一种产品的生产成本，在完工产品和在产品之间作进一步的分配，以便最后确定完工产品的总成本和单位成本。

本月发生的生产成本和月初、月末在产品成本及本月完工产品成本4项费用的关系用公式表示如下：

本月完工产品成本 = 月初在产品成本＋本月生产成本－月末在产品成本

从公式可以看出，等式右边只有月末在产品成本是未知数，因此，正确确定并计算月末在产品成本是正确计算完工产品成本的条件和关键。

在产品是指从原材料投入生产起，至最后一道工序加工完成并验收入库前的在制品、半成品，以及尚未办理验收入库手续的制成品。对外销售的自制半成品和不可修复废品均不得列入在产品。

生产成本在完工产品与在产品之间分配常用的计算方法有。

（1）按折合产量计算

折合产量法也称约当产量法，它是根据期末在产品的实际盘存数量，按其技术上的加工完成程度，将在产品折合为相当于完工产品的数量（简称为约当产量），然后将本月产品的生产成本，按在产品的约当产量和完工产品数量的比例进行分配，以计算在产品成本，进而确定完工产品成本。在计算在产品数量时，必须考虑原材料的投料方式（一次投料或多次投料）和其他加工费用的发生累积趋势。如原材料是一次投入的，加工费用是逐渐发生累积，在计算在产品约当产量时，应对原材料和加工费用两部分分别折合计算。

计算公式如下：

$$在产品约当产量 = 在产品数量×在产品完工程度$$

$$全部产品产量 = 完工产品数量+在产品约当产量$$

$$单位产品应负担费用 = \frac{月初在产品成本+本月发生的生产费用}{全部产品}$$

$$月末在产品成本=在产品约当产量×单位产品应负担的费用$$

$$完工产品成本=完工产品数量×单位产品应负担的费用$$

或

$$完工产品成本=当月应分摊的全部费用－期末在产品成本$$

（2）按定额比例法计算

如果各月末在产品数量变动较大，但制订了比较准确的消耗定额，生产费用可以在完工产品和月末在产品之间用定额消耗量或定额成本比例分配。采用此种方法，企业必须有较好的定额管理基础。按定额消耗量或定额成本比例计算，就是要将各种产品按完工产品和在产品的定额耗用量或定额成本的比例，分别按成本项目计算分配成本。其中原材料项目，可按原材料定额消耗量或定额成本（如一种产品共耗几种原材料）比例分配；其他费用项目可按工时定额消耗量比例分配。

（3）按定额成本计算

这种方法是事先经过调查研究、技术测定或按定额资料，对各个加工阶段上的在产品，确定一个定额单位成本，月终根据在产品的数量，再分别乘以定额单位成本，即期末在产品的成本，将期初在产品成本加本期发生成本，再减去期末在产品的定额成本，即产成品总成本。产成品总成本除以产成品数量，即产成品单位成本。

这种方法计算比较简单，但如果定额成本不正确，或者与实际情况相差很大，那么成本计算的正确性就会受到较大的影响。

10.2.2 产品成本计算

生产成本归集分配完毕后，应按成本计算对象编制成本计算单，并选择一定的成本计算方法，计算各种产品的总成本和单位成本。企业可以根据生产经营特点、生产经营组织类型和成本管理要求，具体确定成本计算方法。成本的基本计算方法有品种法、分批法和分步法。

1. 品种法

成本计算的品种法是以产品品种作为成本计算对象，归集生产费用，计算各种产品成本的一种方法。它一般适用于大量大批单步骤生产，如采掘、发电、供水等；也可用于不需要分步计算成本的大量大批连续式多步骤生产，如小型的造纸厂、水泥厂、制糖厂等。品种法是产品成本计算的最基本方法。

品种法作为成本计算的一种最基本的办法，其成本计算程序如图 10.2 所示。

（1）要按产品品种设置基本生产明细账或成本计算单，账中按成本项目设立专栏。

（2）生产费用的归集。如果只生产一种产品，发生的生产费用全部都是直接费用，可以根据费用分配表和有关凭证直接计入成本计算单中有关成本项目。不存在生产费用在各种产品之间的分配问题；如果生产的产品不止一种，则采用直接费用直接计入产品成本、间接费用分配计入产品成本的方法归集生产费用。

（3）产品成本计算。如果没有在产品，或在产品数量很少时，可以不计算在产品成本，产品成本计算中归集的生产费用，就是该种完工产品的成本；如果有在产品，而且数量较多，就需将产品成本计算中归集的生产费用，采用适当的分配方法，在完工产品和在产品之间进行分配，以便计算完工产品成本和月末在产品成本。

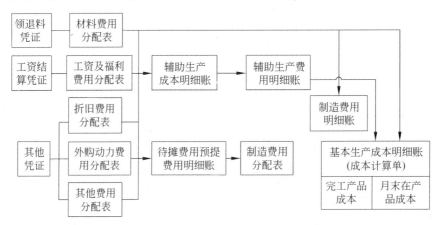

图 10.2　品种法成本计算程序图

2. 分批法

分批法又称订单法，是以产品的批别作为成本计算对象，归集生产费用，计算产品成本的一种方法。它适用于单件小批装配式多步骤生产，如船舶制造、重型机器制造、精密仪器制造等。此外，新产品的试制和试验、修理作业、工模具制造等，也可用这种方法计算成本。

3. 分步法

分步法是按照产品品种和每种产品所经过的生产步骤归集生产费用，计算产品成本的一种方法。它主要适用于大量大批连续式多步骤生产，如纺织、冶金、造纸、化工等。在大量大批装配式多步骤的机器制造企业，以及家用电器生产企业，也可采用分步法计算产品成本。

在实际工作中，由于成本管理的要求不同，分步法在结转各步骤成本时，可以用逐步结转和平行结转两种方式，从而，分步法也分为逐步结转分步法和平行结转分步法两种。

（1）逐步结转分步法也称顺序结转法，是按照产品加工顺序，逐步计算并结转半成品成本，直到最后加工步骤才能计算出产品成本的一种分步法。在这种方法下，先计算第一步骤的半成品成本，然后结转给第二步骤，加上第二步骤加工费用，算出第二步骤半成品成本，转入第三步骤，如此顺序逐步结转累计，到最后步骤算出的完工产品成本就是产成品成本。

（2）平行结转分步法也称为不计算半成品成本法，它是只计算本步骤发生的生产费用，以及应计入产成品成本的"份额"，然后将各步骤的"份额"平行汇总，以计算产成品成本的一种分步法。

4. 三种成本计算方法的比较

品种法、分批法和分步法是成本分配计算的基本方法。由于各企业生产经营的特点不同，管理要求不同，故应该选择不同的方法计算成本。三种成本计算方法的具体比较见表10.1。

表10.1　三种成本计算方法比较

项目 方法	特　　点	适用范围	计算产品 成本期间
品种法	以产品品种作为成本计算的对象	适用于大量、大批的单步骤生产	一般定期（每月月末）计算产品成本
分批法	以产品批别作为成本计算对象	适用于单件、小批生产	仅按产品批次计算产品成本，不定期计算产品成本
分步法	以产品的生产步骤作为成本计算对象	适用于大量、大批的多步骤生产	按产品的生产步骤计算产品成本，不定期计算产品成本

10.2.3　作业成本核算方法

1. 作业成本核算方法的概念

作业成本法（Activity-Based Cost，ABC），是以"成本驱动因素"理论为基本依据，根据产品或企业经营过程中发生和形成的产品与作业、作业链与价值链的关系，对成本发生的动因加以分析，选择"作业"为成本计算对象，归集和分配间接费用的一种成本核算方法和成本管理制度。

2. 作业成本法的计算步骤

在作业成本法下，成本计算程序分为两大阶段六个步骤。第一阶段是将制造费用分配到同质的作业成本库，并计算每一个成本库的分配率；第二阶段是利用作业成本库分配率，把制造费用分摊给产品，计算产品成本。其实际操作步骤如下。

（1）定义、识别和选择主要作业。

（2）归集资源费用到同质成本库。这些资源通常可以从企业的总分类账中得到，但总分类账并无执行各项作业所消耗资源的成本。

（3）选择成本动因。从中选择一个成本动因作为计算成本分配率的基准。成本计量要考虑成本动因材料是否易于获得；成本动因和消耗资源之间相关程度越高，现有的成本被歪曲的可能性就会越小。

（4）计算成本库分配率。

（5）把作业库中的费用分配到产品上去。

$$某产品某成本动因成本 = 某成本库分配率×成本动因数量$$

（6）计算产品成本。作业成本计算的目标最终要计算出产品的成本。直接成本可单独作为一个作业成本库处理。将产品分摊的制造费用，加上产品直接成本，为产品成本。某产品成本=Σ成本动因成本+直接成本。

例 10.1 某公司某月顺利完成了甲、乙两种产品。月末结算时该月的直接成本200 000元，其中甲为50 000元，乙为150 000元；制造费用为185 000元，其中员工工资及福利为40 000元、电热等费用为10 000元、固定资产折旧为120 000元及办公费用为15 000元。

已知甲、乙两种产品的仓储空间分别为18 000立方米和32 000立方米。本月内该企业共完成订单处理1 000份，其中甲400份、乙600份；货物托盘数为3 000个，其中甲为1 000个、乙为2 000个；出、入库有效工时都是500工时，其中甲200工时，乙300工时；分类有效工时也是500工时，其中甲180工时，乙320工时。

解题步骤：

第一步：确认主要作业：订单处理、货物验收、入库、分类、仓储、出库六个作业。

第二步：确认资源及资源动因，将资源分配到作业中心成本库中去。经过查询和分析得出了各种费用在各个作业中心的分配情况，如表10.2所示。

表 10.2　资源成本库汇集表　　　单位：元

作业 / 费用	订单处理	货物验收	货物入库	货物分类	货物仓储	货物出库
各项作业的工资额	6 000	4 000	9 000	6 000	6 000	9 000
电热等费用	1 000	1 000	2 000	1 000	3 000	2 000
折旧	10 000	5 000	20 000	5 000	60 000	20 000
办公费	5 000	2 000	1 000	1 000	5 000	1 000
合计	22 000	12 000	32 000	13 000	74 000	32 000

第三步：确认成本动因，将作业中心的作业成本分配到最终产品。经分析，订单处理、货物验收、货物仓储作业的成本动因分别为订单份数、托盘数、所占空间，而出、入库和分类的作业动因为人工工时。

第四步：计算成本库分配率。分配过程见表10.3。

表 10.3　作业成本库分配率的计算过程

作业	订单处理	货物验收	货物入库	货物分类	货物仓储	货物出库
作业成本/元	22 000	12 000	32 000	13 000	74 000	32 000
提供的作业量	1 000	3 000	500	500	50 000	500
作业动因分配率	22	4	64	26	1.48	64

第五步：把作业库中的费用分配到具体产品上，见表10.4。

表 10.4　甲、乙两种产品动因成本

作业	作业分配率	实际耗用作业成本动因数		实际成本/元	
		甲	乙	甲	乙
订单处理	22	400	600	8 800	13 200
货物验收	4	1 000	2 000	4 000	8 000
货物入库	64	200	300	12 800	19 200
货物分类	26	180	320	4 680	8 320
货物仓储	1.48	18 000	32 000	26 640	47 360
货物出库	64	200	300	12 800	19 200
合计				69 720	115 280

第六步：计算产品成本：

甲产品成本 = 69 720+50 000=119 720（元）

乙产品成本 = 115 280+150 000=265 280（元）

3. 作业成本法的应用关键与前景

作业成本法没有固定的框架和统一的模式，不同的企业有不同的实施目的和核算体系，因此在多个行业的具体应用中，必须结合企业的实际开展。中国企业应用作业成本法、开展作业成本管理的关键包括。

（1）获得企业高层的认同。企业领导者的认同是实施作业成本法的前提。我国企业对作业成本法的认同，与国际性企业的认同存在较大差距。只有获得企业领导者的支持，才能为在企业中推广作业成本法，进而开展作业成本管理创造条件。

（2）明确实施的责任主体。作业成本法属于管理会计范畴，同时涉及企业内部的各个部门。如果作业成本法的实施中没有一个具体的主管部门，就可能出现人人有责人人都不负责的情况。

（3）推动组织再造。作业成本法从某种程度上说是全员实施的一项工程，因为作业成本必须清楚企业的运作过程，作业成本核算体系设计、基础数据收集以及改善行动都需要全员参与。因此推动组织再造是成功实施作业成本法的重点之一。

（4）开发和应用实施工具。作业成本法的实施离不开软件的支持，但在国内，目前还没有出现成熟的软件工具。尽快开发适合中国企业特色的作业成本软件，使得作业成本法的实施标准化、信息化，是促进作业成本规模化实施的关键。

10.3　成本决策

10.3.1　成本决策概述

成本决策是指根据成本管理的目标，利用决策方法，依据相关数据，对各个方案进行分析比较，从中选出最佳方案的活动。

成本决策内容涉及成本管理的各个方面，主要包括产品设计阶段的成本决策、生产工艺选择中的成本决策、生产组织中的成本决策和零部件自制或外购的成本决策等，这些决策对降低成本往往能取得较为理想的效果。

1. 成本决策是企业经营管理决策系统的重要组成部分

企业经营管理决策是一个系统围绕着企业价值最大化目标，来做相关的"选择"和"决定"。在企业价值管理中，收入是增加价值的重要源泉，但降低成本也是一个重要因素。科学合理的成本决策，一方面可以降低消耗；另一方面可以避免决策差错带来的可能的损失，从而获得一定的经济效益，保证企业价值最大化目标的实现。

2. 成本决策是成本管理的核心环节

成本管理是由一系列成本会计和管理会计行为组成的有机整体。其中成本预测只是提供了多种可能的方案，只有经过成本决策，才能明确最终的实施方案。成本决策是成本计划、成本控制、成本分析、成本考核与评价的依据。在成本决策的基础上，制订成本计划，有利于保证成本计划与其他成本管理环节的一致性；在成本决策的基础上实施成本控制，才能明确控制对象，保证控制的有效性；在成本决策的基础上实施成本分析、考核和评价，才能保证其科学性和合理性。

10.3.2 成本决策的方法

成本决策有很多方法，应该根据成本决策的内容及目的选择不同的方法。成本决策方法主要有本量利分析法、总额分析法、差量损益分析法、相关成本分析法、成本无差别点法、边际分析法等。我们这里主要介绍本量利分析法。

本量利分析法是通过分析成本、业务量和利润这三个变量之间内在的关系，确定盈亏变化的临界点（即保本点），从而选出利润最大化的方案，为会计决策提供必要的财务信息的一种定量分析方法。本量利分析法也叫作量本利分析法、保本分析或盈亏平衡分析。

1. 相关方程式

（1）基本方程式

用损益法来计算利润，首先要确定一定期间的收入，然后确定与收入相配合的成本，两者之差为税前利润。即税前利润 = 销售收入-总成本

又可表示为：税前利润 = 单价×销量-单位变动成本×销量-固定成本

这是本量利之间数量关系的基本方程式。

（2）贡献毛益方程式

① 贡献毛益

贡献毛益总额是指销售收入减去变动成本以后的差额，即

贡献毛益总额 = 销售收入-变动成本

如果用单位产品表示，则

$$\text{单位贡献毛益 = 单价 - 单位变动成本}$$

贡献毛益，是产品售价扣除自身变动成本后给企业所做的贡献，它首先用于收回企业的固定成本，如果还有剩余则为利润，如果不足以收回固定成本则发生亏损。

② 贡献毛益率

贡献毛益率，是指贡献毛益在销售收入中所占的百分率。可以理解为每 1 元销售收入中贡献毛益所占的比重，它反映产品给企业做出贡献的能力。

$$\text{贡献毛益率} = \frac{\text{贡献毛益}}{\text{销售收入}} \times 100\% = \frac{\text{单位贡献毛益}}{\text{单价}} \times 100\%$$

与贡献毛益率相对应的概念是"变动成本率"，即变动成本在销售收入中所占的百分率。

$$\text{变动成本率} = \frac{\text{变动成本}}{\text{销售收入}} \times 100\% = \frac{\text{单位变动成本}}{\text{单价}} \times 100\%$$

由于销售收入被分为变动成本和贡献毛益两部分，前者是产品自身的耗费，后者是产品对企业的贡献，两者百分率之和应当为 1。

③ 含有贡献毛益的损益方程式

在"贡献毛益"概念的基础上，基本的损益方程式可以改写成新的形式，即

$$\text{税前利润 = 销量×单位贡献毛益 - 固定成本}$$

④ 含有贡献毛益率的损益方程式

在"贡献毛益率"概念的基础上，基本的损益方程式可以改写成新的形式，即

$$\text{税前利润 = 销售收入×贡献毛益率 - 固定成本}$$

2. 本量利图

将成本、业务量、利润的关系反映在直角坐标系中，即成为本量利图。因其能清晰地显示企业不盈利也不亏损时应达到的业务量，故又称为盈亏临界图或损益平衡图。

基本的本量利图见图 10.3。

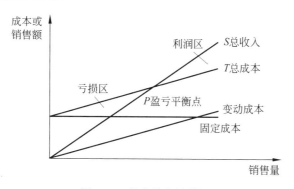

图 10.3　基本的本量利图

基本的本量利图表达的意义如下所述。

（1）固定成本线与横轴之间的距离为固定成本值，它不因产量增减而变动。

（2）总成本线与固定成本线之间的距离为变动成本，它随产量正比例变化。

（3）总成本线与横轴之间的距离为总成本，它是固定成本与变动成本之和。

（4）销售收入线与总成本线的交点（P），是盈亏临界点，表明企业在此销售量下总收入与总成本相等，既没有利润，也不发生亏损。在此基础上，增加销售量，销售收入超过总成本，形成利润区；反之，形成亏损区。

盈亏临界点也称保本点，此时企业利润为零。保本是盈利的前提条件，所以计算保本点对企业至关重要。

由前面的基本方程式和贡献毛益方程式，容易得到：

$$保本点的销售量 = \frac{固定成本}{单价-单位变动成本} = \frac{固定成本}{单位贡献毛益}$$

$$保本点的销售额 = \frac{固定成本}{1-变动成本率} = \frac{固定成本}{贡献毛益率}$$

保本点的销售额也叫盈亏临界点销售额，与此紧密联系的是安全边际。

安全边际，是指正常销售额超过盈亏临界点销售额的差额，它表明销售额下降多少企业仍不致亏损。

$$安全边际 = 正常销售额-盈亏临界点销售额$$

企业生产经营的安全性，还可以用安全边际率来表示，即安全边际与正常销售额的比值。安全边际率的计算公式为

$$安全边际率 = \frac{安全边际}{正常销售额} \times 100\%$$

安全边际和安全边际率的数值越大，企业发生亏损的可能性越小，企业就越安全。安全边际率是相对指标，便于不同企业和不同行业的比较。企业安全性的经验数据见表 10.5。

表 10.5   安全性检验标准

安全边际率	40%以上	30%~40%	20%~30%	10%~20%	10%以下
安全等级	很安全	安全	较安全	值得注意	危险

3. 影响利润因素变动分析

变动分析，是指本量利发生变动时相互影响的定量分析。如果销量、单价、单位变动成本、固定成本诸因素中的一项或多项发生变动，都会对利润产生影响。变动分析主要研究两个问题：一个是测定业务量、成本和价格发生变动时，对利润的影响；另一个是目标利润发生变动时，分析实现目标利润所需的业务量、收入和支出。

虽然企业在决策时需要考虑各种非经济因素，但是经济分析总是最基本的，甚至是首要的分析。因此在决定任何生产经营问题时，都应事先分析拟采取的行动对利润有何影响。如果该行动产生的收益大于它所引起的支出，可以增加企业的盈利，则这项行动在经济上是可取的。

在现实经济生活中，影响利润的因素是相互关联的。为了提高产量，往往需要增加固定成本；与此同时，为了把产品顺利地销售出去，有时又需要降低售价或增加广告费等。因此，企业很少采取单项措施来提高利润，而大多采取综合措施以实现利润目标，这就需要进行综合计算和反复平衡。下面我们通过一个实例来说明。

例 10.2 某企业目前的损益状况见表 10.6。

表 10.6 某企业损益状况

项　　目	金额/元
销售收入（10 000 件×10 元/件）	100 000
销售成本：	90 000
变动成本（1 000 件×6 元/件）	60 000
固定成本	30 000
税前利润	10 000

假设上述企业有剩余的生产能力，可进一步增加产量，但由于售价偏高，使销路受到限制。为了打开销路，企业经理拟降价 10%，采取薄利多销的方针，争取实现利润 15 000 元。

（1）计算降价后实现目标利润所需的销售量。

$$销售量 = \frac{固定成本+目标利润}{单价-单位变动成本} = \frac{30\,000+15\,000}{10\,(1-10\%)-6} = 15\,000（件）$$

如果销售部门认为，降价 10% 后可使销量达到 15 000 件，生产部门也可以将其生产出来，则目标利润就可以落实了；否则，还需要继续分析并进一步落实。

（2）计算既定销量下实现目标利润所需要的单位变动成本。

假设销售部门认为，上述 15 000 件的销量是达不到的，降价 10% 后只能使销量增至 13 000 件。为此，需要在降低成本上挖潜。

$$单位变动成本 = \frac{单价×销量-（固定成本+目标利润）}{销量}$$
$$= \frac{10×（1-10\%）×13\,000-（30\,000+15\,000）}{13\,000} = 5.54（元）$$

为了实现目标利润，在降价 10% 的同时，还需要使单位变动成本从 6 元降至 5.54 元。如果生产部门认为，通过降低原材料和人工成本，这个目标是可以实现的，则预定的利润目标可以落实；否则，还要在固定成本的节约方面想办法。

（3）计算既定产销量和单位变动成本下实现目标利润所需的固定成本。

假设生产部门认为，通过努力，单位变动成本可望降低到 5.60 元。为此，企业还需要压缩固定成本支出。

$$固定成本 = 销量×单位边际贡献-目标利润$$
$$= 13\,000×[10×（1-10\%）-5.60]-15\,000=29\,200（元）$$

为了实现目标利润，在降价 10%，使销量增至 13 000 件，单位变动成本降至 5.60 元的同时，还须压缩固定成本 800 元（30 000-29 200），则目标利润可以落实；否则，可以返回去再次协商，寻找进一步增收节支的办法，重新分析计算并分别落实，或者考虑修改目标利润。

10.4 成本控制

10.4.1 成本控制概述

1. 成本控制的含义

所谓生产成本控制，就是指在生产经营成本形成的过程中，对各项经营活动进行指导、限制和监督，使之符合有关成本的各项法令、方针、政策、目标、计划和定额的规定，并及时发现偏差予以纠正，使各项具体的和全部的生产耗费被控制在事先规定的范围之内。生产成本控制主要是运用成本会计的方法，对企业经营活动进行规划和管理，将成本的规划与实际相比较，以衡量业绩，并按照例外管理的原则，注意对不利差异予以纠正，提高工作效率，不断降低成本。

2. 成本控制的原则

在实施任何管理制度时，都要遵照其基本原则，使之实现最大的效果。进行成本控制也同样必须遵守它的基本原则，成本控制的原则如下。

（1）全面介入的原则

全面介入原则是指成本控制的全部、全员、全过程的控制。全部是对产品生产的全部费用要加以控制，不仅对变动费用要控制，对固定费用也要进行控制。全员控制是要发动领导干部、管理人员、工程技术人员和广大职工建立成本意识，参与成本的控制，认识到成本控制的重要意义，才能付诸行动。全过程控制，对产品的设计、制造、销售过程进行控制，并将控制的成果在有关报表上加以反映，借以发现缺点和问题。

（2）例外管理的原则

成本控制要将注意力集中在超乎常情的情况。因为实际发生的费用往往与预算有差异，如发生的差异不大，也就没有必要一一查明其原因，而只需要把注意力集中在非正常的例外事项上，并及时进行信息反馈。

（3）经济效益的原则

提高经济效益，不单是依靠降低成本的绝对数，更重要的是实现相节约，取得最佳的经济效益，以较少的消耗，取得更多的成果。

10.4.2 目标成本控制

1. 目标成本概述

目标成本，是从产品寿命期间的目标利润出发，规划单位产品应达到的成本目标。是企业在一定时期内保证实现目标利润而确定的各项成本控制目标，具有先进性、适应性、可行性及可修正性的特点。

2. 目标成本预测

（1）目标成本的预测方法

目标成本的预测一般可采用两种方法。

第一种是以某一先进的成本水平作为目标成本，它可以是本企业历史最好水平或国内外同类产品中的先进成本水平，也可以是标准成本或定额成本。

第二种是根据事先制订的目标利润和销售预测的结果，充分考虑价格因素，按照预计的销售收入扣除目标利润就得到目标成本，即

目标成本 = 预计单价×预计销售量−目标利润 = 预计销售收入−目标利润

常用的预测方法主要包括。

a. 倒扣测算法

倒扣测算法是在事先确定目标利润的基础上，首先预计产品的售价和销售收入，然后扣除应缴税金和目标利润，余额即为目标成本的一种预测方法。相关的计算公式为

单一产品生产条件下产品目标成本 = 预计销售收入−应缴税金−目标利润

多产品生产条件下全部产品目标成本 = 预计销售收入−应缴税金−总体目标利润

b. 比率测算法

比率测算法是在倒扣测算法基础上的延伸，它根据成本利润率来预测单位产品目标成本。这种方法要求事先确定成本利润率，并以此推算目标成本。它常被用于新产品目标成本的预测。计算公式为

$$单位产品目标成本 = \frac{产品预计价格×（1−税率）}{1+成本利润率}$$

（2）目标成本的分解

a. 总体目标成本的分解

在企业生产多种产品时，对于目标成本的预测需要先将企业总体目标成本分解为各产品的目标成本。具体的分解方法有两种。

第一种方法是与基期盈利水平非直接挂钩的分解法。该方法在确定每种产品目标销售利润率的基础上，倒推出每种产品的目标成本，最终将各产品目标成本的合计值与企业总体目标成本进行比较并加以综合，使之实现平衡状态下确定每种产品的目标成本。

第二种方法是与基期盈利水平直接挂钩的分解法。如果企业要求各产品的目标销售利润率随企业总体的目标销售利润率同比例增减变化，则在具体的计算中应注意以下步骤：按计划期的销售比重调整基期销售利润率，求得计划期目标利润率，进而倒推目标成本。如果企业各产品目标利润不随企业总体盈利水平同比例变化，而是各自变化的，则要求实现各产品的加权平均销售利润率大于或等于计划期总体的目标销售利润率。

b. 各产品目标成本的分解

在对总体目标成本分解的基础上，各产品目标成本还要进一步分解，具体方法有如下几种。

第一种方法是按管理层次分解。将目标成本按公司、分厂、车间、班组、个人进行分解。

第二种方法是按管理职能分解。销售部门负责销售费用，设计部门负责设计成本和

新产品研发费用，人力资源部门负责人力成本等。

第三种方法是产品构成分解。把产品构成按零部件划分，利用功能评价系数的比例算法，按各个零部件的功能评价系数来分解出各零部件的成本。

第四种方法是按产品形成过程分解。按产品设计、材料采购、生产制造和产品销售等过程分解，形成每一过程的目标成本。

第五种方法是按产品成本项目构成分解。根据各成本项目占总成本的比例分解目标成本。

10.4.3 标准成本控制

1. 标准成本概述

（1）标准成本的概念

所谓标准成本，是指为达成某一目标预计应耗用的资源的成本。它是通过精确的调查、分析与技术测定而制订的一种预计成本。标准成本可用来评价管理者的绩效，把实际成本、实际收入与标准数相比较，就可衡量出管理效率。

"标准成本"一词在实际工作中有两种含义。一种是指单位产品的标准成本，它是根据单位产品的标准消耗量和标准单位价格计算出来的，准确地应称为"成本标准"。通常取决于每单位产出需要投入多少资源（数量决策）以及所投入的每一种资源的单位成本（价格决策）。其中，生产上应投入的数量就是标准耗用量，为取得该种资源所支付的价格就是标准单位价格。可用公式表示为

成本标准 ＝ 单位产品标准成本 ＝ 单位产品标准消耗量×标准单价

另一种指实际产量的标准成本，它是根据实际产品的产量和单位产品的成本标准计算出来的。用公式表示为

标准成本 ＝ 实际产量×单位产品标准成本

即　　　　　　　标准成本 ＝ 实际产量×成本标准

（2）标准成本的制订

产品的生产成本包括直接材料、直接人工和制造费用，所以制订标准成本需要分别确定直接材料和直接人工的标准成本，然后确定制造费用的标准成本，最后确定单位产品的标准成本。

在制订标准成本时，无论是哪一个成本项目，都需要分别确定其用量标准和价格标准，再把两者相乘后得出成本标准。

用量标准包括对材料而言的单位产品消耗量，以及对人工和分配制造费用而言的单位产品直接工时等。用量标准的制订主要由生产技术部门负责，具体执行标准的部门和职工可以参与制订标准。

价格标准包括对材料而言的原材料单价，以及对人工而言的小时工资率和对分配制造费用而言的小时制造费用分配率等。价格标准由会计部门和有关其他部门共同研究确定。

2. 变动成本差异的分析

标准成本作为一种目标成本，是所设定产出标准下的应有成本，与实际活动中的实际成本，必然是存在着差异的。当实际成本大于标准成本时称为不利差异；当实际成本小于标准成本时称为有利差异。成本差异是反映实际成本脱离预定目标程度的信息。为了消除这种偏差，要对产生的成本差异进行分析，找出原因和对策，以便采取措施加以纠正。

直接材料、直接人工和变动制造费用都属于变动成本，其成本差异分析的基本方法相同。由于它们的实际成本高低取决于实际用量和实际价格，标准成本的高低取决于标准用量和标准价格，所以其成本差异可以归结为价格脱离标准造成的价格差异与用量脱离标准造成的数量差异两类。

成本差异 ＝ 实际成本–标准成本

＝ 实际数量×实际价格–标准数量×标准价格

＝ 实际数量×实际价格–实际数量×标准价格+实际数量×标准价格–标准数量×标准价格

＝ 实际数量×（实际价格–标准价格）+（实际数量–标准数量）×标准价格

＝ 价格差异+数量差异

有关数据之间的关系可表示如下：

① 实际数量×实际价格

② 实际数量×标准价格

③ 标准数量×标准价格

价格差异①－②

数量差异②－③

成本差异①－③

（1）直接材料成本差异分析

直接材料标准成本与实际成本之间的差额，构成直接材料成本差异。该项差异形成的基本原因有两个：一是价格脱离标准；二是用量脱离标准。前者按实际用量计算，称为价格差异；后者按标准价格计算，称为数量差异。

$$材料价格差异 ＝ 实际数量 ×（实际价格–标准价格）$$

$$材料数量差异 ＝（实际数量–标准数量）× 标准价格$$

$$材料成本差异 ＝ 价格差异+数量差异$$

因为材料价格差异是标准价格和实际采购价格之间的差异，所以这种差异通常在采购时即确认，由采购部门对其负责。采购部门未能按标准价格进货的原因可能有许多，如上游产品价格变动、未按经济采购批量进货、未能及时订货造成的紧急订货、采购时舍近求远使运费和途中消耗增加、不必要的快速运输方式、违反合同被罚款、承接紧急订货等。

材料数量差异是在材料耗用过程中形成的，说明实际材料投入量与实际产出所计算标准投入量有差异，它反映生产部门的成本控制业绩，应由具体耗用材料的生产部门负责。同样，材料数量差异形成的具体原因也有许多，如操作疏忽造成废品和废料增加、工人用料不精心、操作技术改进而节省材料、新工人多用料等。

（2）直接人工成本差异分析

直接人工差异的衡量与直接材料差异的衡量，是采用相同的方式。直接人工成本差异，是指直接人工实际成本与标准成本之间的差额。它也被区分为"价差"和"量差"两部分。价差是指实际工资率脱离标准工资率，其差额按实际工时计算确定的金额，又称为工资率差异；量差是指实际工时脱离标准工时，其差额按标准工资率计算确定的金额，又称作人工效率差异。

$$工资率差异 = 实际工时 ×（实际工资率-标准工资率）$$
$$人工效率差异 =（实际工时-标准工时）× 标准工资率$$
$$人工成本差异 = 工资率差异+人工效率差异$$

人工工资率的差异，应归属于人事劳动部门管理，可能会涉及生产部门和其他部门。工资率差异形成的原因，可能包括直接生产工人升级或降级使用、工资率调整、加班或使用临时工、出勤率变化等。

至于人工效率差异，与工人的技术熟练程度和生产安排有关，如工作环境不良、工人经验不足、劳动情绪不佳、机器或工具选用不当、设备故障较多、作业计划安排不当等，主要是生产部门的责任，但这也不是绝对的，如材料质量不好，也会影响生产效率。

（3）变动制造费用的差异分析

变动制造费用的差异，是指实际变动制造费用与标准变动制造费用之间的差额。它同样可以分解为"价差"和"量差"两部分。价差是指变动制造费用的实际工时分配率脱离标准，按实际工时计算的金额，反映耗费水平的高低，故称为耗费差异；量差是指实际工时脱离标准工时，按标准的工时费用率计算确定的金额，反映工作效率变化引起的费用节约或超支，故称为变动制造费用效率差异。

$$变动制造费用耗费差异 = 实际工时 ×（变动制造费用实际分配率-变动制造费用标准分配率）$$
$$变动制造费用效率差异 =（实际工时-标准工时）× 变动费用标准分配率$$

变动制造费用的耗费差异，是实际支出与按实际工时和标准费率计算的预算数之间的差额。因为后者是在承认实际工时是必要的前提下计算出来的弹性预算数，因此该项差异反映耗费水平即每小时业务量支出的变动制造费用脱离标准的程度。耗费差异属于部门经理的责任，因为他们有责任将变动制造费用控制在弹性预算限额之内。

变动制造费用效率差异，是因为实际工时脱离了标准，多用工时导致的费用增加，因此其形成原因与人工效率差异相同，应该由生产部门主管来负责。

3. 固定制造费用的差异分析

在一定相关范围内，固定制造费用不会受生产活动变动而改变。固定制造费用的差异分析与各项变动成本差异分析不同，其分析方法一般用二因素分析法。

二因素分析法是将固定制造费用差异分为耗费差异和能量差异。

耗费差异是指固定制造费用的实际金额与固定制造费用预算金额之间的差额。因为固定费用成本形态不因业务量的改变而改变，所以在考核时不考虑业务量的变动，以原来的预算数作为标准，实际数超过预算数即视为耗费过多。其计算公式为

固定制造费用耗费差异 = 固定制造费用实际数-固定制造费用预算数

能量差异是指固定制造费用预算与固定制造费用标准成本的差额，它反映未能充分使用现有生产能量而造成的损失。其计算公式为

固定制造费用能量差异 = 固定制造费用预算数-固定制造费用标准成本

= 固定制造费用标准分配率×生产能量-固定制造费用标准分配率×
实际生产标准工时

=（生产能量-实际生产标准工时）×固定制造费用标准分配率

例 10.3 本月实际产量 500 件。发生固定制造成本 1 424 元，实际工时为 900 小时；企业生产能量为 600 件即 1 200 小时；每件产品固定制造费用标准成本为 3 元/件，即每件产品标准工时为 2 小时，标准分配率为 1.5 元/小时。求固定制造费用成本差异。

固定制造费用耗费差异 = 1 424-1 200×1.5 = -376（元）

固定制造费用能量差异 = 1 200×1.5-500×2×1.5 = 1 800-1 500 = 300（元）

固定制造费用成本差异 = 实际固定制造费用-标准固定制造费用
= 1 424-500×3 = -76（元）

固定制造费用成本差异 = 耗费差异+能量差弄 = -376+300 = -76（元）

讨论案例

作业成本法在 Valport 有限公司的应用

一、现状介绍

Valport 公司是一家专业化很强的电子公司，现在公司的 I 号产品面临着来自其他公司的强烈竞争。公司的竞争对手一直在压低 I 号产品的价格。而该公司的 I 号产品比其他所有竞争对手的产量都高，并且是公司生产效率最高的产品。公司的总经理一直在思考：为什么其他公司的这种产品的价格远远比他们的价格低。不过，让公司总经理高兴的是：公司新开发的 III 号产品虽然工艺复杂，产量远不及公司生产的 I 号和 II 号产品的产量。但由于专业化程度非常高，其他竞争对手不想涉足这种产品生产，所以公司几次提高 III 号产品的售价，客户仍是源源不断。公司的定价策略将目标价格设定为产品制造成本的 110%，产品制造成本所包含的间接费用即制造费用依据直接人工工时分配。由于公司的 I 号产品的竞争对手一直在压低 I 号产品的价格。结果公司 I 号产品的销售价格已降到了 75 美元以下。

在本年公司年终总结会上，公司总经理问主计长："George，为什么我们的产品竞争不过其他公司的产品？他们的 I 号产品仅售 69 美元，那比我们的 I 号产品的成本还要少1 美元。这是怎么回事？"

"我认为是我们过去的产品成本计算方法造成的。"George 说，"也许你还记得，我刚来公司时，采用一种作业成本计算法做了一项先期研究。结果发现，公司采用的传统制造成本计算法高估了产量高工艺简单的 I 号产品成本，并且大大地人低估了 III 号产品的成本。对此我曾提出过警告，但公司仍保持原有的方法。"

"好的，"总经理说，"你下午给我提供作业成本计算法的有关数据。"

George 回到办公室后，整理了公司本年末会计系统提供的有关数据并列出了公司本年末产品成本和年度销售数据，如表10.7所示。

表10.7　Valport 公司产品成本和年度销售数据

	I 号产品	II 号产品	III 号产品
年销售量/件	100 000	50 000	10 000
单位成本/美元	70	61	160
其中：直接材料	10	25	40
直接人工	10	6	20
制造费用	50	30	100
直接人工工时/小时	50 000	15 000	10 000

制造费用明细/美元	
机器维修	1 500 000
机器折旧	3 000 000
产品检测	1 500 000
机器准备	500 000
材料处理	500 000
产品包装	500 000
总计	7 500 000

制造费用分配率=75 000/（50 000+15 000+10 000）=100（美元/小时）

George 也列出了作业成本计算法下，间接费用分配的有关数据，如表10.8所示。

表10.8　Valport 公司间接费用分配相关数据

作业成本库	成本动因	三种产品作业成本分摊比例		
		I 号产品/%	II 号产品/%	III号产品/%
机器维修	机器小时	50	30	20
机器折旧	机器小时	40	20	40
产品检测	检测次数	50	20	30
机器准备	准备次数	45	30	25
材料处理	材料订单数量	45	35	20
产品包装	包装小时	50	30	20

资料来源：https://wenku.baidu.com/view/6ebdec2c3169a4517723a3ef.html

思考题：

（1）计算主计长 George 采用作业成本计算确定法确定的三种产品成本。

（2）计算作业成本计算法下三种产品的目标销售价格。

（3）给总经理写一份备忘录，解释传统的制造成本计算法与作业成本计算法的不同，并说明传统制造成本计算可能造成的后果。

（4）公司应做何种战略选择？为什么？

 ## 本章小结

成本管理一直是企业经营管理的一项中心工作，直接关系到企业的生存和发展，是实现现代企业目标的重要途径。本章第一部分介绍了成本管理的概念、功能等，阐述了生产成本管理的各种方法。第二部分在遵循成本计算原理的前提下，对各种费用归集与分配，并且介绍了三种基本的成本计算方法：品种法，分批法和分步法。第三部分主要介绍了成本决策的相关理论，以利润分析为切入点，详细探讨了本量利分析法的内容和应用，为下面的成本控制奠定基础。最后一部分主要介绍生产成本控制，包括生产成本控制的含义，原则，对目标成本法和标准成本法这两种重要的成本控制方法作了详细的介绍。

中英文关键词语

成本管理（Cost Management）；成本核算（Cost Accounting）；作业成本法（Activity-Based Cost, ABC）；成本决策（Cost Decision）；本量利分析（Cost-Volume-Profit Analysis, CVP）；成本控制（Cost Control）；目标成本（Target Cost）；标准成本（Standard Cost）

参考文献

[1] 杜晓荣，陆庆春，张颖编. 成本控制与管理（第1版）. 北京：清华大学出版社；北京交通大学出版社，2008.

[2] 王卫平. 成本会计学. 北京：经济科学出版社，2000.

[3] 张涛. 管理成本会计. 北京经济科学出版社，2001.

[4] 刘晓冰. 运营管理. 大连：大连理工大学出版社，2005.

[5] 焦跃华编著. 《现代企业成本控制战略研究》. 经济科学出版社，2001.

[6] 王伟，麦强盛. 企业成本控制实务. 广东经济出版社，2003.

[7] 刘丽文. 服务运营管理. 北京：清华大学出版社，2004.

[8] 陈荣秋，马士华. 生产运作管理（第2版）（*Product and Operations Management*）. 北京：机械工业出版社，2007.

[9] 赵启兰. 生产运作管理. 北京：清华大学出版社；北京交通大学出版社，2008.

[10] 陈良华. 成本管理. 北京：中信出版社，2006.

[11] 张端明. 管理会计实务. 北京：高等教育出版社，2000.

[12] 王莘香，王兴国，王策之. 管理会计. 济南：山东大学出版社，2009.

[13] 马风才. 运营管理. 北京：机械工业出版社，2007.

[14] ［美］威廉·史蒂文森. 运营管理（原书第9版）. 张群，张杰译. 北京：机械工业出版社，2008.

[15]　[英] 罗伯特·约翰斯顿. 运营管理案例（原书第 3 版）. 北京：经济管理出版社，2005.

思考练习题

1. 请总结并简述生产成本管理的各种方法。

2. 假如甲产品本月完工产品产量 600 件，在产品 100 件，完工程度按照平均 50% 计算。原材料在开始时一次性投入，其他费用按约当产量比例分配。甲产品本月月初在产品和本月耗用直接材料费用共计 707 000 元，直接人工费用 385 580 元，燃料动力费用 854 750 元，制造费用 292 500 元。

要求：计算甲产品各项费用的分配，包括直接材料费、直接人工费用、燃料和动力费用以及制造费用。

3. 某公司有一多功能机加工车间，该部门产品成本采用分批成本计算，由两个直接成本项目：直接材料和直接人工；一个间接制造费用成本库。以往间接制造费用按直接人工小时分配，如按此方法，每一直接人工小时分配间接制造费用 115 元。最近公司提出成本计算采用作业成本法。间接制造费用分成了 5 个成本库，分别归集该部门的 5 个作业项目成本，如表 10.9 所示。

表 10.9　有关作业成本分配资料

作　业	成本动因	分配率
材料整理准备	部件数	0.4 元/件
激光处理	转数	0.2 元/转
钻洗	机加工小时	20 元/小时
磨光	部件数	0.8 元/件
检试	检试件数	15 元/件

目前有两种产品在生产中，资料如表 10.10 所示。

表 10.10　生产资料

项　　目	A	B
直接材料成本/元	9 700	59 900
直接人工成本/元	750	11 250
直接人工小时/小时	25	375
批量/部件数	500	2 000
激光处理/转数	20 000	60 000
机加工时/小时	150	1 050
检试件数	10	200

要求：

（1）按以往的成本计算方法，计算每批产品的生产总成本和产品单位成本。

（2）采用作业成本法，计算每批产品的生产总成本和产品单位成本。

（3）为什么这两种计算方法的结果不同？这种不同对企业是否重要？

4．请画出基本的本量利图，并做相关理论说明。

5．某企业只生产一种产品，基期销售价格为每件 60 元，单位变动成本为 36 元，销售量为 1 000 件，固定成本为 20 000 元。要求如下。

（1）计算基期保本销售额和营业利润。

（2）如果目标利润为 8 000 元，各有关因素应如何单独变动才能保证目标利润实现？

（3）如果计划期销售单价上升 10%，单位变动成本上升 12%，销售量下降 5%，固定成本下降 1%，测算上述因素同时变动后计划期利润变动程度及利润额。

6．根据表 10.11 制订该产品的单位产品直接材料标准成本。

表 10.11 基本信息

标 准	材料甲	材料乙
价格标准：		
发票单价/元	2.00	4.00
装卸检验费/元	0.09	0.34
用量标准：		
图纸用量/千克	3.0	2.0
允许消耗量/千克	0.3	—

7．某产品的变动制造费用标准成本为：工时消耗 4 小时，变动制造费用小时分配率 6 元。本月生产产品 600 件，实际使用工时 2 500 小时，实际发生变动制造费用 16 500 元。

要求：分析计算变动制造费用的耗费差异和效率差异。

第 **11** 章　项 目 管 理

学习目标

通过本章的学习，读者应该能够：

1. 了解项目及项目管理的基本概念；
2. 掌握项目管理的计划方法与灵活运用相关方法的技能；
3. 掌握项目综合控制的主要方法与技能。

引导案例

我国高速动车行业研发历程

1997 年中国启动第一次火车提速，开行了最高时速达 140 公里、平均旅行时速 90 公里的 40 对快速列车和 64 列夕发朝至列车。此后经历了多次提速，到 2017 年 4 月中国铁路将普通旅客列车的旅行时速 128 公里提升至 200 公里运行，新建 250 条客运专线按 258 公里到 380 公里时速运行。至此，经历 20 余年完成 6 次提速，中国铁路运输发生了翻天覆地的变化，其中成功的国产高速动车研发是中国铁路提速基础保障之一。

中国的第一代高速动车组源于大规模的海外技术引进。2006 年中国大规模引进日本、法国、德国等的高速动车组技术，进行消化吸收再创新后生产的一批动车组，主要分为青岛四方庞巴迪（BST）公司的 CRH1 系列、四方股份的 CRH2 系列、唐车公司的 CRH3 系列和长客股份的 CRH5 系列。

第二代高速动车组在彻底消化吸收了引进技术后，更加契合我国铁路运营的实际情况。第二代高速动车组编号以 CRH380 开头，其中 CRH380A（L）系列为四方股份研制，CRH380B（L/G）系列为唐车公司、长客股份研制，CRH380CL 为长客股份研制，CRH380D 为青岛四方庞巴迪（BST）生产。

第三代高速动车组 CR400AF 及 CR400BF 分别由四方股份在原 CRH2 系列以及长客股份在原 CRH5 系列的基础上进行自主化优化设计研制。复兴号是中国标准动车组列车，由中国铁路总公司主导、中国铁道科学研究院牵头 20 余家单位联合历经 3 年研制而成，具有完全自主知识产权的第三代高速动车组。旨在针对中国高铁的运营特点，制订中国高铁标准。根据中国铁总的资料显示，中国标准动车组涉及 254 项重要标准，中国标准占 84%，高铁正式迈入中国标准时代。

资料来源：中国报告网，http://market.chinabaogao.com/jiaotong/10192aMR017.html

11.1 项目管理概述

11.1.1 项目的基本概念

从广义上讲，项目是在一定时间内，满足一系列特定目标的多项相关工作的总称。通常，项目类工作具有一次性、周期性及整体性等特点。

1. 项目的要素

归纳起来，项目由以下五个要素构成：①项目的范围；②项目的组织结构；③项目的质量；④项目的费用；⑤项目的进度。

其中，项目的范围和组织结构是最基本的，后三项可以有所变动，是依附于前两项的。

2. 项目的周期理论

项目是一次性的任务，故有起点和终点，任何项目都会经历启动、开发、实施、结束等过程，称为"生命周期"。

项目的生命周期可以分为四大阶段：概念阶段、开发阶段、实施阶段和结束阶段，不同阶段其项目管理的内容是不同的。从项目的生命周期角度对项目管理的内容进行划分，使人们能够从开始到结束对整个项目的实施形成全面而系统的了解。图 11.1 从生命周期的角度，对项目的不同阶段工作内容进行了概括描述。

11.1.2 项目管理的基本概念

1. 项目管理的定义和基本要素

美国项目管理学会（PMI）标准委员会将项目管理定义为"在项目活动中运用专门的知识、技能、工具和方法，使项目能够实现超过项目干系人的需要和期望"。

项目管理工作可以理解为企业管理者为实现项目目标，而进行的一系列计划、指导与控制活动。工程项目管理是项目管理在工程领域的应用，即在既定目标之下，在确定的时间范围内，通过模拟分散组织形式的特殊运行机制，对工程项目进行有效的计划、组织、领导和控制，对既定有限资源实行优化配置的一种系统的管理方法。

从 PMI 的定义中可以得出，项目管理具有如下基本要素。

（1）项目。

（2）项目干系人，即项目的各参与方。

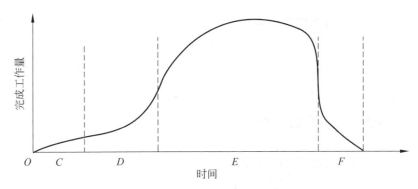

C(概念阶段)	D(开发阶段)	E(实施阶段)	F(结束阶段)
• 明确需求	• 确定项目组主要成员	• 建立项目组	• 最终产品的完成
• 项目识别	• 项目最终产品的范围界定	• 建立完善的项目联络	• 评估与验收
• 项目构思	• 实施方案研究	渠道	• 清算最后账务
• 调查研究	• 项目质量标准的确定	• 实施项目激励机制	• 项目评估
• 收集数据	• 项目的资源保证	• 建立项目工作包，细化	• 文档总结
• 确立目标	• 项目的环境保证	各项技术需求	• 资源清理
• 进行可行性研究	• 主计划的制订	• 建立项目信息控制系统	• 转换产品责任者
• 明确合作关系	• 项目经费及现金流量的预算	• 执行WBS的各项工作	• 解散项目组
• 确定风险等级	• 项目的工作结构分解	• 获得订购物品及服务	
• 拟订战略方案	• 项目政策与程序的制定	• 指导/监督/预测/控制：	
• 进行资源测算	• 风险评估	范围、质量、进度、成本	
• 提出组建项目组方案	• 确认项目存效性	• 解决实施中的问题	
• 提出项目建议书	• 提出项目概要报告，获准进入		
• 获准进入下一段	下一阶段		

图 11.1　项目的生命周期及其主要工作

（3）资源。由于项目的一次性，项目资源多是临时拥有和使用的。资源的合理、高效使用对项目管理至关重要。

（4）目标和需求。项目干系人的需求是多样的，通常可以分为两类：必须满足的基本需求和附加获取的期望要求。其中，基本需求包括项目实施的范围、质量要求、利润或成本目标、时间目标以及法规要求等；期望要求常常对开辟市场、争取支持、减少阻力产生重要影响。

2. 项目管理的主要内容

由于项目涉及多部门合作，工作环境经常变化，管理难度较大，因此项目管理工作涉及多个方面内容，这些内容可以按照不同的线索进行组织，常见的组织形式主要有两个层次、三个主体、四个阶段、五个过程和九个管理领域。

（1）两个层次：第一为企业层次，第二为项目层次。

（2）三个主体：从项目的不同主体角度看，涉及业主、各承包商、监理及用户。

（3）四个阶段：从项目的生命周期角度看，项目管理经历了概念阶段、开发阶段、实施阶段和结束阶段。

（4）五个过程：从项目管理的基本过程看，涉及启动过程、计划过程、执行过程、控制过程和结束过程。

（5）九个管理领域：从项目管理的职能领域看，涉及范围管理、时间管理、费用管理、质量管理、人力资源管理、风险管理、沟通管理、采购管理和综合管理。

从项目管理的工作内容可以看出，项目管理工作难度大，对管理者要求极高。

11.2 项目计划

由于项目管理工作的复杂性，必须预先制订出高质量的项目计划。在项目管理实践中，计划作为一个重要的项目阶段，在项目过程中起承上启下的作用，是项目管理的基础性工作。

11.2.1 项目计划概述

项目计划是项目组织根据项目目标的规定，对项目实施过程中进行的各项活动做出周密安排。项目计划围绕项目目标的完成系统地确定项目的任务，安排任务进度，编制完成任务所需的资源、预算等，从而保证项目能够在合理的工期内，以尽可能低的成本和尽可能高的质量品质来完成。

项目计划工作通常分为以下阶段进行。

（1）确定任务目标与主要内容

项目从最初的设想到落实，通常要经历原动力产生，指标任务说明书编写，初步的可行性分析，技术方案选定等前期工作环节。因此在正式制订项目计划之前，必须要对管理项目深入了解，明确项目的目标和主要工作内容。

（2）制订项目需求书和初步预算

在许多情况下，工程预算的大小以及能否得到有关部门的认可，是项目能否开工的关键，因此，必须对项目业主的需求进行有效描述，从而确定整个工程的整体预算。

（3）项目范围确定与工作结构分解

由于项目本身的复杂性，计划者有必要将任务分解，以减轻后续计划工作的难度，从而将所有的工作及其相互关系考虑全面。

（4）确定工程的整体进度计划、资源使用计划和质量计划

工程的整体进度计划规定出项目各主要工作的进度表，以指导项目有序进行。同时，由于各主要工作通常由不同的部门分别承担，因此，预先确定出项目需要使用的资源并制订出需要达到的质量标准十分重要。

（5）作业进度与资源使用计划的调整

此阶段也可以称为作业进度计划的调整阶段。作业进度计划是直接指导项目的实际使用计划，完成其调整工作，这标志着项目基准计划的形成。

11.2.2 项目计划编制

一个完整的项目计划体系首先由三个基本部分组成：进度计划、资源计划和质量计划。围绕上述三个基本计划，还要完成一系列的准备性工作，并制订出其他的辅助性计

划，图 11.2 为一个项目计划的基本轮廓。

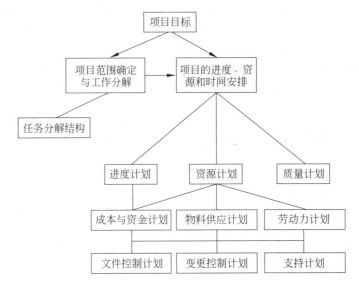

图 11.2　项目计划体系示意图

从图中可见，项目计划的第一层面是三大主体计划，即进度计划、资源计划和质量计划。第二层面的相关计划是为项目提供资源保障的辅助计划，主要有成本与资金计划、物料供应计划和劳动力计划等。第三层面的计划重点强调管理对项目顺利进行的保障作用，为项目的过程控制和管理提供必要的指导和支持，主要有文件控制计划、变更控制计划和支持计划。

11.2.3　网络计划技术

项目计划的入手点是进度计划，进度计划对项目的各项工作的起始时间进行筹划。传统的进度计划编制方法是甘特图法，它具有直观易懂、操作简单等优点，但是作为一种计划管理工具，甘特图不能明确地表明各项工作之间相互依存与作用的关系，因此它很难发挥项目管理中心环节的作用。20 世纪 50 年代末，美国杜邦公司的技术人员发明了关键路径法（Critical Path Method，CPM），不久，美国海军部的技术人员发明了计划评审法（Program Evaluation and Review Technology，PERT）。这两种计划方法均是基于网络计划技术之上的方法，实践证明，它们是满足现代项目管理的科学方法。

网络计划技术是用网络计划对任务的工作进度进行安排和控制，以保证实现预定目标的计划管理技术。网络计划是在网络图上加注工作时间参数等而编制的进度计划，所以，网络计划主要由两大部分组成，即网络图和网络参数。网络图是由箭线和节点组成的，能够全面表述项目的活动构成、活动之间的逻辑关系以及活动情况的网状图形。

网络计划的基本形式是关键路径法和计划评审技术。若按照网络的结构不同，网络计划又可以分为双代号网络计划和单代号网络计划。由于历史原因，国内多采用双代号网络计划，而目前项目管理软件多采用单代号网络计划。

双代号网络图是用节点表示事项，矢线表示工作的网络图，其中每一项工作都用一根矢线和两个节点表示，矢线的箭尾节点和箭头节点分别代表工作的起点和终点，"双代号"也称为"双节点"，图 11.3 就是双代号网络图。

节点用于表示工作开始或结束的时间点，也是两项工作的连接点，既不消耗资源，也不占用时间，只是代表开始与结束的瞬间。网络图中的第一个节点称为起始点，意味着一个项目的开始；最后一个节点称为终点，意味着项目的完成。在一个网络图中，始点和终点是唯一的。

矢线代表在项目中独立存在，需要一定时间或资源完成的具体工作。矢线的方向代表工作的前进方向，箭尾表示工作的开始，箭头表示工作的结束，通常在矢线上方标示工作代号，在矢线下方标示工作需要的时间。在项目中通常有一种既不消耗时间，也不消耗资源的工作，这类工作称为虚工作，是虚设的，在网络图中用虚矢线表示，只是用来表示相邻工作间的逻辑关系，其持续时间为零。

从网络图的始点开始，沿矢线方向通向终点的一系列首尾相连的节点和矢线所组成的序列，称为一条通路，通路上各项工作的持续时间之和称为通路的长度。网络图中的通路一般有很多，其中路长最大的通路称为关键线路，关键线路上的工作为关键工作，关键工作的完成时间将直接影响整个项目工期的实现。需要指出的是，网络图中的关键线路并不唯一，在一定条件下，关键线路也可能发生变化。

（1）双代号网络图的绘制

在绘制双代号网络图时，应该遵循以下原则。

① 网络图的始点与终点唯一。

② 相邻节点间矢线唯一。如果确认相邻两节点 1 和 2 之间的工作为 A，则只能画一条矢线，假如有另一工作 B 也始于节点 1 终于节点 2，则只能用虚矢线解决这一矛盾，如图 11.3 所示。

③ 不允许出现循环回路。所谓循环回路是指从某一个节点出发顺着矢线的方向又回到该节点。如果网络图中出现了循环回路，则意味着图中的逻辑关系表达上出现错误，在工作顺序上也相互矛盾，如图 11.4 所示。

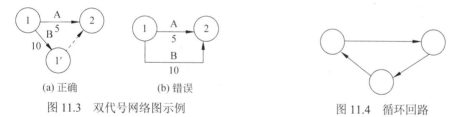

(a) 正确　　　　　(b) 错误

图 11.3　双代号网络图示例　　　　　图 11.4　循环回路

④ 绘制网络图时，矢线不宜交叉，当交叉无法避免时，可以采用暗桥法或指向法，如图 11.5 所示。虚矢线一般用于表述多项工作、复杂工作及平行工作的逻辑关系，它的运用可以完善地表达网络图中复杂的逻辑关系，但是其描绘不可以随意，如果不使用也可以清楚地表示问题，则尽可能不用虚矢线。

（2）双代号网络计划的工作步骤

① 确定目标。这是网络计划编制之初必须明确的问题。目标是计划所要达到的结果预期，不同的项目，要根据其具体情况来确定结果预期。

② 项目分解。根据需要将一个项目分解为一定数量的独立工作和活动，项目分解的结果要明确工作名称、工作范围和内容等。

③ 确定各项工作之间的逻辑关系。所谓逻辑关系是各工作先后顺序的交错关系，是空间概念"序"的约束。通常用"紧前工作"或"紧后工作"来表达这种关系。

如图 11.6 所示，C 的紧前工作是 A，紧后工作是 E；E 的紧前工作是 C 和 D，不包括 A 和 B。

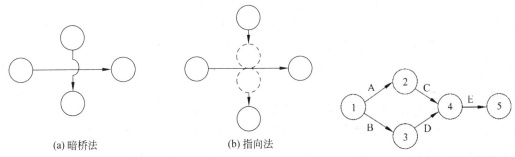

(a) 暗桥法　　　　　　　　　(b) 指向法　　　　　　　图 11.6　网络图的逻辑关系

图 11.5　交叉线的画法

④ 绘制网络图。绘制网络图是网络计划技术中关键的一步，只有绘图正确才可以借助图形分析寻找关键线路，求得工期、资源和成本的优化方案。

绘图时，可以从无紧前工作的工作开始，依次进行，将紧前工作一一绘出，并将最后的工作结束于一点，即终止节点，然后根据网络图所描述的工作关系，与项目工作列表所列的工作关系对照，相一致则说明网络图正确，可以进行节点编号，必须按照矢线箭头的方向升序排号，以确保时间节点的序号与先后关系一致。此后，将各工作的代号和工时数据分别标注在相应矢线的上方和下方，得到完整的网络图。

⑤ 计算网络计划时间参数，确定关键线路。在完成网络图的绘制后，管理者仅仅完成了网络计划编制的第一个步骤，更为重要的步骤是根据网络图进行网络时间参数的计算和关键线路的确定，这是网络计划实施、优化和调整的基础。

网络时间包括：

a. 节点时间

ES_i——节点最早时间，指以该节点为开始节点的各项工作的最早开始时间。

LF_i——节点最晚时间，指在不影响总工期的前提下，以该节点为完成节点的各项工作的最晚结束时间。

b. 工作时间

$T(i, j)$——某项工作的持续时间。

$ES(i, j)$——指该工作的各项紧前工作已经完成，本工作有可能开始的最早时间。可见，$ES(i, j) = ES_i$。

$EF(i, j)$——指各紧前工作完成后，本工作有可能完成的最早时间。可见，$EF(i, j) = ES(i, j) + T(i, j)$。

$LS(i, j)$——最晚开始时间，即本工作最晚必须在何时开始，才能确保紧后工作按时开工。

LF(i, j)——最晚结束时间，即本工作最晚必须在何时结束，才能确保紧后工作按时开工。可见，$LF(i, j) = LS(i, j) + T(i, j)$。

ST(i, j)——总时差。在不影响整个工程计划完工的情况下，某项工作最晚开始时间与最早开始时间的差值，即该项工作开始时间允许推迟的最大限度，也可以用某项工作最晚结束时间与最早结束时间的差值表示。即 $ST(i, j) = LF(i, j) - EF(i, j) = LS(i, j) - ES(i, j)$。总时差为 0 的工作为关键工作，按照节点先后顺序将关键工作连起的线路即关键线路。

SF(i, j)——单时差。下一项工作的最早开始时间与本工作的最早结束时间之差。即 $SF(i, j) = ES(i, j) - EF(i, j)$。

c. 线路时间

Tc——计算工期，指根据时间参数计算得出的总工期，在数值上等于最大线路路长。$LFn = Tc = \max\{EFn\}$，其中 LFn 是终止节点的最迟时间。

当网络时间参数 ES、EF、LS、LF 都确定后，就可以求得总时差和单时差。总时差为 0 的工作为关键工作，按照节点先后顺序将关键工作连接起来的线路即为关键线路。

网络时间参数的计算方法主要有作图法和表格法两种。

（3）双代号网络计划的算例

例 11.1　某工程各项工作的逻辑关系如下，见表 11.1，试计算项目总工期，并确定关键线路。

表 11.1　项目工作关系表

序号	工作名称	工作代号	紧后工作	持续时间/天
1	项目策划	A	C、D	4
2	设计	B	E、F	6
3	组织准备	C	E、F	3
4	工程招标	D	H	5
5	员工招聘	E	I	2
6	筹集资金	F	H、G	6
7	材料购置	G	I	6
8	项目施工	H	—	6
9	人员培训	I	—	5

根据已知资料先画出草图，然后再规范化，得出图 11.7 所示的网络图，直接在网络图上计算时间参数，这是一种很直观的方法，适用于节点数目不多的情况。在每一个节点的上方标出"□"和"▽"两种符号，将各个节点的 ES 标识在□中，顺向计算，从左至右，依次相加，在"汇点"取最大值，将各个节点的 LS 标识在▽中，逆向计算，从右至左，依次相减，在"源点"取最小值。最后比较每个节点上方的值，如果□和▽中的数值相等，则该节点为关键线路上的节点，关键线路确定后，关键工作就可以确定。

按照作图法的工作步骤，依次计算，并标识在图上，如图 11.8 所示，得出网络时间的计算结果。从图上可知，关键线路为 A-C-F-G-I，总工期为 24 天。

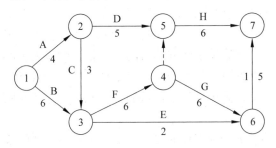

图 11.7　项目网络图

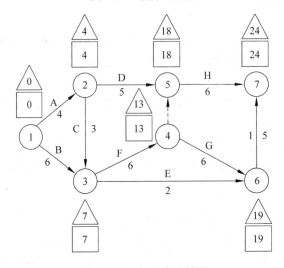

图 11.8　项目进度计算图

11.2.4　项目计划的调整与优化

网络计划技术的优势不仅体现在工程项目的前期计划方面，还体现在工程项目计划过程中的成本管理以及资源优化等方面，这就是网络计划的调整与优化问题，也是网络计划的精华所在。网络计划调整与优化就是在满足既定的约束条件下，按照某一目标，通过不断调整，寻找最优网络计划方案的过程。下面介绍两类典型的优化问题的相关模型。

1. 时间—成本模型法

网络计划的优化问题包括时间优化、费用优化和资源优化三方面。时间—成本模型处理的是前两者的问题。在制订项目进度计划的过程中，当网络计划的计算工期不能满足项目合作单位提出的要求工期时，项目管理者就必须通过不断压缩关键线路上的关键工作持续时间等措施，对整个项目计划进行时间—成本的优化处理。

例 11.2　一项工程项目由 9 项工作组成，各项工作间的逻辑关系以及工期信息见表 11.2，表 11.3 提供了有关各项工作工期与成本变化关系的信息。其中最短工期指某项工作的工期所能压缩到的极限，即表 11.3 中的乐观工期。赶工成本斜率，指某工作的工

期每缩短一个时间单位成本平均增加的数量，即

赶工成本斜率 ＝（最短工期成本－正常工期成本）／（正常工期－最短工期）

表 11.2　　　　　　　　　　　　　　　　　　　　　　　　　　　　　单位：周

作业名称	A	B	C	D	E	F	G	H	I
紧前作业	—	—	A	A	CB	CB	E	DE	GF
乐观工期	2	5	2	3	4	1	3	5	4
最可能工期	4	6	3	5	6	2	6	6	5
悲观工期	6	7	4	7	8	3	9	7	6

表 11.3

作业名称	A	B	C	D	E	F	G	H	I
正常工期/周	4	6	3	5	6	2	6	6	5
正常工期成本/千元	12	15	8	20	22	7	24	22	18
最短工期/周	2	5	2	3	4	1	3	5	4
最短工期成本/千元	16	17	12	30	28	10	42	25	23
赶工成本斜率	2	2	5	5	3	3	6	3	7
固定费用（周均）/千元	5	5	3	3	6	6	4	4	4
用人数量/人	4	5	3	6	2	2	3	4	6

（1）编制相应的网络计划。

（2）如果要求在 22 周内完成该项目，对原有计划应如何调整？

解：①按照每项工作的最可能工期绘制双代号网络图，如图 11.9 所示。

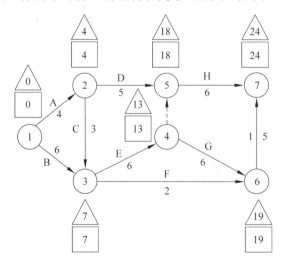

图 11.9　双代号网络图

② 由网络图可以得出，关键工作为 A、C、E、G、I，计算工期为 24 周。

③ 分析：由前两步得出按照最可能工作进度完成项目，计算工期为 24 周，无法满足要求的工期，必须加快进度，将工期压缩两周。因为关键工作为 A、C、E、G、I，故

压缩其中任何一个工作的工期，均可以缩短工期，决定压缩哪几项关键工作，考虑的主要依据是成本。由赶工成本斜率的定义可知，应该选择赶工成本斜率较小的关键工作，从而以较低的成本代价达到缩短总工期的目的。在本例中，应按照 A、E、C、G、I 的顺序考虑赶工问题。

在安排赶工的过程中，还需要考虑一项工作的工期调整可能改变整个项目的关键线路。如本例中，按照前面分析，工作 A 是进行时间调整的首选对象。从 A 的工期范围上分析，该工作的工期客观上具备压缩两周的条件，但是当 A 的工期压缩一周时，关键线路发生变化，B 此时变成了关键作业，导致单纯地继续减少 A 的工期不能进一步减少总工期，除非同时减少 A 和 B 的工期。具体来看，计划者在将 A 的工期减少两周的同时，必须将 B 的工期减少一周，才能保证总工期减少两周，其中后一周的赶工成本是 A 和 B 两项的和，共 4 000 元，远没有选择将 E 减少一周的成本经济。因此，最终的调整是在 A 和 E 上各赶工一周。优化调整后的时间安排见表 11.4。

表 11.4　经优化的进度安排　　　　　　单位：周

作业名称	A	B	C	D	E	F	G	H	I
赶工时间	1	—	—	—	1	—	—	—	—
调整后工期	3	6	3	5	5	2	6	6	5

2. 时间—资源模型法

时间—资源模型处理的是网络计划中时间和资源优化调整的问题。由于项目可以投入的各种资源的数量是有限的，一部分资源的使用具有一定的时效性，网络计划的时间—资源优化，就是力求解决资源的供需矛盾，实现资源的均衡利用。

例 11.3　在例 11.2 的工作基础上，试通过调整各作业的进度，对项目进行人力资源方面的优化，假定项目期间均衡用人是优化的主要目标。

分析：要进行人力资源优化，必须明确项目用人现状，在此基础上才能进行调整与优化，表 11.5 列明项目的用人情况。

表 11.5　优化调整前用人情况一览表　　　　　　单位：人

作业名称	工期/周	1	2	3	4	5	6	7	8	9	10	11	12	13	14	15	16	17	18	19	20	21	22
A	3	4	4	4																			
B	6	5	5	5	5	5	5																
C	3				3	3	3																
D	5				6	6	6	6	6														
E	5								2	2	2	2	2										
F	2								2	2													
G	6											3	3	3	3	3	3						
H	6											4	4	4	4	4	4						
I	5																		6	6	6	6	6
用人合计		9	9	9	14	14	14	10	10	2	2	2	7	7	7	7	7	7	6	6	6	6	6

作业从表 11.6 的统计数据看出，如果按照案例 3 中调整后的计划安排项目进度，整个项目的用人非常不均衡，最多时需要 14 人，最少时只需要 2 人，这样容易导致人力资源的浪费，因此有必要在保证总工期不变的前提下，对项目计划进行调整。

通过分析可以发现，适当推迟非关键工作的时间，可以在不影响总工期的同时达到均衡用人的目的，在本例中，将工作 D 和 F 分别推迟 3 周和 5 周进行，用人的情况将有很大改善，见表 11.6，调整后用人最多时需要 9 人，最少需要 6 人，对人力资源的需求大致均衡。

表 11.6　优化调整后用人情况一览表　　　　　单位：人

作业名称	工期/周	1	2	3	4	5	6	7	8	9	10	11	12	13	14	15	16	17	18	19	20	21	22
A	3	4	4	4																			
B	6	5	5	5	5	5	5																
C	3				3	3	3																
D	5							6	6	6	6	6											
E	5							2	2	2	2	2											
F	2												2	2									
G	6												3	3	3	3	3	3					
H	6												4	4	4	4	4	4					
I	5																		6	6	6	6	6
用人合计		9	9	9	8	8	8	8	8	8	8	8	9	9	7	7	7	7	6	6	6	6	6

用类似的方法，可以使用网络计划技术对设备、资金等资源进行调整优化。值得注意的是，计划的调整与优化过程通常不是一次性的工作，需要反复进行，因此需要使用计算机等工具以提高工作效率。

11.3　项目控制管理

从管理学的角度出发，控制职能是管理的五大职能之一，控制工作的基本目的是保证组织目标实现。采用的基本方式是根据计划确定标准，在工作进行的过程中，不断收集工作的进展信息，与标准进行衡量，对偏差及时进行纠正，保证组织目标的实现。

在项目管理过程中，准确的项目目标定位和精细的计划编制，为项目的实施奠定了坚实的基础，计划必须依赖于过程管理与控制的良好配合。

工期、费用和质量构成了项目的三大目标，所以项目的控制工作分为三个部分：进度控制、费用控制和质量控制。本节将着重介绍进度控制和费用控制的工作内容，质量控制的相关内容在第 9 章中有详细分析。

11.3.1　项目进度控制

项目的三大目标中，费用发生在项目的各项工作中，质量取决于每个工作过程，工期则依赖于进度上时间的保证，这些目标均可以通过进度控制加以掌握，所以进度控制是项目控制工作的首要内容，是项目的灵魂。

在项目进行过程中，项目管理者必须不断监控项目的进程，并将实际情况与计划进行对比分析，必要时对偏差采取有效的应对措施，以确保项目按预定进度目标进行，避免工期延误，这一过程称之为进度控制。

进度控制由项目进度动态监测、进度偏差问题分析和进度更新三个过程组成，其流程如图 11.10 所示。

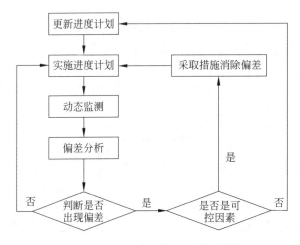

图 11.10　项目进度控制过程流程图

1. 项目进度动态监测过程

在项目实施过程中，为收集项目进度实际情况的信息，以便对项目进展进行分析，掌握项目进展动态，应对项目进展状态进行观测，这一过程称为进度动态监测。

对于项目进展状态的观测，通常采用日常观测和定期观测的方法，并将观测的结果用项目进展报告的形式描述。

2. 进度偏差问题分析

在动态监测中，若发现项目的实际进度与计划安排出现偏差，则要进行分析，以确定导致进度偏差的原因。此阶段的一个工作重点是识别进度偏差原因是可控因素还是不可控因素，当偏差由可控因素引起，分析的重点是如何消除该不利因素；若偏差由不可控因素引发，则重点分析可能产生的进度延误时间，以便进行进度计划的修改。

3. 进度更新

完成偏差问题分析后，项目管理者要以保持项目工期不变、保证项目质量所耗费用最少为目标，做出有效对策，采取必要纠偏措施，进行进度更新工作。项目进度更新主要包括两方面工作，即分析进度偏差的影响和进行项目进度计划的调整。

项目进度控制原理可以归纳为 6 点。

（1）动态控制原理。即项目进度控制采用动态循环的控制方法。

（2）系统原理。即进度控制采用系统的理论和方法解决系统问题。

（3）封闭循环原理。进度控制的全过程是一种循环性的例行活动，是封闭循环、不断运行的过程。

（4）信息原理。即进度控制过程是一个信息传递和反馈的过程。

（5）弹性原理。由于项目一般工期较长，影响因素较多，要求进度计划具有一定的弹性，以便在进度控制过程中，可以利用这种弹性，对计划进行调整，使项目目标能够实现。

（6）网络计划技术原理。网络计划技术作为一种科学有效的进度管理方法，是项目进度控制的计划管理和分析计算的理论基础。

11.3.2　项目费用控制

在项目过程控制中，进度控制工作并非独立进行，而是与项目的费用控制相联系共同进行。项目费用控制就是保证项目在进行的过程中，各项工作在各自的预算范围内进行，因此其基点是项目费用预算，即成本计划。

1. 项目费用预算

项目费用预算是给每一项独立工作分配全部费用，以获得度量项目执行的费用基线。项目费用预算的制订过程是一个渐进的过程。首先在项目的概念阶段，项目发起人对整个项目费用支出要有大致的总额概念，其次在完成项目工作分解后，形成比较详细的费用计划。不同层面的费用计划可以采用不同方法表述，如图 11.11 是用费用负荷图表述出的费用预算。

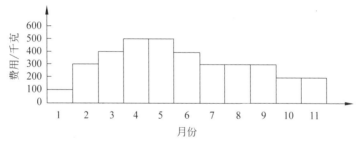

图 11.11　费用负荷图

2. 项目费用控制的工作过程

费用控制主要关注影响改变费用的各种因素，其工作过程包括信息收集、偏差原因分析和采取必要措施等步骤。具体的工作包括。

（1）监控费用执行情况并确定已经出现的偏差。

（2）分析费用偏差对项目产生的正反两个方面的影响，由于项目的费用支出与项目进度和工作质量密切相关，因此费用超支不一定就是问题，费用支出低于计划量也不一定就是没有问题，必须进行具体的综合性分析。

（3）采取必要措施减少不合理的费用支出，及时为必需的费用增加项目筹集资金，填写费用变更计划，同时要注意与其他控制过程相协调。

3. 费用控制的方法——挣值法

为适应项目费用控制工作的需求，项目管理者在工作实践中发明了大量的控制方法，其中挣值法是一种最为常用的项目控制方法。如前面所述，费用控制的关键是能够发现和描述实际情况与计划要求之间的偏差，而挣值法采用挣值（Earn Value）的概念，巧妙地把预算和成本作为分析对象，全面地反映出现实与计划之间的差异情况。

（1）含义

挣值是指已近完成的工作在原成本计划中的预算金额。挣值法，又称偏差分析法，它通过比对项目特定时期的挣值金额与实际的支出费用之间的偏差，达到判断项目预算和进度计划执行情况的目的，其独特之处在于用预算和费用来衡量工程的进度。

（2）三个基本参数

① 计划工作量的预算费用（BCWS－Budgeted Cost for Work Scheduled），即项目实施过程中某阶段计划要求完成的工作量所需的预算工时（或费用）。

$$BCWS = 计划工作量 \times 预算定额$$

该参数主要反映进度计划应该完成的工作量，而不是应消耗的工时或费用。

② 已完成工作量的实际费用（ACWP－Actual Cost for Work Performed），即项目实施过程中某阶段实际完成的工作量所消耗的工时（或费用），该参数主要反映项目执行的实际消耗指标。

③ 已完成工作量的预算成本（BCWP－Budgeted Cost for Work Performed），即项目实施过程中某阶段实际完成工作量以及按预算定额计算出来的工时（或费用），即挣得值。

$$BCWP = 已完成工作量 \times 预算定额$$

（3）四个评价指标

① 费用偏差 CV（Cost Variance）。

$$CV = BCWP - ACWP$$

当 CV<0 时，超支，执行效果不佳；

当 CV=0 时，实际消耗等于预算；

当 CV>0 时，有节余或效率高，执行效果好。

② 进度偏差 SV（Schedule Variance）。

$$SV = BCWP - BCWS$$

当 SV<0 时，进度延误；

当 SV=0 时，实际与计划进度一致；

当 SV>0 时，进度提前。

③ 费用执行指标 CPI（Cost Performed Index）。

$$CPI = BCWP / ACWP$$

当 CPI<1 时，超出预算；

当 CPI=1 时，实际费用与预算费用相同；

当 CPI>1 时，低于预算。

④ 进度执行指标 SPI（Schedule Performed Index）。

$$SPI = BCWP / BCWS$$

当 SPI<1 时，进度延误；

当 SPI =1 时，实际与计划进度一致；

当 SPI >1 时，进度提前。

例 11.4 图 11.12 为一个项目的挣值法评价曲线，项目计划 2017 年 5 月 1 日完工，但在 2017 年 3 月 1 日检查时发现有项目问题，实际完工日期 2017 年 6 月 12 日。

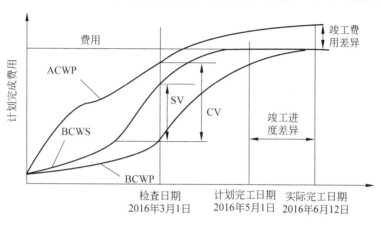

图 11.12 挣值评价曲线图

（1）试对 2016 年 3 月 1 日时的项目情况进行评价。

（2）试对该项目的整体情况进行评价。

解： 1）2016 年 3 月 1 日项目情况评价。

费用偏差 CV（Cost Variance）

CV=BCWP－ACWP<0，超支，执行效果不佳

进度偏差 SV（Schedule Variance）

SV=BCWP－BCWS <0，进度延误

费用执行指标 CPI（Cost Performed Index）

CPI=BCWP/ACWP <1，超出预算

进度执行指标 SPI（Schedule Performed Index）

SPI=BCWP/ BCWS<1，进度延误

结论：项目进度延误的同时，费用超支，情况不佳。

（3）2016 年 6 月 12 日项目情况评价。

费用偏差 CV=BCWP－ACWP<0，费用超支；

费用执行指标 CPI=BCWP/ACWP <1,超出预算,但超支情况好于 2016 年 3 月 1 日,同时，进度延误近一个半月。

(**讨论案例**)

华为产品开发项目管理特点

2016 年，华为公司全年研发总投入高达 83.58 亿欧元（约合人民币 608 亿元），稳居

世界企业研发投入排名榜第八位，是在中国企业中排名最高的。其中，产品研发项目是重头，占用研发投资总额的 83%。因此，华为管理层非常重视产品研发项目的管理工作，为了把产品研发活动管理好，华为公司在 IBM 等国际知名咨询公司的帮助下梳理了结构化的产品开发流程，引进多种先进的项目管理，特别是产品开发项目管理的方法，最终建立以产品开发项目经理（Lead Product Development Team, LPDT）管理项目工作体系。

1. 基于流程的产品开发项目管理模式

华为公司提倡流程化的企业管理方式，任何业务活动都有明确的结构化流程来指导。华为公司的产品开发流程分为 6 个阶段，分别是概念阶段、计划阶段、开发阶段、验证阶段、发布阶段、生命周期管理阶段。

当年 IBM 咨询顾问指导设计的产品开发流程，和之前华为公司产品开发模式相比，其中一项比较大的差别是：概念阶段和计划阶段明显比原来的流程周期长，更加重视概念阶段对产品的定义以及各领域策略的制订，以及重视计划阶段对技术方案的制订以及各领域实施方案的制订，后来华为公司经过几个团队（Product Development Team, PDT）项目的验证，这样的变更反而缩短了整个产品开发项目的周期。华为公司的产品研发项目，是基于产品开发流程的项目管理，由项目经理带领项目团队成员按照公司定义的流程，实施产品开发，完成项目目标。

2. 对产品开发项目实施"端到端"的管理

"端到端"是由 IBM 的咨询顾问引入华为的。其中心含义是在做产品开发项目时，要从市场端中来，最终通过项目活动满足市场端的需求。即产品开发项目不仅仅是技术体系一个部门的工作，而且需要其他部门参与形成跨部门的团队才能完成产品的开发目标，保证市场的需求。

为了完成最终的产品开发目标，需要市场人员的参与（提供产品需求定义、制订产品宣传方案和实施等）、销售部门参与（销售预测及销售渠道建立等）、注册部门参与（注册方案制订及实施）、技术部门参与（产品技术实现及目标成本达成等）、制造部门参与（产品试制及生产测试设备开发等）等，只有各个部门都参与了，才是完成了产品开发的任务。为了完成产品开发项目的"端到端"目标，华为的产品开发项目团队成员采用跨职能部门组建方式，项目经理承担团队的领导职责。

3. 建立跨部门的项目管理模式

在引入 IBM 咨询之前，华为公司采用的是职能式的产品开发模式，将产品开发任务按照职能分配到各个职能体系，没有明确的产品开发项目经理，或者最多指定一个协调人，由于项目成员沟通不顺畅，产品开发周期和竞争对手相比较长，因此必须改变这种按职能模式进行产品开发的现状。

IBM 公司在给华为完成引入集成产品开发咨询项目的过程中，为华为公司建立了许多跨部门的业务团队，如产品开发团队（PDT）、产品组合管理团队（PMT）、集成技术管理团队（ITMT）等。其中产品开发团队（PDT）是最典型的模式，团队成员分为核心组和外围组，分别来自于市场、销售、财务、质量、研发、制造、采购、技术服务等部门，他们在项目经理（LPDT）的带领下，共同完成由集成组合管理团队（IPMT）下达的产品开发目标。

现在华为公司产品开发项目团队是采用重度矩阵式的管理模式，由项目经理和部门经理共同协商确定产品开发团队成员，团队成员在产品开发项目经理的领导下完成产品开发项目目标，职能部门经理由原来既管事又管人转变为只管人。也就是说，在引入产品开发团队后，职能部门经理的职责更多地关注培养部门的能力，包括对部门人力资源规划与培养、部门技术的规划及开发、部门的管理体系建设、向项目团队提供合格的人力资源等。

4. 将研发项目按不同业务类型进行分类管理

华为公司将研发体系的项目重点分为产品预研、产品开发、技术预研、技术开发共四大类。之所以将研发项目分类，也是为了考核的需要。针对预研项目而言，由于预研项目风险大、结果难以预知，因此，对进度、结果考核的权重要小一些；而对开发项目而言，由于进度、结果可以预知，质量可以控制，因此针对开发项目，进度、质量、财务往往成为考核的目标。

另外，不同类型的项目对人力资源要求不同，对预研项目，技术倾向明显，往往是技术水平高的人进行预研工作，而开发人员往往工程化倾向明显，华为公司提出的"工程商人"概念大部分是针对开发人员而言的。

思考题：

1. 华为在引入集成产品开发概念，构建产品开发项目经理管理体系前后，在哪些方面发生了改变？

2. 为什么产品开发项目经理管理体系能提升华为产品研发项目管理效益？

 本章小结

界定了项目与项目管理的概念及特点，介绍了项目组织如何根据项目目标，计划项目进度，安排项目任务，并提出如何对项目进度进行优化调整。重点讨论了网络计划技术中网络图的绘制，寻找关键路线与网络计划的优化方法。

中英文关键词语

项目（Project）；项目管理（Project Management，PM）；关键路径法（Critical Path Method，CPM）；计划评审技术（Project Evaluation and Review Technique，PERT）；挣值（Earn Value，EV）；费用偏差（Cost Variance，CV）；进度偏差（Schedule Variance，SV）；费用执行指标（Cost Performed Index，CPI）；进度执行指标（Schedule Performed Index，SPI）

参考文献

[1] ［美］威廉・J. 史蒂文森. 运作管理. 北京：机械工程出版社，2016.

[2] 张喜征等. 项目管理. 北京：清华大学出版社，2018.

[3] 胡欣悦. 服务运营管理. 北京：人民邮电出版社，2016.

[4] ［美］蒂莫西・J. 克罗彭伯格. 项目管理：现代方法. 北京：机械工业出版社，2016.

[5] ［美］杰弗里・K. 宾图. 项目管理案例集. 北京：机械工业出版社，2015.

 思考练习题

1. 网络图与甘特图有何不同？

2. CPM 与 PERT 的区别是什么？

3. 项目管理重点优化哪些指标？

4. 某项目由 11 项作业组成，各作业的工期及相互间的逻辑关系如下表所示，请绘制网络图，并用作图法确定关键线路以及项目的总工期。

作业	A	B	C	D	E	F	G	H	I	J	K
紧前作业	—	—	A	B	C	DE	C	GF	GF	H	IJ
作业时间/天	2	3	1	4	2	5	2	4	3	2	3

5. 请用作图法确定下表所示之项目的关键线路以及项目的总工期，并说明你使用的是关键线路法还是评审计划法？

作业	A	B	C	D	E	F	G	H	I
紧前作业	—	A	A	A	B	CD	EF	D	GH
作业时间/天	2	3	1	4	2	5	2	4	3

6. 某项目由 9 项作业组成，各作业的工期及相互间的逻辑关系如下表所示，时间单位为天，成本单位为千元。请绘制网络图，并确定关键线路及项目的总工期。如果希望项目总工期缩短 2 天，计划应作何调整？

作业	A	B	C	D	E	F	G	H	I
紧前作业	—	—	—	A	A	DB	DB	CG	FH
正常工期	4	3	2	5	1	3	4	4	6
正常成本	10	6	4	14	9	7	13	11	20
赶工后工期	2	2	1	3	1	2	2	1	5
赶工后成本	11	9	6	18	9	8	25	18	29

第12章 质量管理

学习目标

通过本章的学习，使读者掌握以下基本知识：

1. 掌握质量和质量管理的基本概念；
2. 掌握全面质量管理的基本思想；
3. 了解质量管理体系和 ISO9000 标准；
4. 掌握常用的质量控制方法；
5. 了解 6σ 管理及其实施方法。

引导案例

国家市场监督总局公布 2018 年上半年汽车召回情况

国家市场监管总局在 2018 年 7 月 3 日公布，2018 年上半年，我国共实施缺陷汽车产品召回 109 次，涉及 34 个汽车品牌的 486 万辆汽车。召回数量排在前 10 位的分别是日产、奥迪、福特、本田、大众、丰田、三菱、长安、现代、宝马。日系品牌为今年上半年的召回重灾区，占召回总量的 51.05%。其中，日产汽车召回 3 次共计 1 024 289 辆汽车，约占召回总量的 21%，成为缺陷产品"召回之王"。

从国别情况来看，2018 年上半年，日系共 8 个品牌累计召回汽车 246.4 万辆，占召回总量的 51.05%；德系 5 个品牌累计召回汽车 126.2 万辆，占召回总量的 26.16%；美系4 个品牌累计召回汽车 61.3 万辆，占召回总量的 12.70%；国内自主 6 个品牌累计召回汽车 33 万辆，占召回总量的 6.85%；韩国 2 个品牌累计召回汽车 10.7 万辆，占召回总量的 2.22%；此外，英国、瑞典、法国、意大利分别召回汽车 35 565 辆、6 415 辆、3 822辆、3 447 辆，占比分别为 0.74%、0.13%、0.08% 和 0.07%。

资料来源：国家市场监督总局官网 http://samr.saic.gov.cn/xw/yw/zj/201807/t20180703_274843.html

12.1 质量管理概述

12.1.1 质量的概念

仅从字面上看，"质量"是大家非常熟悉的一个词，在日常生活中我们经常能够见到。但究竟如何定义质量呢，也就是质量的本质是什么？例如，一辆经检验合格的奔驰车和另一辆经检验合格的桑塔纳车摆放在你的眼前，你认为哪一辆质量更高？

回答这一问题需要我们准确理解质量的定义。事实上，随着社会的进步、技术经济的发展，人们对质量的理解和认识也在不断充实、完善和深化。

在相当长的一段时间里，人们普遍将质量理解为"符合性"，即产品符合规定的要求。这种定义是与较低的生产力水平相对应的。当时，生产力水平较低，可供使用的物资相对匮乏，人们为了维持基本的生活需要，对产品的要求主要突出在完成基本功能上，因此在技术上要求产品符合设计参数的规定。

20 世纪 60 年代，美国质量管理专家朱兰（Joseph H.Juran）把质量定义为"产品的适用性"。所谓适用性，就是产品和服务满足要求的程度。产品越能够满足用户的要求，说明质量越好。朱兰还对适用性作了进一步解释，认为适用性应包括：设计质量（固有质量）、制造质量（符合性质量）、有效性（可靠性等）、现场服务质量四个方面。

但是，随着社会的发展，仅仅将质量理解为适用性是不够的。质量不仅包括产品质量或服务质量，还应包括产品或服务形成全过程各阶段的工作质量；不仅包括个体要求，还应包括社会要求。

ISO9001：2015《质量管理体系——基础和术语》将质量定义为"一组固有特性满足要求的程度"。其中，"固有特性"是指事物本来就有的特性。质量是由一组固有特性组成，这些特性包括物质特性（机械、电气、化学或生物等特性）、行为特性（礼貌、诚实等特性）、时间特性（准时性、可靠性等特性）等。这一概念能够更清楚地描述质量的属性，精炼而完整地明确了质量的内涵。它对质量的载体不作界定，说明质量可存在于任何领域或事物中。

12.1.2 质量管理的概念

显然，质量管理就是对与质量有关各因素的管理。ISO9001：2015《质量管理体系——基础和术语》将质量管理界定为："在质量方面指挥和控制组织协调的活动，通常包括制订质量方针和质量目标、质量策划、质量控制、质量保证和质量改进。"这一概念通常可以从以下几个方面来理解。

首先，质量管理是组织管理的一个重要方面，必须由组织的最高管理者来推动。

其次，质量管理是组织中普遍的管理活动，需要全体成员的参与。

第三，质量管理的核心是制订和实施质量方针和质量目标。

第四，质量管理是以质量体系为依托，通过质量策划、质量控制、质量保证和质量改进等活动发挥其职能。这四项活动是质量管理的四大支柱性工作。

在上述质量管理的定义中引出了以下几个概念。

质量方针：由组织的最高管理者正式发布的该组织总的质量宗旨和方向。通常质量方针与组织的总方针一致，并为质量目标提供框架。

质量目标：在质量方面所追求的目的。质量目标依据组织的质量方针来制订，通常对组织的相关职能和层次分别规定目标。

质量体系：在质量方面指挥和控制组织的管理体系。组织的质量体系应由管理职责、资源管理、产品实现、测量分析与改进等四个部分构成。

质量策划：质量管理的一部分，致力于制订质量目标并规定必要的运行过程和相关资源以实现质量目标。质量策划通常包括：产品策划、过程和作业策划、编制质量计划和做出质量改进的规定。

质量控制：质量管理的一部分，致力于满足质量要求。

质量保证：质量管理的一部分，致力于提供质量要求会得到满足的信任。

质量改进：质量管理的一部分，致力于增强满足质量要求的能力。这里的要求可以是有关任何方面的，如有效性、效率或可追溯性。

在激烈的市场竞争中，质量是企业赖以生存的基础。质量的好坏决定着企业有无市场，决定着企业经济效益的高低。市场竞争首先是质量的竞争。在市场竞争激烈化、国际化的今天，质量是产品进入市场的通行证。企业要想取得良好的经济效益，必须为社会提供优质产品。优胜劣汰，低质量必然导致产品滞销，无法在市场中取得立足之地，更谈不上提高经济效益了。而从国际竞争角度考虑，产品质量又是提高国家综合竞争力的保证。因此，质量及质量管理对企业、对国家都具有战略性的重要意义。

12.1.3 质量管理发展历程

随着社会经济的发展、科学技术的进步，质量管理在不断发展中。从发展历程上看，质量管理大体经历了以下几个阶段：

1. 质量检验阶段（20 世纪初—20 世纪 30 年代末）

这一阶段质量管理的主要特征是：生产与检验相分离，由专职的检验人员对完工的半成品和产成品进行质量把关，隔离不合格品。

传统的质量管理是由生产工人进行产品质量检验，工人既是生产者又是检验者。随着人们对产品质量要求的提高，市场竞争的逐渐激烈，这种自检形式的质量管理方式越来越无法适应社会发展的要求。20 世纪初，泰勒提出了科学管理理论，要求按职能的不同进行合理的分工，首次将质量检验作为一种管理职能从生产过程中分离出来，设置专职检验人员，建立专职质量检验制度。这对保证产品质量起到了积极的作用，它能够有效地隔离不合格品，防止不合格品流向下道工序或流向顾客。

这种质量管理方式属于事后检验，虽然能够有效地隔离不合格品，却无法消除不合格品。事后检验起不到预防的作用，在大量生产的情况下，由于事后检验信息反馈不及时所造成的浪费很大。而且事后检验要求全数检验，对破坏性的检验或检验费用过高的情况不太适合。

2. 统计质量控制阶段（20 世纪 40 年代—50 年代末）

这一阶段质量管理的主要特征是：强调数理统计方法的作用，通过事前预防来减少浪费。

单纯的事后检验不能防止不合格品的出现。为了减少浪费，从 20 世纪 30 年代开始，人们提出了缺陷预防，强调用数理统计进行事前预防，通过控制工序质量来保证产品质量。这种方法是在生产过程中定期进行抽检，并把结果作为反馈信号，通过分析和消除不正常的原因，防止不合格品的产生，从而达到控制工序质量的目的。

统计质量控制阶段强调用数据说话，强调数理统计方法的作用。但由于忽视了组织管理和有关部门的作用，片面并过分强调数理统计的作用，结果反而限制了统计质量管理作用的发挥，也限制了它的普及与推广。

3. 全面质量管理阶段（20 世纪 60 年代以来）

这一阶段质量管理的主要特征是：强调"三全"的管理，即全面的质量，全过程的管理和全员参与。

第二次世界大战以后，科学技术和社会生产都得到了迅猛发展，工业产品更新换代越来越频繁，出现了许多大型的、复杂的产品。这对部件和产品的质量要求更高，单纯的统计质量控制已无法满足要求。为此，人们提出了以系统的观点，全面控制产品质量形成的各个环节。20 世纪五六十年代，一种新型的质量管理模式——全面质量管理应运而生，并首先在日本取得了很大的成功，20 世纪 80 年代以后开始盛行全球。

20 世纪 80 年代以后，出现了一些新的质量管理理论，例如零缺陷理论、6 σ 管理理论等。6 σ 管理理论将在后面介绍，在这里简要介绍一下零缺陷理论。

零缺陷理论是由美国质量管理专家菲利浦·克劳士比（Philip B. Crosby）首先提出来的。克劳士比认为，企业竞争力源于质量，而质量来自于平时的积累和行为习惯的改变；任何不合格都是一种浪费。零缺陷理论的基本思想可以概括为：一个核心、二个基本点、三个需要和四个基本原则。一个核心就是零缺陷管理，要求第一次就把事情做对。二个基本点就是有用性和可信赖性，做任何事情首先要站在客户的角度来审视其最终结果是否既有用又可靠。三个需要是指客户的需要、员工的需要和供应商的需要，客户的需要是第一位的，同时要满足员工的需要和供应商的需要。四个基本原则包括：质量就是符合要求；预防的系统产生质量；质量的工作准则是零缺陷；必须用质量代价（金钱）来衡量质量表现。

克劳士比所创造的"零缺陷"管理思想，解决了长期困扰企业的问题。作为指导人们做人做事的纲领，它提供了一种人人都能明白的管理语言，有效地帮助企业全体人员重新认识质量管理，为质量管理理论增添新的内容。

12.2　质量管理体系

12.2.1　质量管理体系概述

ISO9001：2015《质量管理体系——基础和术语》定义质量管理体系为：在质量方面指挥和控制组织的管理体系。这一定义可以从以下几个方面理解：

（1）体系是指相互关联的一组要素，质量管理体系就是建立质量方针和质量目标并实现这些目标的相互关联的一组要素，包括为实施质量管理所必需的组织结构、程序、过程和资源等。

（2）建立质量管理体系的目的是有效地实现质量方针和质量目标。组织应根据产品的特点和组织的实际，识别构成质量管理体系的过程及其所需要的资源，并对过程进行监控，确保质量目标的实现。

（3）建立质量管理体系不仅要满足顾客对质量体系的要求，防止不合格品的出现，而且应该站在更高层次追求组织优秀的业绩，不断改进、完善质量管理体系。

实际上，作为一部专门研究质量管理体系的标准，ISO9001：2015 共分十个章节。按照"策划—实施—检查—改进"的 PDCA 循环，可以将整个标准分成搭建平台、实施合同的过程、检验产品和质量体系是否满足要求和改进实施合同过程中出现的问题四大部分。具体内容分布如下：

第一部分：搭建平台——涵盖标准的第 1～7 章（1.范围　2.规范性引用文件　3.术语和定义　4.组织环境　5.领导作用　6.策划　7.支持）。

第二部分：实施合同（第 8 章 运行）

第三部分：检验产品和质量体系是否满足要求（第 9 章 绩效评价）

第四部分：改进实施合同过程中出现的问题（第 10 章 改进）

12.2.2　ISO9000 质量管理体系的产生与发展

ISO9000 标准的产生与发展是与科学技术的进步、世界贸易的快速增长密切相连的。随着科学技术的进步，产品品种越来越多，产品结构越来越复杂。一方面，消费者无法根据自己的能力来判断产品质量的好坏，生产者的合格声明往往又不大可靠，因此从消费者角度来看，他们希望由第三方来公正客观地对产品质量进行评判。另一方面，生产者也希望通过第三方的评判来增加产品的信誉度，获得更多消费者的信任。为了增加第三方评判的公正性、客观性，需要有大家统一遵守的标准作为评判的依据。在这种情况下，许多国家建立了一些质量认证标准。

第二次世界大战后，世界经济得到快速增长，而与此同时，世界贸易的增长速度更快，产品跨越国界变得更加频繁更加容易。虽然国际贸易有利于交易双方，但为了保护本国企业和产品，许多国家都制订了较高的市场准入制度，对进入该国的产品都有一定的限制。这些限制主要表现为关税壁垒和其他非关税壁垒（如技术壁垒、绿色壁垒、许可证制度等）。为了促进世界贸易的增长，"关贸总协定"在削减关税方面做出了重要贡献。关税的降低促进了世界贸易的增长，但与此同时其他方面的壁垒就凸显出来了。在ISO9000 颁布之前，许多国家都形成了自己的质量管理标准。在进行贸易交往时，有时出现以质量管理不符合本国规定为由拒绝他国产品进入的情况，从而阻碍了世界贸易的发展。为促进世界贸易的增长，协调各国的质量保证和质量管理标准，国际标准化组织（ISO）决定统一各国的质量管理标准，制订了 ISO9000 标准。

1979 年，ISO 成立质量保证技术委员会（TC176），从事质量管理和质量保证标准的制订工作。经过多年的努力，在总结了世界各国质量管理和质量保证经验的基础上，从1986 年开始陆续颁布了 ISO9000 系列标准，包括 ISO8402《质量——术语》、ISO9000—87《质量管理和质量保证标准——选择和使用指南》、ISO9001—87《质量体系——设计、开发、生产、安装和服务的质量保证模式》、ISO9002—87《质量体系——生产、安装和服务的质量保证模式》、ISO9003—87《质量体系——最终检验和试验的质量保证模式》和 ISO9004—87《质量管理和质量体系要素—指南》。

ISO9000 系列标准发布后，很快得到各国的承认和推广。许多国家开始规定，只有通过 ISO9000 系列标准认证的产品才能进入该国。我国 1988 年等效采用该标准，后又于 1993 年改为等同采用。针对实施中出现的问题，以及质量保证、质量管理理论的发展，ISO/TC176 对 ISO9000 系列标准进行了修订和扩展后，于 1994 年正式颁布新标准，命名为"ISO9000 族标准"。该标准于 1995 年被我国等同采用为国家标准 GB/T19000—1994。

1994 版 ISO9000 族标准包括：基础标准（ISO8402、ISO9000）、核心标准（ISO9001～ISO9004）、支持性标准（ISO10001～ISO10020）。其中，ISO8402—1994 定义了与质量有关的基本术语 67 个；ISO9000—1994 提供了 ISO9000 族标准的选择和使用指南；ISO9001～ISO9003—1994 是可供选择的三种质量保证模式，ISO9001—1994 要求的要素最多，范围最广，ISO9003—1994 要求的要素最少；ISO9004—1994 提供了内部质量管理的标准模式；ISO10000 系列标准是各种质量标准的实施方法指南。

2000 年底，ISO/TC176 又在 ISO9000 族标准的基础上进行了大幅度修改，重新颁布了2000 年版 ISO9000 族标准。该标准颁布后，我国立刻等同采用为国家标准 GB/T19000—2000。此后，在 2008 年和 2015 年两次修订了标准的内容，目前使用的是 ISO9001—2015版本。

12.2.3　ISO9001—2015 版质量管理体系的七项基本原则

一个组织的基本任务是向市场和顾客提供满足顾客要求和其他相关方面的需要和期望的产品，并使顾客满意，这是组织存在和发展的前提。2000 年版 ISO9000 族标准在引言中提出的八项质量管理原则是对组织成功的实施质量管理，达到预期效果的指南。通过贯彻八项质量管理原则的要求，对组织、顾客、所有者、员工、供方和社会等所有的相关方都会产生积极的影响，并且对组织内部在制订方针和策略、建立质量目标、运行管理和人力资源管理等方面将会带来良好的效果。

（1）以顾客为中心（Customer Focus）

组织依存于顾客，因此，组织应理解顾客当前和未来的需求，满足顾客要求并争取超越顾客期望。组织贯彻"以顾客为中心"的原则可以采取的活动包括：

了解从组织获得价值的直接和间接顾客；了解顾客当前和未来的需求和期望；将组织的目标与顾客的需求和期望联系起来；将顾客的需求和期望，在整个组织内予以沟通；为满足顾客的需求和期望，对产品和服务进行策划、设计、开发、生产和支持；测量和调查顾客满意度，并采取适当措施；确定有可能影响到顾客满意度的相关方的需求和期望，并采取积极措施；积极管理与顾客的关系，以实现持续成功。

（2）领导作用（Leadership）

领导者将本组织的宗旨、方向和内部环境统一起来，并创造使员工能够充分参与实现组织目标的环境。组织贯彻"领导作用"的原则可以采取的活动包括：

在整个组织内，就其使命、愿景、战略、方针和过程进行沟通；在组织的所有层次创建并保持共同的价值观和公平道德的行为模式；鼓励在整个组织范围内履行对质量的承诺；确保各级领导者成为组织人员中的实际楷模；为组织人员提供履行职责所需的资源、培训和权限；激发、鼓励和表彰员工的贡献。

（3）全员参与（Engagement of People）

整个组织内各级人员的胜任、授权和参与，是提高组织创造价值和提供价值能力的必要条件。贯彻"全员参与"的原则可以采取的活动包括：

与员工沟通，以增进他们对个人贡献的重要性的认识；促进整个组织的协作；提倡公开讨论，分享知识和经验；让员工确定工作中的制约因素，毫不犹豫地主动参与；赞赏和表彰员工的贡献、钻研精神和进步；针对个人目标进行绩效的自我评价；为评估员工的满意度和沟通结果进行调查，并采取适当的措施。

（4）过程方法（Process Approach）

当活动被作为相互关联的功能过程进行系统管理时，可更加有效和高效的始终得到预期的结果。任何一项活动都可以作为一个过程来实施管理，所谓过程是指将输入转化为输出所使用资源的各项活动的系统。过程的目的是提高其价值。因此在开展质量管理各项活动中应采用过程的方法实施控制，确保每个过程的质量，并高效率地达到预期的效果。组织贯彻"过程方法"的原则可以采取的活动包括：

确定体系和过程需要达到的目标；为管理过程确定职责、权限和义务；了解组织的能力，事先确定资源约束条件；确定过程相互依赖的关系，分析个别过程的变更对整个体系的影响；对体系的过程及其相互关系继续管理，有效和高效地实现组织的质量目标；确保获得过程运行和改进的必要信息，并监视、分析和评价整个体系的绩效；对能影响过程输出和质量管理体系整个结果的风险进行管理。

（5）改进（Improvement）

改进对于组织保持当前的业绩水平，对其内外部条件的变化做出反应并创造新的机会都是非常必要的，成功的组织总是致力于持续改进。产品的质量是掌握顾客的需要、确定技术规范，以及产品实现等众多过程结果的综合反映，并且这些过程又是相互关联和相互作用的，每个过程又都会在不同程度上影响着产品质量。如何对各个过程系统地实施控制，确保组织的预定目标实现，就需要建立质量管理体系，运用体系管理的方法，系统地实施各个过程的控制，才能高效率地使产品质量满足顾客的需要。组织贯彻"管理的系统方法"的原则可以采取的活动包括：

促进在组织的所有层次建立改进目标；对各层次员工进行培训，使其懂得如何应用基本工具和方法实现改进目标；确保员工有能力成功地制订和完成改进项目；开发和部署整个组织实施的改进项目；跟踪、评审和审核改进项目的计划、实施、完成和结果；将新产品开发或产品、服务和过程的更改都纳入到改进中予以考虑；赞赏和表彰改进。

（6）基于事实的决策方法（Evidence-based Decision Making）

决策是一个复杂的过程，并且总是包含一些不确定因素。它经常涉及多种类型和来源的输入及其解释，而这些解释可能是主观的。重要的是理解因果关系和潜在的非预期后果。对事实、证据和数据的分析可促使决策更加客观，因而更有信心。有效的决策必须以充分的数据和真实的信息为基础。组织贯彻"基于事实的决策方法"的原则可以采取的活动包括：

确定、测量和监视证实组织绩效的关键指标；使相关人员能够获得所需的全部数据；确保数据和信息足够准确、可靠和安全；使用适宜的方法对数据和信息进行分析和评价；确保人员能够有效分析和评价所需的数据；依据证据，权衡经验和直觉进行决策并采取措施。

（7）关系管理（Relationship Management）

相关方影响组织的绩效。组织管理与所有相关方的关系，以最大限度发挥其在组织绩效方面的作用。对供方及合作伙伴的关系网的管理是非常重要的。组织贯彻"互利的供方关系"的原则应采取的措施包括：

确定组织和相关方（例如：供方、合作伙伴、顾客、投资者、雇员或整个社会）的关系；确定需要优先管理的相关方的关系；建立权衡短期收益与长期考虑的关系；收集并与相关方共享信息、专业知识和资源；适当时，测量绩效并向相关方报告，以增加改进的主动性；与供方、合作伙伴及其他相关方共同开展开发和改进活动；鼓励和表彰供方与合作伙伴的改进和成绩。

12.2.4 ISO9000 质量管理体系的审核和认证

质量审核就是由具备一定资格而且与被审核部门的工作无直接责任的人员，为确定质量活动是否遵守了计划安排，以及结果是否达到了预期目标所做的系统的、独立的检查和评定。它与传统的上级对下级的工作检查，无论在性质上、内容上和方法上都是不同的。质量审核是为获得质量信息以便进行质量改进而进行的质量活动。

按审核对象分，可以将质量审核分为 3 种类型，即产品质量审核、过程（工序）质量审核和质量体系审核。产品质量审核是指对准备交给用户使用的产品的适用性进行审核。过程（工序）质量审核是指对过程（工序）质量控制的有效性进行审核。质量体系审核是指对组织质量体系的有效性进行审核，即对未达到质量目标所进行的全部质量活动的有效性进行审核。

按审核方分，又可以将质量审核分为第一方审核、第二方审核和第三方审核 3 种类型。第一方审核是指组织对自身的产品、过程或质量体系进行审核。第一方审核由组织内部审核人员完成，目的是为了推动组织内部质量改进。第二方审核由顾客或其代表对有关产品、控制过程进行审核。第三方审核由独立的第三方机构（认证机构）对产品、质量体系进行审核。第三方审核由第三方机构的国家注册审核人员完成，其目的在于对产品和质量体系的有效性进行确认，以便提供对外质量保证证据。

质量认证也称合格评定，它是由第三方依据程序对产品、过程或服务符合规定的要求给予书面保证（合格证书）。质量认证是国际上通行的管理产品质量的有效方法。

质量认证按认证的对象分为产品质量认证和质量体系认证两类。产品质量认证是指依据产品标准和相应技术要求，经认证机构确认并通过颁发认证证书和认证标志来证明某一产品符合相应标准和相应技术要求。产品质量认证的对象是特定产品。质量体系认证是指依据有关标准（如 ISO9000），经认证机构确认并通过颁发认证证书和认证标志来证明质量体系符合相应标准的活动。质量体系认证的对象是企业的质量体系，或者说是企业的质量保证能力。

质量认证制度有利于提高供方的信誉，有利于保护需方的利益，有利于组织完善的质量体系，有利于组织提高经济效益，有利于组织减少社会重复评定费用，有利于促进本国产品的出口。正因为质量认证制度对供方、需方、社会和国家的利益保障都有十分重要的意义，因而得到了各国普遍重视。

ISO9000 质量管理体系认证的基本程序如下：

第一步，首先由企业做认证前的准备工作，包括准备资料，并对照 ISO9000 标准进行自我检查。发现质量体系文件有不合格项后，要补充、完善质量体系文件。

第二步，企业向认证机构提交申请。

第三步，认证机构初步审核。审核的结果中如有不符合项（没有满足规定要求），则要求企业进行整改。

第四步，企业根据审核的结果进行整改。

第五步，经认证机构检查，合格后颁发证书。

第六步，认证机构的监督管理。企业应及时向认证机构通报出现的问题。认证机构对获证的企业在证书有效期内（一般为 3 年）进行定期监督审核或复审。认证期满后，企业可以提出延长有效期的申请。认证机构审查合格后，可以延长认证的有效期。

12.3　质量控制

12.3.1　质量控制概述

质量控制是指为达到质量要求所采取的作业技术和活动。质量控制是质量管理中的主要任务之一。质量控制工作需要广泛的数据资料支持，而质量检验是组织获取数据的基本方式之一，因此广义的质量控制还应该包括质量检验等相关工作。总的来说，现代质量控制主要体现了以下几个特点：

（1）建立合适的质量管理体系是进行有效质量控制的基础。质量管理体系是组织进行质量控制的依据，文件化的质量管理体系有助于组织对产品形成全过程及其质量活动进行全面有效控制。质量管理体系要求组织按 PDCA 循环要求建立质量管理体系并形成文件，实施、保持并持续改进质量管理体系的有效性。为指导有关组织建立健全质量管理体系，ISO 等国际组织颁发了相关的国际标准，如 ISO9000 系列标准等。

（2）统计过程控制是现代质量管理的主要方法。大量使用统计方法是现代质量管理的一个很主要的特点。统计方法的运用充分体现了全面质量管理"一切用数据说话"的特点，也使质量控制更加准确、科学。过程质量控制是指将过程质量特性控制在规定的范围内所进行的活动。过程质量控制的目的在于通过控制过程的生产技术条件，努力避免和消除不良因素的影响，使产品质量波动限制在允许的范围内。过程质量控制的基本方法就是统计过程控制（SPC，即 Statistical Process Control）。它强调应用统计技术对过程进行监控，从而保证质量和改进质量。

（3）全过程的质量控制是现代质量控制的特点。根据朱兰博士的质量螺旋曲线可知，产品质量形成于市场研究、开发设计、制订工艺、采购、生产、检验、销售以及售后服务等过程。全过程的质量控制就是要对质量形成的各个过程进行控制。现代质量控制理论在对各个过程控制中提出了很多理论，在产品设计过程中广泛采用质量功能展开、试验设计等方法，在制造过程中主要采用控制图等统计方法，在服务过程中主要采用服务蓝图等控制方法。这些理论的应用使各个过程的质量控制更加有效。

12.3.2　质量控制的七种工具

质量控制中常用的统计方法有排列图、因果图、直方图、流程图、检查单、散点图、控制图，即所谓的"QC 七种工具"。控制图的有关理论我们在后面介绍，这里主要介绍排列图、因果图和直方图。

（1）排列图

排列图又称为主次因素分析图，它是一种从影响产品质量的许多因素中找出主要因素的有效方法。排列图的基本图形如图 12.1 所示。排列图有两个纵坐标、一个横坐标、若干个直方块和一条折线组成。左边的纵坐标表示频数，如不合格品件数；右边的纵坐标表示频率，如不合格品率。横坐标表示项目（产品质量的影响因素），需要将项目按照其重要程度的大小从左到右依次排列。直方块表示项目，其高度表示项目的频数（影响作用的大小）。折线由各个因素的累计频率连接而成。将影响因素按其重要性程度从大到小排列，某个因素累计频率就是指前面所有因素的累计频率。

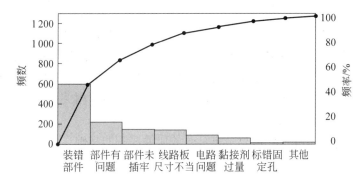

图 12.1　印刷电路板生产线缺陷排列图

根据排列图可以确定质量问题的主要因素、有影响因素和次要因素。主要因素是指累计频率在0~80%左右的若干因素,是影响产品质量的主要因素,其个数一般为1~2个,最多不超过3个。有影响因素是指累计频率在80%~95%左右的若干因素,它们对产品质量有一定影响。次要因素是指累计频率在95%~100%左右的若干因素,它们对产品质量仅有轻微影响。

排列图的基本作图步骤如下:

首先,确定分析对象。排列图一般用来分析产品或零件的废品件数、吨数、损失金额、消耗工时及不合格项数等。

其次,确定问题分类的项目。可按废品项目、缺陷项目、零件项目、不同操作者等进行分类。

然后,收集与整理数据。列表汇总每个项目发生的数量,即频数。项目按发生的数量大小,由大到小排列。最后一项无法进一步细分或明确划分的项目统一称为"其他"。

第四,计算累计频数、频率和累计频率。

最后,画排列图。

(2)因果图

在使用排列图时,只能确定同一层次质量影响因素之间的主次关系,不能确定各因素之间的因果关系。为分析产生质量问题的原因,可以用因果图来确定因果关系。因果图,又称特性因素图或鱼刺图,它是表示质量特性与有关质量因素之间的关系图。该图由日本质量管理专家石川馨1943年提出,也称为石川图。

因果图由质量问题和影响因素两部分组成,如图12.2所示。图中主干箭头所指的是质量问题,主干上的大枝表示主要原因。中枝、小枝、细枝表示原因的依次展开。

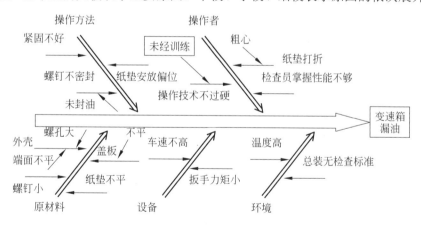

图12.2 变速箱漏油因果图

因果图的基本作图步骤如下:

第一,确定待分析的质量问题,将其写在图右侧的方框内,画出主干,箭头指向右端。

第二,确定该问题中影响质量原因的分类方法。一般对于工序质量问题,常按其影响因素:人(Man)、设备(Machine)、原材料(Material)、方法(Method)、环境 (Environment)等进行分类,简称为4M1E。对应每一类原因画出大枝、箭头方向从左到右斜指向主干,并在箭头尾端写上原因分类项目。

第三，将各分类项目分别展开，每个大枝上分出若干中枝表示各项目中出现质量问题的一个原因。中枝平行于主干箭头指向大枝。

第四，将中枝进一步展开成小枝。小枝是产生中枝的原因，依次展开，直至细到能采取措施为止。

第五，找出主要原因，画上方框作为质量改进的重点。

绘制因果图时应注意发扬民主、集思广益、畅所欲言。一般以展开质量分析会的形式，对原因进行分析，力求分析结果无遗漏。如果主要原因不是特别明显，可以用排列图等方法来确定主要原因。针对主要原因应列出措施表，以便于解决问题。

（3）直方图

直方图又称质量分布图，适用于对大量计量值数据进行整理加工。它是通过对从样本中获得的数据进行整理，从而找出数据变化规律，以便对总体质量分布状况进行判断。

直方图的基本图形如图 12.3 所示，其主要图形是矩形，矩形的底边相等，为数据区间；矩形的高为数据落入各相应区间的频数。直方图的基本作图步骤如下：

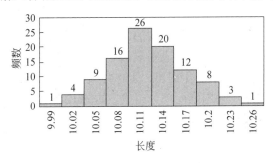

图 12.3　某零件长度直方图

首先，收集数据，数据个数一般在 100 个左右，至少 50 个。理论上讲数据越多越好，但因收集数据需要耗费时间、人力和费用，所以收集的数据有限。

其次，找出全体数据的最大值 x_{max} 和最小值 x_{min}，计算出极差 $R = x_{max} - x_{min}$。

第三，确定数据分组数 k，通常分组数在 10 组左右。

第四，计算组距 h。通常取等组距，$h = R/k$。

第五，确定各组上、下界。只需确定第一组下界值即可根据组距确定出各组的上、下界取值。确定组界时应使数据的全体落在所有分组之内。

第六，统计各组频数。统计各组中数据频数，一般采用频数分布表进行累计。

最后，画直方图。以组距为底边，以频数为高，画出一系列矩形，得到直方图。

直方图的形状代表了质量特性分布状况。通常情况下，质量分布的标准形状是正态分布。若所绘制的直方图不符合标准分布，则要分析其原因，以便采取措施。

12.3.3　统计过程控制

每项活动都是一个过程，在这些过程中可以应用这样的或那样的标准度量。度量结果常常是波动的，反映了过程的变化。隐藏在工作过程变化背后的可能就是工作质量水平下降。例如，在咖啡店中制作 100 杯咖啡，每杯都可能与其他任何一杯稍有不同。实际的咖啡含量、温度、浓度以及冲泡的时间都是衡量标准。针对制作咖啡的过程，按照衡量标准对每一杯咖啡加以度量，会发现每杯咖啡的度量值都可能不同。咖啡店的管理者可以通过一杯杯咖啡的制作过程的度量，从中采集到大量的数值。分析这些数值会发现，它们的变化程度常常在一定程度上符合一些特定的分布，分布的特性客观地反映出相关的工作质量特性。因此，不同过程的结果都存在一定的差异。在生产服务过程中，存在着各种各样的因素影响着产品质量，这些因素包括操作人员（Man）、环境（Environment）、机械设备（Machine）、操作方法（Method）、原材料（Material）等，简称 4M1E。由于这些因素在过程中不可能保持完全不变，因此产品质量由于受这些因素的影响而不断地变化着。这就是产品质量的波动性。

质量因素可分为偶然因素和异常因素两大类。偶然因素具有随机性，对产品质量波动具有细微的作用。这种因素始终存在，很难从根本上消除。异常因素又称为系统因素，影响作用比较大。这些因素有时存在，比较容易消除。偶然因素引起偶然波动。偶然波动又称正常变动，它具有随机性。过程中只存在偶然波动的状态称为稳定状态。异常因素引起异常波动。异常波动又称系统波动，具有系统性。当过程中除了偶然波动以外，还存在异常波动的状态称为非稳定状态。

质量具有波动性，但这种波动存在一定的统计规律。在这个过程中只有偶然波动时，运用有关统计方法可以求得波动幅度及其概率分布。如果质量偏离了这些分布规律，出现了异常波动，说明过程中存在异常因素。

过程质量控制是指将过程质量特性控制在规定的范围内进行活动。过程质量控制的目的在于通过控制过程的生产技术条件，努力避免和消除不良因素的影响，使产品质量波动限制在规定的范围内。

当过程处于稳定状态时，系统性因素已经消除，产品质量特性受 4M1E 等因素的影响而出现偶然波动。对于处于稳定状态下的过程，过程能力就是产品质量特性波动程度的数量表示，它反映了过程的实际能力。一般情况下，过程能力（B）可用产品质量特性值的标准差 σ 来描述。σ 越大，质量特性值越发散，过程能力越低；σ 越小，过程能力越高。

过程能力常用过程能力指数表示。过程能力指数是指过程质量要求（T）与过程能力（B）的比值，常用 C_p 表示，即

$$C_p = \frac{T}{B} = \frac{T}{6\sigma}$$

过程能力指数越大，说明过程能力越能够满足技术要求，产品质量越有保障；反之，过程能力指数越小，产品质量保障能力越低，当过程能力指数小于 1 时，说明过程能力已无法满足技术要求。

过程质量是用控制图来控制的。控制图是对过程质量加以测定、记录从而判断过程是否处于稳定状态的一种图形方法，其基本图形如图 12.4 所示。图中有中心线 CL、上控制线 UCL 和下控制线 LCL，并有按时间顺序抽取的样本统计量数值的描点序列。

272

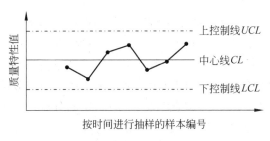

图 12.4　控制图基本图形

在产品形成过程中，偶然因素和异常因素都会影响产品质量。偶然波动始终存在，在只有偶然波动时，质量特性值服从某种典型分布。过程中只存在偶然波动的状态称为受控状态或稳态。过程中存在异常波动的状态称为失控状态。受控状态是过程追求的目标，此时，产品的质量是有保证的。

假设质量特性值是计量型数据，服从正态分布 $N(\mu, \sigma^2)$。在过程中没有异常因素时，质量特性值落在 $\mu \pm 3\sigma$ 之间的概率为 99.73%，而落在 $\mu \pm 3\sigma$ 之外的概率为 0.27%，如图 12.5 所示。

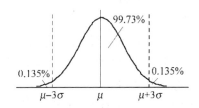

图 12.5　正态分布曲线

0.27%的概率是一个非常小的概率，而在统计分析中我们认为小概率事件（概率小于 5%）是不可能发生的。因此，若稳态中的质量特性值服从正态分布，任意抽取一件产品，其质量特性值应落在 $\mu \pm 3\sigma$ 以内。反之，若所抽取产品的质量特性值落在 $\mu \pm 3\sigma$ 以外，说明过程的质量特性值已偏离原来的正态分布，出现了异常波动，从而可以判断过程中存在异常因素。这样，我们就可以用 $\mu + 3\sigma$ 作为上控制线、$\mu - 3\sigma$ 作为下控制线，形成控制图了。

使用控制图进行质量控制时，是采用定期抽样的方法对过程进行监控的。根据统计学有关知识，若稳态过程总体的质量特性值服从正态分布 $N(\mu, \sigma^2)$，抽取的样本大小为 n，则样本服从均值为 μ、方差为 σ^2/n 的正态分布，即 $\bar{x} \sim N(\mu, \sigma^2/n)$。这样，采用抽样控制方法进行控制时，所采取控制图的控制线为

$$\begin{cases} UCL = \mu + 3\sigma/\sqrt{n} \\ CL = \mu \\ LCL = \mu - 3\sigma/\sqrt{n} \end{cases}$$

在进行控制时，根据定期抽取的样本，计算样本均值，并在控制图中描点。正常情况下，点子应落在控制线之内。若点子落在控制线之外，我们就认为过程出现异常波动。

12.4　六西格玛管理

12.4.1　六西格玛管理概述

西格玛（σ）是统计学中的标准差，是反映数据发散程度的一个指标。在控制中，如果以 $\mu \pm 6\sigma$ 为控制界限，合格率将达到 99.999 66% 以上（这里考虑了均值有 1.5σ 之内的漂移）。实际工作如果要达到 6σ 水平，则要求每一百万次工作中仅有 3.4 次出错的机会，即每百万次不合格数（DPMO）在 3.4 次以下。因此，六西格玛管理是一项旨在从每一件产品、过程和交易中几乎消除不合格的方法。

六西格玛管理首先是从摩托罗拉公司开始的。随着人们对产品质量要求的不断提高、全球市场竞争的日益激烈，在客观上要求企业必须提高产品质量和管理效益，以保持在激烈的市场竞争中的优势地位。摩托罗拉的主席鲍伯·高尔文（Bob Galvin）决定在品质上进行改善，以迎接这种挑战。1981 年，他要求其产品必须在五年内有 10 倍的改善。基于这一目标，摩托罗拉于 1987 年提出六西格玛计划。他们制订了具体的目标也确定了工具和方法，来提高顾客完全满意度。在过程上他们提供了黑带和绿带中有经验的工程人员和顾问推行整个计划，并成为品质改善的先锋。采取六西格玛管理模式后，该公司平均每年提高生产率 12.3%，由于质量不合格造成的费用消耗减少了 84%，运作过程中的失误率降低了 99.7%。

通用电气 1995 年开始引入六西格玛管理模式，此后六西格玛管理模式所产生的效益加速递增，1998 年公司因此节省资金 75 亿美元，收益率增长了 4%；1999 年六西格玛管理模式继续为通用电气节省资金达 150 亿美元。通用电气首席执行官杰克·韦尔奇（Jack Welch）指出：六西格玛管理已经彻底改变了通用电气，决定了公司经营的基因密码，它已经成为通用电气现行的最佳运作模式。六西格玛管理已被通用电气公司作为其四大战略之一而重视。

六西格玛管理这种全新的管理模式在美国摩托罗拉和通用电气两大巨头中成功运行后，逐渐引起了各国企业的高度关注。

从本质上看，六西格玛管理具有如下特征。

（1）六西格玛管理是一种能够严格、集中、高效地改善企业流程管理质量的实施原则和技术。它可以指导企业预防发生质量问题，以"接近零不合格"的完美商业追求带动质量成本的大幅度降低，最终提升企业竞争力。

（2）六西格玛管理适合于任何类型、任何规模的组织。其核心是将所有的工作作为一种流程，采用量化的方法分析流程中影响质量的因素，找出关键的因素加以改进，从而将资源的浪费降至最少，同时提高顾客满意度。

（3）六西格玛管理是一种自上而下由企业最高管理者领导并驱动的过程革新方法。它由最高管理层提出变革的战略目标、资源优化配置方案和时间构架，由黑带主管制订实施计划和时间构架细化表，并向黑带提供六西格玛高级技术工具的支援，由黑带负责指导质量改进项目并对绿带提供培训和指导，由绿带和白带在自己的岗位上参与六西格玛项目，以达到实现战略变革目标的目的，建立持续领先和世界级业绩的管理系统。

（4）六西格玛管理是以客户为中心、以数据为基础的持续改进方法，其核心目标在于降低成本和提高收益。

12.4.2 六西格玛管理架构与组织方式

六西格玛管理的基本架构包括高层管理者承诺、有关各方参与、培训方案、测量体系和业绩改进模型五项要素。

（1）高层管理者承诺。选择采用六西格玛管理模式是高层管理者进行的一项重要的战略举措。六西格玛管理可以帮助组织实现节约成本和增加收入的综合战略，前提之一是高层领导的重视与参与。虽然高层管理者一般不直接参与具体的改进项目，但作为整个体系的所有者和提倡者，高层管理者的支持作用十分关键。在六西格玛管理模式的整体构架中，组织要素的获得以及形式化的改进方法的实现均需要建立在高层管理者的承诺基础之上。高层管理者需要通过务实的管理,把实施六西格玛管理的活动推向组织的每个部门和过程。制订长远的六西格玛管理目标也是高层管理者的责任。组织的目标可以不同，但要为组织确立一个更灵活的年度改进率以及达到期望的 DPMO 值的时间界限。同时，只有明确提出务实并量化的六西格玛管理的长远目标，并与组织战略目标保持一致,才能在项目实施的过程中有明确的评价标准。

（2）有关各方参与。组织中的有关各方主要包括员工、供应商和顾客。顾客是组织业务的核心，六西格玛管理要求组织站在顾客的立场上来审视业务,并能够从顾客的立场出发，更好地寻找改进途径，增加顾客价值。对于组织的质量管理体系而言，所有员工的参与是至关重要的。组织应为员工提供足够的机遇和动力，让他们把才智和能量倾注在获取顾客满意上。供应商提供的产品的质量波动将会传递到组织的业务过程中，所以对供应商过程的任何改进都会改进公司的业绩。六西格玛管理鼓励供应商通过实施他们自己的六西格玛计划，参与到组织的推动六西格玛管理工作中，通用电气公司为此特别为其供应商提供免费的培训与咨询服务。

（3）培训方案。六西格玛管理的实施需要在不同的层面设立不同的人才，在六西格玛管理推广过程中需要对人才进行培训。从事六西格玛质量改进项目的有关人员按其级别分别称为勇士、黑带主管、黑带、绿带和白带。这些人员来自企业的不同岗位，经过了六西格玛管理的专门培训，为实施六西格玛管理法提供组织上的保障。

（4）测量体系。每百万次采样数的缺陷率（DPMO）是六西格玛管理为整个公司度量过程性能而提供的一个简单而实用的评判体系，该测量体系可以用于解释不良过程性能，并及早发现问题发生的迹象，使组织关注工作的过程性能，其测量对象是过程和产品满足顾客需求的特性。

（5）业绩改进模型。业绩改进模型以确定、测量、分析、改进和控制（DMAIC）五个步骤的结构化改进过程为核心，强调运用定量方法，强调对顾客需求和顾客满意度的详尽定义，强调用量化方法来表述每一阶段的具体实施目标。它是一种系统、科学、基于事实的持续改进过程，注重于新的测量方法的应用，并积极应用相关技术来实施改进。

在组织上，六西格玛管理有着独特的组织方式，有关人员从上至下包括勇士、黑带主管、黑带、绿带和白带。

勇士是六西格玛管理的倡导者，是企业高层管理者中负责六西格玛项目实施的管理者，通常由总裁、副总裁组成，大多数为兼职，一般设 1～2 位副总裁全职负责六西格玛推行工作。勇士的培训时间不少于 1 个工作日。其主要职责是调动组织各项资源，支持和确认六西格玛项目的全面推行工作。

黑带主管（大黑带）是指实施六西格玛管理的技术总负责人，其主要职责为协助勇士选择有意义的项目，确定黑带、绿带将来的项目，为黑带提供六西格玛高级技术工具的支援，是黑带的支持者、指导者和领导者，负责实施六西格玛动员、协调和沟通工作。黑带主管的人数一般为员工总数的 0.1%，黑带主管的培训时间一般很长。

黑带是指各个部门中经过六西格玛革新过程和工具的全面培训、熟悉六西格玛革新过程，负责指导质量改进项目，传授六西格玛管理的理念和工具的人员。黑带的培训时间在一个月左右。黑带人员既强调在技术方面的能力，又强调解决问题的能力、领导才能以及项目管理的能力。人员比例一般为员工总数的 1%。

绿带是指经过培训、在自己的岗位上参与六西格玛项目的人员。绿带的主要职责是理解六西格玛管理的工具，建立团队并促进团队观念的转变，把时间集中在项目上。人员比例一般为员工总数的 5%～7%。

白带是指一线员工或公司内所有员工。

12.4.3　六西格玛管理的实施

实施六西格玛管理对组织具有较高的要求，其本身就是一种挑战。准备实施六西格玛管理的企业应具有参与全球竞争的长远发展规划，具有比较扎实的管理基础，拥有素质较高的员工队伍，能得到企业最高管理者的大力支持。六西格玛管理不仅要给顾客提供满意的产品，而且要在内部管理模式的改进上下功夫，以便具有提供满意产品的质量保证能力。因此，六西格玛管理需要一定的预算投入，必须在企业的长远发展规划中体现。根据摩托罗拉和通用电气两个公司的经验，一般需投入每年总营业额的 0.1%～0.2%。

六西格玛项目的实施过程一般可分为五个阶段：定义（Define）、测量（Measure）、分析（Analyze）、改进（Improve）和控制（Control）阶段，即 DMAIC 模式。

（1）定义阶段。在项目定义阶段，需要确认流程中存在的各种问题和机会，通过定义流程和顾客需求，识别出潜在的六西格玛项目。获得顾客需求数据是六西格玛管理成功实施的关键，顾客需求数据也是六西格玛管理业绩评估标准的依据，只有真正听取顾客意见的公司才能长期生存下去并且繁荣昌盛。项目提议可以来自不同的渠道，包括顾客、员工或工作报告等。

（2）测量阶段。在项目测量阶段，需要在描述过程、收集数据的基础上测量和分析过程能力。在这一阶段，需要识别关键顾客需求，确定关键产品的特性和过程参数，识别并记录潜在的实效模式及其严重程度。为获得六西格玛管理所需的测量结果，组织应建立完整有效的测量系统，并确保测量系统精确可信。

（3）分析阶段。在项目分析阶段，需要对测量阶段得到的数据进行分析整理，并在分析的基础上找出造成质量波动的影响因素，提出并验证波动源与产品质量之间因果关系的假设。在因果关系明确之后，确定影响过程业绩的决定因素，这些决定因素将成为质量改进阶段关注的重点。

（4）改进阶段。在项目改进阶段，需要从各种改进质量的方案中选择出较佳的方案并实施。寻找最终方案时要具有创造性，以便把事情做得更好、更节约成本。为了成功地实施改进方案，需要做好项目规划、试验和有关问题的防范措施。

（5）控制阶段。在实施改进方案过程中，还需要评估、检测和验证改进活动的稳定性以及流程结果的可预测性。控制阶段通常采用流程管理技术，如流程图等方法发现项目实施过程中出现的偏差，并采用必要的措施解决问题。

目前，我国有很多企业已经或正在推行六西格玛管理，但实施效果大多不尽如人意。分析其原因，主要是在推行六西格玛管理的过程中存在一些障碍：领导没有真正了解六西格玛管理，只关心形式上的问题，如黑带、绿带的培训；中层领导有抵触情绪，认为是额外任务；领导者不知道应掌握哪些数据，特别是不知如何从顾客那里获得数据；基础管理差，没有数据基础，就没有管理素质的提高。

讨论案例

DL 公司的六西格玛管理

DL 是全球知名的 IT 基础设施供应商之一，为商业、政府、大型机构和个人提供硬件设备及软件服务等。DL 外包服务中心（以下简称 DL 公司）成立于 2004 年，为其母公司 DL 在亚太地区的内部业务提供外包服务。DL 公司成立初期的业务主要包括针对设备及服务的报价单的制订、订单及合同的开设、产品服务级别的更新、维修订单的处理等，近年来财务业务如应收、应付账款处理等也开始包括进来。公司的基本工作程序是，相应的原始资料及信息由"前端"（位于亚太区各国家及地区的售前服务人员、销售人员等）提供，通过邮件、传真等传输至 DL 公司的业务人员，即所谓的"后端"进行处理；处理后的单据文件等通过相同的渠道传回至前端，或是其他需要的部门。

自 DL 公司现在已有近千人的规模，自成立以来就力争通过贯彻实施六西格玛的理念和方法，希望通过教授员工该理论工具及方法，发现并根除导致流程变化甚至发生错误的根本原因，提高流程满足客户需求的能力，进而提高客户满意度，为公司带来更大市场空间。

每年年初，DL 公司的质量经理会同运营经理与总经理共同制订本年度的六西格玛推行目标，包括完成项目的个数，得到绿带认证的人数等。为实现此目标，黑带们要定期举办为期两天的绿带培训课程，培训的内容和通用电气公司的基本相同，只是培训时间由原来的三天缩为两天。培训中，因为很多统计分析工具（如方差分析，实验设计等）既不易掌握又很少用到，因而没有列在培训范围之内。

当一名员工参加了为期两天的绿带培训、通过了附带的培训考试并作为项目负责人成功完成一个绿带项目后，他就会得到公司内部认证的绿带。在得到认证证书的同时，还会得到 300 元到 500 元的现金奖励，并开始有资质主导绿带项目。

一个典型的绿带项目一般持续 4～6 个月的时间，最短不得少于 3 个月，因为五大步骤中的最后一个控制阶段至少需要两个月的持续数据来证明目标是否实现。项目进行过程中会有不定期的阶段性评审，一般由质量经理、项目黑带及绿带参加。项目最终还需要通过终期评审，此时流程主管也会参加。

五个年头过去了，DL 公司的员工对流程越发熟悉，流程也变得越来越稳定。而此时当普通员工想要做项目时，已经不再像最初的主管们做项目时那么容易寻找了。最初的诸如不能满足客户要求的准确性、及时性等这样的问题越来越少，而如何提高生产效率成为后期绿带项目的主要努力方向。由于多数流程里需要处理的单据各不相同，也不可能简单地通过分析每一单据处理时间就能找出作业时间的浪费。但是员工们需要做项目，因为领导有要求，不做项目似乎代表着落后。于是出现所谓"为项目而项目"的现象。在被问到其对六西格玛的体会时，DL 公司的绿带们的反应多是"不错，但是以后实在不想再做了，做几十页的文档实在是太麻烦！""东西是好东西，可总感觉是为了满足领导的要求而在被动地执行"。

专门从事六西格玛推进工作的黑带们也有他们的不满。很多 DL 公司的黑带在执行中抱怨上层不支持，下层不理解。各部门经理对该理论方法的认识和理解程度，直接导致黑带们工作开展的顺利与否。个别部门由于领导的支持力度不足，黑带们明显感觉到员工对六西格玛项目的热情不够，总是需要黑带们不断地去推动和提醒，感觉像是在"求他们做项目"似的。感觉工作没有干劲的同时，黑带们似乎也看不到清晰的职业发展方向。"也没有什么专门针对黑带的继续培训，感觉只是在吃原来公司的老本"。事实上，不到两年的时间，DL 公司最初招聘的四名黑带，有一人辞职，还有一人转到了运营部门工作。公司不得不开始寻求继续招聘黑带，可目前的市场上此类专业人才少之又少，不得已只得进行内部培养。如此循环，更加重了上述普通员工对个别黑带工作的不满。

思考题：
DL 公司实施六西格玛过程中出现了什么问题，原因是什么，如何改进？

 本章小结

质量是企业的生命，质量管理是企业管理的重要内容。本章首先介绍了质量和质量管理的概念，然后介绍了质量管理的发展历程。现代质量管理是在一定的质量体系的基础上进行的，本章的第三部分介绍了质量管理体系以及运用最为广泛的 ISO9000 体系标准。质量检验和质量控制是质量管理最为常见的工作，本章的第四部分介绍了质量控制的基本概念、常用的统计方法和统计过程控制的基本思想。在质量管理的发展历程中，六西格玛管理是一种新的质量管理理念。本章最后一部分介绍了六西格玛管理的基本思想、组织架构及其实施过程。

中英文关键词语

质量管理（Quality Management）；质量管理体系（Quality Management System）；六西格玛管理（Six Sigma Management）；统计过程控制（Statistical Process Control）

参考文献

[1] 刘晓论等. ISO 9001—2015 质量管理体系文件. 北京：机械工业出版社，2016.

[2] ［美］詹姆斯·埃文斯等. 质量管理与卓越绩效. 北京：中国人民大学出版社，2016.

[3] 宋明顺. 质量管理学. 北京：科学出版社，2016.

[4] 何帧. 六西格玛管理. 北京：中国人民大学出版社，2014.

[5] 温碧燕. 服务质量管理. 广州：暨南大学出版社，2010.

 思考练习题

1. 如何理解质量是企业的生命？

2. 什么是 SPC？常用的统计方法有哪些？

3. 控制图是如何进行质量控制的？

4. 六西格玛管理的基本特征有哪些？

第 **13** 章　设　备　管　理

学习目标

通过本章的学习，使读者应该能够：

1. 了解设备管理的概念和产生的背景；
2. 理解设备的分类、设备购置和几种设备评价的方法；
3. 理解设备维修管理的内容和设备磨损的规律，了解设备的合理使用的一些建议；
4. 了解设备维修、维护的分类和一些制度状况，掌握几种设备折旧的计算方式；
5. 掌握设备的寿命、设备更新的方法和设备更新的决策，理解设备技术改造的概念、内容，和一些设备管理的新思路。

引导案例

沈阳机床厂远程可管控设备——智能 i5 机床

2015 年 12 月 17 日沈阳机床股份有限公司的生产车间内的一台机床前，设备管理人员指着机床内部的一个零件介绍："i5 机床可以在一枚小小的戒指上轻松刻上客户的名字，实现高级个性化定制，最主要的是可以进行远程管控，而且对设备状态可以实时监控。"

随着技术的不断升级，"智能"时代来临。沈阳机床意识到，数控机床并非仅仅是一个孤立的加工设备，它需要一个智能大脑来指挥、调动，这个大脑就是智能数控系统。正因为有了这样的认识，2007 年，沈阳机床开始集中一切力量自主研发核心数控系统，经多次迭代升级后取名为"i5 系统"。所谓的"i5 系统"是 5 个以英文字母"i"为首字母的单词，即：工业化、信息化、网络化、集成化、智能化。

沈阳机床正在尝试将所有的已售智能机床纳入一张"iSESOL 工业云"中管理，可实时掌握每一台机床的使用情况。当某一家企业的机床正在闲置，而又有企业想找人代加工一批汽车零件，这时，他们就可以通过"工业云"实现供需对接；同时，所有机床设备的生产及运行状况会实时传送到设备管理中心，让设备的运行管理、调度决策能更加快速且智能。

13.1 设备管理概论

13.1.1 设备及设备管理的概念

1. 设备的概念及特点

所谓设备，有时也称为装备或机器，通常是指在人类生产活动或其他活动中能起到工具作用的物体。"设备"一词本身的含义极广，所能包容的范围也很大。本章"设备管理"中的"设备"，主要指企业生产所使用的除土地和建筑物以外的有形固定资产，如各种机器、机械电子装置、各种车辆等等，但生产中耗用的工装模具，则不包括在"设备"的范畴之内。

随着市场竞争的加剧，生产周期的缩短，对设备的要求越来越高，为逐步提高设备的使用效率、进一步发挥设备的价值，现代设备必须具有高速、自动、多功能、精密和智能等特点，因而对现代企业的设备管理提出了相应的要求。只有进行科学合理的现代化管理，才能使现代设备的优越性充分发挥出来。

2. 设备管理的概念

（1）设备管理的概念：所谓设备管理，是指依据企业的生产经营目标，通过一系列的技术、经济和组织措施，对设备寿命周期内的所有设备物质运动形态和价值运动形态进行综合管理工作。

所谓设备寿命周期，指的是设备从规划、购置、安装、调试、使用、维修，直至改造、更新及报废全过程所经历的全部时间。购买设备时必须考虑设备寿命周期的总费用，即 LCC（Life Cycle Cost）。

（2）设备管理的主要内容：设备管理分为前期管理和后期管理两部分，主要内容有技术、经济和组织三个方面，三者是不可分割的有机整体。

设备的前期管理包括的主要内容有：①依据企业经营目标及生产需要，制订生产运作系统规划；②根据系统需要，选择和购置所需设备，必要时组织设计和制造；③组织安装和调试即将投入运行的设备。

设备的后期管理包括的主要内容有：①对投入运行的设备正确、合理地使用；②精心维护保养和及时检修设备，保证设备正常运行；③适时改造和更新设备。

（3）设备管理的意义：①设备管理直接影响企业管理的各个方面；②设备管理直接影响到企业产品的产量和质量；③设备管理水平的高低直接影响着产品制造成本的高低；④设备管理关系到安全生产和环境保护；⑤设备管理影响着企业生产资金的合理使用。

13.1.2 设备综合管理的产生

设备管理，是随着工业生产的发展，设备现代化水平的不断提高，以及管理科学和技术的发展而逐步发展起来的。在设备管理的发展过程中，大致可以分为如下三个大的历史时期。

1. 事后修理阶段

事后修理阶段是现代化工厂刚开始产生的时期。在这一时期，由于设备结构简单、设备的维护与修理不需要专门技术，由设备的操作人员来完成，修理费用也比较低，并且普遍实行的是设备坏了在事后修理。随着工业生产的发展，设备结构越来越复杂，设备修理难度逐步提高，设备的维修费用不断增加，设备的维修需要由专门人员来承担，因而在后期，从生产操作人员中逐步分离出一部分专门从事设备维修和管理的人员。

2. 计划预防修理阶段

随着工业生产的发展，设备现代化水平的不断提高，尤其是科学管理的产生与发展，在设备的维修与管理中，逐步推行完善了预防性的定期维修制度。苏联的设备计划预防修理制度（简称计划预修制），是预防定期维修制度的典型代表。我国从 20 世纪 50 年代开始，学习、推行了计划预修制度。

计划预修制度，实质是泰勒制度的基本原理在设备维修与管理中的体现和运用。它是以一整套定额标准为基础，以设备的磨损理论与磨损规律为依据的。计划预修制，是有计划地进行设备维护、检查和修理，以保证设备经常处于完好状态的一种组织技术措施。

计划预修制中的定额标准主要有：①修理周期及其结构。修理周期，是指相邻两次大修理之间，其设备的工作时间。修理周期结构，是指在一个修理周期内，设备的大修、中修、小修（有时也包括定期检查）的次数和排列的顺序；②修理复杂系数。它是指用来表示不同机器设备的修理复杂程度，是计算修理工作量的假定单位，其越复杂，修理复杂系数就越高。

但是计划预修制也存在一些缺点。例如，①缺乏灵活性，不能充分发挥企业的积极性；②设备管理主要集中在使用中的维修，这实质上是对设备的救护；③将设备的技术管理与经济管理分割开来；④与设备有关的机构间缺乏协调、组织等。

3. 设备综合管理阶段

对设备进行综合管理，主要是解决使用现代化设备所带来的一系列新问题，如设备故障造成的巨大损失，环境污染严重；能源、资源消耗量大；设备的腐蚀、磨损加快等。为摆脱传统设备管理的局限性，研究、探索适合管理现代化设备的理论和方法便产生了"设备工程"的概念。美国设备工程师协会制订的《设备工程纲领》中规定，设备工程有5 个直接机能；即设备布置与设计；制造与安装；维护、保养、修理和更新；动力运营；工程防灾。在这之后，设备工程又有较大发展。主要表现在：①设备含义的扩展。设备工程中的设备，不仅指单台设备，而且包括成套设备，甚至与固定资产的概念等同起来。②设备影响范围扩大。由设备故障停机造成的损失，扩展到工业公害、大气污染、水源污染、噪声污染等问题。③设备管理内容扩展到包含技术与经济两个方面。④设备管理范围扩展到从研究、设计，一直到报废的全过程。⑤设备工程的目标，由保证设备技术状态完好，发展到为企业经营目标与经营方针服务。

在系统原理的启示下，尤其是受全面质量管理的影响，在设备工程的基础上逐步形成了设备综合管理的新概念。

13.1.3 设备综合管理的内容和任务

1. 设备综合管理的内容

①实行设备全过程管理。就是将设备的整个寿命周期作为一个整体进行综合管理，求得设备整个寿命周期的最佳效益；②对设备从工程技术、经济和组织管理三方面进行综合管理；③实行设备全员管理。现代企业中，设备数量众多，型号规格复杂，且分散在企业各个领域，要把与设备有关的所有人员组织起来参加设备管理。

2. 设备综合管理的任务

设备综合管理的任务是保证为企业生产提供最优的技术装备，使企业的生产经营活动建立在最佳的物质技术基础之上，以获得最经济的设备寿命周期费用，使设备综合效率最高，具体包含如下几个方面的内容：①根据技术上先进、经济上合理的原则，正确地选购设备，为企业提供优良的技术设备；②灵活运用技术规律、采取各种维修方式，保证企业设备经常处于最佳的技术状态；③按照经济规律加强管理，提高设备管理的经济效益；④设备管理与其他各部门协调配合，及时做好设备的更新工作，综合决策选用方案。

13.2 设备的分类购置和评价

设备购置是设备管理工作的起点，是指根据生产经营和管理系统的需要而购买、设计制造和配置设备的活动。它的活动过程和结果直接影响着企业的管理效率、产品质量和生产成本等。因此，必须认真做好分析评价和决策。

13.2.1 设备的分类

设备的含义十分广泛，由于分类的目的和角度不同，其分类方法也不同。例如，按照其用途的不同，可以将设备分为以下几种：①管理用设备：一般指办公设备、通信设备和监控设备；②生产用设备：一般指直接改变原材料属性和形状的工作机器和设备；③动力设备：指用于生产电力、热力和其他动力的设备；④传导设备：指用于传送固体、液体、气体和动力的各种设备；⑤交通运输设备：指用于运送货物和载人的各种运输工具；⑥仪器仪表：指用于检测、检验和监视生产过程的各种仪器、仪表和工具等。

不同种类的设备，在技术要求上侧重点不同，在设备购置活动中应予以充分关注。同时，在设备分类的前提下进行设备购置，首先确定购置目的以避免盲目购置。设备购置的目的有以下几种：①更新型购置：也称作替换购置，即以先进的、高效率、高性能的新设备替换旧设备；②产品开发型购置：指为了发展新产品或改进老产品而购置设备；

③扩张型购置：是指以扩大同类产品的规模为目的的设备购置。

13.2.2　设备的购置评价及方法

企业在购置设备前，要先对即将购置的设备进行技术性和经济性两方面的评价，以便能购置到符合要求、性能良好、质量可靠、同时又经济合理的设备。

1. 设备的技术性评价

在评价一台设备的技术规格时，应该认真考察下列因素以确定设备在技术上是否可行：①生产能力；②可靠性；③可维修性；④互换性；⑤安全性；⑥配套性；⑦操作性；⑧易于安装；⑨节能性；⑩对现行组织的影响；⑪对交货期的影响；⑫备件的供应；⑬售后服务；⑭法律及环境保护等。

2. 设备的经济性评价

需购置技术可行的设备，同时我们还要考察它的经济性是否合理。

（1）设备的费用与收益：在评价设备的经济性时，总是要考察设备的费用与其所带来或可能带来的收益。

首先讨论设备的费用。一般来说，设备的费用指的是设备在其整个寿命周期内为购置和维持运行所花费的全部费用，即设备的寿命周期费用，它主要由两部分构成：①固定费用。即已被安装好，准备使用而尚未启用的设备所产生的费用，包括购置费、运输费、安装调试费、人员培训费等；②运行费用。即为了维持设备正常运转所发生的费用。它包括直接或间接劳动费用、服务及保养费用、维修费用、消耗品费用等。

在进行设备的费用比较时，我们需要同时考虑这两部分的费用支出，这也是设备综合管理的一个基本要求。

（2）经济性评价的方法：下面介绍几种针对设备经济性，进行定量分析评价的方法。

① 投资回收期法：这是评价设备投资效益的主要方法之一。购置设备必然要支付一笔投资费用，即固定费用。采用投资回收期法时，首先要计算不同设备的固定费用，然后再计算新设备所带来的净收益或节约额，最后根据投资与投资效果的比较确定设备优劣，并进行最终的取舍。一般情况下，如果各方案的其他条件相同，则投资回收期最短的设备为最优设备。投资回收期的计算公式如下：

$$投资回收期（年）=\frac{设备固定费用（元）}{采用新设备后年净收益或节约额（元/年）}$$

② 费用换算法：设备在其整个寿命周期内发生的所有费用，由两大费用组成；一是在购买设备时的一次性投资费用即固定费用；二是在设备使用过程中所发生的费用即运行费用。由于资金具有"时间价值"，所以在不同时期所发生的费用不能直接进行数量比较。费用换算法就是按"资金时间价值"原理对费用进行动态地修正计算，从而能够更准确地进行经济性评价的方法。其具体的计算方法分为年费法和现值法两种。

13.3 设备的使用和维修

针对设备运动的两种形态，对设备的物质运动形态的管理，称之为技术性管理；对设备的价值运动形态的管理，称之为经济性管理。具体地讲，设备维修管理的内容包括以下活动：

①建立设备管理的平台。包括建立相应的组织机构和信息处理系统，制订相应的规章制度和标准措施等，以形成管理机制，为设备管理其他内容的实施提供条件和依据；②依据企业战略和生产（服务）战略制订设备规划；③组织设备购置中的技术经济评价及设备购置后的安装与调试活动；④监督与控制设备运行中的使用、保养、维修；⑤对设备的改造与更新做出决策。

13.3.1 设备磨损的规律

设备在使用过程中，一方面生产出产品，另一方面自身也在运转中被消耗，即某些零部件被磨损，以至逐渐降低原有的性能。这就是设备的物质磨损，也叫有形磨损。

机器设备在运转过程中产生的物质磨损，大致都会经历下列三个阶段：①初期磨损阶段：零件之间表面上的高低不平处以及氧化层、脱碳层，由于零件的运转，互相摩擦力的作用很快被磨平。设备可以表现出较高的生产效率。此阶段时间较短；②正常磨损阶段：一般地，此阶段内零件的磨损随着时间匀速增加且较缓慢。设备可以有很高的生产率及加工质量，此阶段时间较长；③剧烈磨损阶段：此时正常磨损体系已被破坏，使得磨损剧烈增加，最后导致零件损坏，设备停车。而在此以前，设备的精度、性能和生产率都大为降低。所以，一般是不允许零件使用到剧烈磨损阶段的，在零件趋向于正常磨损阶段后期时就应加以修复或更换。

为了使设备处于良好状态，就必须做到合理使用、经常维护、加强检查，在零件尚未到达剧烈磨损阶段前就进行修理，以防止设备出现故障，并且应在使用前通过试验以确定易损零件在正常条件下的磨损规律和使用期限，有计划地进行更换修理。

13.3.2 设备的合理使用

设备寿命的长短、效率大小、精度高低，固然取决于设备本身的设计结构和各种参数，但也在很大程度取决于人们对设备的合理使用。目前，许多企业创造了很多有效的合理利用设备的方法和制度，综合起来，主要有以下三个方面：①提高设备的利用程度；②保证设备的工作精度；③健全合理使用设备的规章制度。

1. 提高设备的利用程度

设备管理的根本目标在于使设备在其寿命周期内发挥最大的效益。一般来说，提高设备的利用程度主要有三方面的含义。

（1）提高设备的利用广度。充分利用设备可能的工作时间，不能让设备闲置。设备长时间闲置，会导致设备的经济磨损（若保管不善，还会造成物理磨损），造成设备的不断贬值，给企业造成直接的经济损失。目前，我国工业企业的设备利用率很低，大量设备，尤其是引进的高、精、尖设备长期闲置不用，给企业的生产力造成巨大的浪费，成了企业经营管理不善的一个重要标志，于是衍生出了分布式制造、共享制造等新概念与制造模式，使闲置设备充分利用。

（2）提高设备利用强度。我们的目标是让设备在使用寿命周期内生产出尽可能多的合格产品，因此还存在一个利用强度的问题，使设备在单位时间内生产出尽可能多的合格产品，即提高机器生产率。

（3）提高设备利用的合理性。要使设备做到物尽其用，首先要使设备用得其所。一些企业的设备常常存在着大量的不合理利用现象，比如大设备干小活，精设备干粗活，长期设备干短期活，月初空闲月末突击等等。这种对设备的不合理利用，使设备的效能不能充分发挥，造成了很大的浪费。为了做到设备的合理利用，必须处理好以这四个关系：设备与加工对象的关系；设备与操作者的关系；设备能力与工作负荷的关系；使用与维护的关系。

2. 保证设备的工作精度

设备的能力表现在两个方面：一是表现为数量上的机器生产率，二是表现为质量上的加工精度。前者影响加工对象的数量，后者影响加工对象的质量。设备工作精度直接影响产品精度，设备合理使用中的一个重要方面就是保持设备的工作精度。

从设备的磨损理论可知，设备在使用过程中都会有磨损，而这种磨损是无法消除的，随着磨损的增加，工作精度就不断下降，因此，要保证设备能以正常的工作精度运转，就应设法减少或延缓设备的磨损，设备的日常维护和保养是重要的手段。

3. 健全合理使用设备的规章制度

设备的合理使用是设备管理工作的重要内容，也是与企业工人关系最密切的一项工作。经过多年探索，我国的工业企业总结了一系列卓有成效的合理使用设备的规章制度，如凭证操作、定人定机、交接班制、"四项要求"（整齐、清洁、润滑、安全）、五项纪律、"三好"（管好设备、用好设备、修好设备）、"四会"（会使用、会检查、会维护、会排除故障）等，结合企业实际、认真执行上述的规章制度，无疑会对设备的合理使用产生巨大的作用。

13.3.3　设备的维护和维修

1. 设备的维护

设备维护是指为了保持设备正常的技术状态、延长使用寿命，按标准进行的检查与润滑、间隙的及时调整以及隐患的消除等一系列的日常工作。设备的维护工作根据工作量的大小、工作的深度、广度、维护保养工作可分为以下几个类别。①日常保养（或称例行保养）：在设备表面对其进行擦拭、清洁、润滑，紧固已松动部位，检查零部件的状况；②一级保养：主要指消除螺松动、保持设备清洁、经常进行润滑以及部分调整等工作；③二级保养：主要指设备部分解体检查、清洁、修理、更换少数零件等，使设备精度达到工艺要求；④三级保养：除对设备的主体部分进行解体检查和调整外，还要更换已经磨损的零件，并对主要零件的磨损情况进行测量、鉴定，为编制设备修理计划提供依据。

除日常保养，一级保养由操作工人自行负责外，其他两级保养，在操作工人参与下，一般由维修工负责进行。

2. 设备修理的种类

设备的修理，按照其对设备性能恢复的程度和修理范围的大小、修理间隔期的长短、修理费用的多少等，可以分为大、中、小修理三类：①大修理，是对机器进行全面的修理。大修理的特点是：修理次数较少，修理间隔期较长（一般在 1 年以上），工作量大，修理时间较长，修理费用较多。所以，进行大修理事先要安排好计划。结合设备的大修理，可同时进行设备的改装和技术改造，提高其效率和先进性；②中修理，是要更换或修复机器设备的主要零部件和数量较多的其他磨损零件，检查调整整个机械系统。其特点是：发生的次数较多，修理间隔期短，工作量不很大，每次修理时间短，支付费用少；③小修理，是指日常的零星修理。小修理的特点是：修理次数较多，工作量小，可结合日常的检查与维修保养工作一起进行。

3. 设备修理方式

不同设备对运营活动的重要程度和安全保障程度不同，其自身结构的复杂程度也不同，因而，对不同的设备应采取不同的维修方式。一般来说，维修方式有以下几种。

（1）预知维修：预知维修是指利用检测、状态监测和诊断技术，根据检测和监测获得的数据，对设备状态进行预测，再依据预测，有针对性地安排设备维修，事先排出设备将要出现的问题，从而避免和减少故障停机损失的维修方式。

（2）标准维修：标准维修也称强制维修，是指对设备维修的日期、类型、内容和工作量都预先制订计划标准，维修严格按照计划标准进行，而不管设备运转情况及其零部件的实际磨损情况的维修方式。

（3）定期维修：定期维修是指根据设备的基本情况，并参考设备修理的相关定额资料，对设备维修的时间、类型、内容和工作量都预先制订一个粗略的计划，而确切的维修日程和修理类型、修理内容及工作量，则根据每次修理的检查再作详细规定的一种维修方式。

（4）检查后维修：检查后维修是指事先只规定设备的检查计划，每次维修的时间、内容和类型都根据检查的结果和过去的维修资料来确定的一种维修方式。

（5）事后维修：事后维修是指出了故障再维修的维修方式。它适用于简单或不重要的设备的维修。

13.3.4　设备维修的制度和组织

1. 设备维修制度

（1）计划预修制：计划预修制是预防维修类型的。它是苏联在 20 世纪 50 年代建立的一种维修制度，我国在第一个五年计划期间引进了这套维修制度，目前有些企业仍在使用。

计划预修制的核心是有计划地进行预防修理，它根据零件磨损理论及故障理论，在设备使用寿命周期内编制修理计划，设备的修理将严格按计划强制执行。

（2）计划保修制：计划保修制是我国 20 世纪 60 年代在总结计划预修制的经验和教训的基础上建立的一种专群结合、以防为主、防修结合的设备维修制度，也是我国机械行业企业中目前广泛采用的一种维修制度。

（3）预知维修制：所谓的预知维修制度，就是不规定固定的修理间隔期，而是根据设备诊断技术监测设备有无劣化和故障，在必要时要贯彻实施设备修理制度。

预知维修依据设备磨损及故障理论，采用设备状态监测和诊断技术，将预防维修中的定时修理改为定期诊断，即对设备进行定期监测，因此，设备的修理工作更切合实际，既可控制过剩维修造成的人力、物力的浪费，又可预防故障发生。但预知维修所采用的某些状态监测仪器和精密诊断技术，所用的投资是较大的，且设备实时故障诊断技术目前还在发展之中，如引导案例中的沈阳机床厂"iSESOL"工业云监控下的智能设备能做到实时设备监控。

各种设备修理制度都有自己的缺点和使用范围，企业应根据自己的实际情况及不同设备的使用特点加以选用：①计划预修制和计划保修制多适用于大量流水生产或成批生产；②计划预修制和计划保修制适用于无故障工作期相对稳定的设备；③采用计划预修制或计划保修制后，造成的设备停机时间等于或大于在设备发生故障时为进行维修工作所需的停机时间，则采用计划预修（或保修）制是不合算的；④在使用过程中有备份的设备、负荷不满的设备等，不宜采用预防维修；⑤对于复杂的、在生产中起关键作用的设备，有条件的情况下宜采用预知维修。

2. 设备维修的组织

设备修理应广泛采用各种先进的组织方法，以便不断提高修理工作效率，保证修理质量，缩短设备停修时间，降低修理成本。常用的修理组织方法主要有以下几种：

（1）部件修理法：就是事先准备好质量良好的各种部件。修理时，将设备上损害的部件拆除，换上准备好的部件，然后再把换下来的部件送去修复。但此法需要储备一定的周转部件，占用资金较多。它适用于那些具有很多同类型设备的企业和停工损失严重的关键设备。

（2）分部修理法：就是按照设备各个独立的部分，分部顺序修理，每次只修一部分。这种化整为零的修理法，可以减少停机时间，充分利用节假日和非生产时间进行修理，从而增加了设备的生产时间。它适合于修理时间较长，生产任务较重的设备以及在构造上具有一系列独立部件的设备。

（3）同步修理法：生产过程中，在工艺上紧密联系的设备，在修理时，把它们安排在同一时间内进行，实现修理同步化，以减少停机的次数和停机时间，此法适合于流水生产线和自动生产线的设备修理、联动设备中的主机与辅机及配套设备等。

对设备维护修理必须依靠人来实现，因此，对设备维修人员的组织管理工作在设备维修工作中占有相当重要的地位：①设备维修专业人才的培养：设备综合管理强调全员参与，也需要具有专业素养的设备维修专业人员；②设备维修的社会化：使设备维修走专业化和社会化相结合的道路，把维修人员相对集中，建立面向整个社会的专业维修机构，从而使它们发挥更大的作用和取得更好的经济效益；③设备维修人员的配置和管理：一般说来，对维修人员的配置主要有下面四种方式：a.集中维修，即把所有的维修作业和维修人员由一名管理人员集中领导，整个维修现场集中于一处，设计、施工和管理等在一处进行；b.区域维修，即把维修人员分散配置在企业各区域，在一名管理人员的指挥监督下执行维修任务；c.部门维修，即把维修人员配备于各制造部门，由部门的领导指挥监督进行维修工作；d.联合维修，即把集中维修、区域维修和部门维修结合进行，以取长补短，联合维修重在对不同的对象采取不同的组织方式。

13.4 设备的折旧、更新和技术改造

13.4.1 设备的有形磨损和无形磨损

机器设备在使用过程中，由于各种原因，都会发生磨损，这种磨损可分为有形磨损和无形磨损。

1. 设备的有形磨损

有形磨损又称为物质磨损。机器设备在使用过程中，在外力的作用下，其零部件会发生摩擦、振动和疲劳，以致机器设备的实体发生磨损，这种磨损叫作第 I 种有形磨损。机器设备在闲置或封存中，由于自然力的作用（如金属件生锈、磨损、橡胶件和塑料件老化等），也会使机器设备发生实体磨损，称为第 II 种有形磨损。从磨损的补偿角度来看，设备的有形磨损可分为可消除性的有形磨损与不可消除性的有形磨损两种。

2. 设备的无形磨损

设备的无形磨损是指因生产技术的进步而使原有设备发生价值上的贬低与经济上的变化，又称设备的精神磨损。无形磨损按形成原因可分为两种：一是由于制造工艺不断改进，成本不断降低，劳动生产率不断提高，直到同种机器设备所需的费用减少了，从而使原来购买的设备相应地贬值。我们称这种设备的经济劣化为第 I 种无形磨损。二是由于技术进步，出现了结构更先进、技术更完善、生产率更高、耗费原材料和能源更少的新型设备，使原有设备相形见绌，发生贬值。我们称这种设备的经济劣化为第 II 种无形磨损。

13.4.2　设备折旧的计算方法

合理计算折旧，既要考虑设备有形磨损，又要考虑设备无形磨损。以下给出几种常用的设备折旧计算方法。

（1）平均年限法：即在设备使用年限内，平均地分摊设备的价值。

其计算公式：$年折旧费 = \dfrac{设备原值 - 预计净残值}{折旧年限}$

其中预计净残值＝预计残值－预计清理费，净残值率一般按固定资产原值的 3%～5% 确定，低于 3% 或高于 5% 的要报告主管部门备案。

（2）工作量法：

$单位工作量折旧额 = \dfrac{原值 - 预计净残值}{规定的工作量总数}$

折旧额＝单位工作量折旧额 × 实际完成工作量（产量、工时、台班）

（3）年限总和法：

月折旧额 ＝ 年折旧额÷12，

$年折旧额 = \dfrac{折旧年限 - 已用年限}{折旧年限 \times (折旧年限 + 1)} \times (原值 - 预计净残值)$

（4）双倍余额递减法：

年折旧额 ＝ 2×(设备原值－累计折旧)÷折旧年限

月折旧额 ＝ 年折旧额÷12

固定资产折旧年限到期前两年，改用直线折旧法，即将固定资产净值扣除预计净残值后分两年平均计提。

13.4.3　设备的更新

1. 设备的寿命

（1）设备的物质寿命（亦称设备的自然寿命）：是指设备从投入使用到报废为止所经历的时间。设备的物质寿命是根据设备的有形磨损确定的，主要取决于设备本身的质量及其使用和维修的状况，随着设备物质寿命的延长，维修费用也会提高。

（2）设备的经济寿命：是指设备从投入使用，到因继续使用不经济而被淘汰时所经历的时间。设备经济寿命取决于第 Ⅰ 种无形磨损。由于随着设备使用时间的增长，维修费用亦会增加，设备的使用成本提高，这时应淘汰旧设备，重置新设备。

确定设备的经济寿命的方法很多，比较常见的确定设备的经济寿命的方法是利用费用曲线来确定。如图 13.1 所示，设备的年均购置费用曲线与年均运行费用曲线组成的年平均总费用曲线的最低点即为经济寿命最佳年限。

此外，亦可利用设备综合经济效益来确定经济寿命，即当设备创造的经济效益（多以利润表示）已无法抵消为维持设备运行而支出的总费用时，设备经济寿命即告终结。

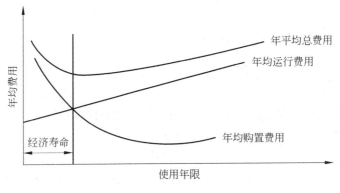

图 13.1 费用曲线

（3）设备的技术寿命：是指设备从投入使用到因科学技术的发展，出现技术性能更优越的设备或设备所生产的产品已不为市场所需要时，而在设备物质寿命尚未结束之前就被淘汰时所经历的时间。

（4）设备的折旧寿命（亦称设备折旧年限）：是指财务部门为了收回设备投资以便日后重置或更新设备而把设备投资逐步摊入产品成本，当设备价值的余额折旧到接近于零时所经历的时间。

（5）设备的役龄：是指设备已经使用的时间。设备的役龄是与设备寿命密切相关的一个指标，它反映了设备新旧程度，可供制订设备的更新改造方案时参考。

在过去，我国的大部分企业基本上是以设备的物质寿命为标准来更新设备，这种做法造成维修费用过高，设备过分陈旧，不能适应生产发展和技术进步的要求。今后，随着技术进步、产品开发速度加快，企业之间竞争加强，确定设备最佳使用年限时，应以物质寿命、经济寿命和技术寿命三者综合加以考虑，以求得最佳技术经济效果。

2. 设备更新及其方法

（1）设备更新的含义：设备的更新是指用技术性能更完善、经济效益更显著的新型设备来替换原有技术上不能继续使用或经济上不宜继续使用的设备。设备更新是消除设备的有形磨损和无形磨损的重要手段，进行设备更新的目的是为了适应新的生产工艺和操作方法，更好地提高企业装备的现代化水平，提高企业的经济效益。

（2）设备更新的方式：从广义上来说，凡是对因磨损（包括有形和无形磨损）而淘汰掉的设备进行补偿都可视为设备更新，然而从更新的目的来看。设备更新可分为两种类型：①设备的原型更新：设备的原型更新是指当原设备因有严重磨损而不能继续使用时，用结构相同的新设备去更换。原型更新主要解决设备损坏问题；②设备的技术更新：设备的技术更新是指当原设备已经损坏或经济原因不宜继续使用时，用结构更先进、技术更完善、效率更高、性能更好、耗能和原材料更少的新设备去更换。

3. 设备更新的对象

由于企业用于设备更新的资金有限，因此如何选择更新对象，是使企业的总体装备水平得到更快提高的重要条件。一般来说，企业选择设备更新对象时，应重点考虑下列设备：已长时间使用的设备，性能、制造质量不高的设备，经过多次大修已无修复价值的设备，技术落后的设备，不能满足新产品开发要求的设备，浪费能源的设备。

4. 设备更新决策

在进行设备更新时，要很好了解所需设备的技术发展动向和市场供应状况，制订目标明确、切实可行的更新计划，以确保设备更新的正确进行。一般说来，在进行设备更新的决策时，应从技术和经济两方面进行分析论证。

（1）技术性分析：在进行设备的更新时，应对以下要点进行分析论证：①新设备的基本规格和主要参数；②新设备的技术性能；③新设备的工作条件和环境保护提升等。

（2）经济性评价：在进行设备更新决策时，除了应进行技术性分析，还需要进行经济论证。经济论证的主要内容包括计算设备的回收期和设备的收益率等。

对于设备更新决策的方法，常用的有以下几种：

（1）经济寿命确定法：机器设备在使用过程中发生的费用叫运行费用或使用费用，一般来说，运行费用是逐年增加的。

（2）最低总费用法：事实上，在设备的经济寿命尚未终止的时候，市场上完全可能出现工作效率更高或经济效果更好的设备。

因此，我们应该考虑在可能出现新型设备的情况下，如何决策设备更新期。

除了上述两种方法确定设备更新期外，其他还有年平均使用费用最低法等。一般情况下企业会在多种方案中选择比较满意的方案，常用的方法包括：按经济寿命年限计算的年平均使用成本最低法，计算寿命周期内总成本最低法，最佳投资回收期法等，在此不再赘述。

13.4.4　设备的技术改造

设备的技术改造又可称为设备的现代化改装，是一种广义的设备更新方式。它是针对设备的无形磨损而采取的局部补偿的设备更新方式，往往同设备的大修理同时进行，是扩大设备的生产能力，提高设备技术水平的重要途径。其内容有：①提高设备功率、速度、刚度和扩大、改善设备的工艺性能；②提高设备的自动化程度，实现设备操作数控化、联动化；③将通用低效设备通过技术改造改装成专用、高效设备；④提高设备零、部件的可靠性、维修性；⑤运用技术改造技术，改装设备监测、监控装置；⑥改进设备安全、润滑、保护装置冷却系统及环境污染工作系统；⑦降低设备原材料及能源消耗；⑧尽快实现零、部件通用化、系列化、标准化。

技术改造的目标是提高企业整体经济效益，必须遵循以下原则：①坚持以促进技术进步为基础的原则；②遵循以产品开发为中心的原则；③以内涵式扩大再生产为主的原则；④以提高经济效益为目标的原则。

技术改造的特点如下：①相关性强：技术改造项目与老企业众多方面都有着密切的相关性。这里的相关是指技术改造项目与企业现有的资金、资产、员工、生产费用、经营管理模式等紧密相关，不可分离；②针对性强：由于设备的使用单位对现有设备很熟悉了解，因此设备的技术改造一般是在设备的使用单位的协助下进行的，因此要做到"对症下药"；③适应性强：设备的技术改造往往与工艺改革结合起来。在许多情况下，对设备稍做改造，就能够适应新的生产工艺和操作方法；④经济性好：由于技术改造是在原有设备的基础上进行的，因而具有投资少，周期短，见效快的特点，往往能在节约资金的同时，具有很好的经济性。

对于技术改造一般进行经济性评价的方法有：①净现值法。通过比较各种方案在服务年限内收益的净现值，选取净现值最大的方案；②投资回收期法。计算各种方案回收投资的时间，选取投资回收期最短的方案；③内部收益率法。以上 3 种方法是评价技术改造方案的常用方法，除此之外还有许多其他方法。在技术改造评价时，经常采取多种方法同时使用，以便全面考虑，选取最优方案。

13.5 设备管理的新趋势

1. 技术装备发展对设备管理的挑战

目前，工业技术装备呈现出从机电一体化到智能化的发展趋势。这一趋势是信息技术向机械母体"渗透"的结果。通常，机电一体化技术由机械、信息处理和传感器三部分组成。机械部分即技术装备的机械母体，实现机器最终需要的各种加工功能；信息处理部分包括控制装备和计算机，是处理信息的部分，可视为机器的神经系统；传感器部分可视为机器的感官，用于实现信息的"转换"。工业装备包括烟草专用生产设备的智能化，主要是指通过微处理器和人工智能的应用，使设备具有反馈判断、逻辑执行、自主控制等能力，以实现更精确的控制并提高机械母体的执行精确性。设备管理当前面临的最主要挑战，是在既有的各类管理理论和方法的基础上，寻找一种新的方法和途径，将设备管理的知识、技术方法和信息控制能力融合在一起，并将相关的各类主要因素构建成为一个开放的控制与反馈系统，使设备在其寿命周期内各个阶段的管理都可按各自的特性有机结合在一起，由此实现设备资产投资价值的最大化和运行效能的极限化。

2. 设备管理从单一方式到以综合管控为策略的新趋势

要应对智能化技术装备对设备管理提出的新挑战，就必须将设备管理的各种主要理论、管理方法与技术方法及新技术的应用实现融合，即设备管理理论及方法要发挥解决问题的作用，必须与设备工程技术、生产运行控制技术、技术装备的智能化技术等进行结合。只有将三类技术进行有效结合，才能实现设备数据采集装置、工艺检测技术系统、生产制造控制系统、故障监测技术系统、数据分析技术系统、管理信息系统等数据信息的有目的集成，使各类管理的、离线的、在线的、工业控制系统的各种与设备运行相关的数据信息，成为随时随地感知、测量、捕获和传递设备及关键功能部位技术状态的有效支撑。

3. 提升设备运行价值的关键管理措施

通过精确的检查、性能检测和技术状态分析发现、诊断和验证设备的功能和性能，针对设备的功能和性能的当前状态进行精确修理和性能恢复作业，是设备管理的两项核心任务。围绕这两项任务开展关键功能受控管理、规范化点检管理、精准化设备运行数据信息采集和评价分析、合理维修策略选择及精确化维修管理、精心的维护保养、精确的备件供应组织、规范性技术及作业标准制订等精益化管理，是提升设备运行价值的关键措施。

建立和实施包含这些关键管理措施的设备综合管控体系，还需要两方面的管理条件作为支撑：一是应用信息技术建立"数据采集—数据传输—数据集成—数据分析与优化—数据表示和应用"的数字化技术系统，实现设备基础信息、设备运行信息和设备管理信息的规范、完整、准确地采集和传递；二是建立遵循"管理目标—绩效指标—业务行为—工作方法"改进的绩效评价体系。

讨论案例

透平机械用户的设备大管家：陕鼓动力服务转型

西安陕鼓动力股份有限公司成立于1999年，2001年挂牌上市，它是为石油、化工、冶金、空分、电力、城建、环保、制药和国防等国民经济支柱产业提供透平机械系统问题解决方案及系统服务的制造商、集成商和服务商，属于国内透平行业领军企业。

自2003年以来，该公司始终致力于远程监测、故障诊断、网络化服务平台、云服务应用需求等方面的智能化改造技术的推广应用，主要经过三大重要阶段：系统推广应用期（2003—2010年）、网络化诊断与服务平台建设期（2011—2013年）、设备全生命周期大数据建设期（2014年至今）。2013年已成功解决了面向动力装备的多地多通道并行信号接入、现场海量数据的采集与压缩存储、远程传输、远程升级、智能故障诊断算法与基础应用、数字化检修维修、备件预测协同信息化管理等技术的研发与应用。

陕鼓动力为其客户提供的设备服务，通过设备振动、温度、流量、压力等传感器与控制系统，将数据接入到IPMC系统，数据实时处理后送入现场监控一体化HMI系统，可直接向用户呈现设备运行状态的分析结果。同时，利用互联网或3G/4G无线网络，将数据实时远传至陕鼓远程智能运维中心，中心专家结合IETM、备件协同系统、PLM等其他数据，向用户提供中长周期的设备运行指导意见，切实将为客户手中的设备提供长期服务纳入企业设备管理考量范围。

该运维服务平台属于利用大数据支持智能服务经济的转型探索，从业绩上看，截至2016年9月，陕鼓总资产147.55亿元，净资产60亿元，现金和理财达54亿元，存货仅16亿元，固定资产15亿元，实实在在地实现了轻资产运营，对重大装备制造型企业向智能服务转型起到良好的示范作用。

资料来源：相禾著. 陕鼓动力：传统制造业的价值链转型佼佼者. 雪球网，2017.

思考题：

1. 在重大装备制造企业的转型升级中设备管理起到了什么作用？

2. 西安陕鼓动力股份有限公司利用大数据支持智能服务模式的设备管理有何重要意义？

本章小结

　　本章首先介绍了设备及设备管理的概念、特点以及当代设备综合管理产生的背景、内容和任务；第二部分主要是设备的分类购置和评价方法；第三部分是关于设备的维护和维修的内容，首先概述了设备维修管理的内容，进而提出几点合理化使用设备的建议，最后是关于设备维修、维护的分类和相关制度的建立；第四部分介绍了设备在使用过程中的磨损方式、设备折旧的几种计算方法、设备更新的含义，及关于设备技术改造的概念、原则、内容和特点；第五部分阐述了设备管理的发展趋势。

参考文献

[1]　潘家轺，曹德弼. 现代生产管理. 北京：清华大学出版社,2003.

[2]　根然，黄镇焕，张凤林. 生产与运作管理. 北京：科学出版社,2005.

[3]　靳志宏. 生产与运作管理. 北京：清华大学出版社,2009.

[4]　刘启生等. 现代生产与运作管理. 上海：华东理工大学出版社,1999.

[5]　王关义，王志成. 生产管理. 北京：经济管理出版社,1999.

[6]　洪元义，吴亚非. 王基建. 生产与运作管理. 武汉：武汉理工大学出版社,2002.

[7]　张淑君，林光. 企业运作管理. 北京：清华大学出版社，2004.

[8]　张群. 生产与运作管理. 北京：机械工业出版社，2008.

[9]　潘家轺等. 现代生产管理学. 北京：清华大学出版社，2003.

[10]　蒋贵善等. 生产与运作管理. 大连：大连理工大学出版社，2006.

[11]　刘德峰. 设备管理的发展趋势和新理念. 第 7 版. 东方烟草报，2013.

思考练习题

　　1. 试说明下列设备管理概念的含义：①设备寿命周期；②更新型购置；③正常磨损阶段；④第 II 种无形磨损。

　　2. 某企业投资 1 亿元进行生产技术改造，全部形成设备固定资产。按规定折旧年限可在 8～12 年中选定，试按折旧年限为 8 年，用平均年限法、年限总和法、双倍余额折旧法分别计算第 1、2 年和第 7、8 年的年折旧额。预计残值为 500 万元，清理费为 50 万元。

第四篇

运营系统的创新

第**14**章　业务流程重组

学习目标

通过本章的学习，读者应该能够：

1. 理解业务流程重组的概念；
2. 了解业务流程重组的原则；
3. 掌握流程重组的步骤；
4. 了解流程重组设计的构成要素及其设计方式；
5. 了解现有流程再设计的 ESIA 法则。

引导案例

福特应付款流程重组

20 世纪 90 年代，福特公司在一个偶然的机会，发现其参股的日本马自达公司的应付款业务部门的工作效率大大高于福特的相关部门。于是，参照马自达的经验，福特进行了相关部门的业务流程重组，改变了组织结构及工作方式，其业务处理流程从图 14.1 所示调整为图 14.2 所示，这样不仅大大提高了工作效率，同时精简近三分之一的用人量。

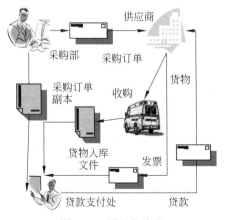

图 14.1　原业务流程

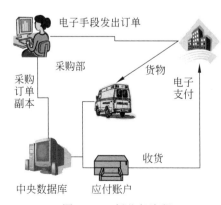

图 14.2　新业务流程

14.1 业务流程重组的基本内容

进入 20 世纪 80 年代，市场竞争日益加剧，信息技术迅速发展，全球化的浪潮日益增强，以 3C（顾客，竞争和变革）为特征的三股力量使企业所处的环境发生了巨大的变化，原有的科层制管理造成的流程分工过细，追求局部效益，流程环节冗长，部门壁垒森严，忽视顾客利益等使其越来越难适应企业的发展。因此，企业环境的变化和企业管理的实践成为企业管理理论的催化剂，业务流程重组因此诞生。业务流程重组，不仅是对企业的管理与业务流程进行再造，而且是要将以职能为核心的传统企业，改造成以流程为核心的新型企业。

14.1.1 业务流程重组的概念

业务流程重组（Business Process Reengineering，BPR）是指对企业的经营运作流程进行根本性再思考和彻底性再设计，旨在使企业的经营运作流程在成本、质量、服务、速度等方面得到改善。

1. 根本性

根本性指的是在重组过程中，企业人员必须就公司以及公司的运营方式自问一些根本性的问题，如为什么要做现在的事？为何要这样做？提出这些根本性的问题，可以迫使他们正视自己经营企业的战略与方法。企业要实施再造，就不能存在因循守旧的想法，认为只要略加修改现有流程就可以了。反之，他们必须跳出传统的思维，结合自身的实际需要进行重组。企业重组的第一步向企业提出的问题不是"如何把我们现在正在做的事情做得更好、更快、更省"；而是首先决定一个公司必须做什么以及怎么做，这就是从根本上进行思考。重组工程对一切都不想当然，它不计较事情现在怎么做，而是关心事情的本来面目。因此，"根本性"就是要突破原有的思维定式，打破固有的管理规范，以回归零点的新观念和思维方式，对现有流程和系统进行综合分析和统筹考虑，避免将思维局限于现有的作业流程、系统结构和知识框架中去，以取得目标流程设计的最优化。

2. 彻底性

所谓彻底性，指的是对事物追根溯源，对既定的现存事物不是进行肤浅地改变或调整，而是抛弃所有的陈规陋习以及忽略一切规定的结构与过程，创造发明出全新的工作方法；它是对企业进行重新构造，而不是进行改良或调整。"彻底"就是在"根本性"思考的前提下，摆脱现有系统的束缚，对流程进行设计，从而获取管理思想的重大突破和管理方法的革命性变化。这种工作方法不是在原有问题上的修修补补，而是彻底性的变革，追求从根本上解决问题。

3. 戏剧性

所谓戏剧性，指的是流程重组不是取得小的改善，而是取得业绩的突飞猛进。绩效的边际提高只需要更好地调整旧系统，绩效的巨大飞跃才需要以新系统取代旧系统。总结起来"戏剧性"就是通过对流程的根本性思考，找到限制企业整体绩效提高的各种环节和因素，通过彻底性的重新设计来降低成本，节约时间，增强企业竞争力，从而使企业的管理方式与手段、企业的整体运作效果达到一个质的飞跃，体现高效益和高回报。

4. 流程

着眼于按业务需要的自然顺序来设计"流程"，而不是着眼于现有部门、岗位的职能分工。"流程"就是以从订单到交货或者提供服务的一连串作业活动为着眼点，跨越不同职位与部门的分界线，以流程整体优化的角度来考虑和分析问题，识别流程中的增值和非增值业务活动，剔除非增值活动，重新组合增值业务活动，优化作业过程，缩短交货周期。

14.1.2　业务流程重组的原则

BPR 是现行业务运营方式的再思考和再设计，它的目的是在业务流程方面获得显著的改进，从而使顾客需要在质量、速度、更新、多样化和服务等方面得到满足，它的实施应该遵循以下基本原则：

1. 以企业目标为导向调整组织结构

在传统管理模式下，劳动分工使各部门具有特定的职能，同一时间只能由一个部门完成某项业务的一部分。而业务流程重组打破了职能部门的界限，由一个人或一个工作组来完成业务的所有步骤。随着市场竞争的加剧，企业需要通过重组为顾客提供更好的服务，并将 BPR 作为发展业务和拓宽市场的机会。

2. 让执行工作者有决策的权力

这就能够使与作业流程紧密相关的人员有工作上所需的决策权，更好地完成那些必需的作业任务，可消除信息传递过程中的延时和误差。

3. 最高管理层具备改造决心和战略愿景

高层领导持续性的参与和明确的支持能明显提高 BPR 成功的概率。因为 BPR 是一项跨功能的工程，是改变企业模式和人的思维方式的变革，必然会对员工和他们的工作产生较大影响。特别是 BPR 常常伴随着权力和利益的转移，有时会引起一些人，尤其是中层领导的抵制，如果没有高层管理者的明确支持，则很难推行。

4. 确定核心流程，进行规划和再设计业务流程

在一般情况下，企业有许多不同的业务部门，一次性重组所有业务会导致其超出企业的承受能力。所以，在实施 BPR 之前，要选择好重组的对象。应该选择那些可能获得阶段性收益或者是对实现企业战略目标有重要影响的关键流程作为重组对象，使企业尽早看到成果，在企业中营造乐观、积极参与变革的气氛，减少人们的恐惧心理，以促进

BPR 在企业中的推广。

5. 建立通畅的交流渠道，持续改进

市场是变化的，企业为了更好地满足顾客要求，提高企业自身的竞争力，其组织的状态也不能一成不变。从企业决定实施 BPR 开始，企业的管理层与职工之间就要不断进行交流。要向职工宣传 BPR 带来的机会，如实说明 BPR 对组织机构和工作方式的影响，特别是对他们自身岗位的影响及企业所采取的相应解决措施，尽量取得职工的理解与支持。如果隐瞒可能存在的威胁，有可能引起企业内部动荡不安，从而使可能的威胁成为现实。

6. 信息处理技术与业务流程融为一体产生所需要的信息

这就要求信息的获得者也要担负信息处理工作的责任。这使得需要其他人员来核准并处理这些信息的程度降到了最低，由此可以减少信息被间接处理的次数，从而大大降低了产生错误的机会。

14.1.3　业务流程重组的发展趋势

BPR 的概念引进我国后已成为一种十分流行的组织管理理念，它作为一种重新设计工作方式、设计工作流程的管理思想是具有普遍意义的，并能给企业带来巨大收益。可以说 BPR 的前景一片看好。然而，我们发现在实施 BPR 过程中会经常遇到下面的问题：

（1）片面理解 BPR 的高收益，忽视风险控制

实施 BPR 虽是高收益的项目，但也伴随着巨大的风险，据国外统计，70％的 BPR 项目 5 年后均归于失败。BPR 在中国兴起后，同样也会面临这样的问题。BPR 的实施会消耗大量的企业资源，而没有足够资源去应付外部市场的变化，企业必然会在竞争中处于不利地位，这是失败的主要原因。在流程重组过程中的开销主要包括：企业聘请专业咨询公司进行 BPR 流程设计费用、进行信息化改造费用、在实施过程中的调整给业务造成的损失，以及企业为实施 BPR 所投入员工的成本等。

（2）BPR 是管理思想上的革命，而不是管理形式上的改变

原有的业务流程其特点是按职能进行分工，由专业的技术人员完成相应的技术工作。这种结构是一个通行的做法，不论在生产车间还是在办公室，均被长期采用，没有人对此提出质疑。由此形成广泛采用的科层制组织结构，而 BPR 将改变这种格局。BPR 从"功能"方面提出疑问，强调组织应以"流程"为核心。这样整个的管理理念将着重从如何完成顾客订单、如何开发新产品、如何营销以及如何进行售后服务方面考虑问题，而不仅限于职能和分工的界限。对于领导层来说，领导不再是员工唯一的老板，客户成为员工关心的核心，这样势必在 BPR 过程中造成部分领导实权得到削弱，没有实权的领导会首先反对流程重组。在这种情况下，领导层为了维持企业内部、企业与企业以及企业与政府之间的一种平衡，往往会采取相互妥协的办法，于是工作便流于形式，草草收场。

（3）BPR 不是一蹴而就的，它是一个系统工程

BPR 参与人员不仅包括外部的咨询顾问，而且包括企业内部的大量员工。通常情况

下，企业内部重组小组的专职成员不仅包括至少一名企业的高级管理者，而且包括多名的中层管理者和一线员工，历时 1 年甚至更长时间，其调整的范围包括涉及该业务流程的所有单位和个人，从某种意义上来说，将调整每一个单位（或个人）的利益。

（4）实施 BPR 不同于企业信息化建设，信息技术是实施 BPR 的手段

将 BPR 等同于信息技术是错误的，而忽视信息技术的作用也是错误的。信息技术的真正价值在于它提供了必要的工具和手段，使得人们有能力打破传统的管理规则，创造出新的工作方式，从而给企业带来活力。信息技术是 BPR 中的基本元素，在流程重组过程中必须采用最先进的信息技术，以保证信息传递的及时性、准确性和完整性。因此，应用信息技术是改变内部的工作模式，而不是原有的工作自动化。

但就目前来讲，BPR 的发展趋势主要表现为：

（1）与战略管理理论融合，由业务流程管理提升为战略流程管理。大大提升了流程在企业中的高度和影响力。战略流程是一个值得探索的领域。

（2）向下与信息技术高度融合成为电子商务和 ERP 的前提与基础。信息技术在企业中的应用，主要体现在实现业务流程的信息化，为企业编制电子商务战略和企业资源计划。

（3）与供应链融合进行跨公司流程再造，打破企业边界，整合企业间流程，打造超高效的公司。

（4）流程管理成为新的风向标。流程管理是一个比业务流程再造外延更大的概念，它不仅包含了 BPR 的全部内容，还对 BPR 理论进行了丰富和发展。

14.2　业务流程重组设计

14.2.1　业务流程重组设计的构成要素

1. 动机

有必要将企业实施 BPR 的动机转化成可见的具体行动目标，以此作为努力工作的驱动力。

2. 质询

流程重组设计中必须采取质询的态度，要求具有对任何问题提出质询的意识。

3. 业务知识

无论采用何种方式进行流程重组，必须具备以下两方面的业务知识：熟知服务流程与顾客需求和熟知工艺流程、人员和技术。

4. 创新

一个公司如果想要最充分地体现人的价值，就应使其创新能力得到良好的培植和驾驭。BPR 依赖于创新及其在流程中的应用。为此，需要人来开拓思路，抛开约束流程系

统的原有框架，应用新构思于流程设计之中。

14.2.2 业务流程重组的设计方式

BPR 的设计方式可以分成两种。一种是对现有流程进行再设计，另一种是重新设计新的流程。

现有流程再设计是指对现有流程进行识别和了解，在对其进行系统分析的基础上，创造出新的流程，并产生所期望的结果。

采用这种方式可以比较迅速地发生变化，但规模相对较小，所以流程发生中断所造成的风险也会比较小。由于它是以现有的流程为基础的，尽管可以发生变革，但发生变革的概率要小，产生的影响和作用也小。

在对现有流程进行再设计的过程中，注意力的焦点是设法消除所有非价值活动，并且简化那些具有创造或者增加顾客使用价值的核心流程。一般用到的方法可概括为 4 个实施步骤，简称为 ESIA 法则：

（1）消除浪费（Elimination）：生产运作中所有的非价值增添活动都应予以剔除。

（2）简化流程（Simplify）：对于剩下的有价值的流程进行简化。

（3）流程整合（Integrate）：将简化了的有价值的作业活动整合为一个整体，使整个流程成为协调高效的统一体，以顾客需要为导向。

（4）作业自动化（Automate）：提高作业的自动化程度，加快流程作业速度，提高顾客服务水平，这些都必不可少地要用到现代信息技术。

重新设计新流程是指从根本上对提供产品或服务的流程进行重新的思考，从头开始设计出新的流程。

这种方式突破旧的流程思想的束缚，允许从根本上重新认识流程运作的过程和方式，获得全新的设计。产生的变化和影响是巨大的，同时也会带来很大的风险。

对于设计新流程，佩皮帕德和罗兰提出了一种以重新开拓思路为先导的流程设计框架。该框架主要由四个实施阶段构成：高度理解现有流程；对标分析、头脑风暴式思维；流程设计；有效性评价。

重新设计流程必须应用 ESIA 法则，以确保流程产出的结果在其有效性、效率和适应程度方面都达到最优。

14.3 业务流程重组的方法和步骤

14.3.1 业务流程重组设计的方法

企业的业务流程，是一个多层次、多类型的体系。对企业的流程进行科学、有效地规划，识别出现有企业的流程状况、运营环境，可以为企业即将开展的流程再造打下坚实的基础，避免工作开展时失去改进的方向以及目标。因此，对企业进行流程规划就显得非常重要。

对企业流程规划，主要有以下几种方法：价值链分析法、绩效重要性矩阵、学习五角星、成本收益矩阵以及流程优化矩阵。它们各自所着眼的角度不同，需要针对流程优化的目的进行合理、科学的选择。

以上几种方法通过表 14.1 进行详细的说明：

表 14.1　企业流程规划方法

流程优化方法	流程优化角度	主要解决问题
价值链分析法	从企业价值活动环节出发，对企业运作体系进行规划和设计	有助于对企业流程运作体系的整体识别、建立和分解，是进行流程优化的基础
绩效重要性矩阵	从现有流程绩效和重要性出发，对流程运作环节进行分析和改进	以企业实际资源状况和能力为出发点，改善短期内的流程运作现状
学习五角星	以相关利益方对现有流程的评价为改进的方向，以满足客户需求为目标进行流程优化	提高流程利益相关方对其的满意度
成本收益矩阵	以实际流程的成本收益为评价标准，对相关流程实施不同的管理手段	提高流程的产出效率，尽可能地促进流程的增值
流程优化矩阵	以关键成功因素为评价标准，对相关流程进行配比识别	发现与公司战略最为相关的关键流程，明确流程与战略之间的关联

1. 价值链分析法

美国管理学教授迈克尔·波特提出了价值链理论，他认为企业内部的所有相关活动可以分为两大类：基础活动（价值创造活动）与辅助活动（支持价值创造活动）。

基本活动是涉及产品的物质创造及其销售、转移给买方和售后服务的各种活动，它包括内政后勤、生产作业、外部后勤、市场销售和服务五种基本活动。

辅助活动是辅助基本活动，并通过提供外购投入、技术、人力资源以及各种公司范围的职能以相互支持。它包括采购、技术开发、人力资源管理、企业基础设施四种辅助活动。

在每一类基本和辅助活动中，有三种类型的活动分别产生不同的价值增值：

（1）直接活动：直接涉及为买方创造价值的各种活动，例如，总装、零部件加工、销售业务、广告、产品设计、招聘等。

（2）间接活动：使直接活动的进行成为可能的各种活动，例如，维修、进度安排、设施维护、销售管理、销售记录等。

（3）质量保证：确保其他活动质量的各种活动，例如，监督、视察、测量、复查、核对、调整和返工。

每个企业的价值链都是由以独特方式连接在一起的上述所讲到的基本和辅助活动构成的。而正是不同企业在价值链之间的差异，使其拥有了不同的竞争优势。因此应用价值链理论进行企业流程体系的建立是我们进行流程再造的首要基础工作，只有将企业的整体流程体系建立并梳理清楚，我们才能够确定流程优化的范围，并根据企业的实际运营需要和管理状况，对相关流程进行优化和重组。

2. 绩效重要性矩阵

绩效重要性矩阵是将组织绩效和流程选择直接挂钩的方法。提高组织绩效是流程再造的目标，因此，选择何种流程进行再造必须要将提高组织绩效这一因素考虑到其中。与此同时还应该考虑另一个维度，即通过绩效重要性维度甄选出来的流程，其表现程度如何。

绩效表现与重要性矩阵如图14.3所示，横坐标表示绩效，纵坐标表示重要性。

第 I 区域重要性最高，绩效又最低，该流程一定要进行改造。

第 II 区域绩效高，重要性也高，需要保持目前状况。

第 III 区域重要性低，绩效也低，可以不管。

第 IV 区域绩效很高，重要性很低，也不太重要。

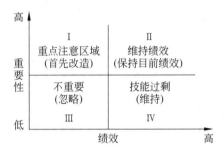

图 14.3　绩效表现与重要性矩阵图

3. 学习五角星

学习五角星是从利益相关者的角度出发，对现有各流程精心识别和分析，可以更为有效地满足利益相关者的价值期望。它包括五类利益相关者的需求，分别是客户、标杆企业、员工、供应商和外部顾问。通过利益相关者对现有流程运作状况的评价，我们可以发现相关的问题流程，进而进行有效的分析和改进，如图14.4所示，

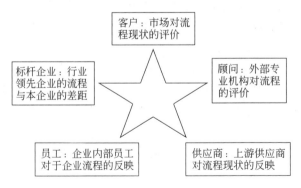

图 14.4　学习五角星

（1）客户和供应商

这两者经常直接与企业打交道，因此他们的评价多与企业所接触的相关界面流程有关，有助于企业外部相关流程的改进分析。

（2）标杆企业

标杆企业相关流程的分析评价，则要结合企业自身的实际运营情况，选择与自身情况相接近的流程进行分析。通过指出标杆管理所能达到的水平，可以使企业可改进的领域显现出来。

（3）顾问

顾问作为专业人士，能够从专业管理的外部角度，针对企业流程现状提出专业化的指导意见，具有较强的科学性和合理性。

（4）员工

员工作为企业内部流程的执行者，对流程的运作情况最为熟悉和了解，也能提出针对性的改进意见。

4. 成本收益矩阵

成本收益矩阵主要是针对流程的花费成本与产出价值之间的关系进行分析评价，通过发现绩优流程，提高企业对现有流程的价值管理能力，增加流程的增值空间，如图14.5所示。

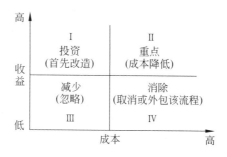

图 14.5　成本收益矩阵

将流程按照收益与成本的关系分为四类：

第 I 区域，收益高成本低的运作流程，是我们优先进行流程优化和重组的对象，应重点对其进行投资和建设。比如对于高科技企业来讲，产品研发活动花费的成本低，而产出价值大，其流程活动应是公司考虑的重点。

第 II 区域，收益高，成本高的流程，它们是公司流程运作中不可缺少的重要组成部分，应着重进行运营成本的降低，以便增加企业的增值空间。

第 III 区域，收益低，成本也低的流程环节我们可以逐渐地减少，并最终将其忽略掉。这类流程往往对企业不能起到较大的支持和管理作用，其存在的必要性也大打折扣，可以考虑将其消除。

第 IV 区域收益低，成本高的流程对于企业来讲，耗费了企业过多的人财物，流程的实际表现与企业的期望存在着较大的差距，我们可以考虑取消或者是外包。

5. 流程优化矩阵

流程优化矩阵主要是从实现公司战略的关键因素出发，观察相关运作流程与公司战略目标之间的关联性，从而识别对公司未来发展起着关键作用的核心流程，提高企业对这些核心流程的管理水平和能力。

具体运用步骤如下：

第一步，根据价值链分析工具，将企业内部流程的整体框架进行梳理，建立完整清晰的流程体系。

第二步，召集公司相关高层管理人员，从公司战略目标的角度出发，得出关键成功因素，并提炼至少三个相关的关键业绩指标（KPI）。

第三步，将识别出的公司相关分级流程与公司关键成功因素的 KPI 指标分别进行两两配比，观察这些流程对 KPI 指标实现的有效性和保障性，并据此由公司高层人员进行相关性打分评价（以 5 分代表相关程度最高，以此类推）。

第四步，将各个流程的相关性打分结果进行汇总，得分高的流程即为公司的核心流程，也是我们重点关注的流程。

通过对以上工具方法进行总结分析，它们基本体现了以下四种工作导向，如表 14.2 所示。未来我们进行流程规划及再造时，也可以参照下面的思路进行思考和分析。

表 14.2　四种工作导向

思考导向	含　义	对应工具
策略导向	在公司既定的策略下，应先改造哪个流程对达到策略目标最为有利？	流程优化矩阵
顾客导向	对顾客而言，哪些流程顾客认为是最重要的？	学习五角星
问题导向	现有运作流程中，哪个流程的问题最大，对企业运作造成最大困扰？	绩效重要性矩阵
收益导向	哪些流程最容易见效且取得成功？哪些流程可以被证明是行之有效的？	成本收益矩阵

14.3.2　业务流程重组的步骤

BPR 一般分为六个步骤：

1. 战略决策

这个阶段主要是项目策划阶段，常被称为流程重组的建立"宏观模型"阶段，变更的重要性及可行性都要经过严格的考察。强调要争取管理层的支持并找出需要变革的流程，确定流程重组的机会，并指定变革的范围。由于流程重组具有重要的战略意义，并具有较大的风险，高层领导的支持是至关重要的。在这一阶段中主要的工作有：建立企业愿景；确保管理层的支持；挖掘流程再造的良机；确认使用信息技术的机会；结合企业战略，选出流程重组的项目。

2. 重组计划

这个阶段标志着业务流程重组的正式开始，该阶段任务包括成立流程重组工作小组；设定业务流程重组的目标；工程策划，通知相关人员以及进行员工动员。

（1）成立业务流程重组团队

这是业务流程重组项目负责人的第一个任务。在这其中需要确定小组人员的组成，对工作人员的具体要求，扩大宣传，确保广大的外部持股者和公司内部的所有员工对其了解并参与，减少实施中的阻力，以求共同合作来完成流程重组的任务。

（2）指定工作计划

流程重组小组的第一项任务是，根据对核心流程的进一步分析，指定重组项目的日程表，确定重组的计划，大致描述项目的资源需求、预算、历程以及要达到的目标。

（3）制订重组目标和评估标准

在确定流程重组要达到的目标时，需要设置高水平的延伸目标，通常延伸目标是以世界一流标准为基础的，或以行业领导者所设立的"标杆"来确定的。此外，还要提供判断项目成功与否的流程属性标准。帮助建立正确衡量标准的方法有：头脑风暴法、发散思维等。在制订重组目标和评估标准时，必须考虑到顾客的需求，偏离了这一点，一切的目标和标准都没有了意义。

3. 诊断分析现有流程

在组建了业务流程重组小组工作之后，工作小组就开始对整个流程重组的项目负责。对现有流程进行描述后，还要进一步对备选流程进行分析和研究。这一阶段的主要工作为：记录现有流程，进行流程诊断，分析找到存在的问题。

4. 社会—技术的再造

流程的重新设计包括对各种改造方案的选择，要寻找既能实现企业战略，又与人力资源、组织变革相结合的方案，并尽量将岗位和工作流、信息管理和技术等搭配合适，最终完成新的社会—技术系统的设计。在这一阶段，需要重组小组的成员有突出的创新精神，要打破常规，大胆设计新的流程。

（1）大胆地提出方案

用于设计有效流程的通用方案是不存在的，开发设计工作的关键是，充分释放重组小组的创造能力去思考、去发现。这一步工作一般通过头脑风暴法来完成，可以使用一些创造性的技术和启发性的语言来激发新的思维，或者采用公开论坛或无主题讨论会的形式，引导大家产生新的设计思想。

（2）新流程的设计

在流程的设计中要遵循流程的设计原则。要打破过时陈旧的规则，站在一个全新的角度去设计，所设计流程活动的行为目标要与其结果真正一致，而且要把工作的重点从工作分割和专业化转变为任务的压缩和整合。此外还要考虑合适的支持新流程的信息技术的配置。

（3）人力资源结构的设计

一个好的人力资源架构设计，应该能满足系统内信息的自由交换，并且能够提高个人与小组的决策和工作效率。

（4）选择信息技术平台

通常支持流程变革的信息技术，必须能够支持分布式管理和用广域网连接的供应商、销售商之间的信息交流。因此，所需的信息技术平台，除了要具备符合企业规模的信息技术结构外，还需要有相应的可移植性和可操作性。

（5）宏观模拟新流程

为了使上层领导在全面展开再造工程之前，能全面了解并掌握新流程的特征、流程过程、工作分配、信息技术结构和系统需求等方面的情况，需要模拟整个新流程的过程。这类似于传统信息系统，为获得使用者反馈信息而进行的模拟实验。这种方式可以预演整个全新的流程，角色扮演，文件处理校验等场景。

5. 流程重组

在完成流程的设计后，就应该对现有的流程进行重构了。根据专门设定的人力资源结构及所选择的信息技术平台执行新的流程，这一阶段的主要工作是：

（1）改善管理

这一步的重点放在向新组织设计方案的平滑过渡与综合改进上面，主要任务有：业务单元的重新组织、组织与岗位重构、岗位转换、通过培训和教育程序向留下的员工授权以及改进工作质量，等等。

（2）信息技术的运用

信息技术专家在流程再造中的主要任务是建立并运行新的信息体制技术，以便支持流程重组工程。

（3）重新组建

这项工作着重于向新的组织结构过渡，工作包括组织重建、人员裁减、组建团队、工作交替以及职工培训等。除了与工作系统有关的培训外，还需要推动新的文化哲学，奖罚制度也需要改善。在这个过程中发生的巨大变动会造成人心不稳，需要通过上层领导、重组小组及其他成员之间不断地进行交流和沟通来缓解。

6. 不断更新改进

新的业务流程开始执行以后，需要监控和评估流程的表现，包括对在战略构想阶段设置的目标的评价以及新流程的动态监控。同时也要确认它与公司其他流程管理活动（如流程质量控制）之间的联系。

讨论案例

红领西服"量体裁衣"流程重组

如今为产能发愁的红岭集团的总经理张代理先生，在15年前曾是令全厂员工发愁的"神经病"，甚至连家人都为他的"不切实际"操碎了心。那是2003年，中国服装业开始进入凛冬，成衣品牌危机四伏，一连串库存、应收账款等渠道上的糟心事让张代理头疼不已。彼时，一个疯狂的念头涌入张代理的脑海：奔驰、宝马可以生产定制车，但要人搬、人抬、人做，效率很低；自己曾考察过的日本某服装厂可以激光剪裁、CAD下单，但流程上有问题……如果企业能从成衣批量制造转型为个性定制，由工厂直面消费者，起码不用担心渠道问题了？

像被魔力牵引一般，定制的好处一经形成便在张代理的心中深种，他欣喜若狂地仿佛抓住了救命稻草，迫不及待地给全员开会讲定制的好处，却不想成了众人口中的"神经病"。"那时我们的企业规模已经达到3 000多人，产值也居于全国二线，一说定制，大家脑海里涌现的都是'一个作坊、几个裁缝、成年累月做一件'的传统定制，很不理解。有一次开转型的动员会，我在台上口干舌燥地讲了4个多小时，去了一趟卫生间落在后面了，就这么一小会儿的工夫，我听到前面一个分公司的经理说，原来都说董事长有神经病，我不信，听他讲了一下午发现真是神经病！"

记者了解到，通过15年的上下求索，酷特智能破茧重生，独创了自己C2M的经营模式。这种模式以客户需求为源头数据，把客户的量体数据和个性化需求数据化标准化，形成生产系统可识别的数据，驱动西装定制全流程的400多道工序。这种平台化、数字化、数据化的改变，颠覆了传统制造模式，最终形成了完全独立创新的企业经营管理体系，从开始的环节到最后的成品，不用额外进行监管，并最终实现了零库存的经营奇迹。

美国最新预测的"改变未来的十大科技"中，"个性定制"被排在首位。但传统的个性定制效率低下、成本高昂，远远满足不了生产需求。为了能够更加高质高效地制造个性化产品，15年间，张代理陆续投入超4亿元资金，以数据驱动个性化定制的实现，打造了3D打印概念的魔幻工厂，在大工业流水线上实现个性化定制。

"传统手工定制西装制作周期短则三个月、长则半年，但酷特云蓝流水线生产只需要7个工作日。"张代理向记者说明称，酷特智能通过数据驱动面料、裁剪、缝制、熨烫、质检等全流程的每一个生产工序，实现工业化和信息化的高度融合，"关于量体裁衣的数据标准，我们在人体上找了几个关键坐标点：肩端点、肩颈点、颈肩端、中腰水平线……形成了一套三点一线坐标量体法，量体师只需要5分钟、量19个部位，就能掌握合格的人体的22个数据。而整个车间就像一个大型的3D打印机，一件件面料、颜色、版型、款式各异的个性化定制西装从车间内'打印'出来。"

记者在参观车间时发现，正如张代理所言，每件定制西装，从接单、打版、裁剪、缝制、熨烫到最后的质检被细分成400多道工序，每一件衣服上都挂着自己的"专属身份证"。此外，每道工序面前也都有一个MES识别终端，用以识别射频电子标签。工人只要将"身份证"轻轻一扫，这件衣服在这道工序的加工工艺就能在终端显示屏上一目了然。"我们对手上每件衣服的信息都了如指掌，甚至会猜想这件衣服的主人是谁，是出入写字楼的精英还是端庄优雅的太太。"一位车间工作人员如是说。

张代理则在采访中提道："通过对互联网和大数据的应用，我看到了组织架构扁平化的可能，通过数据进行打版、裁剪、缝制等全流程驱动，各工序工人只要刷卡就能识别加工指令和工艺，完全可以自主工作，班组长、车间主任、厂长的角色都被砍掉了，我们每条生产线的人员只保留了原来的1/6，效率却提高了20%。工人也不再是为老板打工，而是根据自己完成工作的数量和质量来考评收入，主观能动性和自主创造性一下子就被激发出来了，生产效率和成本控制的效果立竿见影。"

"你们看我穿的外套、衬衣，都是国外奢侈品品牌的款式，但都是我们酷特智能自己生产的，品质不输给他们，价格还只有他们的1/5。"张代理起身转了个圈，为记者展示自己的私人定制产品。他说："我们的产品很好，但中国没有一个能在世界上朗朗上口的时尚品牌，我们是十几亿人口的泱泱大国，可是没有。因为我们对时尚和品牌有误区。许多国外大牌是因为有历史的沉淀和故事的叠加，一脉相承做出了如今的成绩，但是这么多中国品牌没做起来，说到底是将品牌塑造的过程流于表面，没有实地扎根做好基础，内涵不够。"

资料来源：http://baijiahao.baidu.com/s?id=1600119432866355546&wfr=spider&for=pc2018/5/28

讨论题：

比对红岭西服的业务流程重组前后流程的变化情况，深入解读业务流程重组的工作机理。

 本章小结

本章对 BRP 的实施原则、发展趋势、设计方式和方法步骤等方面进行了介绍。业务流程重组期望能显著改进业绩（数量跳跃）。通过首先设置显著的目标，然后实施流程重组过程去实现这些目标。业务流程重组注重核心的经营流程，包括研究与开发、设计与生产制造、采购、后勤、物料管理、经销、供应链。这些核心经营流程构成了企业的整个经营运作过程，从不同的方面对增强企业的竞争优势起着至关重要的作用。

中英文关键词语

业务流程重组（Business Process Reengineering）；ESIA 法则；消除浪费（Elimination）；简化流程（Simplify）；流程整合（Integrate）；作业自动化（Automate）；关键业绩指标（KPI）

参考文献

[1] 水藏玺. 互联网时代业务流程再造. 北京：中国经济出版社，2015.

[2] 水藏玺，昝鹏. 企业流程优化与再造实例解读. 北京：中国经济出版社，2008.

[3] 吉娜·阿比戴. 业务流程改进（BPI）项目管理最佳实践——六步成功实施跟进法. 北京：电子工业出版社，2016.

[4] 葛星，黄鹏. 流程管理理论设计工具实践. 北京：清华大学出版社，2008.

[5] 周妮等. 企业业务流程设计和再造. 北京：中国纺织出版社，2005.

思考练习题

1. 业务流程重组的含义是什么？
2. 流程重组可以分为哪几个步骤？说明各步骤的作用和相互之间的关系。
3. 流程重组设计的典型方式有哪几种？各有什么特点？
4. 试考察一公司的生产运作过程，自接到顾客订单开始，从原材料采购，生产，一直到交货和回收货款为止。利用流程图对所考察的作业流程进行分析，识别公司有哪些信息技术和资源可用来帮助更新流程设计，达到产生显著的改进效果之目的。

第 **15** 章 供应链管理

学习目标

通过本章的学习，读者应该能够：

1. 了解供应链的概念、特征；
2. 掌握供应链管理的内涵；
3. 了解供应链管理下生产计划与控制的特点；
4. 了解供应链管理下采购与库存控制的特点；
5. 了解供应链管理下企业物流管理的特点；
6. 了解供应链的未来趋势。

引导案例

甲骨文制造业供应链管理解决方案

在中国，信息化管理已经成为企业发展的热门话题。中国企业求生存、求发展，不仅需要开创和探索先进的管理模式，也需要高新信息技术支持企业管理。试想，广州的某一家制造业公司，如果能及时知道东北的客户需要某种相关的产品，同时又能准确地了解到这种产品的原材料供应商的各种信息，然后能对其生产设施进行某种调整，尽快生产出这种产品，最后送到客户手中，这样的供应链管理方式和技术无疑能使广州的这家企业能在充满竞争的商业大潮中脱颖而出。

甲骨文公司提供的"供应链解决方案"（Supply Chain Management），能够为企业提供智能化的决策支持信息，帮助你发展企业业务，提高市场竞争力。它跨越了企业的"围墙"，可以在企业本身、供应商和客户之间建立跨企业的协作。这个方案不仅提供使业务流程自动化的管理工具，而且能够通过因特网为企业职员、供应商和客户提供方便快捷的信息访问，最终达到提高产品质量、增加收入的目的，并能保持客户的忠诚度。无论是简单的制造车间，还是复杂的综合供应系统，甲骨文供应链解决方案都能成为一个优秀的"管家"。

对于制造业，甲骨文供应链解决方案可以帮助你通过客户生命周期管理（Customer Life Cycle Management）建立客户业务；通过供应链计划（Supply Chain Planning）对何时、何地以及如何建立和运作端到端的供应链做出决策；通过混合型生产制造（Mixed Mode Manufacturing）保证生产过程的有效性；战略性采购（Strategic Procurement）则能够使你以合理的价格及时地采购到你所需要的物品。

毫无疑问，实现按订单生产和零库存管理可以使企业减少生产费用，降低产品成本，提高产品的竞争实力。但是，没有供应链管理模式，只依靠传统的管理方法，要达到这样的理想境界是非常困难的。可以说以前的竞争是企业之间的竞争，而未来的竞争将是供应链之间的竞争。

资料来源：http://wenku.interscm.com/doc-doccon-id-9640.html

15.1 供应链管理概述

随着物联网、大数据、云计算等科学技术的不断发展，企业生存环境发生了巨大变化，面临着诸多挑战：竞争对象与市场区隔（Market Segment）全球化；市场需求多样少量化，产品生命周期缩短使市场需求预测困难；各种成本与费用高涨使运营风险增高；科技发达使制成技术日新月异；知识及智能财产逐渐资本化；各种前置时间遭到压缩，必须加速了解并响应市场。那么要在这样一个复杂的商业环境中竞争并取得成功，就要求企业深入参与供应商和客户的业务，了解终端客户真正需要些什么，高度关注物料的来源，运输和储存产品的方式。换言之，以生产和产品为中心的管理模式已经不适应现代市场竞争的需要，取而代之的是以顾客为中心的供应链，市场竞争开始由企业与企业之间的竞争转变为供应链之间的竞争。因此，实施有效的供应链管理已经成为运营管理的重要内容。

供应链管理思想（SCM）在20世纪40年代被提出，20世纪80年代进入学者视野，20世纪90年代被广泛研究并应用于企业管理。供应链主要构成要素包括物流、信息流和资金流。物流是从供应商到顾客正向流动，资金流是从顾客到供应商反向流动，信息流则是供应链上各节点企业之间双向或多向流动。

15.1.1 供应链的概念与特征

1. 供应链的定义

我国国家标准《物流术语》对供应链的定义是："供应链是生产及流通过程中，涉及将产品或服务提供给最终用户活动的上游与下游企业，所形成的网链结构。"

所谓供应链，是指产品到达消费者手中之前由原材料的供应商、生产商、批发商、零售商以及最终消费者组成的整体性功能供应网络结构模式。即由物料获取、物料加工，并将成品送到客户手中这一系列过程所涉及的企业和部门组成的一个网络；围绕核心企业，通过对信息流、物流、资金流的控制，从采购原材料开始，到中间产品及最终产品，最后由分销网络送到消费者手中。

供应链不仅是一条连接从供应商到用户的物料链，而且是一条需求和增值链，在买方市场的情况下，供应链的产生是由于消费者的驱动而形成的，所以整个供应链就成为以满足客户需求为目的的需求链。供应链是物料在供应链上因加工、包装、运输等过程，创造了价值，所以称为增值链。一个成功的企业管理者，应该与自己的客户、原材料供应商建立起长期的关系，以有效的措施改善和加强供应链连接环节的"强度"，发挥供应链最大的价值。

2. 供应链的特征

（1）供应链具有复杂性、动态性和交叉性

供应链节点企业组成的层次不同，供应链往往由多个、多类型、甚至多国企业构成，所以供应链结构模式比单个企业的结构模式更为复杂；供应链管理因企业战略和适应市场需求变化的需要，其中节点企业需要动态地更新，使得供应链具有明显的动态性；节点企业是这个供应链的成员，同时又可能是另一个供应链的成员，众多的供应链形成交叉结构，增加了协调管理的难度。

（2）供应链中存在牛鞭效应

供应链中的零售商向供应商的订货量与其实际的销售量不一致。一般地，发给供应商的订货量，其方差大于销售给买方的（即需求扭曲），这种扭曲以放大的形式向供应链的上游蔓延。为了减轻或消除牛鞭效应，最根本的途径是供应链成员间实现信息共享。

（3）逆向与闭环供应链增加了管理难度

随着人们环保意识的增强，环保法规约束力度的加大，企业被迫承担起更多回收产品的责任。由此形成了从用户手中回收产品、对回收产品进行分类/检测、直到最终处置或者再利用的一些企业或企业部门构成的网络。将正向与逆向供应链整合在一起就形成了闭环供应链，其管理难度也将因此而增加。

（4）供应链是一种互补性的企业联盟

供应链是高度紧密的企业联盟，这个联盟以核心产品、核心资产或核心企业为龙头，它包括原材料及配件供应商、生产商、配送中心、批发商、零售商和顾客等，这个联盟的目标是通过联盟内各个成员统一协调的无缝隙的工作，以高质量的产品，及时供货和提供优质的服务来提高供应的有效性和顾客的满意度，以较高的市场占有率取得竞争优势。供应链以价值链为纽带，将企业间的合作和协作拓展到原材料组件、技术、资本、设备、市场以及信息等各个方面，它实行分工合作、优势互补、强强联合、利益共享，使生产要素实现一体化管理。

（5）供应链管理以用户需求为导向

供应链的形成、存在、重构，都是基于一定的市场需求而发生，并且在供应链的运作过程中，用户的需求拉动是供应链中信息流、产品/服务流、资金流运作的驱动源。供应链管理以消费者服务定位为企业的核心，从战略上采取消费者服务的思想，以消费者满意度作为自己的绩效标准，重视进行市场细分，针对不同消费者群体的不同需要，提供多样化的产品和服务，并且注重降低成本和提高效率，以取得消费者对企业产品的认同，提升企业的业绩。

15.1.2 供应链管理的内涵

1. 供应链管理的定义

供应链管理是指为了满足顾客的需求，在从原材料到最终产品的过程中，为了获取有效的物资运输和存储，以及高质量的服务和有效的相关信息所做的计划、控制、协调和优化各种活动。

实施供应链管理是为了提高企业核心竞争力，将合适的产品或服务，按照合适的状态与包装，以合适的数量和成本费用，在合适的时间送到合适的客户的合适地方，使总成本最小。因此，在供应链管理环境下，企业要明确自己的战略目标，把握核心优势，加强战略合作，建立供应链联盟，协同运作管理，采用供应链管理信息系统，优化资源配置，充分发挥专业优势和核心能力，实现优势互补和资源共享，共生出更强的整体核心竞争能力与竞争优势。

2. 供应链管理的原则

（1）以客户需求为中心

顾客化的需求是当今市场竞争的新特点，供应链管理的任务在于通过有效的链上企业间的合作，快速响应顾客化的需求。供应链管理必须以客户为需求中心，把为客户服务作为管理的出发点，并贯穿供应链的全过程，将改善客户服务质量、实现客户满意作为创造竞争优势的根本手段。

（2）相关企业间共享利益、共担风险

供应链管理不同于普通的企业管理，它强调供应链的集成和协调，要求链上的企业围绕物流、商流、资金流、信息流进行信息共享与经营协调，实现稳定高效的供应链关系。成功的供应链能够创造更多的利润，这些利润在链上各成员之间进行分割；若因互设障碍导致整个供应链的效率低下，造成的风险和损失，也会分担到每个成员。

（3）应用信息技术，实现管理目标

高效率供应链的实现，既需要快速的物流、资金流，更需要快速、正确的信息流，而网络技术和电子商务的应用和发展，为信息的快速、准确的传递提供了保证。快速、正确的信息流可以使整个供应链对市场需求做出快速反应，从而给供应链及成员企业带来极大的效益。

（4）信息共享

供应链管理的关键是信息共享，供应链管理需要来自链上的各成员的实时、准确的信息。为了实现信息共享，供应链的各成员应做到：建立统一的系统功能和结构标准；统一定义、设计信息系统，实时连续的实验、检测方法；运用恰当的技术提高运行速度以降低成本；力求业务信息需求与关键业务指标一致。

3. 供应链管理的内容

（1）供应链管理涉及的主要领域

供应链管理研究的内容主要涉及四个领域：供应、生产计划、物流和需求（见

图 15.1）。供应链管理是以同步化、集成化生产计划为指导，以各种技术为支持，尤其以 INTERNET 或者 INTRANET 为依托，围绕供应、生产计划、物流（主要指生产过程），满足需求来实施。供应链管理主要包括计划和合作控制从供应商到顾客的物料（零部件和成品等）和信息。

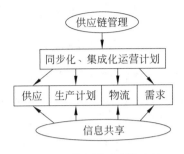

图 15.1 供应链管理的内容

在以上四个领域的基础上，我们可以将供应链管理细分为职能领域和辅助领域。职能领域主要包括产品工程、产品技术、采购、生产控制、库存控制、仓储管理、分销管理；而辅助领域主要包括顾客服务、制造、设计工程、会计合算、人力资源、市场营销。

（2）供应链中节点企业运营决策的主要内容

① 战略性供应商和顾客合作伙伴关系的管理；

② 供应链产品需求预测和计划；

③ 全球节点企业的定位，设备和生产的集成化计划、跟踪和控制；

④ 企业内部和企业之间的物料供应与需求管理；

⑤ 基于供应链管理的产品设计与制造管理；

⑥ 基于供应链的顾客服务、运输、库存、包装等管理；

⑦ 企业间资金流管理（汇率、成本等问题）；

⑧ 基于 TERNET 或 INTRANET 的供应链交互信息管理。

（3）供应链管理的目标

通过有效的供应链管理，可以达到减少库存、压缩时间、灵活反应和降低单位成本等目标并且减少目标之间的冲突，实现供应链整体绩效的最大化。

① 减少库存

因为需求的不确定性导致的节点企业及整个供应链库存增加，造成供应链运行效率的降低和成本的增加，为此，就需要对整个供应链实施基于信息共享的一体化管理，达到削减整个供应链库存的目的。

② 压缩时间

在当今的市场竞争中，时间已经成为成功竞争最重要的因素之一。市场竞争不再是单个企业之间的竞争，而是供应链与供应链之间的竞争。供应链之间竞争的实质是时间的竞争，即必须实现快速有效地响应顾客需求，最大限度地缩短从顾客发出订单到满意收货的时间。

③ 灵活反应

灵活性意味着将产品顾客化，以满足顾客的独特需求。灵活性的关键是单个顾客的要求以某种方法得到满足，顾客视这种方法为成本效率，而供应链成员视这种方法为收益。

④ 降低单位成本

基于同步化运作，能够有效降低采购成本、生产成本、物流成本等，进而降低产品的单位成本，最终获取竞争优势。

总之，运用集成化管理思想，从系统的观点出发，改进服务、缩短时间、提高产品质量、减少库存和降低成本是可以兼得的。只要供应链整体的工作流程得到改进，就能够降低总库存水平，消除重复与浪费，缩减员工数量，减少总成本支出，提高工作效率，减少顾客抱怨，提高顾客忠诚度。

15.2 供应链管理下企业运营特点

15.2.1 供应链管理下生产计划与控制特点

企业的经营活动是以顾客需求驱动的生产计划与控制活动为中心而展开的，只有通过建立面向供应链管理的生产计划与控制系统，企业才能真正从传统的管理模式转向供应链管理模式。

在供应链模式中，供应链上任何一个企业的生产和库存决策都会影响供应链上其他企业的决策，企业的生产计划与库存优化控制不但要优化内部的业务流程，更要从供应链的整体出发，进行全面的优化控制。只有跳出以物料需求为中心的生产制造管理界限，充分了解用户需求并与供应商在运营上协调一致，实现信息的共享与集成，以顾客化的需求驱动生产计划，才能获得柔性敏捷的市场响应能力。

1. 供应链管理环境下制订生产计划的特点

（1）实现了纵向和横向的信息集成。这里的纵向指供应链由下游向上游的信息集成，而横向指生产相同或类似产品的企业之间的信息共享。

在生产计划过程中，上游企业的生产能力信息在生产计划的能力分析中独立发挥作用。通过在主生产计划和投入产出计划中分别进行的粗、细能力平衡，上游企业承接订单的能力和意愿都反映到下游企业的生产计划中。同时，上游企业的生产进度信息也和下游企业的生产进度信息一起作为滚动编制计划的依据，其目的在于保持上下游企业间生产活动的同步。

外包决策和外包生产进度分析是集中体现供应链横向集成的环节。在外包中所涉及的企业都能够生产相同或类似的产品，或者说在供应链网络上属于同一产品级别的企业。企业在编制主生产计划时需要承接外包的企业的基本数据来支持企业的获利分析，以确定是否外包。同时，由于企业对该订单的客户有着直接的责任，因此也需要承接外包企业的生产进度信息来确保对客户的供应。

（2）丰富了能力平衡在计划中的作用。在通行的概念中，能力平衡是一种分析能力需求与实际生产能力之间差距的手段，且以能力平衡的结果对计划进行修正。

在供应链管理下的生产计划中，能力平衡发挥了以下作用：为主生产计划和投入产出计划进行修正提供依据，这也是能力平衡的传统作用；能力平衡成为进行外包决策和零部件（原材料）急件外购的决策依据；在主生产计划和投入产出计划中所使用的上游企业能力数据，反映了其在合作中所愿意承担的生产负荷，从而为供应链管理的高效运作提供了保证；在信息技术的支持下，对本企业和上游企业的能力状态的实时更新使由此产生的生产计划具有较高的可行性。

（3）计划的循环过程突破了企业的限制

在企业独立运行生产计划系统时，一般有 3 个企业内部信息流的闭环，如图 15.2 所示。

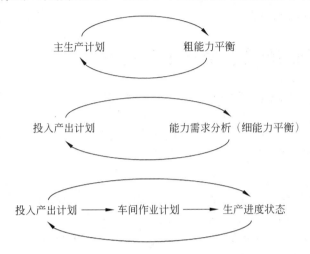

图 15.2　企业独立运行时内部信息流闭环

在供应链管理下，生产计划的信息流跨越了企业，形成了新的内容，如图 15.3 所示。

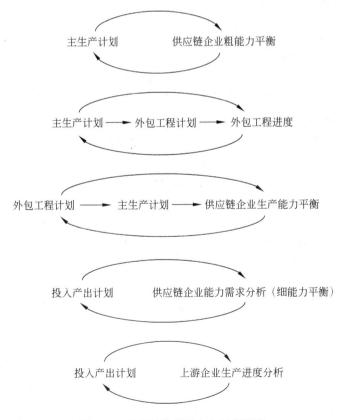

图 15.3　供应链管理下企业间信息流

需要说明的是，以上各循环中的信息流都只是各自循环所必需的信息流的一部分，但对计划的某个方面起到了决定性的作用。

2. 供应链管理环境下的生产控制特点

供应链环境下的企业生产控制和传统的企业生产控制模式不同，它需要更多的协调机制（企业内部和企业之间的协调），体现了供应链的战略伙伴关系原则。

（1）生产进度控制

生产进度控制的目的在于依据生产作业计划，检查零部件的投入和产出数量、产出时间和配套性，保证产品能准时装配出厂。在供应链环境下许多产品是协作生产和转包的业务，其进度控制的难度较大。必须建立一种有效的跟踪机制进行生产进度信息的跟踪和反馈。供应链管理在生产进度控制中起着重要作用，因此需要研究解决供应链企业之间的信息跟踪机制和快速反应机制。

（2）供应链的生产节奏控制

供应链的同步化计划需要解决供应链企业之间的生产同步化问题，只有各供应链企业之间以及企业内部各部门之间保持步调一致，供应链的同步化才能实现。供应链形成的准时生产系统，要求上游企业准时为下游企业提供生产必需的零部件。如果供应链中任何一个企业不能准时交货，都会导致供应链不稳定或中断，导致供应链对用户的响应性下降。

（3）提前期管理

供应链环境下的生产控制、提前期管理是实现快速响应用户需求的有效途径。缩短提前期、提高交货期的准时性是保证供应链获得柔性和敏捷性的关键。不能有效控制供应商的不确定性是供应链提前期管理中的一大难点，建立有效的供应提前期的管理模式和交货期的设置系统是供应链提前期管理中的重要的问题。

15.2.2　供应链管理下的采购与库存控制特点

1. 供应链管理环境下的采购

（1）供应链管理环境下采购简介

采购管理在供应链企业之间的生产合作交流方面架起了一座桥梁，沟通生产需求与物资供应的联系。为使供应链系统能够实现无缝连接，并提高供应链企业的同步化运作效率，就必须加强采购管理。

现代采购应成为工业系统供应链管理的一个基本环节。内部交易和外部交易通过一个采购/供应组织进行整合，如图 15.4 所示。

① 战略采购——将采购战略和公司及业务单位的战略紧密结合；

② 供应基础管理——理解公司文化之间的差异，与供应商建立战略性的，同时又十分灵活的关系；

③ 精益化供应组织——运用灵活的组织结构和信息响应系统，促进组织内外团队合作。

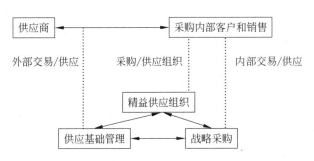

图 15.4　供应链环境下的采购管理框架

（2）供应链管理环境下的采购特点

① 从为库存而采购到为订单而采购的转变。在传统的采购模式中，采购的目的很简单，就是为了补充库存，即为库存而采购，采购部门制订的采购计划很难适应制造需求的变化。在供应链管理模式下，采购活动是以订单驱动方式进行的，制造订单的产生是在用户需求订单的驱动下产生的，然后，制造订单驱动采购订单，采购订单再驱动供应商。

② 从采购管理向外部资源管理转变。传统采购管理与供应商之间缺乏合作，缺乏柔性和对需求快速响应的能力。准时化思想出现以后，对企业的物流管理提出了严峻的挑战，需要改变传统的单纯为库存而采购的管理模式，提高采购的柔性和市场响应能力，增加与供应商的信息联系和相互之间的合作，建立新的供需合作模式使供应链企业实现同步化运作。

③ 从一般买卖关系向战略协作伙伴关系转变。a.库存问题。在传统的采购模式下，供应链的各级企业都无法共享库存信息，各级节点企业都独立地采用订货点技术进行库存决策，不可避免地产生需求信息的扭曲现象，因此供应链的整体效率得不到充分提高。但在供应链管理模式下，通过双方的合作伙伴关系，供应与需求双方可以共享库存数据，采购的决策过程变得透明，减少了需求信息的失真现象。b. 风险问题。供需双方通过战略性合作关系，可以降低由于不可预测的需求变化带来的风险，比如运输风险、信用风险、产品质量风险等。通过合作伙伴关系可以为双方共同解决问题提供便利的条件，而且双方可以为制订战略性的采购供应计划共同协商，不必为日常琐事消耗过多时间与精力。c. 降低采购成本问题。通过合作伙伴关系，供需双方都从降低交易成本中获得好处。由于避免了许多不必要的手续和谈判过程，信息的共享避免了信息不对称决策可能造成的成本损失。d. 战略性的伙伴关系消除了供应过程的组织障碍，为实现准时化采购创造了条件。

2. 供应链管理下的库存控制的方法

相对于传统的库存方式，供应链环境下的库存控制方式具有自身的特色。在供应链模式下，库存不仅影响单一企业的综合成本，而且制约着供应链整体的性能。库存在供应链管理中，扮演着重要的角色，它直接关系着供应链成本的高低和服务质量的好坏。

为了减少企业的库存水平，需要合理设计供应链的结构和控制策略，增加企业之间的信息交流与共享，增加库存决策信息的透明性和可靠性、实时性。供应链管理模式下的库存管理的最高理想是实现供应链企业的无缝连接，消除供应链企业之间的高库存现象。为了实现这一目标，列出表 15.1 所示的先进的库存管理技术和方法。

总而言之，无论是何种方法与技术，所解决的核心问题都是如何保证物资在正确的时间到达正确的地点以满足客户的需求，并且将库存成本控制在不影响企业竞争力的范围内。

表 15.1　先进的库存管理技术和方法

供应链库存的管理方法	方法概述	实施步骤/考虑的问题/实施的原则
供应商管理库存 （Vendor Managed Inventory，VMI）	也称为"供应商补充库存系统"，是指供应商在用户的允许下管理用户的库存，由供应商决定每一种产品的库存水平和维持这些库存水平的策略	步骤：i 建立顾客情报信息系统；ii 建立销售网络管理系统；iii 建立供应商与分销商的合作框架协议；iv 组织机构的变革。VMI 的支持技术主要为：EDI/Internet、ID 代码、条码、条码应用标识、连续补给程序等
联合库存管理 （Joint Managed Inventory，JMI）	供需双方在共享信息的基础上，以消费者为中心，共同制订生产计划和销售计划，将计划下达到各制造单元和销售单元执行	步骤：i 建立供需协调管理机制；ii 充分利用制造资源计划系统 MRPⅡ 和物资资料配送计划 DRP；iii 建立快速响应系统；iv 发挥第三方物流的作用
多级库存控制模式	基于协调中心的联合库存是一种联邦式供应链库存管理，是对供应链的局部优化控制，而多级库存优化与控制是供应链资源的整体优化。多级库存优化与控制是在单级库存控制的基础上形成的。多级库存系统根据不同的配置方式，有串行系统、并行系统、纯组装系统、树形系统、无回路系统和一般系统	考虑的问题：库存优化的目标，库存优化的边界，多级库存优化的效率，采用的库存控制的策略。多级库存控制的方法有两种：一种是非中心化（分布式）策略，另一种是中心化（集中式）策略。比较常用的多级库存优化模型是给予成本优化的多级库存优化模型
合作计划、预测与补给 （Collaborative Planning, Forecasting Replenishment, CPFR）	一种协同式的供应链库存管理技术，它能在降低销售商库存的同时，增加供应商的销售量。CPFR 能及时准确地预测由某些不确定因素带来的销售高峰和波动，从而使供应链上供需双方都能做好充分的准备，实现"双赢"	指导性原则：i 贸易伙伴框架结构和运作过程都以消费者为中心，促使面向价值链的库存管理成功运作；ii 贸易伙伴共同负责开发单一、共享的消费者需求预测系统，这个系统驱动整个价值链计划；iii 贸易伙伴均承诺共享预测并在消除供应过程约束上共担风险

15.2.3　供应链管理下的企业物流管理特点

供应链管理环境下的企业物流管理不仅是保证生产过程的连续性，而且通过有效完成物流网络活动，为改善价值链之间的关系，保证供应链企业之间同步化、并行化运作，实现快速响应市场的能力，提高企业自我竞争优势提供基础性保障。因此，企业物流管理水平的高低和物流能力的强弱，直接影响着供应链的整体竞争力。

同时在供应链环境中，物流系统的状况得到很大的改善。供应链物流管理的目标是通过协调节点企业之间的合作，尽量消除各个企业追求成本最小化、顾客服务质量最优化、总库存最少化、总周期最短化以及物流质量最优化等目标之间的冲突，实现供应链总体绩效最大化。

1. 库存减少

在供应链的环境下各个节点企业之间加强了沟通与合作，有助于实现集成化管理。这样就可以减少各个节点企业经营的不确定性，从而减少供应链内每一个节点的安全库存。

2. 物流系统的快速反应能力提高

在信息共享的条件下，通过快捷的交通运输以及科学的物流事前管理和事中管理来实现快捷的物流。在供应链管理中，快捷的物流是供应链的基本要求，是保证高效的供应链的基础。

3. 信息共享

与传统的纵向一体化物流模式相比，供应链一体化的物流信息的流量大大增加。需求信息和反馈信息的传递不是逐级传递，而是网络式的，企业通过互联网可以很快掌握供应链上不同环节的供求信息和市场信息，促使信息共享和协调一致。共享信息的增加和先进技术的应用，使供应链上任何节点的企业都能及时地掌握市场的需求信息和整个供应链上的运行情况，每个环节的物流信息都能透明地与其他环节进行交流与共享，从而避免了需求信息的失真现象。同时，通过消除不增加价值的过程和时间，使供应链的物流系统进一步降低成本，为实现供应链的敏捷性、精细化运作提供了保障。

4. 多样性

在供应链管理中，物流的多样性体现在物流形式的多样性和物流物品的多样性。物流形式的多样性主要是指物流运输方式、配送方式等的多样性。

5. 个性化

物流是根据用户的要求，以多样化产品、可靠的质量来实现对客户的亲和式服务。在供应链管理中，物流既需要科学的方法和规范的方式进行管理，同时又要实时适应客户的需求变化，体现个性化需求的特点。

15.3 供应链管理的新趋势

15.3.1 服务供应链管理

随着"互联网+"的持续推进以及社会分工的深入发展，制造业物流服务外包的比重逐年增大，"互联网+"环境下的供应链物流需求具有较强的复杂性、多样性和多变性；同时基于市场环境的变化，供应链物流需求又具有很大的不确定性。

近年来，许多制造企业逐步把产品的含义从单纯的有形产品扩展到基于产品的增值服务，这种趋势称为产品服务化。产品服务化的主要机理如图15.5所示。首先，随着需求开始变成一种稀缺资源，制造企业的利润从制造环节转向销售环节，进而转向消费环节。其次，随着人们需求层次的提高，从单纯追求产品本身转向追求产品的整体环境价值，从内部环节转向外部环节。最后，随着服务经济的日益发展，产品本身的自身价值的比重越来越小，而相应的虚拟价值日益增加，利润的大部分来源于产品本身以外含有的文化含量、精神含量和服务含量。产品服务化的兴起成为供应链发展的重要源泉。

产品服务化的兴起以及相关服务业的迅猛发展导致供应链管理方式发生了变革。越来越多的企业选择合作与联盟。任何一个服务公司不能包纳服务所需要的一切人力、物力和财力资源。因此，服务公司需要将部分服务产品进行外包，并通过供应链的模式为客户提供优良的服务产品。同时，由于服务与产品不同的特点（如无形性、不可触摸性、不可存储性、多变性以及顾客参与性），在产品服务化的日益兴起中，传统产品供应链不能完全适用于服务业，迫切需要新的服务供应链理论来指导服务业的健康发展。

服务供应链通过整合各个分散的物流组织，为产品供应链提供集成化的物流服务，提高整个产品供应链的竞争优势，其本质是服务。物流服务供应链作为产品供应链的一条子链，需将整个产品供应链中各个节点企业的物流需求作为一个整体来进行优化和协调，为产品供应链提供一体化的物流服务。为了提高产品供应链的物流服务质量，物流服务供应链只有充分融入产品供应链当中，实现与产品供应链的良性互动与协调，才能实现产品供应链的持续优化。产品供应链与物流服务供应链的深度融合可实现物流产业的跨越式发展，提高整个物流产业的经济效益。因此，深入研究产品供应链与物流服务供应链的互动融合机制与演化机理对于揭示"两链"（产品供应链与物流服务供应链）联动发展规律、指导物流产业的发展等具有重要意义。

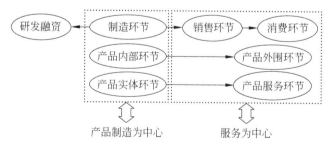

图15.5　基于价值链转移的产品服务化形成机理

服务供应链管理是经济发展导致供应链管理发展的一种新的趋势，它并没有否定产品供应链，而是在其基础上发展起来，表15.2、表15.3所示为此二者之间的相同点与不同点。

表 15.2 服务供应链与产品供应链的相似点

类　　别	具体内容	备　　注
产生背景	专业化趋势、核心竞争力的发展、外包的需要	
主要管理内容	供应、生产计划、物流、需求	某些以纯服务产品为核心的服务供应链的物流功能和生产计划功能不明显
主要管理目标	满足既定的服务水平、系统总成本最小、强调一体化运作	
主要集成内容	业务集成、关系集成、信息集成、激励机制集成	
信息平台	信息技术及其信息集成共享非常重要	

表 15.3 服务供应链和产品供应链的区别

类　　别	产品供应链	服务供应链
渠道	原材料供应商—制造商—批发商—销售商—顾客等较长的渠道	由于服务行业自身的特点（如客户参与性等）需要更多采取较短的供应链渠道；典型的结构为功能型服务提供商—服务集成商—客户
上下游之间供需的内容	实体产品	服务产品
运营模式	拉动型和推动型两者结合，越是上游用推动，越是下游用拉动	更多采用市场拉动型，具有完全反应型供应链特征
供应链牛鞭效应的影响	库存、需求信号、价格波动、短缺博弈	价格波动、短缺博弈
牛鞭效应的体现	库存堆积等	订单堆积、能力利用率波动等
供应链协调的主要内容	生产计划协调、库存管理协调	服务能力协调、服务计划协调
体系结构	核心企业可能有多个	一般只有一个，通常是服务集成商
绩效评价	给予产品运作的绩效评价，易操作	基于服务的绩效评价，比较主观
稳定性	具有较高的系统稳定性，强调基于信任基础上的全面合作	稳定度较低，首先最终客户的不稳定性。其次，一致化的客户服务需求使服务企业所选择的服务供应商会随需求有较大的变化

15.3.2　绿色供应链管理

绿色供应链管理的发展源自于制造业中供应链管理的发展。供应链管理自 20 世纪 80 年代末提出至今，有关供应链管理的学术研究主要集中在如何实现供应链整体的优化与协调，最大限度地开发供应链的潜在性能，却忽略了供应链实施中给环境带来的负面影响，诸如资源浪费、生态破坏与环境恶化等一系列问题，而这些问题恰恰又制约着供应链管理的进一步合理化。如何开展绿色供应链管理是解决这个问题的关键，一些知名的跨国公司，如福特汽车公司、惠普公司、宝洁集团和通用电气等，把绿色供应链管理作为企业文化渗透到每个环节、每个部门乃至每个员工。

1. 绿色供应链管理的定义

绿色供应链管理（Green Supply Chain Management）或称环境供应链管理（Environmental Supply Chain Management），即在供应链管理中增加环保思想。目前，在理论界对绿色供应链管理还没有确切定义，一般认为："绿色供应链管理是一种在整个供应链内综合考虑环境影响和资源效率的现代管理模式，它以绿色制造理论和供应链管理技术为基础，涉及供应商、生产厂商、销售商和用户，其目的是使产品从物料获取、加工、包装、仓储、运输、使用到报废处理的整个过程中，对环境的影响（负作用）最小，资源效率最高。"

2. 绿色供应链管理的内容

从国外一些知名企业实施供应链管理的实践可以看出，绿色供应链管理要求企业在供应链中每个环节的各个成员必须实行环境管理，加强环境保护意识，开展减少或消除对生态环境有破坏作用的供应链活动。一般认为，绿色供应链分为生产系统、消费者系统、环境系统及社会系统4个子系统。生产系统包括从资源的投入产品制造的全过程，消费系统包括消费者最终消费的过程，环境系统包括资源的提供与废弃物的回收与再生，有助于资源的优化配置，社会系统主要从规制、文化与伦理等因素方面提供引导、激励、约束进而使得行为主体的活动能实现与环境相容。

3. 绿色供应链管理与传统供应链管理的区别

传统供应链管理以市场为导向，以顾客的需求为中心，要求在正确的时间将货物送达到顾客的手中。这一过程将效率放在中心，也就容易导致企业只顾经济效益，忽略整个过程对生态环境的影响，随着社会的发展和人们生态意识的逐渐增强，我们要把对生态环境的保护放在重要的位置，传统供应链的改革势在必行。绿色供应链管理与传统供应链管理的比较分析见表15.4。

表 15.4 绿色供应链管理与传统供应链管理的比较分析

比较因素	传统供应链/传统供应链管理	绿色供应链/绿色供应链管理
适应的制造模式	精益生产、柔性制造、敏捷制造、分散网络化制造等	再制造、清洁生产、绿色制造等
产生的原因	不确定性、信息不对称、牛鞭效应、市场变化速度加快等	环境恶化与资源的短缺、公众的环境意识的提高、规制日趋严厉等
构成的要素	供应商、制造商、销售商与零售商、顾客等	供应商、制造商、销售商、零售商、顾客、规制、文化、价值观、环境系统
主要活动	物流、信息流与资金流	物流、信息流、资金流与知识流
哲理基础	资源的最优配置（效率理论）、系统论	资源的最优配置（效率理论）、公平理论（代际与代内公平）、系统论、继承思想等
管理目标	降低不确定性、实现利润的最大化	资源的最优配置、增进福利、实现与环境相容
管理战略重点	提高供应链内各行为主体活动的速度和确定性	提高供应链内各行为主体活动对环境的友好程度

绿色供应链管理的目标包括资源优化利用、福利改善和实现与环境相容，从企业经济效益和社会可持续性出发，通过链中企业的紧密配合协作，达到整个供应链系统的最优化。绿色供应链管理的内容涉及绿色设计、绿色材料的选择、绿色生产、绿色包装、绿色营销、绿色消费和绿色回收 7 个方面。绿色供应链（GSC）管理（green supply chain management）又称环境意识供应链管理（environmentally conscious supply chain management），它考虑了供应链中各个环节的环境问题，注重对环境的保护和资源的高效率利用，促进了经济与环境的协调发展。

绿色供应链管理理论虽然还处在起步阶段，发展还不成熟，但工业领域的实践已经表明，绿色供应链管理能够为企业带来良好的环境效益和经营效益，提高企业形象，增强企业的竞争优势等。最近几年来，我国经济的持续快速发展，使得对自然资源的需求急剧增加，导致了对环境资源的过度开发和对生态系统的破坏。而企业生产上的末端处理方式也大大增加了企业的生产成本，出现了高污染、高投入、低产出的现象。因此，对于我国企业生产过程中实施绿色采购、绿色设计、绿色生产、绿色包装和绿色营销等绿色供应链管理模式，以及提高全员的环境保护意识、建立绿色企业文化等将成为企业取得经济效益、社会效益和环境效益"三赢"的迫切需要。

15.3.3 "互联网＋"背景下的供应链管理

在物联网、大数据、云计算等科学技术不断进步的背景下，互联网思维在管理实践中逐渐开始发挥作用，供应链基本模式发生了变化。信息即时传递加强了企业之间的有效沟通、提高风险控制能力。"互联网＋"供应链是互联网及计算机技术在供应链管理中的应用，这种应用不是简单地在供应链管理中运用计算机网络技术，而是一种将互联网与供应链融合的创新，是一种供应链管理模式的变革。

1. 互联网环境下供应链的突出特征

（1）全球化

随着互联网技术的广泛和深度应用以及电子商务的迅猛发展，与之相关的供应链网络全球化的特征更加凸显，这也进一步促进了全球经济一体化。

（2）服务性

随着社会经济的发展和互联网的普及应用以及制作服务业的快速发展，服务产业在经济活动中所占的比重逐年增大。服务业产值在发达国家 GDP 中的比重约为 70%，而我国 GDP 远远低于发达国家的水平，因此对我国服务产业来说存在巨大的发展空间。

（3）绿色性

在人类物质的文明发展过程中，对资源环境使用量的急剧增加已经造成了对环境和资源的严重破坏，并造成了绿色平衡的失调。但在近几年，随着全球性的产业结构呈绿色战略的趋势，各国也将节能和环保列入国家的发展战略。而在互联网＋环境下，供应链资源配置的有效性和资源配置效率都将得以提升，供应链运行以及节点企业生产过程中更加容易实现绿色环保。

2. "互联网＋"背景下供应链新的模式

（1）供应链转变为平台形态，节点企业深度协同合作

供应链物流是为了顺利实现与经济活动有关的物流，是以货物移动为核心，协调供应领域的生产、销售领域的客户服务以及运输领域的路径选择及仓储控制等活动。更重要的是，它包括与合作伙伴之间的协调和协作，涉及供应商、中间商、第三方服务供应商和客户。传统供应链物流模式与"互联网＋"背景下的供应链物流模式不尽相同。

① 供应链核心企业搭建平台，构成平台供应链系统

供应链上的核心企业通过搭建平台，吸收多方知识资源、资金资源、创意资源、设计资源和渠道资源，将上下游的供需关系转变成为利益相关者，为整个供应平台提供更好的解决方案。如阿里巴巴构建的是交易平台，腾讯构建的是交流平台，百度构建的是数据信息平台。企业通过掌控某一核心能力，在利益共同体中，吸引并组织大家在一个平台上共同创造价值。在这个平台上，每一个企业都有自己独特的位置和竞争力，平台帮助企业成长，企业也为整个平台做出贡献。平台上参与的企业越多，价值就越大，用户需求越能得到满足，每一个参与协作的企业从中获取的收益也越大。

② 供应链节点企业深度合作，黏度增加

一个企业在市场上的成败，不仅取决于自身运营管理，还取决于其供应商及供应商的供应商，取决于与之合作的供应链上其他节点企业，如果一个节点企业出现问题，会造成整条供应链不能正常运营，影响各个企业的经营绩效。正是互联网通信技术提供了企业间深度合作的可能性。供应链核心企业通过信息共享、资金有偿援助不仅提升自身决策合理性及控制风险能力，而且降低整个链条的牛鞭效应，提高整条供应链的市场应变能力。同时，也正是互联网技术的应用使企业间合作更加密切，增强了供应链上节点企业黏度，促使知识共享与资源互补得以实现。

③ 供应链终端客户对上游企业产生更深远影响

企业生产的产品与提供的服务要满足客户的需求，一般来讲，通过市场调研和对现有产品的分析来判断消费者的喜好，这样做出的决策往往存在偏颇。互联网时代有一种新的商业模式 C2B（Consumer to Business），由消费者通过互联网提出对产品与服务的特定需求，并将传统意义上小众需求汇聚起来，形成大的订单，如蘑菇街由消费者自己发起团购。在这个过程中消费者可以参与供应链上游企业的研发与设计、生产、配送甚至是定价等各个环节，客户获得的产品既能满足自身需求，又能获得批量生产的价格。

（2）供应链信息流呈现即时网式传递模式

供应链信息流是指整个供应链上信息的流动，它伴随着物流运作而不断产生。信息快速即时流动，为节点企业决策提供依据，形成统一协调的计划、库存、运输与生产。

① 平台上信息流即时传递

供应链信息主要内容包括需求信息和供应信息。在互联网平台供应链模式下，信息链式传递转变成网式传递。节点企业在平台上共享信息，同时可以在第一时间了解客户需求及对产品与服务的反馈，共同为产品与服务改进作出各自贡献。不仅供应链上企业，还包括客户也可以获取其他客户消费信息，为自己消费决策提供依据。

② 信息精准传递

互联网为社会提供了海量数据，通过分析、整理、识别形成信息资源，信息资源与传统行业融合，能更加精准定位目标用户，帮助企业实现有效广告投放及对点营销，实现个性化用户服务定制。

③ 企业品牌快速传播

企业如何建立并经营自己品牌直接影响着销售业绩。以往，企业建立品牌主要是通过品牌标志、核心广告语、品牌形象代言人在报纸、杂志、广播和电视上宣传实现的。随着网络技术的发展，传统媒体模式正在转变成新媒体模式，企业可以通过新的媒体模式和技术来建立和宣传品牌。新媒体模式除了发布信息以外，它的个性化聚合功能还能获取精准信息，从而构成一条双向即时信息通道。这种通道的存在有利于培养更加广大的信息受众，从而支持起更加旺盛的意思表达和传播诉求。

（3）"互联网＋"供应链金融模式形成，资金流动提速

资金流管理是供应链管理的重要组成部分，资金流动速度决定了一条供应链的获利能力。

① 供应链条上资金流提速流动

互联网促使供、产、销供应链缩短，供应链上资金支付可在线完成，特别是通过第三方支付平台，大大减少坏账发生比例，应收账款逐步减少直至消失；即时化采购、生产、销售和仓储减少资金占用，致使公司运营资金流动速度提升及流动周期缩短，资金使用效率大大提高。互联网思维在供应链中的应用，提高了供应链条上资金流动速度与周转次数，使得资金使用更加高效。

② "互联网＋"供应链金融模式显现

"互联网＋"正在渗透到各个行业，催生出多种产业新形态，当前"互联网＋"供应链金融模式初现雏形，供应链金融是指银行改变过去为单独企业提供授信服务，而是围绕供应链核心企业，审核其与上下游企业的真实交易，用应收账款、仓储及在途货权为质押，为整条供应链提供金融服务。在互联网＋供应链的金融模式中，资金的来源不局限于银行，可以跨越银行等金融机构直接从社会上募集。互联网培养出一大批实力雄厚的电商以及为其提供服务的服务商，相应出现了多种"互联网＋"供应链金融的模式。

3. 供应链管理的发展趋势

（1）以更快的反应速度满足顾客日益个性化的需求

随着市场竞争的激烈，越来越多的企业认识到能否快速、及时地满足客户日益个性化的需求将在很大程度上决定企业的整体竞争力。随着物联网、大数据、云计算等的不断普及，可以预见，供应链中的各个企业将可以利用物联网，增加供应链的可视性，提高供应链管理的信息透明度，使资源得到有效利用，以达到在尽可能小的成本下，更加快速、及时地响应客户的个性化需求，从而提高供应链整体竞争水平的目的。

（2）以更加优化的供应链成员缩小供给库规模

供应链成员的类型及数量是引发供应链管理复杂性的直接原因。如何优化企业的供

应链成员以降低供应链管理的复杂性，成为很多企业思考的重点。通过利用物联网、大数据、云计算等技术可以最大限度地实现信息共享和协调供应链成员的作业计划，从而对供应链进行集成。"互联网＋"形势下供应链管理的高度优化还可以保证企业及时评估合作伙伴，并筛选出符合企业要求的优秀企业，与其建立统一的业绩标准，更好地管理供应链的各个环节，对供应链进行整体监控。

（3）基于物联网的信息系统使供应链管理高度敏捷化

基于物联网的信息系统可以将企业内部和企业之间的生产活动进行整合，通过完成自动化生产线运作，实时了解生产状况，及时根据生产进度发出补货信息，实现流水线均衡，使生产变得更加柔性化。供应链管理的高度敏捷化和集成化可以使得企业的存货水平，特别是供应链渠道中的存货水平不断降低，资产生产率不断提高。

（4）供应链管理与质量控制的智能化集成

供应链管理涉及许多环节，需要环环紧扣，与产品生产有关的任何一个环节出现问题都将影响最终产品的质量。在"互联网＋"背景下企业可以实现对原材料、零部件、半成品和产成品的识别与跟踪。通过在各个环节上实现对货物的智能化管理，加强对产品质量的控制及追踪，保证企业能够提供尽可能高品质的产品。

（5）以产品服务化理念创建服务供应链

面对客户需求模式向基于产品的服务化的变化，企业可以充分利用物联网、大数据、云计算等技术，在保证采购、物流和生产等上游流程稳定的基础上，通过有效监控商品流动情况，及时读取客户需求的变化，实施基于产品的增值服务，创建服务供应链，切实提高客户对企业产品的满意度和企业的竞争力。

讨论案例

浅析海尔的供应链管理

海尔集团从 1984 年开始创业，通过 20 年的艰苦奋斗，把一个濒临破产的集体小工厂发展成为国内外著名的跨国公司。在这 20 年里，很多企业都遇到这样那样的困难退出了历史舞台，海尔之所以发展得越来越好，我认为与它的供应链管理模式有着密不可分的关系。

从 1998 年开始，海尔就提出要注重供应链的管理，以优化供应链为中心，在全集团范围内对原业务流程进行了重新设计和再造，与国际化大公司全面接轨，强化了企业的市场应变能力，大大提升了海尔的市场快速反应能力和竞争能力，保证了企业的可持续发展。而且，在供应链管理方面，海尔财务公司也发挥了重要作用。海尔集团供应商中有许多为中小型企业，它们长期与海尔集团保持着稳定的供货关系。它们为了配合海尔的大量订单，需要发展出配套生产，但是从银行很难得到融资，就算能够融资成本也很高。这时海尔出现了一时的供应链断裂。为了解决供应商融资难、融资成本高的问题，海尔财务公司利用集团账面大额应付账款做质押为供应商提供融资。同时又可以丰富海尔财务公司的业务，增加了财务公司的利润来源，而且还推动了集团的流程再造。在供应链金融延伸方面，海尔做得很出色，值得我国企业学习。

海尔在供应链管理上面，并不像一些企业纸上谈兵一样。它针对自身的情况，具体问题具体分析，而且还会随着周边环境的改变随时调整自己的供应链管理模式。

一、供应链管理的关键是核心业务和竞争力

正如张瑞敏所说，供应链管理最重要的理念就是企业的核心业务和竞争力。因为企业的资源有限，企业要在各行各业中都获得竞争优势很困难，企业要想发展，必须集中资源在某个专长的领域即核心业务上。海尔之所以能够以自己为中心构建起高效的供应链，就在于它有着不可替代的核心竞争力，并且仰仗这种竞争力把上下游的企业串在一起，形成一个为顾客创造价值的有机链条。而供应链中的各个伙伴之所以愿意与海尔结成盟友，也正是看中了它不可替代的竞争力。

众所周知，海尔的核心竞争力，主要是在以海尔文化下所形成的市场开拓和技术创新能力。海尔在获取客户和用户资源上有着别的企业不可与之相比的超常能力。

二、强化创新能力

要在供应链管理中取胜，就要强化创新能力，满足市场的需求。海尔内部有一个理念，就是先有市场后有工厂。要使自己的产品有市场，最重要的就是围绕顾客的需要，生产他们需要的产品。海尔的科研人员很欣赏这样一句话："想出商品来。"想出商品，就是想出新市场，也就是要创造新市场。企业通过创造市场引导消费来领先市场。而做大市场蛋糕的前提，是产品要有个性化，不断保持创新的活力。

在这方面，海尔有足够的发言权。在它的核心业务冰箱领域上，海尔做到了"想出商品来"。亚洲第一代四星级电冰箱、中国第一代豪华型大冷冻电冰箱、中国第一代全封闭的抽屉式冷冻电冰箱、中国第一台组合电冰箱都是海尔制造生产的，紧接着是中国第一台宽气候带电冰箱、中国第一代保湿无霜电冰箱、中国第一台全无氟电冰箱，每一个新品都创造了一个新市场、新消费群。正是这种源源不断的新产品之流，保证了海尔经济效益的稳步增长。

三、以供应链为基础的业务流程再造

业务流程是企业以输入各种原料和顾客需求为起点，到企业创造出对顾客有价值的产品或服务为终点的一系列活动。一个企业的业务流程决定着组织的运行效率，是企业的竞争力所在。以客户需求为切入点，对原来的业务流程进行重新思考和重新设计，它强调以首尾相接的、完整连贯的业务流程来代替过去的被各职能部门割裂的破碎性流程，使企业产品质量、成本和各种绩效目标取得显著的改善。

海尔的业务流程再造是以供应链的核心管理思想为基础，以市场客户需求为纽带，以海尔企业文化和 SBU 管理模式为基础，以订单信息流为中心，带动物流和资金流的运行，实施"三个零"（服务零距离、资金零占用、质量零缺陷）为目标的流程再造。它通

过供应链同步的速度和 SST 的强度，以市场效益工资激励员工，从而完成订单，构建企业的核心竞争力。

四、注重供应链管理中的信息技术

供应链管理中的信息流程是企业员工、客户和供货商的沟通过程，以前只能以电话、传真甚至见面来达成信息交流的目的，现在利用电子商务、电子邮件甚至互联网进行信息交流，虽然手段不同，但内容并没有改变。而计算机信息系统的优势在于其自动化操作和处理大量数据的能力，令信息流通速度加快，同时减少失误。

为了适应供应链管理的发展，必须从与生产产品有关的第一层供应商开始，环环相扣，直到货物到达最终用户手中，真正按供应链的特性改造企业业务流程，使各个节点企业都具有处理物流和信息流的自组织和自适应能力。海尔的供应链组带离不开 IT 支撑，在 1998 年，公司第一次通过订单处理集中化的方式进行业务重组，由按库存生产转向了按订单生产，开始了真正意义上的海尔现代物流模式。

由于物流技术和计算机管理的支持，海尔物流通过 3 个 JIT，即 JIT 采购、JIT 配送、JIT 分拨物流来实现同步流程。这样的运行速度为海尔赢得了源源不断的订单。目前，海尔集团平均每天接到销售订单 200 多个，每个月平均接到 6 000 多个销售订单，定制产品 7 000 多个规格品种，需要采购的物料品种达 15 万种。由于所有的采购基于订单，采购周期减到 3 天；所有的生产基于订单，生产过程降到一周之内；所有的配送基于订单，产品一下线，中心城市在 8 小时内、辐射区域在 24 小时内、全国在 4 天之内即能送达。总的来说，海尔完成客户订单的全过程仅为 10 天时间，资金回笼一年 15 次（1999 年我国工业企业流动资本周转速度年均只为 1.2 次），呆滞物资降低 73.8%，同时海尔的运输和储存空间的利用率也得到了提高。

在经济和信息飞速发展的今天，竞争将不是单个企业之间的竞争，而是供应链与供应链之间的竞争。正是由于上述的 4 点，使得海尔的供应链总成本低，对市场响应速度快，赢得了市场。海尔在抓住用户的需求的同时，加强对可以满足用户需求的全球供应链的管理，这就是海尔为什么那么多年都一直走在前面的原因之一。

资料来源：http://www.interscm.com/thinktank/strategic/200908/11-57639_2.html

讨论题

1. 海尔供应链管理的基本特点是什么？
2. 海尔供应链管理的关键成功要素有哪些？
3. 结合案例，海尔公司成功的供应链管理经验能给我们带来什么启示？

 ## 本章小结

通过有效的供应链管理，可以达到减少废品、压缩时间、灵活反应和降低单位成本等目标并且能减少目标之间的冲突，实现供应链整体绩效的最大化，进而提高企业的核心竞争力。简要地介绍了供应链管理的相关内容，包括供应链的概念与特征以及供应链管理的内涵，旨在对供应链管理有一个全面系统的了解；详细介绍了供应链管理下的企业运营特点，分别从供应链管理下的生产计划与控制、采购与库存控制以及企业物流管理三个方面进行介绍；最后，概述了供应链的未来趋势。

中英文关键词语

供应链管理（Supply Chain Management，SCM）；牛鞭效应（Bullwhip Effect，BE）；供应商管理库存（Vendor Managed Inventory，VMI）；联合库存管理（Joint Managed Inventory，JMI）；绿色供应链管理（Green Supply Chain Management，GSCM）

参考文献

[1]　洪艳.基于供应链的绩效评价系统及指标体系研究[D]. 哈尔滨：哈尔滨工程大学出版社，2006.

[2]　苏涛永.供应链战略成本管理体系研究[D].上海：同济大学出版社，2007.

[3]　张学坤.供应链中的不确定分析及对策研究[D]. 大连：大连海事大学出版社，2006.

[4]　曹庆奎.供应链多级库存成本优化与绩效评价研究[D]. 天津：天津大学出版社，2007.

[5]　施春霞.供应链环境下生产计划与控制系统的研究开发[D]. 镇江：江苏大学出版社，2005.

[6]　刘宇.供应链环境下核心企业生产计划与控制研究[D].西安：西北工业大学出版社，2006.

[7]　陈志祥，汪云峰，马士华.供应链运营机制研究—生产计划与控制模式[J].工业工程管理，2000（2）：22-25.

[8]　罗琴.供应链环境下服装企业生产计划与控制方法探讨[J].化纤与纺织技术.2007,6（2）：51-53.

[9]　惠小康.供应链环境下库存控制的策略与研究方法[D]. 南京：南京理工大学，2007.

[10]　刘伟华，季建华.服务供应链:供应链研究的新趋势.中国物流学术前沿报告.广州：中国财富出版社，2007 .

[11]　阎海燕，陈奎峰.现代采购供应链中的增值服务[J]. 科技管理研究，2003,23（4）：108-110.

[12]　魏炜.供应链管理下库存控制的研究现状分析[J].哈尔滨：物流科技. 2005,28（9）：77-79.

[13]　杨建华，张群，杨新泉.运营管理[M].北京：清华大学出版社，北京交通大学出版社.2006.

[14]　齐二石.生产与运作管理教程[M].北京：清华大学出版社.2006.

[15]　孙永波.生产与运作管理[M].北京：科学出版社，2005.

[16]　陈国华，王永建，韩桂武.基于可靠性的供应链构建[J].工业工程与管理，2004,9（1）：72-74.

[17]　孙华，赵庆祯.我国供应链类型初探[J].物流技术，2005（5）：59-60.

[18]　王柏谊，杨帆."互联网＋"背景下企业供应链模式创新研究[J].社会科学战线，2016（3）：257-260.

思考练习题

1. 供应链的概念与特征是什么？
2. 供应链管理的内涵是什么？
3. 在供应链环境下的生产计划与控制具有哪些新的特点？
4. 供应链管理环境下的采购是什么？它有哪些特点？

5. 简要说明供应链管理环境下先进库存管理的技术和方法。

6. 简要说明供应链管理环境下个别企业物流管理的新特点。

7. 服务供应链的内涵是什么？它与产品供应链的共同之处有哪些？

8. 绿色供应链的定义是什么？其与传统供应链管理有什么区别？

9. 简述"互联网＋"环境下供应链发展的新模式及供应链管理的发展趋势。

第**16**章 精益生产方式

学习目标

通过本章的学习，读者应该能够：

1. 了解精益思想的内涵、原则和主要体现；
2. 了解实现精益生产方式的系统构成；
3. 了解精益服务方式的运作特点。

引导案例

丰田工厂的生产方式

20 世纪 50 年代，采用大量生产方式的福特汽车公司在底特律的轿车厂每天能生产 7 000 辆，比日本丰田公司一年的产量还要多，当时美国汽车业人均生产率是丰田的 9 倍。此外，全面质量管理在美国等先进工业化国家开始推广并取得了一定的效益。因此，日本政府组织业界人士前往美国考察。来自丰田公司的大野耐一考察了美国的大量生产方式后，得到的结论是：虽然采用大量生产方式可大规模降低成本，但仍有进一步改进的余地，应考虑更能适应市场需求的生产组织策略。因此，丰田汽车根据自身的特点提出了一套独特的多品种、小批量、高质量和低消耗的生产方式，并提出了一系列改进生产的方法：准时制生产、平准化生产，全面质量管理、并行工程等。

20 世纪 80 年代，丰田的生产方法已经有 30 多年的实践，形成了一套完整的"丰田生产方式"，并使得丰田汽车的净利润不断攀升，人均生产率更是达到美国汽车业的 10 倍。但随着日本经济进入低潮，一些日本企业由于效仿美国的大量生产方式，积压了大量的库存商品，其中由于资金积压而破产的企业也是屡见不鲜。但当时丰田的生产方式震惊了世界，于是日本企业乃至美国汽车巨头通用、福特等纷纷虔诚地来到丰田"取经"。

21 世纪，丰田继续用实践证明着其生产方式的价值。2003 年丰田汽车净利润居世界第四位，2005 年，丰田汽车总销量达 823 万辆仅次于美国通用汽车，2008 年，丰田汽车总销量超越通用成为世界汽车行业的龙头老大。经过半个世纪不断完善的丰田生产方式已成为全世界生产企业学习的范本。

丰田生产方式如此有效，我们不禁要问：为什么丰田生产方式会产生如此的奇迹？

丰田生产方式的秘诀是什么？中国的企业如何学习并实践丰田生产方式？

资料来源：[日]若松义人 著.王景秋 译.《丰田式改善力》.北京：机械工业出版社，2009.

16.1 精益生产方式的理念

16.1.1 精益生产方式概述

1. 精益生产与准时制生产方式的提出

1985 年，麻省理工学院的 D. Roos、J. P. Womack 和 D. Jones 等人将丰田汽车公司的生产方式与美国的大量生产方式进行比较分析，发现丰田生产方式（Toyota Production System，TPS）是如此的低成本、高效率，于是用"精益（Lean）"形容该生产方式。Lean 原意为"瘦的、少脂肪的"，即不存在多余的或浪费的。"精"乃完美、周密，意为高品质；"益"乃好处，指利益的增加，也有精益求精之意；精益是一种意识、一种态度、一种理念，更是一种文化。1990 年，詹姆斯·P. 沃麦克、丹尼尔·T. 琼斯等在《改造世界的机器——精益生产的故事》（*The Machine that Changes the World: The Story of Lean Production*）一书中第一次提出了精益生产（Lean Production，LP）的概念，使精益生产方式成为制造业广为传播的先进管理模式。2004 年，美国密歇根大学教授杰弗里·莱克（Jeffery K.Liker）著书《丰田之路》（*The Toyota Way*）称赞丰田生产方式/精益生产方式为加速流程、杜绝浪费、改善品质的典范。

准时制生产方式（Just-in-time，JIT）被称作无库存生产方式（Stockless Production）、零库存（Zero Inventories），一个流（One-Piece Flow）或超级市场生产方式。早在丰田创业初期，丰田喜一郎（1894—1952）就提出了"非常准时"的基本思想。在 20 世纪 50 年代初，丰田公司的大野耐一从美国超级市场的管理结构和工作程序中受到启发，他认为可以把超级市场看作作业线上的前一道工序，把顾客看作是后一道工序。顾客（后工序）来到超级市场（前工序），在特定的时间就可以买到足够数量的必要商品（零部件）。超级市场不仅可以"非常准时"满足顾客对商品的需要，而且可以"非常准时"地把顾客买走的商品补充上。后来经过大野耐一 20 多年的实践与总结，终于形成了实现 JIT 准时制生产方法。很多人将 JIT 等同于 TPS 或 LP，实际上，JIT 只是 TPS 和 LP 中的核心组成部分。

2. 精益生产方式的核心

浪费是最终造成产品高成本、高价格的根本原因，因此如何杜绝浪费、全面提高生产效率是精益生产的核心。但前提是要科学地判断什么是浪费，丰田生产方式认为在企业流程或制造过程中未能创造价值的活动就是浪费，共分为以下七种：

（1）过量或过早生产：生产出尚未订购的产品，造成过多的库存和资源的过多使用，从而导致库存与运输成本的浪费，并对需要的生产过程产生影响，以致延期交货或失去顾客。

（2）不必要的运输：长距离搬运在制品，进出仓库或流程之间搬运原材料、零部件或最终产品都会造成浪费。

（3）在现场的等待：员工在一旁监看自动化设备，或等待下一处理过程，以及整批处理延迟、机器停工、产能瓶颈等因素造成的等待，都会使员工无事可做，因而产生浪费。

（4）不必要的移动或搬运（动作）：员工在操作过程中，任何不必要的或多余的动作都是浪费。

（5）不正确或过度处理：采取不必要的步骤处理零部件，工具或产品设计不良导致不必要的动作和低效率的作业，或提供超出必要的较高品质的产品，均会造成浪费。

（6）过量的库存：过多的原材料、在制品或成品会导致较长的前置期，产生陈旧过时品，过量的库存也有损毁的风险，也会使运输与存储成本增加，进而导致生产的延迟。

（7）瑕疵：即缺陷。生产任何有缺陷的产品都将导致返工、修理、报废、生产、检验等活动，势必增加人力、物力和时间的浪费，并导致延期交货。

在这七种浪费中，生产过剩是最根本的浪费，因为生产过剩的浪费是其他几种浪费的主要源头。彻底消除浪费是确保流程连续性、稳定性的前提。因而，精益生产的核心就是消除浪费，其技术体系也都是围绕这一本质问题建立并不断完善的。

3. 精益生产方式与传统生产方式的比较

传统生产方式最早表现为 19 世纪之前盛行的手工生产方式。20 世纪初，美国亨利·福特推出的生产 T 型车的单品种、大批量流水生产方式大大提高了制造业的生产效率，被称为第一次生产方式革命。而第二次世界大战以后，精益生产方式的出现使得工业生产成本更低、质量更高，是多品种小批量条件下企业生产方式变革的方向，被称为第二次生产方式革命。三种生产方式的特点对比如表 16.1 所示。

表 16.1　三种生产方式特点对比表

	手工生产方式	大量生产方式	精益生产方式
产品特点	完全按顾客要求	标准化品种单一	品种规格多样系列
库存水平	高	高	低
制造成本	高	低	更低
产品质量	低	高	更高
加工工艺	通用、灵活、便宜	专用、高效、昂贵	高柔性、高效率
工作内容	粗略、丰富多样	细致、简单、重复	细致、多技能、丰富
权责分配	分散	集中	分散
技能要求	高技能	低技能	多技能

16.1.2　精益思想

1. 精益思想的内涵

精益思想的内涵精要主要包括：

（1）消除一切浪费，去掉一切生产环节中不增值的无用东西，以精简生产环节；

（2）最大限度地减少企业生产所占用的资源和企业管理、运营的成本；

（3）以追求卓越、完美为支撑企业生命的精神力量；

（4）精益求精、持续改善，追求七种浪费为零的终极目标；

（5）优化人事组织管理、大力精简中间管理层，进行组织扁平化改革，减少非直接生产人员；

（6）推进生产均衡同步化，实现零库存与柔性化生产；

（7）推行全生产过程的质量保证体系，实现零不良；

（8）以市场需求为生产导向。

综上，精益思想的内涵可归结为：消除一切浪费、持续改善、追求完美卓越的最高境界，旨在以最佳的品质、最低的成本和最高的效率对市场需求做出最迅速的响应。

2. 精益思想的五项原则

精益思想的构成如图 16.1 所示，可以概述为以下五项原则。

（1）价值

精益思想认为企业产品（服务）的价值只能由最终用户来确定，价值也只有满足特定用户需求才有存在的意义。精益生产思想的价值观与传统生产思想中大量制造既定产品向用户推销的价值观是完全对立的。

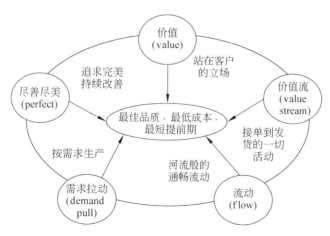

图 16.1　精益思想构成图

（2）价值流

价值流是指从原材料到成品赋予价值的全部活动。识别价值流是实施精益思想的起步点，并按照最终用户的立场寻求全过程的整体最佳。精益思想的企业价值创造过程包括：从概念到投产的设计过程、从订货到送货的信息过程、从原材料到产品的转变过程、全生命周期的支持和服务过程。

（3）流动

精益思想要求创造价值的各个活动要"流动"起来。传统观念认为分工和大量生产才能高效率，而精益思想认为成批、大批量生产则经常意味着等待和停滞。精益将所有的停滞视为企业的浪费。精益思想号召"所有的人都必须和部门化的、批量生产的思想作斗争，因为如果产品按照从原材料到成品的过程连续生产的话，我们的工作会完成得更为精确有效"。

（4）需求拉动

"拉动"的本质含义是让用户的需求拉动生产，而不是把用户不想要的产品强行推给用户。拉动生产通过正确的价值观念和压缩提前期，保证用户在要求的时间得到需要的产品。实现了拉动生产的企业具备当用户需要时，就能立即设计、计划和制造出用户真正想要的产品的能力。最后实现抛开预测，直接按用户的实际需要进行生产。

（5）尽善尽美

精益思想定义企业的基本目标是：用尽善尽美的价值创造过程为用户提供尽善尽美的价值。精益思想的"尽善尽美"有三个含义：用户满意、无差错生产和企业自身的持续改进。

3. 精益思想的主要体现

精益思想主要体现在以下四个方面：人本位主义、降低库存、追求完美、内外和谐。

（1）人本位主义

精益生产强调人力资源的重要性，把员工的智能和创造力视为企业的宝贵财富和未来发展的原动力。其具体特点表现为：

① 彼此尊重。精益生产方式要求把企业的每一位职工放在平等的地位；鼓励职工参与决策，为员工发挥才能创造机会；尊重员工的建议和意见，注重上下级的交流和沟通；领导人员和操作人员彼此尊重，信任。员工在这样的企业中能充分发挥自己的智慧和能力，并能以主人翁的态度完成和改善工作。

② 重视培训。企业的经营能力依赖于组织体的活力，而这种活力来自于员工的努力及能力。只有不断提高员工的素质，并为他们提供良好的工作环境和富于挑战性的工作，才能充分发挥他们各自的能力。精益生产重视对职工的培训，以挖掘他们的潜力。它要求员工不仅掌握操作技能，而且具备分析问题和解决问题的能力，从而使生产过程中的问题被及时发现和解决。

轮岗培训（Job Rotation）和一专多能培训是提高人员素质以满足精益生产需要的有效方法，前者主要适用于领导和后备领导，后者主要适用于操作人员。通过轮岗培训，使受训者丰富技术知识，掌握公司业务和管理的全貌，培养协作精神和系统观念，从而能自觉地从整体观念出发，找到改进的解决方案。一专多能的目的是扩大操作人员的工作范围，提高他们的工时利用率；同时提高操作的灵活性，为实现小组工作法创造条件。

③ 共同协作。传统管理思想认为：效率来自于明确的分工和严格按标准工作的方

法。这种思想在为大量生产方式带来许多好处的同时，也束缚了员工的智能和创造力，使操作人员如同机器一样地工作，缺乏合作意识和灵活应变能力。因此，使得企业僵化、保守，丧失创新的动力。精益生产则要求职工在明确企业发展目标的前提下加强相互间的协作，协作的范围涉及操作人员之间、部门和部门、领导人员和操作人员之间。通过相互交流和合作解决跨部门、跨层次的问题，减少扯皮现象，在相互理解的前提下共同完成企业目标。常用的方法有项目管理和小组工作法等，前者多用于跨部门间的协作，而后者一般应用于团队内部。

（2）降低库存

高库存是大量生产方式的特征之一。由于设备运行的不稳定、工序安排的不合理、生产的不均衡和较高的废品率等原因，常常出现供货不及时的现象，因而库存被看作必不可少的"缓冲剂"。但精益生产认为，库存是企业的"祸害"，它掩盖了许多企业存在的问题，如图 16.2 所示。其主要理由是：

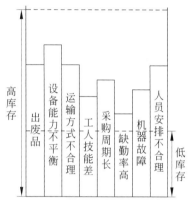

图 16.2　库存水平与相关管理问题

① 库存提高了经营的成本。库存是积压的资金以物的形式存在，因而是无息资金。它不仅没有增加产出，反而造成许多费用，并损失了货币资金的利息收入，从而使企业的经营成本上升。

② 库存掩盖了企业的问题。传统的管理思想把库存看作是生产顺利进行的保障，当生产发生问题时，总可以用库存来缓解，库存越高，问题越容易得到解决。精益生产思想则认为，恰恰是因为库存的存在，掩盖了企业中的问题，使企业意识不到改进的需要，阻碍了经营成果的改善。

③ 库存阻碍了改进的动力。大量生产方式采取高库存的方法使问题得以"解决"，但事实上这些问题还是存在，并将反复出现。精益生产方式则采用逆向思维方式，从产生库存的原因出发，在降低库存的过程中使问题暴露出来，从而促使企业及时采取有效措施，使问题得到根本解决，不再重复出现。这种从暴露问题到解决问题的过程使得生产流程不断完善，企业的管理水平和经营能力不断提高。

（3）追求完美

实行大量生产方式的企业制订了许多生产指标，如废品率、库存量、时间作业率、成本、零件品种数等，对于这些指标的改进也通过预先给定的百分比来进行。员工有明确的改进目标，并会努力去达到这些指标，但很少人会去超越这些指标，因为今年做得越好意味着明年的改进越难。所以，员工仅满足于完成各项指标，从而阻碍了经营潜力的发挥。

精益生产方式则把"无止境地追求完美"作为经营目标，追求在产品质量、成本和服务方面的不断完善。准时制生产方式和不断改进流程是精益生产追求完美的思想体现，是区别于大量生产方式的重要特征。其主要思想有：

① 消除一切无效劳动和浪费。精益生产把生产过程划分为增加价值的过程和不增加

价值的过程，后者则称之为浪费。精益生产方式从分析种种无效劳动和浪费出发，找到可改进之处，利用员工的积极性和创造力，对工艺、装备、操作、管理等方面进行不断改进，逐步消除各种浪费，使企业无限接近完美的境界。

② 追求理想化的目标。和大量生产厂家相比，精益生产厂家的生产指标没有明确的定量，而往往以最佳状态作为目标，如"零缺陷""零库存""零抱怨""零故障"等。可以说，要达到这些理想化的目标是不可能的，但它们能使员工产生一种不断向"极限"挑战的动力。

③ 追求准时和灵活。物流和信息流的准确、准时是精益生产对生产过程的要求，通过采用其独特的生产信息管理系统——看板系统进行生产和适时供货，使生产所需的原材料、零部件、辅助材料等准时到达所需地点，并满足所需的质量要求和数量。

（4）内外和谐

精益生产方式成功的关键是把企业的内部活动和外部的市场（顾客）需求和谐地统一于企业的发展目标。精益生产方式的根本思想是把顾客需求放在企业经营的出发点，崇尚"用户第一"的理念，把用户的抱怨看作改善产品设计和生产的推动力，从而使产品的质量、成本和服务得到不断地改善，并最终提高企业的竞争力和经营业绩。由此可见，精益生产成功的一个秘诀是：通过满足顾客需求提高企业经营利润，把顾客利益和企业利益统一于企业目标。

精益生产成功的另一个秘诀是：和供货厂商保持紧密协作关系，通过适时供货和系统供货的方式使双方的利益共同增长。适时供货是指企业通过多种管理手段，对"人、财、物、时间、空间"进行优化组合，做到用必要的劳动确保在适当的时间内按适当的数量提供必要的材料和零部件，以期达到杜绝超量，杜绝超时供货，消除浪费，从而降低成本，提高效率和质量，用最少的投入实现最大产出的供货方式。由于供应商的任何延迟交货或者零部件的质量问题都将影响到生产商生产的顺利进行，所以这种供货方式需要生产商和供应商的良好合作。

系统供货是指直接以部件或总成系统的形式实现供货的方式，从而改变传统的以单个零件分散供应的方式。系统供货有利于生产商减少零部件管理的幅度和库存量，同时有利于提高供应商的技术含量，提高经济效益。与大量生产方式的供应情况相比，精益生产方式只与八分之一到三分之一的供应商直接发生关系，从而使生产商和这些供应商的协作更显重要。这种协作关系也表现在共同提高产品质量、降低零部件成本、保障交货期等方面。

16.2　精益生产的方法与系统

精益生产方式是一个体系，其核心体系包括"一大目标""两大支柱"和"一大基础"，如图 16.3 所示。"目标"是屋顶，代表这一方式的最高行动纲领；"两大支柱"即准时制生产与自动化，是精益生产架构之屋得以建立和存在的支撑；持续改善是精益生产的"基础"。精益生产的这四大要素缺一不可，相互之间密切关联、相互强化。

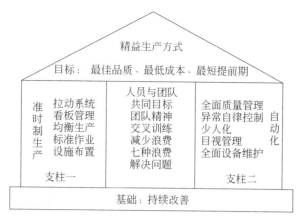

图 16.3　精益生产体系架构

16.2.1　准时制生产方式

1. 准时制生产方式的原理

对于加工装配式生产，产品由许多零部件构成，每个零部件要经过多道工序加工。有两种生产组织系统：推式生产系统（Push System）和拉式生产系统（Pull System）。

推式生产系统是由一个计划部门根据市场需求，按零部件展开，计算出每种零件部件的需要量和各生产阶段的提前期，确定每个零部件的投入产出计划，按计划发出生产和订货的指令。该系统的构成及原理如图 16.4 所示。每一个工作地、每一个生产车间和生产阶段都按计划制造零部件，将实际完成情况反馈到计划部门，并将加工完的零部件送到后一道工序和下游生产车间，而不管其是否需要。因此推式生产系统的物料流和信息流是分离的。

拉式生产系统是从市场需求出发，由市场需求信息拉动产品装配，再由产品装配拉动零件加工。该系统的构成及原理如图 16.5 所示。每道工序、每个车间和每个生产阶段都按照当时需要向前一道工序、上游车间和生产阶段提出要求，发出工作指令，上游工序、车间和生产阶段完全按照这些指令生产。物料流和信息流是结合在一起的。JIT 生产方式采用拉式生产系统，它能够快速对顾客需求做出反应，并且减少在制品库存、原

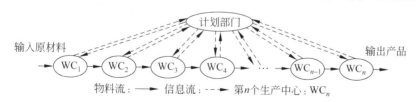

图 16.4　推式生产系统

图 16.5　拉式生产系统

材料库存和人员过剩等各种直接浪费和间接浪费。

2. JIT 的基本方法体系

JIT 生产"只在需要的时候，按需要的量生产所需的产品"，其基本方法体系包括：

（1）实行生产同步化；

（2）提高生产系统灵活性；

（3）减少不合理生产过程；

（4）推行标准化作业；

（5）追求产品零缺陷；

（6）保持库存最优化；

（7）推行人本管理。

JIT 的基本目标是努力降低成本，最终目标是利润最大化。为此，JIT 还要求实现"四低两短"的具体生产目标，如下所述。

（1）废品量最低。消除各种不合理因素，并对加工过程中每一道工序精益求精。

（2）库存量最低。库存是生产计划不合理、过程不协调、操作不规范的表现。

（3）减少零件搬运量。零件搬运是非增值操作，减少零件和装配件运送量与搬运次数可以节约作业时间，并减少这一过程中可能出现的问题。

（4）机器故障率低。低的机器故障率是生产线对新产品方案做出快速反应的保障。

（5）生产提前期最短。短的生产提前期与小批量相结合的系统，应变能力强，柔性好。

（6）准备时间最短。准备时间长短与批量选择有关，如果准备时间趋于零，准备成本也趋于零，就有可能采用极小批量。

3. 实施 JIT 的途径与方法

实现 JIT 生产方式的途径与基本方法包括：生产同步化、生产平准（均衡）化、缩短作业更换时间、5S 管理、贯彻全面质量管理等。

（1）生产同步化

传统生产方法中，各个工序之间相互独立，各工序作业人员在其加工出来的产品积累到一定数量后一次送到下一工序。与此不同，生产同步化方法在工序间不设置仓库，前一工序加工结束后，便立即转到下一工序，装配线与机械加工几乎同步进行，产品被一件一件连续加工出来。在某些必须成批生产的工序，则通过尽量压缩作业变换时间来竭力缩小生产批量。

同步化生产需要通过采取相应的设备配置方法以及人员配置方法来实现。机械工厂传统的设备布置方法是采用集群布置，将同一类型的机床布置在一起，在这种布置方式下，工序与工序之间没有什么连接，各个工位加工出来的产品堆积在机床旁，而产生生产过剩，并使得工序与工序之间的生产作业管理复杂化。在 JIT 生产方式下，设备不是按机床分类来布置，而是根据加工工件的工序来布置，形成相互衔接的生产线。采取这种设备布置很重要的一点是注意工序之间的生产能力平衡，否则同样会出现某些工序在制品堆积,而另外某些工序却在等待的情况。这些问题的解决方法是开发小型简易设备,缩短作业更换时间,使集中工序分散化,这也将使得维修变得相对容易。

从作业人员的角度来考虑,由于 JIT 生产方式实行一人多机、多工序操作,所以一般采用 U 形设备配置,如图 16.6 所示。在这种配置中,当一个加工完了的产品从出口出来时,一个单位的原材料也从入口投入,两方面的作业是由同一作业人员按同一生产节拍进行的,既实现了生产线的平衡,也使得生产线内待加工的产品保持恒定。而且,通过明确规定各工序可以持有的标准待加工产品数,即使出现不平衡的情况,也能很快发现,有利于对各工序进行改善。

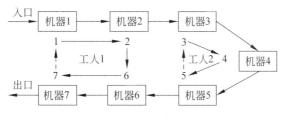

图 16.6 U 形生产线和一人多机

(2) 生产平准(均衡)化

平准化生产又称为均衡化生产,指的是企业稳定地按照产品的品种和数量进行平均生产,不产生各种浪费和工作的高峰与低谷的方法。它是实现准时制生产,进行看板管理活动的前提。

准时制生产的拉动生产系统中要求前工序的生产数量完全按照后工序的要求数量加工(生产),如果后工序取料时,在时间、数量和种类上经常毫无规律地变动,就会使前工序无所适从,从而不得不准备足够的库存、设备和人力,以应付取料数量变动的峰值,显然这会造成人力、物力和设备能力的闲置和浪费。此外,在许多工序相互衔接的生产过程中,各后工序取料数量的变动程度将随着向前工序推进的程度而相应增强,呈现“牛鞭效应”(放大效应)。显然,这与精益生产消除一切浪费的思想背道而驰。

为了避免这种情况的发生,必须努力使最终装配线上的生产变动最小化,即实现平准化生产。平准化生产要求总装配线向各前工序均匀地领取零部件,实行混流生产。要防止在某一段时间内集中领取同一种零部件,以免造成前方工序闲忙不均、产生混乱。为此,总装线以最小批量从前工序领取必要的零部件,则各工序也以最小批量制造不同类型的零部件来满足后工序的需要。生产的均衡化使得零部件被领取时的数量变化达到最小程度,即各后工序每天以相似的时间间隔领取数量相近的零部件;同样,各生产线和各加工工序必须每天同时生产多种类型的产品,以满足市场的需要。这种多品种、小批量混流生产方式具有很强的柔性,能迅速适应市场需求的变化。

例如,按市场要求,某厂 4 月份要生产 A、B、C、D 4 种产品,每种产品的月产量分别为 400 台、300 台、200 台、100 台,供给 1 000 台,该月共 25 个工作日。如何安排均衡化生产?

采用最简单的传统集中生产方法,即一次生产完一种产品所有需求数量,这可以节省调节调整准备时间,但市场需求往往不是这样的。如果减少批量,每天生产 A 产品 16

台，B 产品 12 台，C 产品 8 台，D 产品 4 台。一个月重复 25 次，情况会好很多。顾客需要产品时，每天都可以得到，产品积压和短缺的情况会大大减少，企业内部资源利用情况会好得多。如果再把每个工作日分为 4 个部分，每 1/4 个工作日中生产 A 产品 4 台，B 产品 3 台，C 产品 2 台，D 产品 1 台，这样一个月重复 100 次，那么可以选择每 1/4 个工作日中生产产品的顺序为 AAAA-BBB-CC-D。假设将产品品种在一次循环生产中进一步均衡，按 A-B-C- A-B-C- A-B-A-D 这样的顺序重复循环生产下去可以更好地提高对顾客的服务水平，进一步提高制造资源的利用率。

（3）缩短作业更换时间

同步化的理想状态是单件生产单件运输，这在装配线以及加工工序是比较容易做到的，但在铸造、锻造、冲压等工序就不得不以批量进行。这几种工序若用单件生产方式，其生产的单件成本极高、工期也长。为实现全部生产过程的 JIT 化，需要根据这些工序的特点，尽量减少生产批量，但这样会使得作业变换频繁。因此，缩短作业变换时间就成了实现同步化生产的关键问题。

作业变换时间由三部分组成：①内部时间，指必须停机才能进行的作业变换时间。如给车床换刀具所用的时间；②外部时间，指即使在不停止的状态下也可进行的作业变换时间。如在一项作业变换完成前，机器还在运行，作业人员可以准备下一项作业的工具和工件；③调整时间，指作业变换完成后，为保证产品质量所进行的调整与整理时间。

作业更换时间的缩短可以主要依靠改善作业方法，改善工具、提高作业人员的变换速度以及开发小型简易设备等方法。作业变换时间的缩短所带来的生产批量的减少，不仅可以使工序间的在制品存储量变小，使生产周期缩短，而且还可以降低资金占用率，节省保管空间，且对降低成本，减少次品都有重要作用。

（4）5S 管理

5S 现场管理方法起源于日本，是整理（SEIRI）、整顿（SEITON）、清扫（SEISO）、清洁（SIKETSU）、素养（SHITSUKE）五个日语词的首写字母。5S 管理是指在生产现场中对人员、机器、材料、方法等生产要素进行有效的管理。5S 对于塑造企业的形象、降低成本、及时交货、安全生产、高度的标准化、创造令人心旷神怡的工作场所、现场改善等方面发挥了巨大作用，逐渐被各国的管理界所认识。

根据企业进一步发展的需要，有的企业在 5S 的基础上又增加了节约（SAVE）及安全（SAFETY）这两个要素，形成了"7S"；也有的企业加上习惯化（SHIUKANKA）、服务（SERVICE）及坚持（SHIKOKU），形成了"10S"。但是万变不离其宗，所谓"7S""10S"都是从"5S"衍生出来的。以下介绍 5S 的含义。

① 整理：是将工作场所的必需品与非必需品分开，必需品摆在指定位置挂牌明示，实行目标管理，在岗位上不要放置必需品以外的物品。其目的是腾出空间，空间活用，防止误用，塑造清爽的工作场所。

② 整顿：是把留下来的必需品分类，并按规定位置摆放整齐，明确数量，有效标识。其目的是：使工作场所一目了然，清除寻找物品的时间，创造整整齐齐的工作环境，消除过多的积压物品。

③ 清扫：是将工作场所、环境、仪器设备、材料、工具等清扫干净，保持工作场所

干净，营造亮丽环境。其目的是：清除脏污，保持工作场所内干净、明亮；稳定品质，减少工业伤害。

④ 清洁：是在整理、整顿、清扫之后要认真维护，使现场保持完美和最佳状态，从而消除发生安全事故的根源。其目的是：维持 3S 成果，创造一个良好的工作环境，使工作人员能感到愉快。在清洁之前，一定要先落实前 3S 的工作，制订目视管理的基准，制订考评、稽核方法，定期检查，环境色彩化，透明管理，制订奖惩制度，加强执行。

⑤ 素养：是培养全体员工良好的工作习惯、组织纪律、敬业精神和积极主动的精神（也称为习惯性）。其目标是：培养习惯良好、遵守规则的员工，营造团队精神。可以通过以下方式进行：制订服装、臂章、工作帽等识别标准；制订公司相关规则、规定；制订礼仪守则；新员工的教育训练；推动各种精神提升活动；推动各种激励活动。

（5）贯彻全面质量管理

JIT 生产方式打破了传统生产方式认为质量与成本之间成正比关系的思想，通过将质量管理贯穿于每一工序来实现产品的高质量与低成本，具体方法包括：

① 纠正措施。生产第一线的设备操作工人发现产品或设备存在问题时，有权自行停止生产。这样可防止次品的重复出现，并杜绝类似产品的再产生，从而避免了由此可能造成的大量浪费。

② 预防措施。安装各种自动停止装置和加工状态检测装置，使设备或生产线能够自动检测次品，一旦发现异常或不良产品可以自动停止设备运行。

通常的质量管理方法只是在最后一道工序对产品进行检验，不能有效预防不合格的再次发生。因为发现问题后如不立即停止生产的话，难免会持续出现类似的问题，同时还会出现"缺陷"的叠加现象，增加最后检验的频次，无形中成本增加。JIT 生产方式中发现问题就会立即停止生产并进行分析改进。久而久之生产中存在的问题则越来越少，企业的生产过程质量也会逐渐提高。

16.2.2 自働化

1. 自働化的起源及内涵

自働化是精益生产的另一大支柱。"自働化"与"自动化"不同，"自働化"是丰田公司的自造词，它强调自动化系统中人的作用。1924 年，丰田公司创始人丰田佐吉首创了不停换梭式丰田自动织布机，在织布机高速运转时可以准确无误地交换纬纱梭子。这种自动织布机的创新在于：一旦作业发生问题，机器可以自动停机，避免了次品的产生。"一有异常马上停机，绝对不生产次品""人不做机器的看守奴"，这是丰田佐吉专注于"自働化"发明的根本所在。丰田佐吉的这些想法是：不应该只做单纯的动作，而应将单纯的动作转化为能创造出价值的劳动。丰田公司将因出现不良产品会自动停止生产的机器成为"自働化"机器，这也是为了和不具备人工智能的"自动化"机器区别开来。

2. 自働化的目的

自働化的目的是在制造过程中保证产品的质量，使企业能够安全、高效地生产出高品质的产品，杜绝浪费。现代高科技设备都实现了高速化，而自动化机器只履行生产制造的任务，不能自主判断品质问题，可能由于出现一点差错，一瞬间它就能生产出成百上千件的不合格产品。这势必造成企业的巨大浪费，并潜藏产生劣质产品的隐患，即使采用事后补救措施也将进一步放大浪费的程度。而自働化能够在制造的过程中保证产品的质量，不会使得小的纰漏酿成大的错误，为企业在提高产品质量的同时节省成本。

3. 生产线自働化

生产线自働化不是指生产线会自动停止生产，它是要求由生产线上的工人使其停止。一般的企业难以接受因一点点品质原因就停止整个生产线的做法，出现了小小的品质问题可以在品质检查时补救，停下生产线会损失更大的利益。丰田公司的观点恰好与此相反，它对工人进行职业教育的第一步就是教育工人在发现不良品时立刻停下生产线，品质高于产量，坚决不制造一个不良产品是工人的第一使命。

在实行生产线自働化初期，因员工不熟练等原因难免会出错，从而使得生产线时断时续，确实会给企业带来一定的损失。但从长远来看，生产线自働化方式可以及时发现问题、及时纠正问题的生产体系能为企业节省大量的品质保证费用，反而能降低生产成本，提高生产效益；另外，由于实行自働化生产线，员工在生产过程中能够更加重视提高个人的技术水平，以免因为个人原因停止整个生产线，并且企业应该记录每次停止生产线的原因，总结经验教训，从而使得生产线运行得越来越顺利。

停止生产线有两种方式——定位置停止方式和紧急停止方式。除非发生人身事故或其他重大事故时采用紧急停止方式，一般情况下采用定位置停止方式，其优点是：所有员工在停止工作前有一定的准备时间，可以妥善处理手头工作，以便生产线恢复运行时快速衔接停止前的工作。

16.2.3　看板系统

1. 看板的种类

看板，又称传票卡，是传递信号的工具。看板式生产是实现 JIT 生产的重要手段之一。

看板分两种，即搬运指示看板和生产指示看板。搬运指示看板用于指挥零件在前后两道工序之间移动。当放置零件的容器从上道工序的出口存放处到下道工序的入口处时，搬运指示看板就附在容器上。当下道工序开始使用其入口存放处容器中的零件时，搬运指示看板就被取下，放在看板盒中。当下道工序需要补充零件时，搬运指示看板就被送到上道工序的出口存放处相应的容器上，同时将该容器上的生产指示看板取下，放在生产指示看板盒中。可见，搬运指示看板只是在上道工序的出口存放处与下道工序入口处之间往返运动。

每个搬运指示看板只对应一种零件。由于一种零件总是存放在一定标准容器内，所以，一个搬运指示看板对应的容器也是一定的。如图 16.7 所示，搬运指示看板通常包括以下信息：

零件号；容器容量；看板号（如发出 6 张的第 3 号）；

供方工作地号；供方工作地出口存放处号；

需方工作地号；需方工作地入口存放处号。

从供方工作地： 36# 油漆	零件号：A432 油箱座 容器：1型(红色)	到需方工作地： 2# 装配
出口存放处号 No. 36–6	每一容器容量：20件 看板号： 3号(共发出6张)	入口存放处号 No. 4–1

图 16.7　搬运指示看板样例

生产指示看板用于指挥工作地的生产，它规定了所生产的零件及其数量。它只是在工作地和它的出口存放处之间往返。当需方工作地转来的搬运指示看板与供方工作地出口存放处容器上的生产指示看板对上号时，生产指示看板就被取下，放入生产指示看板盒内。该容器连同搬运指示看板一起被送到需方工作地的入口处。工人按顺序从生产指示看板盒内取走生产指示看板，并按生产指示看板的规定，从该工作地的入口存放处取出要加工的零件，加工完规定的数量之后，将生产指示看板挂到容器上。如图 16.8 所示，每个生产指示看板通常包括以下信息：

要生产的零件号；容器的容量；供方工作地号；

供方工作地出口存放处号；看板号；所需的物料；

所需零件的简明材料清单；供给零件的出口存放处位置；

其他信息，如所需工具等。

工作地号：36# 油漆 零件号：A432 油箱座 放于出口存放处：No.36–6 所需物料：5#漆，黄色 放于：压制车间21–20号储藏室

图 16.8　生产指示看板样例

2. 确定看板的数量

为建立看板控制系统，确定使用看板的数量是关键。看板卡代表了装载用户与供应商之间来回流动的物料容器数，每个容器代表供应商最小生产批量，因此，容器数量直接控制着系统中在制品的库存数。

精确地估计生产一个容器的零件所需要的生产提前期是确定容器数量的关键因素。提前期是零件加工时间、生产过程中的准备时间及将产品运送到用户手中所需要的运输时间函数。所需看板的数量应该能覆盖提前期内的期望需求数加上作为安全库存的额外数量。看板卡套数的计算公式如下：

$$k = \frac{\text{提前期内的期望需求量} + \text{安全库存量}}{\text{容器容量}} = \frac{DL(1+Q)}{S}$$

式中，k 为看板卡套数；D 为一段时期内所需产品的平均数量（单位时间）；L 为补充订货的前提；Q 为安全库存量，用提前期内需求量的一个百分比表示；S 为容器容量。

3. 看板的功能

精益生产方式中，看板的功能如下：

（1）生产以及运送的工作指令

看板中记载着生产量、时间、方法、顺序以及运送量、运送时间、运送目的地、放置场所、搬运工具等信息，从装配工序逐次向前工序追溯，在装配线将所使用的零部件上所带的看板取下，以此再去前工序领取。"后工序领取"以及精益生产就是这样通过看板来实现的。

（2）防止过量生产和过量运送

看板必须按照既定的运用规则来使用。其中一条规则是："没有看板不能生产，也不能运送。"根据这一规则，看板数量减少，则生产量也相应减少。由于看板所表示的只是必要的量，因此通过看板的运用能够做到自动防止过量生产以及适量运送。

（3）进行"目视管理"的工具

看板的另一条运用规则是："看板必须在实物上存放"，"前工序按照看板取下的顺序进行生产"。根据这一规则，作业现场的管理人员对生产的优先顺序能够一目了然，易于管理。通过看板就可知道后工序的作业进展情况、库存情况，等等。

（4）改善的工具

在精益生产方式中，通过不断减少看板数量来减少在制品的中间储存。根据看板的运用规则之一"不能把不良品送往后工序"，后工序所需得不到满足，就会造成全线停工，由此可立即使问题暴露，从而必须立即采取改善措施来解决问题。这样通过改善活动不仅使问题得到了解决。也使生产线的"体质"不断增强，带来了生产率的提高。精益生产方式的目标是要最终实现无储存生产系统，而看板提供了一个朝着这个方向迈进的工具。

4. 看板管理的主要工作规则

使用看板的规则很简单，但执行必须严格。

（1）无论是生产看板还是传送看板，在使用时，必须附在装有零件的容器上。

（2）必须由需方到供方工作地凭传送看板提取零件或者由需方向供方发出信号，供方凭传送看板转送零件。总之，要按需方的要求传送零件，没有传送看板不得传送零件。

（3）要使用标准容器，不许使用非标准容器或者虽使用标准容器但不按标准数量放入。这样做可以减少搬运与点数的时间，并可防止损伤零件。

（4）当从生产看板盒中取出一个生产看板时，只生产一个标准容器所容纳数量的零件。当标准容器装满时，一定要将生产看板附在标准容器上，放置到出口存放处。且按照看板出现的先后顺序进行生产。

（5）次品不交给下道工序。次品就是浪费，把次品交给下道工序会造成新的浪费。所以，必须严禁次品进入下道工序。

按照这些规则，就会形成一个简单的牵引式系统。每道工序为下道工序准时提供所需的零件，每个工作地都可以在需要的时候从其上道工序得到所需的零件。使物料从原材料到最终装配同步进行。

16.2.4 持续改善

精益生产目标是要追求"品质最高、成本最低"的尽善尽美的极限运营水平，这就要求对企业存在的不合理、不增值的活动进行改善、改善再改善。持续改善是维持精益生产体系运转的基础，改善是生产技术手段优化、公司的经济效益提高的源头。

丰田公司在长期持续不断的"改善"活动实践中，总结归纳出如下支持"改善，在改善"的六个要领：

（1）改善要从领导者本身做起，起表率作用和督促作用；

（2）领导者要关心下属人员的改善活动；

（3）不要轻视微不足道的改善活动；

（4）要接受改善活动的失败；

（5）越忙越是改善的好机会；

（6）改善无止境。

学习案例

中国企业实施精益生产的现状和问题

改革开放伊始，精益生产方式引入我国。1979 年，长春第一汽车制造厂从日本引进以"看板管理"为核心的准时生产方式。随之，我国的汽车工业、电子工业、仪表制造业等实行流水线生产的企业开始应用准时制生产方式，例如：第一汽车制造厂、第二汽车制造厂、四川仪表四厂、奇瑞汽车、三一重工、联想电子、华为、海尔电器等企业，并获得了明显效果。但纵观国内众多企业，不少企业实行精益生产方式并未能成功，即使初步实施了精益生产的企业也存在怎样深入发展的问题。归纳起来，原因是多方面的，如下所述。

（1）普及面过窄。对于精益生产的研究主要集中在有关大学、科学院所和一些大型企业，理论和实际相脱离的现象十分严重。

（2）实践中生搬硬套。中国企业在刚导入丰田生产方式时没有正确结合自身的具体情况和条件去实施精益生产，只是将其简单地看作是几种方法的组成，这种简单照搬的思路和执行模式未能使企业成功。

（3）急于求成。很多企业在导入精益生产以后，没有收到"立竿见影"的效果，就对其产生了怀疑。殊不知管理技术的发展具有累积性，这就是我们通常所讲的量变和质变的关系，只有管理基础和管理经验积累到一定程度，才能发生管理模式的重大创新和本质变化。

（4）只重表面，不重本质。在中国生产企业中，经常可以听到 5S 管理、持续改善、准时制生产、JIT 等精益名词，却没能看到精益生产和丰田生产方式背后的支撑理论和技术，没有汲取其精华并结合自身企业实际进行管理创新。中国的精益生产应该是中国文化、理念、环境和生产技术的有机结合。

2015 年国务院提出的制造强国战略《中国制造 2025》设想利用十年时间，使我国迈入制造强国行列。在此给出构建中国企业精益之路的几点建议：

（1）塑造精益化生产的企业文化。精益化管理是将精益管理思想和作风贯穿于企业所有工作环节的一种全面管理模式，这种模式必须将精益化管理工作向工作态度、工作方式、职业素质、职业道德等深层次方面发展。应结合公司企业文化建设，创造性地开展精益管理工作，力争经过一段时间的努力，逐渐改变公司的管理模式。

（2）价值流分析。以价值流分析代替价值链思考，构建合作共赢的精益企业。分析价值流中的增值和非增值活动，通过标准化作业实现连续流动。

（3）全员参与，以人为本。企业全员从思想上转变并引起高度重视，领导重视并身先士卒践行精益管理，鼓励员工参加企业的管理和决策。实现以人为中心的激励管理机制实施精益管理，建立一个合适的企业文化氛围。

（4）在充分理解精益生产精髓基础上，构建本土化的管理模式。中国企业的精益化程度还比较低，还存在一些问题。这更要求我们结合中国国情和企业实际情况，把追求精益求精、尽善尽美作为不懈努力的目标。

（5）精益与其他创新方法结合日益紧密。融入有效的分析和创新工具（例如，TRIZ，直译是"发明问题解决理论"），解决生产过程中的具体改进问题是精益研究领域亟待解决的现实问题，以提高精益工具实施的效率。

（6）贵在坚持，并不断改善。推行精益生产是一个系统过程，是企业的长期战略行为，要求全员参与、思想统一、持续改进。企业不仅要坚持从局部试点出发，更要坚持长期发展，不断改善，以谋求最终以改善促管理。

16.3　服务业中的精益生产

16.3.1　精益服务概述

1. 精益服务的产生

近年来，许多服务业也有效运用了源于制造业的精益生产方式并获得收益。服务业实施精益生产的焦点是提供服务所需的时间，速度是服务业获取成功的一个重要指标。一些服务部门备有存货，减少库存就成为精益生产在服务业中另一个应用焦点。快速交货的实例有 Express 快递、EMS 快递、快速列车、快餐店和通过 119 的紧急救护等。

2. 在服务业运用精益生产方式的优势

在服务业运用精益生产方式带来的好处如下所述。

（1）消除混乱。如设法避免服务人员回复电话。

（2）增加系统柔性。人们通常追求工作的标准化，达到提高生产率的预期。然而对变化性的工作具有处理、解决的能力，才能具有竞争优势。解决上述两个看似矛盾的问题具有以下两种途径：训练员工善于处理多项业务；专业化工作分派，指定某些员工根据其特长处理特定的工作。

（3）减少筹置时间和处理时间。估测各种供应品的可能需要量并设法持有，避免庞大库存的发生。

（4）消除浪费。包括规避工作重复与工作失误。

（5）将"在制品"压缩到最低限度。可能会产生这种"在制品"因素的现象有：等待加工的订单、等待回答的电话、等待交货的包装、等待装卸的卡车、等待处理的申请表等。

（6）简化程序。尤其当顾客成为系统的一部分时，就可以简化程序。如超市的零售服务、AMT、自动售货机、加油站、自助餐等。

16.3.2 精益服务实施特点

1. 精益服务与精益生产的比较

精益服务可从精益生产中得到的借鉴如表 16.2 所示。

表 16.2　精益服务与精益生产的比较

	精益生产	精益服务
目标	杜绝浪费，节省成本，创造价值	杜绝浪费，节约成本，提升员工的服务技能和协同能力，创造更多价值
拉动式准时生产	①以用户的最终需求为生产起点。 ②强调物流平衡，追求零库存，要求上一工序加工完的零件即可进入下一工序。 ③组织生产线依靠看板的形式，即由看板传递工序间的需求信息。 ④生产中的节拍可由人工干预，控制，保证生产中的物流平衡。 ⑤采用拉动式生产	①以顾客变化的需求为中心。 ②服务流程对顾客需求及时快速响应，及时反馈，不断准确修正服务流程。 ③信息传递通畅，在顾客和企业之间、顾客和员工之间、员工和企业之间建立沟通渠道。 ④向服务员工授权，使员工不拘泥于事前设计的服务流程形式。 ⑤管理部门支撑一线服务员工，服务具有顾客参与性，需要不断改进流程
全面质量管理	①强调质量是生产出来的而非检验出来的，由过程质量管理来保证最终质量。 ②生产过程中对质量的检验与控制在每一道工序中进行。 ③如果在生产过程中发现质量问题，可以立即停止生产，直至解决问题，从而保证不出现对不合格品的无效加工。 ④对于质量问题，组织相关的技术与生产人员作为一个小组，一起协作，尽快解决	①服务质量是过程质量和结果质量的结合，是量化的服务指标体系。 ②服务质量掌握在员工手里，员工是企业的质量控制专家。 ③员工持续培训，一专多能。 ④预防失误，向服务员工授权，服务员工在服务提供过程中可一定程度修正服务流程。 ⑤预防式的服务补救体系。 ⑥建立服务的多级回访制度
团队	①根据业务的关系来组织团队。 ②团队成员一专多能，保证工作协调	①以顾客需求为核心组织跨部门协作小组。 ②团队按项目或工作时间灵活分类

2. 精益服务的运作特点

精益服务的运作方式具有如下特点：

（1）以客户需求为导向。要求员工做到细致观察、主动关怀，尤其要重视对服务细节的把握。将客户的真实需要作为企业的关注点和落脚点，不仅要求企业重视基础设施和服务环境建设，还要求其对提供的服务进行维护。

（2）以情感交流为纽带。服务业不同于工业生产，服务产品质量评价依赖于客户的主观感受，因此与客户维持良好的关系十分必要。只有客户始终对产品保持高度的信赖和关注度，企业才能正确识别未来的发展方向。但是企业不能本末倒置，不能因过度关注与顾客的情感交流而忽视产品质量的提高。

（3）重视员工的反馈。员工作为服务的直接提供者，掌握着企业内部的最新规定和顾客的实时反馈。一方面，企业要为员工提供反馈的路径和渠道；另一方面，管理者不能将业绩压力全部施加于员工，以此来逃避责任。

16.3.3　互联网下的精益服务

"互联网+"正加速对服务业进行全面渗透，"互联网+服务业"是由信息内容服务业与互联网结合发展的产物，属于新兴交叉行业。它主要通过互联网等诸多媒介，利用O2O（Online To Offline，即在线离线/线上到线下，指将线下的商务机会与互联网结合，让互联网成为线下交易的平台）进行关于餐饮、休闲、娱乐、购物多平台的信息服务及互动，为一定区域人群、区域消费服务提供一站式多平台的系列增值内容服务的"知识密集型服务业"。（来源于中国互联网协会）

互联网在服务业的应用领域主要包括：与电商相关的交通运输、仓储和邮政业、住宿和餐饮业、金融业、房地产业、租赁和商务服务业、文化、教育和娱乐业等。互联网能够将信息流、物流、资金流有机地融为一体，贯穿从用户需求分析，服务准备到服务改进的整个业务流程，从而提供无缝衔接的消费体验。在这方面，阿里巴巴是当之无愧的行业标杆。通过构筑电子商务集团、智能物流骨干网、蚂蚁金融服务集团三大支柱，并以阿里云和大数据平台为支撑，阿里巴巴成功地营造出信息流、物流、资金流"三流合一"的产业生态。

此外，互联网服务向移动端转移。伴随着智能终端的快速普及，移动社交、O2O、LBS（Location Based Services，即基于位置的服务）等移动服务正广泛渗透到人们的衣食住行各个领域，包括网络购物、团购、美食、生活资讯、地图、旅行、天气、导航、健康、电影等，致力于为消费者提供无处不在、无时不在的贴身服务。移动互联网服务最大的特点在于在移动端实现了人、机器、时间、地点和支付五个要素的"五位一体"。

（学习案例1）

海底捞的精益服务

海底捞是一家行业领军型的火锅企业，其在管理实践中运用了大量的精益思想。其精益思想在下面两个小例子中可见一斑。

（1）人性化的前厅员工管理

海底捞认为尽管流程和制度能够保证产品和服务的质量，但同时也压抑了人性，因此应建立灵活的激励和约束机制，激励员工努力进取。公司要求员工主动关怀顾客，从细节入手，在顾客提出要求之前就先提供服务。同时，给予员工最大限度的自由和适当权限，服务人员可根据实际情况行使免单权。此外，海底捞将顾客满意度作为重要的考核指标，极大地激发了员工的服务热情，使员工发挥更大的价值。

（2）高效的后台流程管理

为了保证服务效率，海底捞在食材的采购、配送以及餐厅内的上菜、收台等方面进行了严格规范，并构建了一个完整高效的涵盖企业"人、财、物、产、供、销"的管理体系。ERP 系统的建立和完善使得企业内部的供销体系更加科学合理，高效的传菜和收台服务节省了顾客的等候时间。

资料来源：赵成婧.精益服务的内涵、特征及应用[J].现代经济信息,2018（4）：52+54.

思考题：

案例中体现了精益服务的哪些原则（精益思想的原则：包括价值、价值流、流动、需求拉动、尽善尽美）？

（学习案例2）

美国泰德康医疗集团的精益变革

泰德康医疗集团是美国一家典型的提供整个生命周期医疗服务的非营利性医疗机构。医院管理团队把制造业的精益思想创造性地加以修改，逐渐形成了符合本院实际的精益医疗体系，并总结出精益医疗的基本原则：关注患者、注重价值、缩短治疗时间。

（1）关注患者

关注患者即改变以往以医院利益或员工方便为出发点的惯有思维，从患者的角度，围绕患者设计医疗服务。传统模式下，医院员工按照各自的岗位职责和作业程序各司其职，以完成任务为中心机械地工作，存在各岗位人员沟通不畅，对患者缺乏关注，态度冷漠，甚至导致误诊、延误治疗时机和医疗损害。泰德康组建了一个精益改善小组，以精益理念为指导，从患者角度定义价值，全面梳理了住院患者的服务流程，最终打破了医务人员的分工界限，创造出"协同医疗"模式。在该模式下，所有参与患者服务的医务人员都能充分地沟通协作，同时直接面对患者，减少了医疗沟通误差，使诊疗过程顺畅高效。该模式的实施使医院的场地使用率提高了 63%。

（2）注重价值

精益理论认为：一切没有价值的都是浪费。泰德康总结了医疗机构的 8 种浪费，包括：质量缺陷、等待、不必要的走动、不必要的运输、过量负荷、重复作业、库存、未被利用的员工能力。泰德康为提高急性心梗的治疗效果，综合运用了 5S、价值流图、现场改善等工具，准确识别了急性心梗抢救过程中的价值与浪费，重新设计了新的治疗标准作业程序。改善前，只有 65% 的病例能达到 90 分钟以内的目标，改善后，平均治疗时间是 37 分钟。

（3）快速治疗

在 8 种浪费中，泰德康选择了最容易切入的浪费，即等待。泰德康认为：要为给患者带来更多的价值，必须尽可能缩短治疗时间，特别是对于心梗和中风这类疾病，快速治疗意味着恢复得更好更快甚至是生命保留，因此必须把缩短治疗时间作为奋斗目标和执行准则。泰德康运用价值流图工具绘制了中风患者救治过程中急救室护士的作业流程，识别其中的浪费和价值，重新厘清各工作岗位的职责和内容，制订新的中风治疗流程和条例规范。经过改善，60 分钟内确诊并使用溶栓治疗的病例，改善前为 14%，改善后为50%，死亡率由 8.8% 下降到 7.6%。

资料来源：邓婕.精益医疗：美国泰德康医疗集团的精益变革[J].现代医院管理,2015,13（2）：46-49.

讨论案例

华为的精益制造

一、公司概况及生产系统

华为全称是"华为技术有限公司"，于 1988 年成立于深圳市。华为业务涵盖了移动、宽带、IP、光网络、电信增值业务和终端等领域，能够为客户提供通信解决方案和服务。目前其产品和解决方案已经应用于全球 100 多个国家，服务全球运营商 50 强中的 45 家及全球 1/3 的人口。

华为公司生产系统是基于外部订单的输入结构和产品自身的制造工艺特点而形成的，包括生产信息管理系统和产品加工制造系统两部分。华为的生产信息管理系统是对整个生产过程动作指令发出和信息处理跟踪的数据平台，主要有两部分。

（1）订单管理业务。记录了与订单相关的物料状态、工艺文档的准备情况、生产进度等信息，并提供了以交互的方式进行人工排产的功能，以及数据查询、统计和输出功能。

（2）工程管理业务。主要是维护生产管理系统所需的基础数据，包括：操作指导书的制作、工艺参数控制、工艺品质问题记录、基础数据库维护和程序管理。

产品加工制造系统主要包括有产品的生产流程、制造工艺、生产设备、质量成本控制、资源分配和厂房局部，等等。华为产品生产制造过程一般分为三大主要流程：半成品加工、成品加工和包装出货，其加工工序包括有库房发料、备料、单板 SMT、单板焊接、单板测试、模块组装、模块测试、产品整机组装、成品组装测试、成品包装和装车发运等。

二、精益制造总体架构和愿景

（1）总体架构

2006 年，华为正式成立 HPS（华为生产系统的简称）项目组。HPS 项目组结合华为制造系统的现状，设计规划了华为精益制造的总体架构，并借鉴丰田屋结构的形式来展现，如图 16.9 所示。

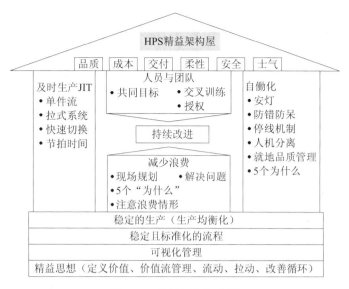

图 16.9　精益思想构成图

（2）愿景

HPS 项目组设想了华为精益发展愿景的四个阶段：精益现场、精益流程、精益企业和精益供应价值链。

① 精益现场实现需求拉动按节拍生产、均衡生产、标准作业、安定生产和连续流。

② 精益流程实现技术与人和流程的匹配、自动化、均衡化、标准化流程与程序、价值快速流动。

③ 精益企业实现领导力、流程和组织的全面发展、整个企业精益延伸、动态的供应链精益创新、最佳精益实践充分共享。

④ 精益供应价值链要达到本地化全球供应、企业战略联盟和 JIT，并使精益成为企业价值链核心竞争力。

三、精益制造的实施

（1）价值流分析。华为在开展精益改善之初所面临的首要任务是从什么地方开始改善。华为聘请的精益改善顾问结合丰田现场改善的经验，以及华为供应计划、制造工艺的特点，提出改善要从价值流分析开始，并定义了价值流分析的思想基础：①聚集分析每一个产品族和它的价值流；②识别增值与不增值的过程或活动；③增强增值流程能力、消除浪费来优化价值流。

（2）拉式生产和单件流。华为在推行精益生产的进程中，主要以拉式生产和单件流作为生产作业方式优化的重点。通过建立针对产品族的改善项目小组，明确改善小组的主要任务：一是培训项目组成员的精益思维和技能，二是对产品加工全流程进行作业分析，设计该产品拉式生产的作业模型，并作为改进方向重点推进。因为在拉式生产下工序之间基本没有库存可以作为缓冲，这样连续的流动生产在精益中定义为"单件流"生产。"单件流"减少了在制库存，生产较以往的批量生产模式缩短了产品的生产加工周期、节约了生产场地面积、简化了设备资源并有利于生产异常的暴露和解决。

（3）成组混流生产、单元式生产。华为接到的正常客户订单，每天不同种类的单板需求就达 150 多种。在原有模式下，为兼顾成本效率和客户需求，就只能通过储备单板库存来匹配需求。而混流生产是在同一时间段，在同一条线上在不换线的前提下同时生产多种单板，即把多品种小批量转化为"单一品种大批量"的生产模式。单元式生产是一人或数人（少数人）的作业者在一个流程正确地制成成品，是一种不断完善的作业方式。华为在推行单元式生产方式的过程中总结出其作业特点及收益有：

① 提前期短，响应快，产出分布均衡，客户满意度高；

② 中间在制品少；

③ 没有生产线平衡损失，生产效率高，人力投入少（少人化）；

④ 员工彼此独立作业，不会因个人原因影响整体产出；

⑤ 不要求员工的熟练程度相同，因此便于新手快速上岗作业；

⑥ 适应产量变化的能力强，柔性高；

⑦ 不用清拉，换线迅速且损失少；

⑧ 对流水传送带的需求少，产能扩充不受限于流水线，简单迅速；

⑨ 员工自主作业，容易考核和激励改进（标准工时容易确定、从事相同作业的员工可形成竞争、容易衡量产出水平）；

⑩ 员工自主作业，责任意识强，愿意自主改进，可提高士气。

（4）快速换线。如何推行快速换线，其基本的指导思想有：

① 去除、简化作业内容并逐步实现自动化作业；

② 建立正确的操作方法并固化下来；

③ 在系统中建立所需的精度，减少设备调试；

④ 将机器运行时能做的工作与必须停机才能做的工作分开，将线内作业剥离到线外。

（5）全员生产维护 TPM。2006 年，成立了 TPM 推行小组，组织对生产设备的维护、使用管理，从而实施系统性的改善。在整体活动的推行进程中，以 TPM 的"八大活动"理念为基础，分成了六 S 六源改善和自主维护两个阶段。

（6）标准作业。标准作业的基本要素是节拍时间（TT）、工作顺序和标准在制库存（MP）华为推行精益生产的这几年，标准作业这个工具已被广泛使用，作为基础改善工具，其理念也在实践中被灵活运用。

（7）精益供应系统。在对华为所有产品的端到端供应进行分析后，把产品按价值流的不同特点，包括需求总量、需求分散度、需求频次、响应速度的需求、定制化程度、产品复杂度、单价、竞争激烈程度、工艺水平等因素区分不同管道，实现全流程计划集成，按管道来切分资源，每类产品设计不同的供应模式，形成精益供应系统。这种模式的主要特点是：

① 按不同价值流细分供应模式；

② 订单驱动前的流程通过超市小批量拉动补充；

③ 订单驱动后的流程发展连续流或通过小销售订单驱动小批量转移；

④ 没有连续流的地方设置超市控制高低库存；

⑤ 需求和供应能力全流程可视化，实时匹配。

华为公司在制造体系中正式系统化地实施精益生产。通过应用精益改善的方法和工具，以产品供应加工全过程的价值流分析为基础，在生产组织推行标准作业、快速换线和全员生产维护下 PM 等制造能力提升项目，并逐步实施了一个流、拉式、成组混流、单元式作业等生产模式，逐步构建了华为自身的精益制造体系。

资料来源：余源长.精益制造模式在华为的应用案例分析[D].中山大学，2010.

思考题：

1. 你认为华为的哪些理念和做法诠释了精益思想？（可以从人本位主义、降低库存、追求完美、内外和谐等方面分析）

2. 华为的做法带给你哪些启示？（可以从企业战略、战术方面阐述）

本章小结

精益生产方式是公认的先进运营管理模式。本章介绍了精益生产的理念、实现方法及实施系统。首先，精益生产的基本理念在于通过杜绝浪费、提高产品质量、降低生产成本等措施，提高产品的竞争力；精益思想定义的企业基本目标是：用尽善尽美的价值创造过程为用户提供尽善尽美的价值。其次，实现精益生产目标的方法体系包括"两大支柱"和"一大基础"。"两大支柱"即准时制生产与自働化，持续改善是精益生产的"一大基础"。实现 JIT 生产方式所采用的拉式生产系统，采用生产同步化、生产平准化、缩短作业更换时间、5S 管理、全面贯彻质量管理等手段实现。精益生产的自働化是综合考虑人和机器的因素的自动化，并非大批量生产方式的自动化生产。看板控制系统是实现准时制生产的现场信息传递工具。精益生产强调持续改善的方式和团队文化的作用。目前，在"互联网+"的新经济形态下，互联网下的精益移动服务正得到广泛应用并取得了良好效果。

中英文关键词语

精益生产（Lean Production）；准时制生产（Just In Time）；丰田生产方式（Toyota Production System，TPS）；看板（Kanban）；改善（Kaizen）；拉式系统（Pull System）；推式系统（Push System）；精益服务（Lean Service）

参考文献

[1] ［美］理查德·B. 蔡斯，［美］尼古拉斯·J. 阿奎拉诺，［美］F. 罗伯特·雅各布斯. 面向竞争优势的运营管理（原书第 10 版）. 任建标等译. 北京：机械工业出版社，2006.

[2] ［美］威廉·史蒂文森. 运营管理（原书第 9 版）. 张群，张杰等译. 北京：机械工业出版社，2008.7.

[3] ［英］David Taylor, David Brunt, 丁立言，孙江，院笑雷. 生产运营与供应链管理——精益方法. 北

京：机械工业出版社，2000.

[4] ［美］詹姆斯·P. 沃麦克（James P. Womack），［英］丹尼尔·T. 琼斯（Daniel T. Jones），沈希瑾，张文杰，李京生. 精益思想（Lean Thinking）. 北京：机械工业出版社，2008.

[5] 岩城宏一. 実践トヨタ生産方式——人と組織を活かすコスト革命. 东京：日本経済新聞社，2005.

[6] 陈荣秋，马士华. 生产运作管理（第 3 版），北京：机械工业出版社，2009.5.

[7] 齐二石. 生产与运作管理. 北京：清华大学出版社，2006.

[8] 季建华. 运营管理. 上海：上海交通大学出版社，2004.

[9] 刘晓冰. 运营管理. 大连：大连理工大学出版社，2005.

[10] 李向阳. 丰田改变世界：图解丰田生产方式的密码. 北京：北京大学出版社，2007.

[11] ［日］若松义人，王景秋. 丰田式改善力. 北京：机械工业出版社，2009.

[12] 郭振宇. 为什么中国没有实践丰田生产方式成功典范. 工业工程与管理，2008（6）：94-98.

[13] ［美］杰弗瑞·莱克，戴维·梅尔，李芳龄. 丰田汽车：精益模式的实践. 北京：中国财政经济出版社，2006.

[14] 赵成婧. 精益服务的内涵、特征及应用[J]. 现代经济信息,2018（4）：52-54.

[15] 赵向农. 从精益生产到精益服务[J]. 企业管理,2004（12）：89-90.

[16] 程建润. 互联网对服务业带来的十大影响[J]. 电子技术与软件工程,2015（17）：5-6.

思考练习题

1. 精益生产方式的核心是什么？

2. 试比较精益生产方式与传统生产方式的区别。

3. 按 JIT 生产的理念，生产过程中哪些现象属于浪费？

4. 有人说，JIT 生产就是一切工作都要准时，否则就不是 JIT 生产，对不对？

5. 为什么说库存掩盖了管理中的问题？

6. 为什么精益生产方式强调持续改善？

7. 有人说准时制生产的实质就是看板生产，请你评论一下这句话。

8. 如何理解精益生产中"自働化"的含义？

教师服务

感谢您选用清华大学出版社的教材！为了更好地服务教学，我们为授课教师提供本书的教学辅助资源，以及本学科重点教材信息。请您扫码获取。

>> 教辅获取

本书教辅资源，授课教师扫码获取

>> 样书赠送

管理科学与工程类重点教材，教师扫码获取样书

 清华大学出版社

E-mail: tupfuwu@163.com
电话: 010-83470332 / 83470142
地址: 北京市海淀区双清路学研大厦 B 座 509

网址: http://www.tup.com.cn/
传真: 8610-83470107
邮编: 100084